全国交通运输行业职业资格考试系列用书
全国一级造价工程师职业资格考试用书

Jiaotong Yunshu Gongcheng Jishu yu Jiliang
交通运输工程技术与计量
Gonglu Pian
公 路 篇
（2020年版）

交通运输部职业资格中心　组织编写

人民交通出版社股份有限公司
北京

内 容 提 要

本书为"全国一级造价工程师职业资格考试用书"之一,根据现行《全国一级造价工程师职业资格考试大纲》编写,由新的专家团队在2019年版的基础上,进一步结合造价领域发展趋势和考试要求重新修编而成。全书共7章,主要内容包括:概述,工程地质、水文与气象,工程构造,工程材料与工程机械,公路工程施工组织与施工技术,公路养护工程技术,公路工程计量与计价。

本书主要作为全国一级造价工程师(交通运输工程 公路工程)职业资格考试用书,也可作为交通运输院校工程造价、管理等相关专业师生学习参考用书。

图书在版编目(CIP)数据

交通运输工程技术与计量. 公路篇:2020年版 / 交通运输部职业资格中心组织编写. — 北京:人民交通出版社股份有限公司,2020.7

ISBN 978-7-114-16630-3

Ⅰ.①交… Ⅱ.①交… Ⅲ.①交通工程—工程造价—资格考试—自学参考资料②道路工程—工程造价—资格考试—自学参考资料 Ⅳ.①U491②U415.13

中国版本图书馆 CIP 数据核字(2020)第 097863 号

全国交通运输行业职业资格考试系列用书
全国一级造价工程师职业资格考试用书

书　名:	交通运输工程技术与计量 公路篇(2020年版)
著 作 者:	交通运输部职业资格中心
责任编辑:	刘永超　王海南
责任校对:	刘　芹
责任印制:	刘高彤
出版发行:	人民交通出版社股份有限公司
地　　址:	(100011)北京市朝阳区安定门外外馆斜街3号
网　　址:	http://www.ccpcl.com.cn
销售电话:	(010)59757973
总 经 销:	人民交通出版社股份有限公司发行部
经　　销:	各地新华书店
印　　刷:	北京市密东印刷有限公司
开　　本:	787×1092　1/16
印　　张:	24.75
字　　数:	599 千
版　　次:	2020年7月　第1版
印　　次:	2020年7月　第1次印刷
书　　号:	ISBN 978-7-114-16630-3
定　　价:	100.00元

(有印刷、装订质量问题的图书由本公司负责调换)

《交通运输工程技术与计量 公路篇》
（2020年版）

编 写 人 员

主　编：王欲敏
副主编：马文光
成　员：（以姓氏笔画为序）
　　　　丁　浩　孔令云　朱根桥　李　明　易　辉
　　　　周　健　夏　伟

审 定 人 员

主　审：赵晞伟
成　员：（以姓氏笔画为序）
　　　　丁加明　刘欢欢　杨智勇　何　梅　陈洪军
　　　　董再更

前　　言

　　交通运输是经济社会发展的重要基础性和先导性产业,也是事关国计民生的重要服务性行业。近年来,我国的交通运输基础设施建设取得了举世瞩目的成就,为国民经济和社会发展以及人民群众的安全便捷出行做出了贡献。交通运输工程造价管理是交通运输建设不可或缺的一项重要工作,对于科学、合理确定和使用建设资金,发挥其最大效能具有不可替代的重要作用。培育一支高素质的交通运输工程造价工程师队伍,是加强交通运输建设资金管理的重要保证。

　　2018年7月,住房城乡建设部、交通运输部、水利部、人力资源社会保障部联合印发了《造价工程师职业资格制度规定》和《造价工程师职业资格考试实施办法》。据此,交通运输部拟定了交通运输工程类别的《建设工程技术与计量》和《建设工程造价案例分析》2个专业科目的考试大纲。

　　为方便考生备考,我们组织有关专家在2019年版考试用书的基础上修订形成了《交通运输工程技术与计量　公路篇》(2020年版)、《交通运输工程造价案例分析　公路篇》(2020年版)2册,分别与2个专业科目相对应。新版考试用书突出对公路建设新标准、新工艺、新技术、新设备、新材料的考核,既可作为广大考生复习备考的参考用书,也可作为从业人员及交通院校相关专业师生在实际工作和教学中的参考用书。

　　《交通运输工程技术与计量　公路篇》(2020年版)由重庆交通大学王欲敏、四川省交通勘察设计研究院有限公司马文光主编,分工如下:第一章由四川省交通勘察设计研究院有限公司马文光编写;第二章由招商局重庆交通科研设计院有限公司朱根桥编写;第三章、第五章、第六章由四川省交通勘察设计研究院有限公司马文光和招商局重庆交通科研设计院有限公司朱根桥、李明、丁浩、易辉、周健,以及重庆交通大学孔令云合编;第四章由招商局重庆交通科研设计院有限公司易辉和重庆交通大学孔令云、夏伟合编;第七章由重庆交通大学王欲敏、四川省交通勘察设计研究院有限公司马文光合编。

　　《交通运输工程造价案例分析　公路篇》(2020年版)由重庆交通大学王欲敏、四川省交通勘察设计研究院有限公司马文光主编。

　　考试用书编写过程中得到了公路工程建设、造价(定额)管理、设计、施工及造价咨询等单位和专家的大力支持,在此一并表示感谢!

　　由于水平有限,疏漏和纰误在所难免,敬请批评指正。

交通运输部职业资格中心
2020年6月

目 录

第一章　概述 ··· 1
第二章　工程地质、水文与气象 ·· 8
　第一节　工程地质 ·· 8
　第二节　工程水文 ·· 25
　第三节　工程气象 ·· 28
第三章　工程构造 ·· 31
　第一节　公路的基本组成 ·· 31
　第二节　路基工程的组成、分类及构造 ···························· 31
　第三节　路面工程的分类、组成及构造 ···························· 52
　第四节　隧道工程的分类、组成及构造 ···························· 61
　第五节　桥涵工程的组成、分类及构造 ···························· 73
　第六节　交叉工程的组成、分类及构造 ·························· 118
　第七节　交通工程及沿线设施 ·· 127
　第八节　绿化工程及环境保护 ·· 151
第四章　工程材料与工程机械 ·· 154
　第一节　工程主要材料的分类 ·· 154
　第二节　主要材料的特性及标准 ······································ 155
　第三节　主要混合料材料的特性及标准 ·························· 165
　第四节　常用施工机械适用范围 ······································ 172
第五章　公路工程施工组织与施工技术 ······························ 191
　第一节　公路工程施工组织设计 ······································ 191
　第二节　路基、路面工程施工技术 ·································· 209
　第三节　公路隧道施工技术 ·· 244
　第四节　桥涵工程施工技术 ·· 252
　第五节　交通工程设施施工技术 ······································ 275
第六章　公路养护工程技术 ·· 286
　第一节　概述 ·· 286
　第二节　公路技术状况评定 ·· 287

第三节	路基养护	289
第四节	路面养护	293
第五节	桥梁养护	302
第六节	隧道养护	309
第七节	交通工程及沿线设施养护	317
第八节	绿化养护	321

第七章 公路工程计量与计价 ... 323
 第一节 公路工程造价依据及计算方法 ... 323
 第二节 公路工程定额工程量计算规则 ... 357
 第三节 工程量清单计量规则 ... 362
 第四节 工程量清单计价 ... 376

参考文献 ... 386

第一章

概述

交通运输工程涵盖公路、水运、铁路、航空及管道运输等内容。工程项目的全寿命周期包括勘察设计、施工、运营与养护等阶段。各项工程的建设过程必须严格遵守国家相关基本建设程序。在建设项目全寿命周期的各个阶段中，勘察设计阶段与施工阶段是建设程序中极其重要的两个环节，工程设计与施工是否科学、合理，对工程项目的经济效益、社会效益以及使用者的体验都会产生很大的影响。作为造价工程师，应对所从事行业的设计、施工知识熟悉并掌握，这对工程造价的合理确定起到至关重要的作用。

交通运输工程造价工程师职业资格考试目前仅涵盖交通运输工程的公路和水运两个专业，而本书只针对公路工程专业技术与计量相关内容进行介绍。

一、公路工程建设项目的划分

公路工程建设项目属于国家基本建设项目的一种，资金来源及建设用途、性质等划分的原则与国家基本建设项目一致。根据公路工程建设项目的特点，按划分的标准不同，主要有以下几种分类方法。

1. 按技术等级划分

按照《公路工程技术标准》(JTG B01—2014)，根据使用任务、功能和适应的交通量，分为高速公路、一级公路、二级公路、三级公路、四级公路5个等级。

(1) 高速公路为专供汽车分向、分车道行驶，全部控制出入的多车道公路。高速公路的年平均日设计交通量宜在15000辆小客车以上。

(2) 一级公路为供汽车分向、分车道行驶，可根据需要控制出入的多车道公路。一级公路的年平均日设计交通量宜在15000辆小客车以上。

(3) 二级公路为供汽车行驶的双车道公路。二级公路的年平均日设计交通量为5000~15000辆小客车。

(4) 三级公路为供汽车、非汽车交通混合行驶的双车道公路。三级公路的年平均日设计交通量宜为2000~6000辆小客车。

(5) 四级公路为供汽车、非汽车交通混合行驶的双车道或单车道公路。双车道四级公路年平均日设计交通量宜在2000辆小客车以下；单车道四级公路年平均日设计交通量宜在400辆小客车以下。

设计交通量预测规定：高速公路和一级公路设计交通量一般按20年预测；二级、三级公路设计交通量一般按15年预测；四级公路可根据实际情况确定。

2. 按行政等级划分

按公路在公路路网中的地位和行政等级,分为国道(国家高速公路、普通国道)、省道(省级高速公路、普通省道)、县道、乡道、村道和专用公路。

(1)国道即国家干线公路,是指公路网中具有全国性政治、经济意义的干线公路,包括重要的国际公路、国防公路,是连接首都与各省省会、自治区首府和直辖市的公路,是连接各大经济中心、港站枢纽和战略要地的公路。

(2)省道是指具有全省(自治区、直辖市)性政治、经济意义,连接省内中心城市和主要经济区的公路,以及不属于国道的省际重要公路。

(3)县道是指除国道、省道以外的县际公路,以及连接县级人民政府所在地与乡级人民政府所在地和主要商品生产、集散地的公路。

(4)乡道是指除县道及县道以上等级公路以外的乡际公路,以及连接乡级人民政府所在地与建制村的公路。

(5)村道是指除乡道及乡道以上等级公路以外的连接建制村与建制村、建制村与自然村、建制村与外部的公路,但不包括村内街巷和农田间的机耕道。

(6)专用公路是指由企业或者其他单位建设、养护、管理,专为或者主要为本企业或者本单位提供运输服务的道路。

3. 按经济性质划分

公路按经济性质分为经营性公路和非经营性公路。

(1)经营性公路。经营性公路是指符合《收费公路管理条例》的规定,由国内外经济组织投资建设,经批准依法收取车辆通行费的公路(含桥梁和隧道)。

(2)非经营性公路。非经营性公路又可细分为两种:一种是政府还贷公路。这类收费公路并不以营利为目的,其收费的目的是偿还借贷款以及日常运营维护;另一种是不收费的社会公益性公路,非经营性公路是由国家财政拨款投资、民工建勤、以工代赈或个人及社会捐资等修建的公路。社会公益性公路不收取过路费,其养护管理成本从征收的燃油附加税中开支,其价值补偿要通过收取税费解决。

二、公路建设基本程序

(1)政府投资公路建设项目的实施,应当按照下列程序进行:
①根据规划,编制项目建议书;
②根据批准的项目建议书,进行工程可行性研究,编制可行性研究报告;
③根据批准的可行性研究报告,编制初步设计文件;
④根据批准的初步设计文件,编制施工图设计文件;
⑤根据批准的施工图设计文件,组织项目招标;
⑥根据国家有关规定,进行征地拆迁等施工前准备工作,并向交通运输主管部门申报施工许可;
⑦根据批准的项目施工许可,组织项目实施;
⑧项目完工后,编制竣工图表、工程决算和竣工财务决算,办理项目交、竣工验收和财产移

交手续；

⑨竣工验收合格后，组织项目后评价。

（2）企业投资公路建设项目的实施，应当按照下列程序进行：

①根据规划，编制工程可行性研究报告；

②组织投资人招标工作，依法确定投资人；

③投资人编制项目申请报告，按规定报项目审批部门核准；

④根据核准的项目申请报告，编制初步设计文件，其中涉及公共利益、公众安全、工程建设强制性标准的内容应当按项目隶属关系报交通运输主管部门审查；

⑤根据初步设计文件编制施工图设计文件；

⑥根据批准的施工图设计文件组织项目招标；

⑦根据国家有关规定，进行征地拆迁等施工前准备工作，并向交通运输主管部门申报施工许可；

⑧根据批准的项目施工许可，组织项目实施；

⑨项目完工后，编制竣工图表、工程决算和竣工财务决算，办理项目交、竣工验收；

⑩竣工验收合格后，组织项目后评价。

三、公路工程标准体系

公路工程标准体系是公路工程建设、管理、养护、运营相关标准按其内在联系形成科学的有机整体，其体系结构分为三层，第一层为板块，第二层为模块，第三层为标准，公路工程标准体系框架如图1.0.1所示。

四、公路工程设计

公路工程设计是指从技术上和经济上对拟建工程的特定要求，考虑社会和自然方面的因素，运用科学技术知识，进行全面规划，制订一个完整方案，编制一整套工程建设所需的图纸及说明。公路工程设计是国家基本建设计划的具体化，是组织工程施工的主要依据。

1. 设计阶段

根据《公路工程基本建设项目设计文件编制办法》的规定，在项目立项阶段结束，也就是工程可行性研究报告经有关部门审批决策后即可进行设计。结合交通建设的技术经济特征，要进行不同深度的阶段设计，即按项目大小和技术复杂程度分为一阶段、两阶段和三阶段设计，其设计内容包括初步设计、技术设计和施工图设计。

1）一阶段设计

一阶段设计即一阶段施工图设计。应以批准的可行性研究报告、测设合同和定测、详勘资料为依据进行编制。

2）两阶段设计

两阶段设计即初步设计和施工图设计两个阶段。应以批准的可行性研究报告、测设合同和初测资料为依据，编制初步设计文件和工程概算。然后根据批准的初步设计，通过详细测量，编制施工图设计文件和工程预算。初步设计文件一经主管部门批准，对应的工程概算就是建设项目投资的最高限额，不得随意突破。

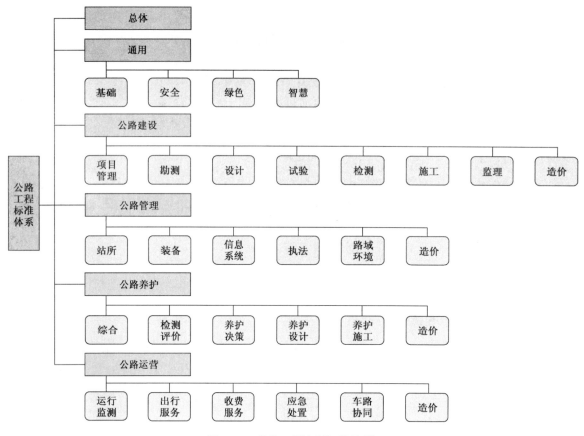

图 1.0.1 公路工程标准体系框架图

3) 三阶段设计

三阶段设计即在初步设计和施工图设计之间,增加一个设计阶段,称为技术设计。技术设计是根据批准的初步设计和初测与定测资料来进行编制的,是对初步设计中有关技术、经济的各项初步规划和决定的具体和深化,技术设计应制订更为完善的设计和施工方案,进一步确定各项工程数量,提供各种必要的数据,以满足编制修正概算的需要。技术设计文件一经批准,其修正概算就是建设项目投资的最高限额,不得随意突破。

目前,公路基本建设项目一般采用两阶段设计。对于技术简单、方案明确的小型项目,可采用一阶段设计。对于技术复杂、基础资料缺乏或不足的建设项目,或建设项目中的特殊大型桥梁、隧道、互通式立体交叉等部分工程,必要时可采用三阶段设计。

2. 设计原则

与施工图设计相比,初步设计和技术设计是比较粗的,而施工图设计是建设项目的最后设计阶段,要求提出完整的施工图表资料。其内容包括确定路线和各种建筑物、构筑物的具体位置、尺寸、结构、用料、设备等。初步设计、技术设计和施工图设计的深度和作用各不相同,但在设计的全过程中,均应体现以下几条主要原则:

(1) 要精心设计,按照从实际出发、因地制宜、安全适用、就地取材的原则,使设计的建设项目在技术上先进、经济上合理,具有良好的社会综合效益。

(2)要节约用地,尽量少占良田,重视环境保护,要顺应地形、地貌,使交通建设工程与沿线自然景观有机地融为一体。在有条件的地方,应结合施工,改土造田,注意与农田水利设施综合利用,支援农业。在进行方案比选时,应将占地多少作为重要的比选条件之一。

(3)要具有全寿命周期设计理念,减少资源的占用与消耗,加强技术经济的分析工作,重视经济效益。工程设计要遵循技术与经济相统一的原则,正确处理两者之间的关系。

工程设计是基本建设程序中的一个具有决定性的工作环节,对建设工程的顺利实施、提高投资经济效益,都有着重要影响。设计单位应严格遵守交通运输部发布的《加强重点公路建设项目设计管理工作若干意见》的规定,完善项目管理制度和勘察设计工作流程及责任制;应按照标准化管理要求,加强设计标准化管理,制定工程设计标准化指南,重点统一桥涵、隧道等设计标准化;应结合工程实际,推荐有利于标准化施工和组织管理的设计方案。

五、公路建设工程造价的确定、控制和监督

1. 公路建设工程各阶段的造价文件

公路建设工程各阶段对应的造价文件如图 1.0.2 所示。

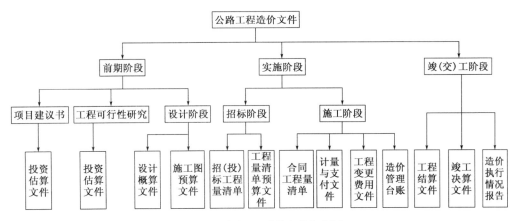

图 1.0.2 公路工程造价文件构成框架

2. 公路建设工程造价的确定与控制

公路工程造价应当针对公路工程建设的不同阶段,根据项目的建设方案、工程规模、质量和安全等建设目标,结合建设条件等因素,按照相应的造价依据进行合理确定和有效控制。

1)工程项目建议书、工程可行性研究报告阶段

投资估算的编制、审查、审批、备案应符合交通运输部颁发的《公路工程建设项目投资估算编制办法》(JTG 3820—2018)、《公路工程估算指标》(JTG/T 3821—2018)和各省(自治区、直辖市)交通运输主管部门有关补充计价依据的规定。

2)初步设计阶段

设计概算的编制、审查、审批、备案应符合交通运输部颁发的《公路工程建设项目概算预算编制办法》(JTG 3830—2018)、《公路工程概算定额》(JTG/T 3831—2018)、《公路工程预算定额》(JTG/T 3832—2018)、《公路工程机械台班费用定额》(JTG/T 3833—2018)和各省

(自治区、直辖市)交通运输主管部门有关补充计价依据的规定。

经批准的概算是基本建设项目投资的最高限额,设计概算的静态投资部分不得超过经审批或者核准的投资估算的静态投资部分的110%。

由于价格上涨、定额调整、征地拆迁、贷款利率调整等因素需要调整设计概算的,应当向原初步设计审批部门申请调整概算。原初步设计审批部门应当进行审查。

未经批准擅自增加建设内容、扩大建设规模、提高建设标准、改变设计方案等造成超概算的,不予调整设计概算。

由于地质条件发生重大变化、设计方案变更等因素造成的设计概算调整,实际投资调增幅度超过静态投资估算10%的,应当报项目可行性研究报告审批或者核准部门调整投资估算后,再由原初步设计审批部门审查调整设计概算;实际投资调增幅度不超过静态投资估算10%的,由原初步设计审批部门直接审查调整设计概算。

3)施工图设计阶段

施工图预算的编制、审查、审批、备案应符合交通运输部颁发的《公路工程建设项目概算预算编制办法》(JTG 3830—2018)、《公路工程预算定额》(JTG/T 3832—2018)、《公路工程机械台班费用定额》(JTG/T 3833—2018)和各省(自治区、直辖市)交通运输主管部门有关补充计价依据的规定。施工图预算应控制在批准的初步设计概算范围内。

4)招标阶段

公路工程建设项目实行招标的,应当使用《公路工程标准施工招标文件》(2018年版),在招标文件中载明工程计量计价事项。设有标底或者最高投标限价的,标底或者最高投标限价应当根据造价依据并结合市场因素进行编制,且不得超出经批准的设计概算或者施工图预算对应部分。

建设单位应当进行标底或者最高投标限价与设计概算或者施工图预算的对比分析,合理控制建设项目造价。

投标报价由投标人根据市场及企业经营状况编制,且不得低于工程成本。

5)施工阶段

建设单位应当将施工合同的工程量清单按管理权限报各级交通运输主管部门备案。

建设单位应当根据年度工程计划及时编制该项目年度费用预算,并根据工程进度及时编制工程造价管理台账,对工程投资执行情况与经批准的设计概算或者施工图预算进行对比分析。

计量支付文件应根据合同文件、工程变更、签认的质量检验单和计量工程量等编制。

设计变更应按合同文件,部、省有关设计变更管理办法的规定和程序,由建设单位完成审批程序,合理确定变更费用。

价格调整应符合合同约定。

6)竣(交)工阶段

交工阶段承包人应根据合同文件、计量支付文件和变更文件编制工程结算。

竣工验收前,建设单位应当编制竣工决算文件(报告)及公路工程建设项目造价执行情况报告,经审定的竣工决算是公路工程的最终造价,是确定公路工程新增固定资产投资额的依据。审计部门对竣工决算报告提出审计意见和调整要求的,建设单位应当按照要求对竣工决算报告进行调整。

3. 公路建设工程造价监督

为加强公路建设项目各阶段造价监督管理,根据交通运输部颁发的《公路工程造价管理暂行办法》(部令〔2016〕第67号),交通运输主管部门应当按照职责权限加强对公路工程造价活动的监督检查。被监督检查的单位和人员应当予以配合,不得妨碍和阻挠监督检查活动。

公路工程造价监督检查主要包括以下内容:

(1) 相关单位对公路工程造价管理法律、法规、规章、制度以及公路工程造价依据的执行情况。

(2) 各阶段造价文件编制、审查、审批、备案以及对批复意见的落实情况。

(3) 建设单位工程造价管理台账和计量支付制度的建立与执行、造价全过程管理与控制情况。

(4) 设计变更原因及费用变更情况。

(5) 建设单位对项目造价信息的收集、分析及报送情况。

(6) 从事公路工程造价活动的单位和人员的信用情况。

(7) 其他相关事项。

第二章

工程地质、水文与气象

第一节 工程地质

公路是一种延伸很长的线形构筑物,建设中会遇到各种各样的自然条件和地质问题,并易受频繁变化的大气物理作用的影响。因此,公路工程地质在研究对象和方法上都有其自身的特点。

一、岩石的分类及性质

在地质作用下产生的,由一种或多种矿物以一定的规律组成的自然集合体,称为岩石。主要由一种矿物组成的岩石,称为单矿岩,如石灰岩是由方解石组成的单矿岩;由两种或两种以上的矿物组成的岩石,称为复矿岩,如花岗岩是主要由正长石、石英和云母等矿物组成的复矿岩。矿物的成分、性质及其在各种因素影响下的变化,都会对岩石的强度和稳定性产生影响。

自然界有各种各样的岩石,按成因可分为岩浆岩、沉积岩和变质岩三大类。岩石的成因不同,其工程地质性质也不同。岩石的工程地质性质主要指岩石的物理性质、水理性质和力学性质,它们分别用不同的指标来衡量。就大多数的工程地质问题来看,岩体的工程地质性质主要取决于岩体内部裂隙系统的性质及其分布情况,但岩石本身的性质也起着重要的作用。本节主要介绍有关岩石工程地质性质的一些常用指标,以及影响岩石工程地质性质的一些主要因素。

(一)岩石的分类

1. 岩浆岩

岩浆岩是由岩浆冷凝形成的岩石,生产实践中有时也称为火成岩。

岩浆岩中常见的矿物有石英、正长石、斜长石、角闪石、黑云母、辉石和橄榄石。

组成岩浆岩的矿物根据颜色可分为浅色矿物和深色矿物两类。

(1)浅色矿物:石英、正长石、斜长石及白云母等。

(2)深色矿物:黑云母、角闪石、辉石及橄榄石等。

岩浆岩的矿物成分,是岩浆化学成分的反映。岩浆的化学成分相当复杂,但含量高、对岩浆岩的矿物成分影响最大的是 SiO_2(二氧化硅,也称硅石)。SiO_2 含量与岩浆岩颜色关系密切。一般 SiO_2 含量高,岩浆岩颜色较浅;反之,岩石颜色较深。岩浆岩与沥青材料的结合能力受岩浆化学成分影响明显。一般来讲,SiO_2 含量越高,结合能力越差,即酸性岩的结合能力最差、中性岩次之、基性岩最好。

岩浆岩的结构和构造是识别和确定岩浆岩类型的重要依据。《公路工程地质勘察规范》(JTG C20—2011)要求应对岩浆岩进行矿物结晶颗粒大小和结晶程度的描述,这反映了岩浆岩结构特性对岩石工程性质影响的重要性。

2. 沉积岩

沉积岩是地表面分布最广的一种岩石,沉积岩的形成是一个长期而复杂的地质作用过程。出露地表的各种岩石,经长期的日晒雨淋、风化破坏,逐渐地松散分解,或成为岩石碎屑,或成为细粒黏土矿物,或成为其他溶解物质。这些先成岩石的风化产物,大部分被流水等运动介质搬运到河、湖、海洋等低洼的地方沉积下来,成为松散的堆积物。这些松散的堆积物经过压密、胶结、重结晶等作用,逐渐形成沉积岩。

沉积岩主要由下面的一些物质组成:

(1)碎屑物质。碎屑物质由已有岩石经物理风化作用产生,经胶结物胶结后成为沉积岩。常见的胶结物有硅质、铁质、钙质和泥质四种,以上胶结物的物理力学性质依次由好到差。

(2)黏土矿物。主要是一些由含铝硅酸盐类矿物的岩石,经化学风化作用形成的次生矿物,如高岭石、伊利石及蒙脱石等。这类矿物的颗粒极细(粒径<0.005mm),具有很大的亲水性、可塑性及膨胀性。黏土矿物的含量直接影响到沉积岩的工程性质,含量越高,工程性质越差,反之则越好。

(3)化学沉积矿物。是由纯化学作用或生物化学作用从溶液中沉积结晶产生的沉积矿物,主要有方解石、白云石,其他还有石膏、石盐、铁和锰的氧化物或氢氧化物等。

(4)有机质及生物残骸。由生物残骸或有机化学变化而成的物质,如贝壳、泥岩及其他有机质等。

在上述的沉积岩组成物质中,黏土矿物、方解石、白云石、有机质等是沉积岩所特有的,是物质组成上区别于岩浆岩的一个重要特征。

3. 变质岩

地壳内部原有的岩石(岩浆岩、沉积岩和变质岩),由于受到高温、高压及化学成分加入的影响,改变原来的矿物成分和结构及构造,形成新的岩石,称为变质岩。

变质岩的矿物成分可分为两大类:一类是岩浆岩、沉积岩,如石英、长石、云母、角闪石、辉石、方解石等;另一类是在变质作用中产生的变质岩所特有的矿物,如石墨、滑石、蛇纹石、石榴子石、绿泥石、绢云母、硅灰石、蓝晶石、红柱石等,称为变质矿物。根据这些变质矿物,可以把变质岩与其他岩石区别开来。

(二)岩石的工程地质性质

岩石的工程地质性质包括物理性质、水理性质和力学性质三个主要方面。岩石的物理性质包括密度、相对密度、孔隙率等;岩石的水理性质包括吸水性、透水性、溶解性、软化性和抗冻性;岩石的力学性质则包括岩石的强度指标即抗压强度、抗拉强度、抗剪强度(抗剪断强度、抗切强度)和岩石的变形指标(弹性模量、变形模量、泊松比)。就大多数的工程地质问题来看,岩体的工程地质性质主要取决于岩体内部裂隙系统的性质及其分布情况,但岩石本身的性质也起着重要的作用。

岩石的抗压强度最高,抗剪强度居中,抗拉强度最小。岩石越坚硬,其值相差越大。岩石的抗剪强度和抗压强度是评价岩石稳定性的重要指标。

影响岩石工程地质性质的因素是多方面的，但归纳起来主要有两个方面：一个是岩石的地质特征，如岩石的矿物成分、结构、构造及成因等；另一个是岩石形成后所受外部因素的影响，如水的作用及风化作用等。因此，在进行公路工程地质勘察时，对岩石的成因、年代、名称、颜色、主要矿物、结构、构造、风化程度和岩层厚度等应予以重视。

1. 矿物成分

岩石是由矿物组成的，岩石的矿物成分对岩石的物理力学性质产生直接影响。

从工程要求来看，大多数岩石的强度相对来说都是比较高的。所以，在对岩石的工程地质性质进行分析和评价时，更应该注意那些可能降低岩石强度的因素，如石灰岩、砂岩中黏土类矿物的含量是否过高。对于石灰岩和砂岩，当黏土类矿物的含量＞20%时，就会直接降低岩石的强度和稳定性。

从岩石矿物组成来看，属于硬岩的有岩浆岩全部，沉积岩中的硅质、铁质及钙质胶结的碎屑岩、石灰岩、白云岩、变质岩中的石英岩、片麻岩、大理岩等；属于软岩的有沉积岩中的黏土岩及黏土含量高的碎屑岩、化学沉积岩，变质岩中的千枚岩、片岩等。

2. 结构

岩石的结构特征是影响岩石物理力学性质的一个重要因素。根据岩石的结构特征，可将岩石分为两类：一类是结晶联结的岩石，如大部分的岩浆岩、变质岩和一部分沉积岩；另一类是由胶结物联结的岩石，如沉积岩中的碎屑岩等。

结晶联结是由岩浆或溶液结晶或重结晶形成的。矿物的结晶颗粒靠直接接触产生的力牢固地联结在一起，结合力强、孔隙度小，较胶结联结的岩石具有更高的强度和稳定性。结晶联结的岩石，结晶颗粒的大小对岩石的强度有明显影响，一般晶粒越大强度越低，反之则高。

3. 构造

构造对岩石物理力学性质的影响，主要是由矿物成分在岩石中分布的不均匀性和岩石结构的不连续性决定。前者是指某些岩石所具有的片状构造、板状构造、千枚状构造、片麻构造以及流纹构造等往往使矿物成分在岩石中分布得极不均匀。岩石受力破坏和岩石遭受风化，都是从岩石的这些缺陷中开始发生的。后者是指不同的矿物成分虽然在岩石中的分布是均匀的，但由于存在层理、裂隙，致使岩石结构的连续性与整体性受到一定程度的影响，从而使岩石的强度和透水性在不同方向上产生明显差异。

4. 水

岩石饱水后强度降低。当岩石受到水的作用时，水就沿着岩石中可见和不可见的孔隙、裂隙浸入，浸湿岩石自由表面上的矿物颗粒，并继续沿着矿物颗粒间的接触面向深部浸入，削弱矿物颗粒间的联结，使岩石的强度受到影响。

5. 风化

风化是在温度、水、气体及生物等综合因素影响下，改变岩石状态、性质的物理化学过程。它是自然界最普遍的一种地质现象。

风化作用促使岩石的原有裂隙进一步扩大，并产生新的风化裂隙，使岩石矿物颗粒间的联结松散和使矿物颗粒沿解理面崩解。风化作用作为一种物理过程,能促使岩石的结构、构造和整体性遭到破坏,孔隙度增大,密度减小,吸水性和透水性显著增高,强度和稳定性大幅降低。这种物理过程的加强引起岩石中的某些矿物发生次生变化,从根本上改变岩石原有的工程地质性质。

二、土的分类

世界各国关于土的分类方法虽然不尽相同,但是分类的依据大致相同,一般都是根据土粒的粒径组成、土颗粒的矿物成分或其余物质的含量、土的塑性指标进行区分。根据《公路土工试验规程》(JTG E40—2007),我国公路用土依据土的颗粒组成特征、土的塑性指标和土中有机质含量的情况,分为巨粒土、粗粒土、细粒土和特殊土四类,并进一步细分为12种(图2.1.1)。土的颗粒组成特征用不同粒径粒组在土中的百分含量表示。表2.1.1所列为不同粒组的划分界限及范围,表2.1.2给出了土的基本代号。

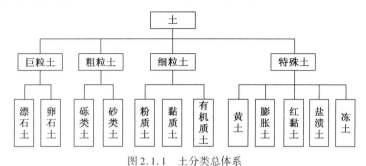

图 2.1.1 土分类总体系

粒 组 划 分 表　　　　　　　　表 2.1.1

粒径(mm)	200		60		20	5	2		0.5	0.25	0.075		0.002
巨粒组				粗粒组								细粒组	
漂石(块石)		卵石(小块石)		砾(角砾)			砂				粉粒		黏粒
				粗	中	细	粗		中	细			

土的基本代号表　　　　　　　　表 2.1.2

名　称	代号	名　称	代号	名　称	代号
漂石	B	级配良好砂	SW	含砾低液限黏土	CLG
块石	B_a	级配不良砂	SP	含砂高液限黏土	CHS
卵石	C_b	粉土质砂	SM	含砾低液限黏土	CLS
小块石	Cb_a	黏土质砂	SC	有机质高液限黏土	CHO
漂石夹土	BSl	高液限粉土	MH	有机质低液限黏土	CLO
卵石夹土	CbSl	低液限粉土	ML	有机质高液限粉土	MHO
漂石质土	SlB	含砾高液限粉土	MHG	有机质低液限粉土	MLO
卵石质土	SlCb	含砾低液限粉土	MLG	黄土(低液限黏土)	CLY
级配良好砾	GW	含砂高液限粉土	MHS	膨胀土(高液限黏土)	CHE
级配不良砾	GP	含砂低液限粉土	MLS	红土(高液限粉土)	MHR
细粒土砾	GF	高液限黏土	CH	红黏土	R
粉土质砾	GM	低液限黏土	CL	盐渍土	St
黏土质砾	GC	含砾高液限黏土	CHG	冻土	Ft

三、不良地质和特殊性岩土

(一)崩塌

在陡峻的斜坡上,巨大岩块在重力作用下突然而猛烈地向下倾倒、翻滚、坠落的现象,称为崩塌。崩塌不仅发生在山区的陡峻山坡上,也可以发生在河流、湖泊及海边的高陡岸坡上,还可以发生在公路路堑的高陡边坡上。规模巨大的山坡崩塌称为山崩。斜坡的表层岩石由于强烈风化,沿坡面发生经常性的岩屑顺坡滚落现象,称为碎落。悬崖陡坡上个别较大岩块的崩落称为落石。小的崩塌对行车安全及路基养护工作影响较大;大的崩塌不仅会损坏路面、路基,阻断交通,甚至会使已有道路被迫放弃使用。

崩塌虽然发生的比较突然,但有一定的形成条件和发展过程。崩塌形成的基本条件归纳起来主要的有以下几个方面:

1)地形条件

斜坡高、陡是形成崩塌的必要条件。调查表明,规模较大的崩塌,一般多发生在高度大于30m、坡度大于45°(大多数介于55°~75°)的陡峻斜坡上。斜坡的外部形状,对崩塌的形成也有一定的影响。一般在上缓下陡的凸坡和凹凸不平的陡坡(图2.1.2)易于发生崩塌。

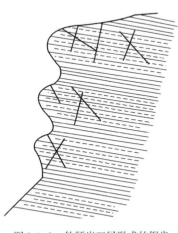

图2.1.2 软硬岩互层形成的锯齿

2)岩性条件

坚硬的岩石(如厚层石灰岩、花岗岩、砂岩、石英岩、玄武岩等)具有较大的抗剪强度和较强的抗风化能力,能形成高峻的斜坡,在外来因素影响下,一旦斜坡稳定性遭到破坏,即产生崩塌现象。所以,崩塌常发生在由坚硬且脆的岩石构成的斜坡上。此外,由软硬互层(如砂页岩互层、石灰岩与泥灰岩互层、石英岩与千枚岩互层等)构成的陡峻斜坡,由于差异风化,斜坡外形凹凸不平,因而也容易产生崩塌。

3)构造条件

如果斜坡岩层或岩体的完整性好,就不易发生崩塌。实际上,自然界的斜坡经常是由性质不同的岩层以各种不同的构造和产状组合而成的,而且常常为各种构造面所切割,从而削弱了岩体内部的联结,为崩塌产生创造了条件。一般说来,岩层的层面、裂隙面、断层面、软弱夹层或其他的软弱岩性带,都是抗剪性能较低的"软弱面"。如果这些软弱面倾向临空且倾角较陡,当斜坡受力情况突然变化时,被切割的不稳定岩块就可能沿着这些软弱面发生崩塌。图2.1.3为两组与坡面斜交的裂隙,其组合交线倾向临空,被切割的楔形岩块沿楔形凹槽发生崩塌的示意图。

4)其他自然因素

岩石的强烈风化、裂隙水的冻融、植物根系的楔入等,

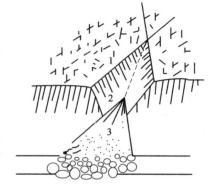

图2.1.3 楔形体崩塌示意图
1-裂隙;2-楔形槽;3-崩塌堆积体

都能促使斜坡岩体发生崩塌现象。但大规模的崩塌多发生在暴雨、久雨或强震之后。

地震的发生使斜坡岩体突然承受巨大的惯性荷载,往往都会促成大规模的崩塌。例如2008年5月12日汶川特大地震引起的崩塌除掩埋、砸毁房屋,造成巨大生命财产损失外,还对沿沟谷河畔展布的道路造成极大危害。地震崩塌对道路的危害主要有:巨大落石会砸毁路面、桥梁与车辆;山崩所形成的岩堆表面坡度一般为自然休止角,处于临界稳定状态,因而给清除带来极大危险;大规模山崩会堵塞河道形成堰塞湖,堰塞湖水位上升则淹没沿河道路,导致灾区公路中断,加重灾情。

人类不合理的工程活动,如公路路堑开挖过深、边坡过陡,也常引起边坡发生崩塌。由于开挖路基改变了斜坡外形,使斜坡变陡,软弱构造面暴露,使部分被切割的岩体失去支撑,引起崩塌。此外,如坡顶弃方荷载过大或不妥当的爆破施工,也常促使斜坡发生崩塌现象。

(二) 滑坡

斜坡上的部分岩体或土体受自然或人为因素影响,在重力作用下,沿着斜坡内部一定的软弱面(带)整体向下滑动的现象,称为滑坡。

滑坡是山区公路的主要病害之一。由于山坡或路基边坡发生滑坡,常使交通中断,影响公路的正常使用。大规模的滑坡,可以堵塞河道、摧毁公路、破坏厂矿、掩埋村庄,对山区建设和交通设施危害很大。西南地区(云、贵、川、藏)是我国主要的滑坡分布地区,不仅滑坡的规模大、类型多,而且分布广泛、发生频繁、危害严重。我国其他地区的山区、丘陵区,包括黄土高原,也有不同类型的滑坡分布。

1. 滑坡的形成条件

滑坡的发生是斜坡岩(土)体平衡条件遭到破坏的结果,与斜坡地形地貌、岩性、地质构造、气候与径流条件等密切相关。由于斜坡岩(土)体的特性不同,滑动面的形状有各种形式,常见的有平面滑动、圆弧滑动、折线滑动等。不同滑动虽然表现形式不同,但平衡关系的基本原理是一致的。

2. 影响滑坡的因素

1) 岩性

滑坡主要发生在易于亲水软化的土层中和一些软质岩层中,当坚硬岩层或岩体内存在有利于滑动的软弱面时,在适当的条件下也可能形成滑坡。

容易产生滑坡的土层有胀缩黏土、黄土和黄土类土,以及黏性的山坡堆积层等。它们有的在水的作用下容易膨胀和软化,有的结构疏松、透水性好、遇水容易崩解、强度和稳定性容易受到破坏。

容易产生滑坡的软质岩层有页岩、泥岩、泥灰岩等遇水易软化的岩层。此外,千枚岩、片岩等在一定的条件下也容易产生滑坡。

2) 构造

埋藏于土体或岩体中倾向与斜坡一致的有层面、夹层、基岩顶面、古剥蚀面、不整合面、层间错动面、断层面、裂隙面、片理面等,黄土滑坡的滑动面,往往就是下伏的基岩面或是黄土的层面;有些黏土滑坡的滑动面,就是自身的裂隙面。

3）水

水对斜坡土石的作用，是形成滑坡的重要条件。地表水可以改变斜坡的外形，当水渗入滑坡体后，不但可以增大滑坡的下滑力，而且将迅速改变滑动面（带）土石的性质，降低其抗剪强度，起到"润滑剂"的作用。所以有些滑坡就是沿着含水层的顶板或底板滑动的，不少黄土滑坡的滑动面，往往就在含水层中。两级滑坡的衔接处常有泉水出露，大规模的滑坡多在久雨之后发生，这些都可说明水在滑坡形成和发展中的重要作用。

4）地震

地震是激发滑坡发生的重要因素。由于地震的加速度，使斜坡土体（或岩体）承受巨大的惯性力，并使地下水位发生强烈变化，促使斜坡发生大规模滑动。强烈地震可造成在较大范围内瞬间出现大量滑坡。凡地震烈度在Ⅶ度以上的地区，都有不同类型的滑坡发生，尤其在高中山区更为严重。地震激发滑坡，滑坡摧毁、掩埋道路，堵塞江河导致水位上升淹没道路，阻断地震灾区抢险救灾通道，从而进一步加重灾情。

此外，如风化作用、降雨、人为不合理的切坡或坡顶加载、地表水对坡脚的冲刷等的发生，都能促使斜坡土石向下滑动变化，诱发斜坡产生滑动现象。

3. 滑坡的分类

为了对滑坡进行深入研究和采取有效的防治措施，结合我国的区域地质特点和道路工程实践，按滑坡体的主要物质组成和滑动时的力学特征，可将滑坡分为以下4种类型：

（1）堆积层滑坡。这是公路工程中经常碰到的一种滑坡类型，多出现在河谷缓坡地带或山麓的坡积、残积、洪积及其他重力堆积层中。它的产生往往与地表水和地下水的直接参与有关。滑坡体一般多沿下伏的基岩顶面、不同地质年代或不同成因堆积物的接触面，以及堆积层本身的松散层面滑动。滑坡体厚度一般从几米到几十米。

（2）黄土滑坡。发生在不同时期的黄土层中的滑坡，称为黄土滑坡。它的产生常与裂隙及黄土对水的不稳定性有关，多见于河谷两岸高阶地的前缘斜坡上，常成群出现，且大多为中、深层滑坡。其中有些滑坡的滑动速度很快，变形急剧，破坏力强，属于崩塌性的滑坡。

（3）黏土滑坡。发生在均质或非均质黏土层中的滑坡，称为黏土滑坡。黏土滑坡的滑动面呈圆弧形，滑动带呈软塑状，黏土的干湿效应明显，干缩时多张裂，遇水作用后呈软塑或流动状态，抗剪强度急剧降低，所以黏土滑坡多发生在久雨或受水作用之后，多属中、浅层滑坡。

（4）岩层滑坡。发生在各种基岩岩层中的滑坡，属岩层滑坡，它多沿岩层层面或其他构造软弱面滑动。这种沿岩层层面、裂隙面和前述的堆积层与基岩交界面滑动的滑坡，统称为顺层滑坡，如图2.1.4所示。但有些岩层滑坡也可能切穿层面滑动而成为切层滑坡，如图2.1.5所示。岩层滑坡多发生在由砂岩、页岩、泥岩、泥灰岩以及片理化岩层（片岩、千枚岩等）组成的斜坡上。

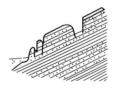
a）沿岩层层面滑动

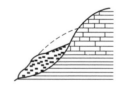
b）沿坡积层与基岩交界面滑动

图2.1.4 顺层滑坡示意图

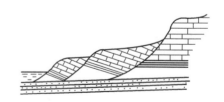

图2.1.5 切层滑坡示意图

上述滑坡,按滑坡体规模的大小,还可以进一步分为:小型滑坡(滑坡体小于 $4 \times 10^4 m^3$);中型滑坡(滑坡体介于 $4 \times 10^4 \sim 3 \times 10^5 m^3$);大型滑坡(滑坡体介于 $3 \times 10^5 \sim 1 \times 10^6 m^3$);巨型滑坡(滑坡体大于 $1 \times 10^6 m^3$)。按滑坡体的厚度大小,又可分为:浅层滑坡(滑坡体厚度小于6m);中层滑坡(滑坡体厚度为6~20m);深层滑坡(滑坡体厚度大于20m)。按滑坡的力学特征,可分为牵引式滑坡和推移式滑坡。

(三)泥石流

泥石流是一种突然暴发的含有大量泥沙、石块的特殊洪流。它主要发生在地质不良、地形陡峻的山区及山前区。由于泥石流含有大量的固体物质,发生突然,持续时间短,侵蚀、搬运和沉积过程异常迅速,因此比一般洪水具有更大的能量,能在很短的时间内冲出数万乃至数百万立方米的固体物质,将数十至数百吨的巨石冲出山外。泥石流可以摧毁房屋村镇,淹没农田,堵塞河道,给山区交通和工农业建设造成严重危害。

泥石流对公路的危害是多方面的,主要通过堵塞、淤埋、冲刷和撞击等方式对路基、桥涵及其附属构造物产生直接危害;同时也经常由于堆积物压缩和堵塞河道,使水位壅升,淹没上游沿河路基,或者迫使主河槽的流向发生变化,冲刷对岸路基,造成间接水毁。

我国是世界上泥石流活动较多的国家之一,主要分布在西南、西北及华北的山区,如四川西部山区、云南西部和北部山区、西藏东部和南部山区、甘肃东南部山区、青海东部山区、祁连山地区、昆仑山及天山地区。

1. 泥石流的流域分区

典型的泥石流流域,一般可以分为形成、流通和堆积3个动态区,如图2.1.6所示。

(1)形成区。位于流域上游,多为高山环抱的山间小盆地,山坡陡峻,沟床下切,纵坡较陡,有较大的汇水面积,区内岩层破碎,风化严重,山坡不稳,植被稀少,水土流失严重,崩塌、滑坡发育,松散堆积物储量丰富。区内岩性及剥蚀强度直接影响着泥石流的性质和规模。

(2)流通区。一般位于流域的中、下游地段,多为沟谷地形,沟壁陡峻,河床狭窄,纵坡大,多陡坎或跌水。

(3)堆积区。多在沟谷的出口处。地形开阔,纵坡平缓,泥石流至此多漫流扩散,流速降低,固体物质大量堆积,形成规模不同的堆积扇。

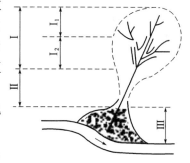

图2.1.6 泥石流流域分区示意图
Ⅰ-形成区(I_1-汇水动力区;I_2-固体物质供给区);Ⅱ-流通区;Ⅲ-堆积区

以上几个分区,仅对一般的泥石流流域而言,由于泥石流的类型不同,常难以明显区分,有的流通区伴有沉积,如山坡型泥石流,其形成区域就是流通区,有的泥石流往往直接排入河流而被带走,无明显的堆积层。

2. 泥石流的形成条件

泥石流的形成和发展,与流域的地质、地形和水文气象条件有密切的关系,同时也受人类经济活动的深刻影响。

1)地质条件

凡是泥石流发育的地区,都是岩性软弱,风化强烈,地质构造复杂,褶皱、断裂发育,新构造运动强烈、地震频繁的地区。由于这些原因，导致岩层破碎，崩塌、滑坡等各种不良地质现象普遍发育，为形成泥石流提供了丰富的固体物质来源。我国一些著名的泥石流沟群，如云南东川、四川西昌、甘肃武都和西藏东南部山区都是沿着构造断裂带分布的。

2）地形条件

泥石流流域的地形特征是山高谷深，地形陡峻，沟床纵坡大。完整的泥石流流域，它的上游多是三面环山，一面出口为漏斗状圈谷。这样的地形既利于储积来自周围山坡的固体物质，又利于汇集坡面径流。

3）水文气象条件

水既是泥石流的组成部分之一，也是泥石流活动的基本动力和触发条件。降雨，特别是暴雨，在我国广大山区泥石流的形成中具有普遍的意义。我国降雨过程主要受东南和西南季风控制，多集中在 5~10 月，在此期间，也是泥石流暴发频繁的季节。在高山冰川分布地区，冰川、积雪的急剧消融，往往能形成规模巨大的泥石流。此外，在西藏东南部山区因湖泊溃决而形成的泥石流也屡见不鲜。

4）人类活动的影响

良好的植被，可以减弱剥蚀过程，延缓径流汇集，防止冲刷，保护坡面。在山区建设中，如果滥伐山林，使山坡失去保护，将导致泥石流逐渐形成，或促使已经退缩的泥石流又重新发展。如东川、西昌、武都等地的泥石流，其形成和发展都是与过去滥伐山林有密切联系。此外，在山区建设中，由于矿山剥土、工程弃渣处理不当，也可导致泥石流的发生。

综上所述，形成泥石流有 3 个基本条件：

(1) 流域中有丰富的固体物质补给泥石流。

(2) 有陡峭的地形和较大的沟床纵坡。

(3) 流域的中、上游有暴雨或冰雪强烈消融等形成的充沛水源。

3. 泥石流的分类

1）按泥石流的固体物质组成分类

(1) 泥流。所含固体物质以黏土、粉土为主（占 80%~90%），仅有少量岩屑碎石，黏度大，呈不同稠度的泥浆状。主要分布于甘肃的天水、兰州及青海的西宁等高原山区和黄河的各大支流，如渭河、湟水、洛河、泾河等地区。

(2) 泥石流。固体物质由黏土、粉土及石块、砂砾组成。它是一种比较典型的泥石流类型。西藏波密地区、四川西昌地区、云南东川地区及甘肃武都地区的泥石流，大都属于此类。

(3) 水石流。固体物质主要是一些坚硬的石块、漂砾、岩屑及砂等，粉土和黏土含量很少，一般少于 10%，主要在石灰岩、石英岩、大理岩、白云岩、玄武岩及砂岩分布地区。如陕西华山、山西太行山、北京西山及辽东山地的泥石流多属此类。

2）按泥石流的流体性质分类

(1) 黏性泥石流。其固体物质的体积含量一般达 40%~80%，其中黏土含量一般在 8%~15%，其密度多介于 1700~2100kg/m³。固体物质和水混合组成黏稠的整体，做等速运动，具层流性质。在运动过程中，常发生断流，有明显阵流现象。阵流前锋常形成高大的"龙头"，具有巨大的惯性力，冲淤作用强烈。流体到达堆积区后仍不扩散，固液两相不离析，堆积物一般具有棱角，无分选性。堆积地形起伏不平，呈"舌状"或"岗状"，仍保持运动时的结构特征,故又称结构型泥石流。

(2)稀性泥石流。其固体物质的体积含量一般小于40%,粉土、黏土含量一般小于5%,其密度多介于 $1300 \sim 1700 kg/m^3$,搬运介质为浑水或稀泥浆,沙粒、石块在搬运介质中滚动或跃移前进,浑水或泥浆流速大于固体物质的运动速度,运动过程中发生垂直交换,具紊流性质,故又称紊流型泥石流。它在运动过程中无阵流现象。停积后固液两相立即离析,堆积物呈扇形散流,有一定分选性,堆积地形较平坦。

3)按泥石流流域的形态特征分类

(1)标准型泥石流。具有明显的形成、流通、沉积3个区段。形成区多崩塌、滑坡等不良地质现象,地面坡度陡峻。流通区较稳定,沟谷断面多呈V形。沉积区一般均形成扇形地,沉积物棱角明显,破坏能力强,规模较大。

(2)河谷型泥石流。流域呈狭长形,形成区分散在河谷的中、上游。固体物质远离堆积区,沿河谷既有堆积又有冲刷,沉积物棱角不明显,破坏能力较强,周期较长,规模较大。

(3)山坡型泥石流。也称为坡面型泥石流。沟小流短,沟坡与山坡基本一致,没有明显的流通区,形成区直接与堆积区相连。洪积扇坡陡而小,沉积物棱角尖锐、明显,大颗粒滚落扇脚,冲击力大,淤积速度较快,但规模较小。

(四)岩溶

岩溶作用是指地表水和地下水对地表及地下可溶性岩石所进行的以化学溶解作用为主、机械侵蚀作用为辅的溶蚀作用、侵蚀-溶蚀作用以及与之相伴生的堆积作用的总称。在岩溶作用地区所产生的特殊地质、地貌和水文特征,概称为岩溶现象。因此,岩溶即岩溶作用及其所产生的一切岩溶现象的总称,也称喀斯特(Karst)。

我国西南、中南地区岩溶现象分布比较普遍。桂、黔、滇、川东、鄂西、湘西、粤北等地区连成一片,面积达56万 km^2。

岩溶与工程建设关系密切。在水利水电建设中,岩溶造成的库水渗漏是水工建设中主要的工程地质问题。在岩溶地区修建隧洞,一旦揭穿高压岩溶管道水时,就会造成大量突水,有时挟有泥沙喷射,给施工带来严重困难,甚至淹没坑道,造成重大事故。在地下洞室施工中遇到巨大溶洞时,洞中高填方或桥跨施工困难,造价昂贵,有时不得不另辟新道,因而延误工期。

在岩溶地区修筑公路的主要问题有:①由于地下岩溶水的活动,或因地表水的消水洞穴被阻塞,导致路基基底冒水、水淹路基、水冲路基以及隧道涌水等;②由于地下洞穴顶板的坍塌,引起位于其上的路基及其附属构造物发生坍陷、下沉或开裂;③如何正确地利用天生桥跨越地表河流,利用暗河、溶洞扩建隧道等岩溶形态的改造利用问题。

因此,在岩溶地区修建公路,应深刻了解岩溶发育的程度和岩溶形态的空间分布规律,以便充分利用某些可以利用的岩溶形态,避让或防治岩溶病害对路线布局和路基稳定造成的不良影响。

岩溶的形态类型很多,有石芽、石林、溶沟、漏斗、溶蚀洼地、坡立谷和溶蚀平原、溶蚀残丘、孤峰和峰林、槽谷、落水洞、竖井、溶洞、暗河、天生桥、岩溶湖、岩溶泉及土洞等。

影响岩溶发育的因素很多,除基本条件外,地质的因素还包括地层(地层的组合、厚度)和构造(地层产状、大地构造、地质构造等);地理因素包括气候、覆盖层、植被和地形等。其中,气候因素对岩溶影响最为显著。

(五)软土

软土一般是指天然含水率大、压缩性高、承载力低和抗剪强度很低的呈软塑~流塑状态的黏性土。软土是一类土的总称,并非指某一种特定的土,一般将软土分为软黏性土、淤泥质土、淤泥、泥炭质土和泥炭等,即其性质大体与上述概念相近的土都可以归为软土。《公路工程地质勘察规范》(JTG C20—2011)规定,在静水或缓慢流水环境中沉积,具有以下工程地质特性的土,应判定为软土:

(1)天然含水率 $w \geqslant w_L$。

(2)天然孔隙比大于或等于1.0。

(3)压缩系数 $a_{0.1-0.2} > 0.5 \text{MPa}^{-1}$。

(4)标准贯入试验锤击数 $N<3$ 击。

(5)静力触探比贯入阻力 $P_s \leqslant 750 \text{kPa}$。

(6)十字板抗剪强度 $c_u < 35 \text{kPa}$。

对具有以上多数特性,呈软塑~流塑状,具有压缩性高、强度低、透水性差、灵敏度高等特点的黏性土,宜按软土进行工程地质勘察。

根据天然孔隙比和有机质含量,软土可按表2.1.3进行分类。

软土按天然孔隙比和有机质含量分类　　　　表2.1.3

指标	土类			
	淤泥质土	淤泥	泥炭质土	泥炭
天然孔隙比 e	$1<e<1.5$	$e>1.5$	$e>3$	$e>10$
有机质含量(%)	3~10	3~10	10~60	>60

软土主要是在静水或缓慢流水环境中沉积的以细颗粒为主的第四纪沉积物,一般有下列特征:

(1)软土的颜色多为灰绿、灰黑色,手摸有滑腻感,能染指,有机质含量高时有腥臭味。

(2)软土的粒度成分主要为黏粒及粉粒,黏粒含量高达60%~70%。

(3)软土的矿物成分,除粉粒中的石英、长石、云母外,黏粒中的黏土矿物主要是伊利石,高岭石次之。此外,软土中常有一定量的有机质,可高达8%~9%。

(4)软土具有典型的海绵状或蜂窝状结构,这是造成软土孔隙比大、含水率高、透水性小、压缩性大、强度低的主要原因。

(5)软土常具有层理构造,软土和薄层的粉砂、泥炭层等相互交替沉积,或呈透镜体相间形成性质复杂的土体。

软土具有孔隙比大(一般大于1.0,高的可达5.8),含水率高(最高可达300%),透水性小和固结缓慢,压缩性高,强度低且具有触变性、流变性的工程性质特点。

(六)黄土

黄土是第四纪以来,在干旱、半干旱气候条件下,陆相沉积的一种特殊土。标准的或典型的黄土具有下列6项特征:

(1)颜色为淡黄、褐色或灰黄色。

(2)颗粒组成以粉土颗粒(粒径为 0.075~0.005mm)为主,占 60%~70%。

(3)黄土中含有多种可溶盐,特别富含碳酸盐,主要是碳酸钙,含量可达 10%~30%,局部密集形成钙质结核,又称姜结石。

(4)结构疏松,孔隙多,有肉眼可见的大孔隙或虫孔、植物根孔等各种孔洞,孔隙度一般为 33%~64%。

(5)质地均一、无层理,但具有柱状节理和垂直节理,天然条件下能保持近于垂直的边坡。

(6)湿陷性。黄土湿陷性是指天然黄土在自重压力,或自重压力与附加压力作用下,受水侵蚀后,土的结构迅速破坏,发生显著的湿陷变形的性质。湿陷性黄土地基这种特性,会对结构物带来不同程度的危害,使结构物大幅度沉降、开裂、倾斜,严重影响其安全和使用。湿陷性黄土占我国黄土地区总面积的 60% 以上,而且又多出现在地表上层,主要分布在山西、陕西、甘肃大部分地区以及河南西部。

(七)膨胀土

膨胀土是一种黏性土,具有明显的膨胀、收缩特性。它的粒度成分以黏粒为主,黏粒的主要矿物是蒙脱石、伊利石。这两类矿物具有强烈的亲水性,吸收水分后强烈膨胀,失水后收缩,多次膨胀、收缩后强度很快衰减,导致修建在膨胀土上的工程建筑物开裂、下沉、失稳破坏。

膨胀土主要由含硅酸盐的岩石(包括沉积岩、岩浆岩和变质岩中富铝硅酸盐岩类)经风化破碎,在氧化(还原)条件下经水合作用、淋溶作用及水解作用等地球化学的演变,在湿热气候环境中形成。

1. 膨胀土的特征

(1)膨胀土颜色多为灰白、棕黄、棕红、褐色等。

(2)粒度成分以黏粒为主,含量在 35%~50% 以上,其次是粉粒,砂粒最少。

(3)黏粒的黏土矿物以蒙脱石、伊利石为主,高岭石含量很少。

(4)天然状态下,膨胀土结构紧密,孔隙比小,干密度达 1.6~1.8g/cm^3,塑性指数为 18~23。

(5)具有强烈的膨胀、收缩特性,吸水时膨胀,产生膨胀压力,失水收缩时产生收缩裂隙,干燥时强度较高,多次反复胀缩后,强度降低。

(6)天然状态下,膨胀土的剪切强度、弹性模量都比较高,但遇水后强度降低,有的甚至接近饱和淤泥的强度。

(7)膨胀土中各种成因的裂隙十分发育。

(8)早期(第四纪以前或第四纪早期)生成的膨胀土具有超固结性。表示膨胀土的胀缩性指标有自由膨胀率、膨胀率和线缩率。

2. 膨胀土试验

(1)常规试验:密度、相对密度、含水率、界限含水率(液限、塑限、缩限)试验,岩土的矿物成分化学分析,土的黏粒含量测定。

(2)膨胀岩土工程特性指标试验:自由膨胀率及不同应力下的膨胀率、膨胀力、收缩系数试验。

(3)力学强度试验:压缩试验、剪切试验、浸水后剪切试验。

(八)盐渍土

土体中易溶盐含量大于 0.5%,且具有吸湿、松胀等特性的土,称为盐渍土。

按形成条件,盐渍土可分为盐土、碱土和胶碱土等类型。

按含盐成分,盐渍土分为氯盐渍土、亚氯盐渍土、亚硫酸盐渍土、硫酸盐渍土和碳酸盐渍土,其中亚硫酸盐渍土、硫酸盐渍土的胀松性较大。

1. 盐渍土的膨胀性(盐胀性)

硫酸盐沉淀结晶时体积增大,脱水时体积缩小。由于干旱地区日温差较大,温度的变化造成硫酸盐的体积时缩时胀,致使土体结构疏松。在冬季温度下降幅度较大时,会产生大量的结晶,使土体剧烈膨胀。一般认为硫酸盐含量在 2% 以内时,膨胀带来的危害性较小,高于这个含量则膨胀量迅速增加。

2. 盐渍土的性质

盐渍土的强度与土的含水率关系密切,含水率较低且含盐率较高时,土的强度就较高,反之较低。

3. 盐渍土的水稳性

水对盐渍土的稳定性影响很大,在潮湿的情况下,一般均表现为吸湿软化,因此盐渍土的水稳定性较低。

四、地下水

地下水是埋藏在地表以下岩层或土层空隙(包括孔隙、裂隙和空洞等)中的水,主要是大气降水和地表渗入地下形成的。地下水分布很广,与人们的生产、生活和工程活动的关系也很密切,一方面它是饮用、灌溉和工业供水的重要水源之一,是宝贵的天然资源;但另一方面,它与土石相互作用会使土体和岩体的强度和稳定性降低,产生各种不良的自然地质现象和工程地质现象,给工程的建设和正常使用造成危害。诸多不良地质现象和工程病害,如滑坡、岩溶、潜蚀、土体盐渍化和路基盐胀、多年冻土和季节冻土中冰的富集、地基沉陷、道路冻胀和翻浆等,都与地下水的存在和活动有关。地下水还常常给隧道施工和运营带来困难。

根据地下水的埋藏条件,将地下水分为上层滞水、潜水和承压水。按含水层空隙性质(含水介质)的不同,可将地下水区分为孔隙水、裂隙水和岩溶水。

1. 上层滞水

在包气带(孔隙内主要为空气的岩土层)内局部隔水层上积聚的具有自由水面的重力水,称为上层滞水。上层滞水接近地表,接受大气降水的补给,以蒸发形式或向隔水底板边缘排泄。上层滞水的存在,可使地基土的强度减弱。在寒冷的北方地区,上层滞水易引起道路的冻胀和翻浆。

2. 潜水

地表下面第一个连续隔水层之上的含水层中具有自由水面的水,称为潜水。

潜水含水层直接与包气带相接,所以潜水在其分布范围内,都可以通过包气带接受大气降水、地表水或凝结水的补给。

潜水直接通过包气带与地表发生联系，气象、水文因素的变动，对它影响显著，潜水的动态有明显的季节变化。潜水动态变化的影响因素有自然因素和人为因素两方面。自然因素有气象、水文、地质和生物等。人为因素主要有兴修水利、大面积灌溉和疏干等。掌握潜水的动态变化规律，就能合理地利用地下水，防止其对建筑工程可能造成的危害。

3. 承压水

充满于两个隔水层之间的含水层中的地下水，称为承压水。承压水受隔水层的限制，与地表水联系较弱。因此，气候、水文因素的变化对承压水的影响较小，承压水动态变化稳定。

过量抽取地下承压水使得含水层空隙压缩变形，是导致地面沉陷的主要原因，治理的主要措施就是减少地下承压水的抽取量和向地下注水。

承压水一般水量较大且稳定，隧道和桥基施工若钻透隔水层，会造成突然而猛烈的涌水，处理不当将给工程带来重大损失。

4. 基岩裂隙水

埋藏在基岩裂隙中的地下水，称为裂隙水。裂隙水可分为风化裂隙水、成岩裂隙水和构造裂隙水3种类型。

1）风化裂隙水

分布于风化裂隙中的地下水一般为层状裂隙水，受风化壳的控制，风化裂隙水多属潜水。风化裂隙水在基岩山区分布十分广泛，对边坡工程影响很大，常常是边坡失稳和浅层滑坡形成的重要原因。

2）成岩裂隙水

沉积岩和深成岩浆岩的成岩裂隙多是闭合的，含水意义不大，对工程建设影响也较小。

3）构造裂隙水

构造裂隙是岩石在构造运动中受力产生的。构造裂隙水的分布规律相当复杂，呈现出不均匀性和各向异性的特点。构造裂隙水可以是潜水，也可以是承压水。构造裂隙水一般水量比较丰富，特别是当构造裂隙贯穿或连通其他含水层时，不仅水量丰富而且水量稳定，常常是良好的供水水源，但对隧道施工往往会造成危害，如发生突然涌水事故等。

5. 岩溶水

赋存与运移于可溶岩的空隙、裂隙以及溶洞中的地下水，称为岩溶水。岩溶水受岩溶作用规律的控制，其埋藏分布、运动、水量动态变化和水质等与其他类型地下水都有明显差异。

岩溶水具有以下基本特征和规律：与地表水的流域系统相似，岩溶含水层系统独立完整，空隙、裂隙、竖井、落水洞中水向支流管道汇集，支流管道向暗河集中；岩溶水空间分布极不均匀，主要集中于岩溶管道或暗河系统中，地表及地下岩溶现象不发育地区则严重缺水；岩溶管道和暗河中水流动迅速，运动规律与地表河流相似；水量在时间上变化大，受气候影响明显，雨季水量大，旱季明显减小；水的矿化度低，但易污染。总的来看，岩溶水虽属地下水，但许多特征与地表水相近，因埋藏于地下则比地表水更为复杂。

岩溶水可以是潜水，也可以是承压水。

岩溶水分布不均匀、水量大，给工程预测预防带来困难，尤其是隧道施工难度大，也常造成路基水毁。

五、工程地质对公路工程建设及造价的影响

工程地质条件尤其是地质构造,对公路工程建筑物的稳定有很大的影响。由于工程位置选择不当,误将工程建筑物设置在地质构造不利的部位,引起建筑物失稳破坏的实例时有发生,对此必须要充分认识。

地质构造是工程地质条件的重要内容,直接影响到工程建筑物的稳定性和安全性,对工程建设难易程度和建设投资也有重大影响,新构造运动强烈地带是地震、地表变形以及滑坡、崩塌、泥石流等地质灾害的活跃带。因此,地质构造是道路路线和路基、桥梁、隧道设计的重要工程地质资料和工程评价内容。

1. 路基工程

路基是公路的重要组成部分,它主要承受车辆的动力荷载和其上部建筑物的重量。坚固、稳定的路基是公路安全运行的保障。路基所出现的各种软化、变形和整体失稳一般称为路基病害。路基病害常与特殊的工程地质条件有关,其实质是工程地质问题。

路基不均匀变形是常见的路基病害,以路基沉陷变形较为常见,但也包括鼓胀变形。除路基施工碾压不够外,特殊的工程地质条件常是不均匀变形的主要原因。软土、湿陷性黄土、多年冻土、岩溶空洞和地下矿山采空区等分布区域的路基常出现路基沉陷变形,而在盐渍土和膨胀土分布地区的路基则出现不均匀鼓胀变形,冰冻地区路基顶部水分集中与冻融变化是路基冻胀翻浆的原因。

边坡变形与失稳是严重影响道路正常使用的工程问题。边坡受岩性、构造等地质条件和风化、水的渗入及冲刷等自然地质作用,以及人工开挖等工程活动的影响,常出现坡面变形和整体失稳破坏工程病害、灾害。在山区高等级公路建设中,高大边坡大量出现,因此边坡工程地质问题会越来越严重,破坏和造成的损失也会更加严重。

边坡整体失稳是指边坡的整体塌滑或滑坡。塌滑时边坡上部或顶部会出现地面下沉以及多条拉张裂缝,边坡中、下部会向外鼓胀,表现出边坡整体滑动和破坏的征兆。

边坡整体塌滑和滑坡是路基工程中的重要工程地质问题。山区道路常常需要在斜坡坡脚开挖路堑,修建人工边坡。这种工程活动改变了斜坡内初始的应力状态,使坡脚剪应力更趋于集中,开挖的人工边坡切断斜坡岩体内各种结构面,破坏了边坡岩体的稳定性。这种由工程开挖引起的边坡滑动,常发生在岩层顺坡倾斜、层间夹有泥化的页岩或泥岩层中,倾角大于泥化层层间的内摩擦角,一旦开挖切断坡脚岩层,即刻引起顺层滑动。

斜坡坡脚坡积物分布广泛,公路傍山修建切割坡脚,截断坡积层,降低其稳定性,引起坡积层沿下伏基岩面向线路方向滑动。因此,山区公路坡积层内发生的滑坡是常见的边坡病害。

山区河谷斜坡是自然地质作用强烈地段,河岸两侧也是边坡整体稳定病害多发地段。受河流侵蚀作用和岩层产状影响,河谷斜坡处于不同稳定状态。一般来看,顺倾向岸坡地形较缓,但整体稳定性较差;反倾向坡地形陡峭,但整体稳定性较好。

岩质边坡的破坏失稳与岩体中发育的各种结构面有很大关系。结构面破坏了岩体的完整性,使岩体成为各种结构面分割的岩块组合体。相比之下,结构面的强度远低于岩块。岩体破坏都是沿着结构面发生,特别是边坡岩体中结构面贯通、产状有利于滑动破坏时,尤为不利。

岩层产状与边坡稳定性关系如图2.1.7所示。

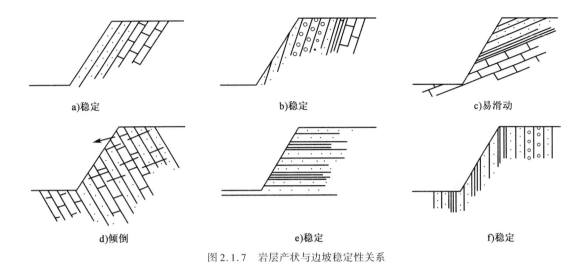

图 2.1.7 岩层产状与边坡稳定性关系

2. 桥梁工程

桥梁是公路工程建筑的重要组成部分。线路跨越河流、沟谷或道路时,需要架设桥梁,桥梁也是线路通过地质灾害频繁发生地区的主要工程。

大、中桥桥位多是路线布设的控制点,桥位变动会使一定范围内的路线也随之变动。桥梁工程地质勘察一般应包括两项内容:首先应对各比较方案进行调查,配合路线、桥梁专业人员,选择地质条件比较好的桥位;然后再对选定的桥位进行详细的工程地质勘察,为桥梁及其附属工程的设计和施工提供所需要的地质资料。影响桥位选择的因素有路线走向、水文地质条件与工程地质条件。工程地质条件是评价桥位好坏的重要指标之一。

查明桥梁场址周围的工程地质条件、选择适宜的桥位、评价桥梁基坑稳定性和正确选定桥基承载力,是桥梁工程地质工作的重要内容。

桥梁位置的选择应该综合考虑线路走向、选线设计技术要求、城乡建设、交通安全和水利设施的要求和地形、地质条件等多方面因素。一般而言,中、小桥位置由线路条件决定,特大桥或大桥则往往先选好桥位,然后再统一考虑线路条件。大桥和特大桥位的选定,除综合考虑政治、经济等因素外,还必须十分重视桥位地段的地质、地貌特征和河流水文特征。

桥位应选择在岸坡稳定、地基条件良好、无不良地质现象的地段,且应尽可能避开大断裂带,尤其不可在未胶结的断层破碎带和具有活动可能的断裂带上造桥。

从河流的情况来看,最理想的桥位应选择在水流集中、河床稳定、河道顺直、坡降均匀、河谷较窄的地段,桥梁的轴线与河流方向垂直。

河道水流是一种螺旋状的环流。它以自己特有的侵蚀—搬运—沉积方式,不断地深切河床、拓宽河谷和加长流路。因此,在某一地段选择桥位时,首先要研究地貌条件,了解河水对河床和岸坡冲刷作用的规律,避开那些有河床变迁、巨大河湾和活动沙洲的不良地段;还要大致判定河谷内覆盖层的厚薄、基岩埋藏深浅,以便合理选定桥位。

山区河流多在山峦起伏的深涧峡谷中流动,其特点是坡降大、水流急,河谷较深,河床中常有基岩裸露,或由巨砾、粗砂沉积覆盖,覆盖层一般较平原河流薄。桥头及其引线应避开滑坡、崩塌、泥石流等地质灾害发生场所。

桥梁、台有以下问题：

(1)桥墩、台地基稳定性问题。桥墩、台地基稳定性主要取决于墩、台地基中岩土体承载力的大小。它对选择桥梁的基础和确定桥梁的结构形式起决定作用。当桥梁为静定结构时，由于各桥孔是独立的，相互之间没有联系，对工程地质条件的适应范围较广；但超静定结构的桥梁，对各桥墩、台之间的不均匀沉降特别敏感；拱桥受力时，在拱脚处产生垂直和向外的水平力，因此对拱脚处地基的地质条件要求较高。地基承载力的确定取决于岩土体的力学性质及水文地质条件，应通过室内试验和原位测试综合判定。

(2)桥墩、台的冲刷问题。桥墩和桥台的修建，使原来的河槽过水断面减少，局部增大了河水流速，改变了流态，对桥基产生强烈冲刷，威胁桥墩、台的安全。

3．隧道工程

围岩级别、围岩或土体主要定性特征、围岩基本质量指标或修正的围岩基本质量指标，是影响隧道设计施工的主要因素。围岩分级的目的是：

(1)作为选择施工方法的依据。

(2)进行科学管理及正确评价经济效益。

(3)确定结构上的荷载(松散荷载)。

(4)给出衬砌结构的类型及其尺寸。

(5)为制定劳动定额、材料消耗标准的基础等。

公路隧道围岩分级详见公路隧道设计规范相关内容。

隧道位置与地质构造的关系密切，穿越水平岩层的隧道，应选择在岩性坚硬、完整的岩层中，如石灰岩或砂岩。在软、硬相间的情况下，隧道拱部应尽量设置在硬岩中，设置在软岩中有可能发生坍塌。当隧道垂直穿越岩层时，在软、硬岩相间的不同岩层中，由于软岩层间结合差，在软岩部位，隧道拱顶常发生顺层塌方。当隧道轴线顺岩层走向通过时，倾向洞内的一侧岩层易发生顺层坍滑，边墙承受偏压(图2.1.8)。

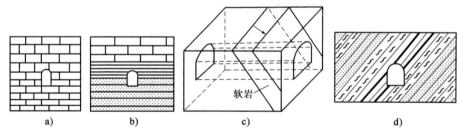

图2.1.8　岩层产状、岩性与隧道稳定性关系

在图2.1.8中，a)为水平岩层，隧道位于同一岩层中；b)为水平的软、硬相间岩层，隧道拱顶位于软岩中，易塌方；c)为垂直走向穿越岩层，隧道穿过软岩时易发生顺层塌方；d)为倾斜岩层，隧道顶部右上方岩层倾向洞内侧，岩层易顺层滑动，且受到偏压。

一般情况下，应当避免将隧道设置在褶曲的轴部，该处岩层弯曲、节理发育、地下水常常由此渗入地下，容易诱发塌方(图2.1.9)。通常应尽量将隧道位置选在褶曲翼部或横穿褶曲轴，垂直穿越背斜的隧道，其两端的拱顶压力大，中部岩层压力小；隧道横穿向斜的隧道时，情况则相反(图2.1.10)。

图2.1.9　隧道沿褶曲轴通过

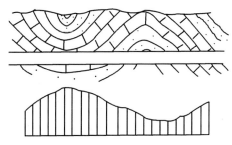
图2.1.10　隧道横穿褶曲轴时岩层压力分布情况

4.工程地质对公路工程造价的影响

公路是线(带)状构筑物,路线穿越不同的自然环境单元,受地质条件影响明显。因此,选择路线方案应十分重视工程地质条件。当区域稳定条件差,有不良地质现象和特殊性岩土存在,山体或基底有可能失稳时,尤其应衡量地质条件对工程稳定、施工条件和安全及运营养护的长期影响,合理选定路线方案。初步选定路线位置时应综合考虑地质条件和各种因素,然后在充分研究并掌握沿线的工程地质条件下,尽可能对有价值的方案进行比较,将路线、大桥、隧道及立交等重点工程选定在工程地质条件相对较好的区间内,以避免在详测时因地质问题而发生路线或桥位、隧址方案变动。如果对工程地质问题认识不足、处理不当,不但会带来工程事故,大幅度增加工程造价,还会遗留许多工程病害,从而导致维修整治费用的增加。

工程地质勘察作为公路工程建设准备的基础工作,对工程造价的影响可归纳为以下3个方面:

(1)选择工程地质条件有利的路线,对工程造价起着决定作用。

(2)工程地质勘察资料的准确性直接影响工程造价。

(3)对特殊不良工程地质问题认识不足会导致工程造价增加。

通常,往往存在着因施工期间才发现特殊不良地质的现象,导致工程投资大幅增加。比如:

(1)处置特殊不良地质的工程费用因施工技术条件相对困难而增加。

(2)因前期对工程地质问题认识不足,设计施工措施不当引起的路基沉陷、边坡滑塌等问题,导致工程费用增加。

(3)桥位区由于稳定问题,引起桥梁开裂破坏;桥梁墩台基础地质条件与勘察不符,导致变更。

(4)隧道围岩级别与勘察资料不符,导致大量变更;隧道施工中遇突水突泥、瓦斯、岩爆等地质灾害,引发工程事故;软岩大变形导致隧道后期的长期变形等问题,都会造成工程损失,加大工程建设费用。

第二节　工程水文

一、水文的基本概念

地表流水可分为暂时流水和经常流水两类。暂时流水是一种季节性、间歇性流水,它主要以大气降水以及积雪冰川融化为水源,所以一年中有时水量充沛,有时水量不足。暂时流水根据流水特征又可以分为坡面细流和山洪急流两类。经常流水在一年中大部分时间流水不断,它的水量虽然也随季节发生变化,但不会出现较长期的干枯无水,这就是通常所说的河流。不论长期流水或暂时流水,在流动过程中都要与地表的土石发生相互作用,产生侵蚀、搬运和堆积作用,形成各种地貌和不同的松散沉积层。地表流水不仅是影响地表形态不断发展变化的一个带有普遍性的重要自然因素,还是经常影响公路建设的一个条件。

(一)暂时性流水作用

1. 坡面细流的地质作用

雨水降落到地面或覆盖地面的积雪融化时,其中一部分蒸发,一部分渗入地下,剩下的部分则形成无数的网状坡面细流,从高处沿斜坡向低处缓慢流动,流动过程中时而冲刷,时而沉积,不断地使坡面的风化岩屑和黏土物质沿斜坡向下移动,最后在坡脚或山坡低凹处沉积下来,这就是坡面细流的地质作用。总的来看,坡面细流的地质作用强度比较小,但其作用范围和作用时间相对较广,对山区公路建设影响较为普遍。坡面细流的侵蚀作用是边坡坡面冲刷的主要动因,坡面细流的堆积物则常常成为山区公路边坡的坡体,其稳定性直接关系到边坡稳定。

2. 山洪急流的地质作用

集中暴雨或积雪骤然大量融化,都会在短时间内形成巨大的地表暂时流水,一般称为山洪急流。山洪急流具有极强的侵蚀和搬运能力,并把冲刷下来的碎屑物质带到山麓平原或沟谷口堆积下来。

山洪急流沿沟谷流动时,由于集中了大量的水,沟底坡度大,流速快,因而拥有巨大的动能,对沟谷的岩石有很大的破坏力。水流以其自身的水力和挟带的砂石,对沟底和沟壁进行冲击和磨蚀,这个过程称为洪流的冲刷作用。由冲刷作用形成的沟底狭窄、两壁陡峭的沟谷称为冲沟。初始形成的冲沟在洪流的不断作用下,可以不断地加深、展宽和向沟头方向伸长,并可在冲沟沟壁上形成支沟。在降雨量较集中、缺少植被保护、由第四纪松散沉积物堆积的地区,极易形成冲沟。我国黄土区是冲沟发育最为典型的地区,在黄土中冲沟发展迅速,常常把地面切割得千沟万壑。

冲沟的发展是以溯(逆)源侵蚀的方式向上逐渐延伸扩展的,即由沟内某一部位向沟的上游侵蚀发展。

冲沟的发展常冲毁路基、导致边坡坍塌,给道路工程建设和养护造成很大困难。

(二)河流的侵蚀作用

河水在流动的过程中不断加深和拓宽河床的作用,称为河流的侵蚀作用。按其作用的方式,可分为溶蚀和机械侵蚀两种。溶蚀是指河水对组成河床的可溶性岩石不断地进行化学溶解,使之逐渐随水流失。河流的溶蚀作用在石灰岩、白云岩等可溶性岩类分布地区比较显著。机械侵蚀作用包括流动的河水对河床组成物质的直接冲击和挟带的砂砾、卵石等固体物质对河床的磨蚀。机械侵蚀在河流的侵蚀作用中具有普遍的意义,它是山区河流的一种主要侵蚀方式。

河流的侵蚀作用,按照河床不断加深和拓宽的发展过程,可分为下蚀作用和侧蚀作用。下蚀和侧蚀是河流侵蚀统一过程中互相制约和互相影响的两个方面,在河流的不同发展阶段,或同一条河流的不同部分,由于河水动力条件的差异,不仅下蚀和侧蚀所显示的优势会有明显的区别,而且河流的侵蚀和沉积优势也会有显著的差别。

1. 下蚀作用

河水在流动过程中使河床逐渐下切加深的作用,称为河流的下蚀作用。河水挟带固体物质对河床的机械破坏,是使河流下蚀的主要因素,其作用强度取决于河水的流速和流量,同时也与河床的岩性和地质构造有密切的关系。很明显,河水的流速和流量大时,下蚀作用的能量大,如果组成河床的岩石坚硬且无构造破坏现象,则会抑制河水对河床的下切速度。反之,如岩性松软或受到构造作用的破坏,则下蚀易于进行,河床下切过程加快。

河流的侵蚀过程总是从河的下游逐渐向河源方向发展,这种溯源推进的侵蚀过程称为溯源侵蚀,也称为逆源侵蚀。

河流的下蚀作用并不是无止境地进行,因为随着下蚀作用的发展,河床不断加深,河流的纵坡逐渐变缓,流速降低,侵蚀能量削弱,达到一定的位置后,河流的侵蚀作用将趋于消失。河流下蚀作用消失的平面,称为侵蚀基准面。流入主流的支流,基本上以主流的水面为其侵蚀基准面;流入湖泊、海洋的河流,则以湖面或海平面为其侵蚀基准面。大陆上的河流绝大部分流入海洋,而且海洋的水面也较稳定,所以又把海平面称为基本侵蚀基准面。侵蚀基准面并不是固定不变的,由于构造运动的区域性和差异性,会引起水系侵蚀基准面发生变化。侵蚀基准面一经变动,则会引起相关水系的侵蚀和堆积过程发生重大的改变。

2. 侧蚀作用

河流挟带泥、砂、砾石,并以自身的动能和溶解力对河床两岸的岩石进行侵蚀,使河谷加宽的作用称为侧蚀作用。侧蚀作用是山区公路水毁的重要原因。

河水运动过程的横向环流作用,是促使河流产生侧蚀的经常性因素。此外,如河水受支流或支沟排泄的洪积物以及其他重力堆积物的障碍顶托,致使主流流向发生改变,引起对岸产生局部冲刷,也是一种在特殊条件下产生的河流侧蚀现象。在天然河道上能形成横向环流的地方很多,但在河湾部分最为显著。当运动的河水进入河湾后,由于受离心力的作用,表层水流以很大的流速冲向凹岸,产生强烈冲刷,使凹岸岸壁不断坍塌后退,并将冲刷下来的碎屑物质由底层水流带向凸岸堆积下来。由于横向环流的作用,使凹岸不断受到冲刷,凸岸不断发生堆积,结果使河湾的曲率增大,并受纵向流的影响,使河湾逐渐向下游移动,因此导致河床发生平面摆动。经过日积月累的冲刷,整个河床在河水侧蚀作用下逐渐拓宽。河流的中下游以及平原区的河流,由于河床坡度较为平缓,侧蚀作用占主导地位。

下蚀和侧蚀是河流侵蚀作用的两个密切联系方面。在河流下蚀与侧蚀的共同作用下,河床不断加深和拓宽。一般在河流的中下游、平原区河流或处于老年期的河流,由于河湾增多、纵坡变小、流速降低、横向环流的作用相对增强,从这个意义上来说,以侧蚀作用为主;在河流的上游,由于河床纵坡大、流速大、纵流占主导地位,从总体上来说,以下蚀作用为主。

二、水文条件对工程建设及造价的影响

路基边坡在雨水形成的坡面细流冲刷和下渗作用下,容易形成沟壑,甚至引起边坡滑塌。

沿河、湖布设的公路,往往由于河流的水位变化及侧蚀作用,常使路基发生水毁现象,特别是河湾凹岸地段最为显著,容易引发路基坍岸,造成经济损失。弃土场如果防护排水措施设置不当,在地表水流作用下极易造成水土流失,甚至引起失稳、引发灾害。

跨越或沿河流布设的桥梁,由于桥头引道、桥梁墩、台阻水的影响,改变了水流和泥沙运动的天然状态,将引起河床的冲淤变形,导致水流对桥梁墩台基础的冲刷,危及桥梁的安全,增加工程投资。因此,孔径的计算和布置,应以建桥前后桥位河段内水流和泥沙运动变化的客观规律为依据。由于对这种客观规律的认识不够,目前所用的孔径计算方法,都是建立在某种假定和试验的基础之上,带有一定的经验性,尚待改进。但在生产实践中,这些方法目前仍有一定实用价值。

大中桥的桥孔设计方案,应符合有关规范的要求,除进行必要的水力计算以外,还必须结合桥位河段的实际情况,全面分析各种有关因素,多方案进行技术经济比较,研究确定最终方案。对于水力水文条件复杂的大桥,可借助水力模型试验,探求合理的桥孔设计方案。

第三节　工 程 气 象

一、自然区划

我国幅员辽阔,又是一个多山国家,从北向南经历寒带、温带和热带,从青藏高原到东部沿海,高程相差4000m以上,因此自然因素变化极为复杂。不同地区自然条件的差异同公路建设有密切联系。为了区分各地自然区域的筑路特性,经过长期研究,交通部制定了《公路自然区划标准》(JTJ 003—1986),该区划是根据以下3个原则制定。

(1)道路工程特征相似的原则。即在同一区划内,在同样的自然因素下筑路具有相似性。例如,北方不利季节主要是春融时期,有翻浆病害;南方不利季节在雨季,有冲刷、水毁等病害。

(2)地表气候区划差异性原则。地表气候是地带性差异与非地带性差异的综合结果。通常,地表气候随着当地纬度而变,如北半球的北方寒冷、南方温暖,这称为地带性差异。除此之外,还与高程的变化有关,即沿垂直方向的变化,如青藏高原由于海拔高,与纬度相同的其他地区相比,气候更加寒冷,即称为非地带性差异。

(3)自然气候因素既有综合又有主导作用的原则。自然气候的变化是各种因素综合作用的结果,但其中又有某种因素起着主导作用。例如,道路冻害是水和热综合作用的结果,但是在南方,只有水而没有寒冷气候的影响,不会有冻害,说明温度起主导作用;西北干旱区与东北潮湿区,同样都有负温度区(0℃以下地区),但前者冻害轻于后者,说明水起主导作用。

二、路基水温状况及干湿类型

路基湿度除了受水的影响之外,另一个重要因素是受当地大气温度的影响。湿度与温度变化对路基产生的共同影响,称为路基的水温状况。沿路基深度出现较大的温度梯度时,水分在温差的影响下以液态或气态由热处向冷处移动,并积聚在该处,这种现象在季节性冰冻地区尤为严重。

我国华北、东北和西北地区为季节性冰冻地区。这些地区的路基在冬季冻结的过程中会在负温度差的影响下,出现湿度积聚现象。气温下降到0℃以下时,路面和路基结构内的温度也随之逐渐降到0℃以下。在负温度区内,自由水、毛细水和弱结合水随温度降低而相继冻结,于是土粒周围的水膜减薄,剩余许多自由表面能,增加了土的吸湿能力,促使水分从高温处向上移动,以补充低温处失去的能量。由试验得知,在温度下降到-3℃以下时,土中未冻结的水分在负温差的影响下实际上已不可能向温度更低处移动,因此,负温度区的水分移动一般发生在-3~0℃等温线之间。在正温度区内,因0℃等温线附近土中自由水和毛细水的冻结,形成了与深层次土层之间的温度差,从而促使下面的水分向0℃等温线附近移动。而这部分上移的水分便又成了负温度区水分移动的补给来源。这就造成了上层路基湿度的大量积聚。

积聚的水冻结后体积增大,使路基隆起而造成面层开裂,即冻胀现象。春暖化冻时,路面和路基结构由上而下逐渐解冻。而聚集在路基上层的水分先融解,水分难以迅速排除,造成上层的湿度增加,使路基结构的承载能力大大降低。在交通繁重的地区,经重车反复作用,路基路面结构会产生较大的变形,严重时,路基土以泥浆的形式从胀缝的路面缝隙中冒出,形成翻浆。冻胀和翻浆的出现,使路面遭受严重破坏。

当然,并不是季节性冰冻地区的所有道路都会产生冻胀与翻浆,对于渗透性较高的砂类土以及渗透性很低的黏质土,水分都不容易积聚,因此不易发生冻胀与翻浆;而相反,对于粉质土和极细砂,则由于毛细水活动力强,极易发生冻胀与翻浆。

三、气象条件对工程建设及造价的影响

1. 对路基施工的影响

路基施工过程中遇暴雨、连续降雨、降雪等,不仅影响施工工期,还会直接影响施工质量,容易出现纵向裂纹、路基不均匀沉降,甚至引起路基边坡失稳,造成经济损失。填方路基尤其是高填方路基在较长时间的降雨、降雪等形成的地表积水渗透作用下,使路基中土体孔隙水压力增大,有效应力和摩擦力减少,出现路基开裂、沉陷,甚至滑塌失稳。冰冻地区由于季节性冻融作用,造成路基开裂和不均匀沉陷。挖方边坡在连续降雨作用下,土体抗剪强度急剧降低,容易引起边坡滑塌失稳,增加工程投资。填方路基在雨季填筑时,土体湿度过大,不能充分碾压密实,也容易引起路基沉降。

因此,在雨季施工,应严格按照公路路基施工技术规范的相关规定执行。

2. 对路面施工的影响

沥青和水泥混凝土路面在材料的采购、运输、施工过程中都直接受到降雨、降雪和气温的影响。路面施工中,如遇大于10mm的降水,会导致路面基床含水饱和,强度降低,碎石、砾石湿度超标,造成路面施工停止。沥青路面施工,碾压温度影响沥青密实度,在沥青路面施工规范中,除规定了沥青混合料和摊铺、碾压外,还规定气温必须在5℃以上,否则不允许施工作业。

在路面基层施工中,混合料的含水率对路面质量影响也很大。如路面基层采用二灰碎石,碾压时混合料含水率必须控制在4%~5%;如路面基层采用水泥稳定砂砾,碾压时混合料含水率必须控制在5%~6%,偏差为-1.5%~0.5%。这就意味着,路面施工过程中遇到连阴雨天气时必须停工,否则施工质量不能保证。

3. 对桥梁施工的影响

在桥梁基础施工中，如遇到暴雨、连阴雨，不仅影响施工工期，还威胁着桥梁水下基础施工的质量和安全。据统计，在汇水面积 50km² 以内连续降水量达 80mm 时，江河就会出现流量达 500~1000m³/s 的洪水灾害，可导致 200~300m 宽的河谷内水位上涨 2m 以上，如果洪水中再挟带 20% 的泥沙，就会使桥梁下部正在开挖的基础全部报废。按桩基础计算，如果一个桥台 4 根桩（桩长 25~30m），带来的经济损失至少在 60 万~80 万元。

另外，桥梁施工对气温的要求十分严格，无论是钢筋混凝土桥梁还是拱桥，正常施工温度必须在 5℃ 以上，合龙温度必须控制在 15℃ 左右。如果气温过低，就会导致混凝土出现裂缝、造成其强度降低，最终影响桥梁质量和使用寿命。

第三章

工程构造

第一节 公路的基本组成

道路是供各种无轨车辆和行人通行的基础设施的统称,按其使用特点分为公路、城市道路、乡村道路、厂矿道路、林业道路、考试道路、竞赛道路、汽车试验道路、车间通道以及学校道路等。

公路是道路中最主要的组成部分,是指连接城市、乡村和工矿基地等,主要供汽车行驶,且具备一定条件和设施的道路,对国民经济起到举足轻重的作用。公路的组成有以下不同的呈现形式。

线形组成:公路线形是指公路中线的空间几何形状和尺寸,包括平面线形和纵面线形。科学、合理地布设路线平纵面线形,对控制工程造价、降低公路对沿线自然环境和社会环境的影响有着至关重要的作用。

结构组成:公路的结构是承受荷载和自然因素影响的结构物,包括路基、路面、桥涵、隧道、排水系统、防护工程、交叉工程、特殊构造物、监控设施、通信设施、收费设施、服务设施等。

第二节 路基工程的组成、分类及构造

一、路基的基本要求

路基是公路工程的重要组成部分,它是按照线路位置和一定的技术要求修筑的带状构造物,既是路线的主体,又是路面的基础。路基的强度和稳定性是保证路面强度和稳定性的先决条件,强度和稳定性较高的路基,如岩质路基,可以适当降低路面结构层厚度,从而达到降低工程造价的目的。路基应满足下列基本要求。

1. 具有足够的整体稳定性

路基是在天然地面上填筑或开挖建成的。路基修建后,改变了原地面的天然平衡状态,当地质不良时,修建路基可能加剧原地面的不平衡状态,从而发生滑塌、沉陷等病害,造成路基损害。

2. 具有足够的强度

路基强度是指在行车荷载作用下路基抵抗变形的能力。为保证路基在外力及自重作用下

不致产生超过允许范围的变形,要求路基应具有足够的强度。

3. 具有足够的水温稳定性

路基在地表水和地下水作用下,其强度将会显著降低。特别是在季节性冰冻地区,由于水温的变化,路基会发生周期性冻融作用,形成冻胀与翻浆,应采取措施确保路基在不利的水温状况下强度不致显著降低,这就要求路基应具有一定的水温稳定性。

二、路基工程的组成

路基工程作为单位工程,包括路基土石方工程、排水工程、防护支挡工程、大型挡土墙、组合挡土墙等分部工程。

各分部工程所含的分项工程见表 3.2.1。

路基工程各分部工程所含的分项工程　　表 3.2.1

分 部 工 程	分 项 工 程
路基土石方工程	土方路基、填石路基、软土地基处治、土工合成材料处治层等
排水工程	管节预制、混凝土排水管施工、检查(雨水)井砌筑、土沟、浆砌水沟、盲沟、跌水、急流槽、水簸箕、排水泵站沉井、沉淀池等
防护支挡工程	砌体挡土墙、墙背填土、边坡锚固支护、土钉支护、砌体坡面防护、石笼防护、导流工程等
大型挡土墙、组合挡土墙	钢筋加工及安装、砌体挡土墙、悬臂式挡土墙、桩板墙、扶壁式挡土墙、锚杆、锚定板和加筋挡土墙、墙背填土等

公路路基主要由路基本体、排水设施、防护设施、加固工程、附属设施、特殊路基等构成,各部分主要特点如下。

1. 路基本体

路基是在天然地面表面按照路线位置和设计断面的要求填筑或开挖形成的岩土结构物。路基横断面一般有路堤、路堑、半填半挖路基三种基本形式,如图 3.2.1 所示。

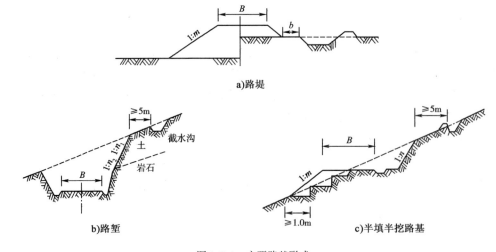

图 3.2.1　主要路基形式

路堤是高于原地面的填方路基,其作用是支承路面体。路堤在结构上分为上路堤和下路堤,上路堤是指路床以下0.7m厚度范围的填方部分,下路堤是指上路堤以下的填方部分。路面结构层以下0.8m或1.2m范围内的路基部分称为路床。

路堑是低于原地面、由开挖所形成的路基。挖方边坡坡度,应根据边坡高度、土石种类与性质(密实程度、风化程度等)、地表水情况及施工方法等因素综合分析确定。

半填半挖路基是一部分路基经过填筑而成,另一部分路基经过开挖形成的路基结构。

2. 排水设施

路基工程排水设施分为两类,分别是地表排水设施和地下排水设施,其中地表排水设施主要有路堑和路堤边沟、截水沟、急流槽、排水沟等类型。地下排水设施主要有盲沟、暗沟、渗沟、渗井、仰式排水斜孔等。其中常用的排水设施如下:

(1)边沟是在路基两侧设置的纵向水沟,用以汇集和排除路面、路肩及边坡的流水,如图3.2.2所示。

(2)截水沟(又称天沟)是设置在挖方路基边坡坡顶以外或山坡填方路基上侧适当位置的截水设施,用以汇集并排除路基边坡上侧的地表径流,如图3.2.3所示。

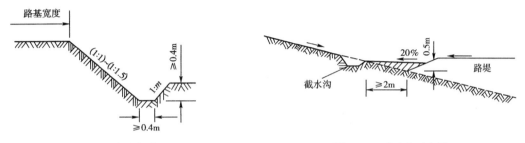

图3.2.2 边沟示意图　　　　　　图3.2.3 截水沟示意图

(3)排水沟的作用是将边沟、截水沟、取土坑、边坡和路基附近积水引排至桥涵或路基以外的洼地或天然河沟。

(4)暗沟是设置在地面以下用以引导水流的沟渠,它本身没有渗水或汇水作用,而是把路基范围以内的泉水或渗沟汇集的水流排除到路基范围以外,防止水在土中扩散危害路基。

(5)渗沟是一种常用的地下排水沟渠,用以降低地下水位或拦截地下水。渗沟按排水层的构造可分为填石渗沟、管式渗沟和洞式渗沟,如图3.2.4所示。它们的构造基本相同,底部为排水层,顶部设封闭层,排水层与沟壁之间设置反滤层。

(6)渗井是一种立式地下排水设施。当路基附近的地表水或浅层地下水无法排出,影响路基稳定时,可设置渗井,将地表水或地下水经渗井通过不透水层流入下层透水层中排出,以疏干路基。

3. 防护设施

根据防护的目的或重点不同,路基防护一般可分为坡面防护和冲刷防护两类。坡面防护主要是保护路基边坡坡面。冲刷防护可采用直接防护也可采用间接防护,或两种方式组合使用。

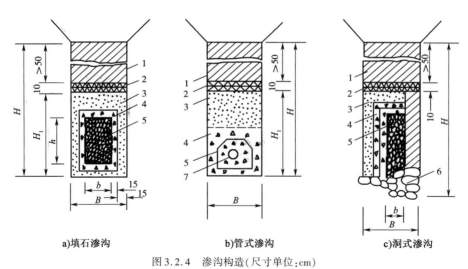

图 3.2.4 渗沟构造(尺寸单位:cm)
1-黏土夯实;2-双层反铺草皮;3-粗砂;4-石屑;5-碎石;6-浆砌片石沟洞;7-混凝土预制管

4. 加固工程

公路的修建改变了地层原来的受力状态,可导致公路边坡滑动,因此需要对边坡进行支挡和加固。常见的加固工程主要包括各种重力式挡土墙、加筋土挡土墙、锚杆(索)加固、抗滑桩及桩板墙等各种支挡结构。

5. 附属设施

同路基工程有关的附属设施,除排水及防护与加固工程外,还有护坡道、碎落台、堆料坪及错车道等。特殊地区的路基工程,相应还有一些特定的附属设施,例如:多年冻土地区的保温护道和护脚,沙漠地区的阻沙障和聚风板,雪害地区的防雪林和防雪栅,泥石流路段的拦渣坝和停淤场,以及翻浆地区或盐渍土地段等地的保温防水隔离层。

6. 特殊路基

因修建公路路基工程,使原有的自然平衡条件被打破(原有的自然条件不能满足修筑的条件要求、边坡过陡、地质承载力过低、地面下伏空洞等),所以出现各种各样的问题。因此,除要按一般路基标准、要求进行设计外,还要针对特殊问题进行研究,做出处理。特殊路基主要有:

(1)滑坡地段路基、崩塌与岩堆地段路基、泥石流地区路基。
(2)岩溶地区路基、采空区路基。
(3)湿黏土路基、软土地区路基、红黏土地区路基、膨胀土地区路基、黄土地区路基、盐渍土地区路基、风积沙及沙漠地区路基。
(4)季节性冻土地区路基、多年冻土地区路基、涎流冰地区路基、雪害地区路基。
(5)水库地区路基、滨海地区路基等。

三、路基的分类

1. 路基标准横断面

各等级公路路基标准横断面构成如下:

(1)高速公路、一级公路的路基标准横断面分为整体式和分离式两类。整体式路基的标准横断面由车道、中间带(中央分隔带、左侧路缘带)、路肩(右侧硬路肩、土路肩)等部分组成。分离式路基的标准横断面由车道、路肩(右侧硬路肩、左侧硬路肩、土路肩)等部分组成。

(2)二级公路路基的标准横断面由车道、路肩(硬路肩、土路肩)等部分组成。

(3)三级公路、四级公路路基的标准横断面由车道、路肩等部分组成。

2. 车道

公路上的车道是供各种车辆行驶部分的总称。公路设计还可以根据需要增设变速车道、爬坡车道、避险车道、紧急停车带与错车道等。为保持公路服务水平在特定路段上增设的以上设施,使公路路基的横向(断面)宽度也随之增加。

1)变速车道

加速车道和减速车道统称为变速车道。加速车道是为了保证驶入干道的车辆在进入干道之前,能够安全加速以保证汇流所需的距离而设置的变速车道;减速车道是为了保证车辆驶出干道以安全进入低速车道所需的距离而设置的变速车道。图3.2.5为减速车道的一种形式。变速车道还可应用在平面交叉口、互通式立体交叉、高速公路的服务区和公共汽车停靠站、管理与养护设施等与主线衔接的出入口处。由于各自的使用特点不同,其几何设计要求不尽相同。

图3.2.5 减速车道(尺寸单位:m)

2)爬坡车道

爬坡车道是指设置在上坡路段,供慢速上坡车辆行驶的专用车道。在连续陡坡路段,在原有车道外侧,为车速降低过多的载货车辆行驶而增设,用以维持一般车辆的正常车速,提高交通安全和通行能力。主要是在四车道高速公路、一级公路和双车道的二级公路连续上坡路段,当载货车辆上坡运行速度降到表3.2.2的允许最低速度以下时,或上坡段的设计通行能力小于设计小时交通量时,或经设置爬坡车道和改善主线纵坡不设爬坡车道两者技术经济比较论证后,认为设置爬坡车道的效益费用比较高、行车安全性较优时,宜在上坡方向行车道右侧设置爬坡车道。

上坡方向允许最低速度　　　　　　表3.2.2

设计速度(km/h)	120	100	80	60	40
容许最低速度(km/h)	60	55	50	40	25

爬坡车道的宽度应为3.5m,紧靠车道的外侧设置。可利用硬路肩宽度,爬坡车道外侧应设置路缘带和土路肩。高速公路、一级公路爬坡车道长度大于500m时,应按照规定在其右侧设置紧急停车带。二级公路如需要保留原来供非汽车交通行驶的硬路肩时,可设置在爬坡车道的外侧。

3) 避险车道

避险车道是指在长陡下坡路段行车道外侧增设的供速度失控(制动失灵)车辆驶离正线安全减速的专用车道。避险车道主要由引道服务车道及辅助设施(路侧护栏、防撞设施、施救锚栓、呼救电话、照明)等组成。连续长、陡下坡路段,应结合交通安全性评价论证设置避险车道。避险车道应设置在长、陡下坡路段的右侧视距良好的适当位置,其宽度不应小于4.5m。有条件时,宜在避险车道右侧平行设置救援车道。

4) 紧急停车带

(1)高速公路和作为干线的一级公路的右侧硬路肩宽度小于2.5m时,应设紧急停车带。紧急停车带宽度应不小于3.5m,有效长度不应小于40m,间距不宜大于500m,并应在其前后设置不短于70m的过渡段。紧急停车带如图3.2.6所示。

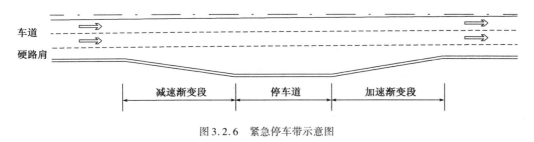

图3.2.6 紧急停车带示意图

(2)高速公路、一级公路的特大桥、特长隧道,根据需要可设置紧急停车带,其间距不宜大于750m。

(3)二级公路根据需要可设紧急停车带,其间距宜按实际情况确定。

5) 错车道

当四级公路采用单车道路基时,应在不大于300m的距离内选择有利地点设置错车道,并使驾驶员能看到相邻两错车道之间的车辆。设错车道路段的公路宽度不应小于双车道的路基宽度,错车道的有效长度不应小于20m。为了便于错车车辆的驶入,在错车道的两端应设置不小于10m的过渡段。错车道如图3.2.7所示。

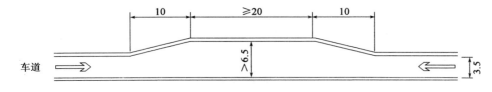

图3.2.7 错车道(尺寸单位:m)

6) 平曲线加宽

车辆在小半径的圆曲线转弯时,前后轮会划出不同的曲线轮迹,由于车体外廓是矩形刚体,导致部分车身横向移出车道;同时车辆一定转速的前轴操纵使车身也存在一定的摆幅。为适应这种情况,对于平曲线半径小于或等于250m时,平曲线路段的行车道部分和路基都应给予加宽。平曲线加宽包括汽车转弯时需要的几何加宽和摆动加宽两部分,加宽值应根据公路功能、技术等级和实际交通组成确定。

四、挖方路基及填方路基

(一)挖方路基

挖方路基又称路堑,是由天然地层构成。天然地层在长期的生成和演变过程中,一般具有复杂的地质结构。

1. 挖方路基典型断面

挖方路基是指路基设计高程小于地面高程,由土方和石方工程机械开挖形成的路基,路基典型横断面如图 3.2.8 所示。

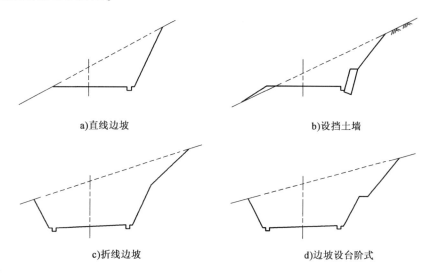

图 3.2.8 路堑

(1)直线形边坡断面适用于边坡为均质的岩土,且路基开挖不深的路段。

(2)折线形边坡断面适用于上部分边坡为土质覆盖层,下部分边坡为岩石的路段。

(3)挡土墙(或矮墙、护面墙)断面适用于当路基挖方为软弱土质、易风化岩层时,需要采取挡土墙或护面墙等支挡措施,确保坡面稳定。

(4)台阶形断面适用于边坡高度较大的路段。边坡平台设置 2%~4% 向内侧倾斜的排水坡度,平台宽度不小于 2m,平台排水沟可做成斜口形或矩形断面。

2. 路堑边坡

土、石质挖方边坡形式及坡率是根据边坡工程地质与水文地质条件、边坡高度、排水防护措施、施工方法等,并结合自然稳定山坡、人工边坡的调查及力学分析后综合确定。

1)土质路堑边坡

土质路堑边坡的稳定性主要受土的成因及生成年代、土的类型、密实程度、地面和地下水发育状况、边坡高度等因素影响。一般情况下,当土质边坡地质条件较简单时,边坡高度不宜超过 20m。当土质路堑边坡高度超过 20m,以及为黄土、红黏土、高液限土、膨胀土等特殊土质的挖方边坡,应特殊处理。

2)岩石路堑边坡

影响岩石路堑边坡稳定的因素有岩石性质、岩体结构、水的作用、风化作用、地震、地应力、地形地貌及人为因素等。当岩石路堑边坡高度超过30m时,应按高边坡进行设计。

(二)填方路基

填方路基又称路堤,是由挖方段的土石方或借方(包括远运利用),采用工程机械、自卸汽车运送并填筑压实而成。

1. 填方路堤典型断面

填方路基由路床和路堤两部分组成,当填筑高度小于路基临界高度或小于1.0m时,称为低路堤;填筑高度大于路基临界高度或未超过6~8m时,称为一般路堤。填方路基应优先选用天然级配较好的砾类土、砂类土等粗粒土作为填料,填料最大粒径应小于150mm。公路受沿线地形、地貌的影响,填方路段横断面出现的形式很多,除一般路基以外,常见的还有挡土墙路堤、护肩路堤、矮墙路堤、沿河路堤等,如图3.2.9所示。

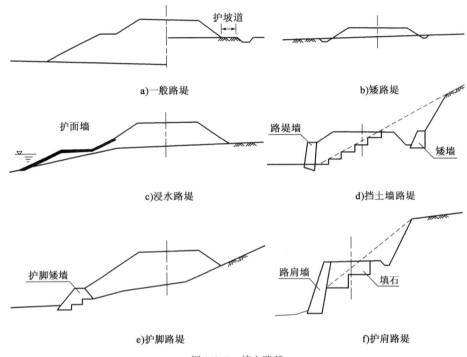

图3.2.9 填方路基

2. 土石分类

为安排施工及土石方工程计价,公路工程一般按土石开挖难易程度进行分级。现行公路工程定额采用六级分类,一般土木工程采用十六级分类。公路工程定额土石分类与十六级分类对应关系见表3.2.3。

公路土、石分类对照　　　　　　　　　　　　　　表3.2.3

公路工程定额分类	松土	普通土	硬土	软石	次坚石	坚石
十六级分类	Ⅰ~Ⅱ	Ⅲ	Ⅳ	Ⅴ~Ⅵ	Ⅶ~Ⅸ	Ⅹ~ⅩⅥ

公路工程定额分类及十六级分类"开挖难易程度"的开挖方法是针对常规人力施工及爆破作业而言。随着我国公路工程机械化施工水平的提高,开挖难易程度的概念也随之发生变化。交通运输部发布的《公路工程标准施工招标文件》(2018年版)对土石划分的规定为:"在公路路基土石挖方中如用不小于112.5kW推土机单齿松动器无法松动,须用爆破或用钢楔大锤或用气钻方法开挖的,以及体积大于或等于$1m^3$的孤石为石方,余为土方。"

五、排水工程

(一)基本要求

水是危害公路的主要自然因素。路基沉陷、冲刷、坍塌、翻浆,沥青路面松散、剥落、龟裂,水泥混凝土路面唧泥、错台、断裂等病害,均不同程度的与地表水和地下水的侵蚀有关。

路基排水系统的设置,是采用适当的排水设施,将可能危害路基稳定的地表水和地下水迅速排出路基范围之外,应注意与农灌沟渠的关系,防止冲毁农田或其他农田水利设施。排水构造如图3.2.10所示。

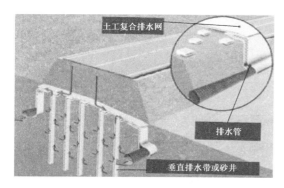

图3.2.10 排水构造

路基排水分地表排水和地下排水两大类。排除地表水一般可采用边沟、截水沟、排水沟、跌水、急流槽及拦水带等设施,排除地下水一般可采用明沟、暗沟、渗沟等设施。

(二)地表排水设施

1. 边沟

边沟设置于路基挖方地段和高度小于边沟深度的填方地段。边沟排水应引入桥、涵或路基以外的沟谷,其结合部应妥善设计,以使边沟水流顺畅排走,如图3.2.11a)所示。

2. 截水沟及排水沟

当路基挖方上侧山坡汇水面积较大时,应在挖方坡顶5m以外设置截水沟。图3.2.11b)所示为边沟与排水沟相连接位置。

边沟、截水沟、取土坑或路基附近的积水,均可采用排水沟排至桥涵或路基以外的洼地或天然河沟。排水沟距路基坡脚不宜小于2m。高速公路取土场边缘与路基的距离原则上应不小于30m。

截水沟长度一般不宜超过500m,超过500m时应设置出水口将水引入河沟,平、纵转角处应设曲线连接,沟底纵坡应不小于0.3%。当流速大于土壤允许冲刷的流速时,应对沟面采取加固措施或设法减小沟底纵坡。

a)梯形边沟

b)边沟与排水沟相接

图3.2.11 梯形边沟

3. 跌水与急流槽

跌水与急流槽设置于水沟通过陡坡的地段,一般采用砌石或混凝土结构,出水口应注意防止冲刷,一般应设置跌水井等消能设施。图3.2.12 为急流槽。

图3.2.12 急流槽

4. 蒸发池

在气候干燥且排水困难地段,可设置蒸发池。取土坑作蒸发池时,与路基边沟距离不应小于5m,面积较大的蒸发池应不小于20m。高速公路蒸发池距离路基原则上应不小于30m,且必须设置梳形盖板。

5. 油水分离池

污水进入油水分离池前应先通过隔栅和沉沙池处理,且不得污染当地生态环境。

(三)地下排水设施

1. 明沟、暗沟、排水槽、暗管

当地下水位高、潜水层埋藏不深时,可采用明沟或排水槽,截流地下水或降低地下水位,明沟或排水槽必须深入到潜水层。

为排除泉水或地下集中水流,可采用暗沟(图3.2.13)或暗管。高等级公路的中央分隔带也需要采用纵向、横向的暗沟及暗管将集水排出路基之外。

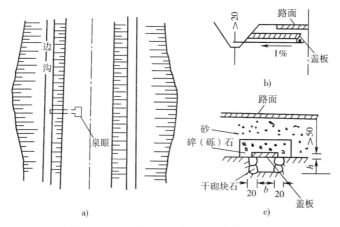

图3.2.13　暗沟布置及构造(尺寸单位:cm)

2.渗沟、渗井

为降低地下水或拦截地下含水层中的水流,可设置渗沟。渗沟是常见的地下排水沟渠,可视地下水流情况纵、横向设置,如图3.2.14～图3.2.16所示。

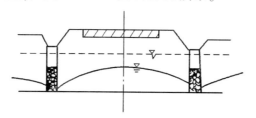

图3.2.14　设在边沟下的渗沟

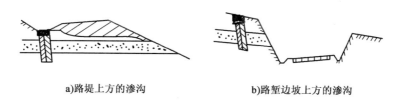

图3.2.15　拦截山坡储水层向路基的渗沟

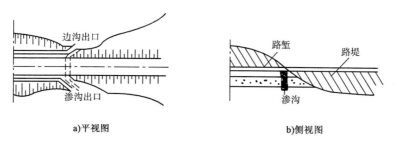

图3.2.16　拦截路堑层间水的渗沟

渗沟与暗沟在构造上差异不大,但其作用则大不相同。渗沟按排水层的构造形式,可分为盲沟、管式渗沟及洞式渗沟三类,如图3.2.17所示。盲沟一般设置在流量不大、渗沟长度不长的地段,排水层采用粒径较大的碎石、砾石填充。

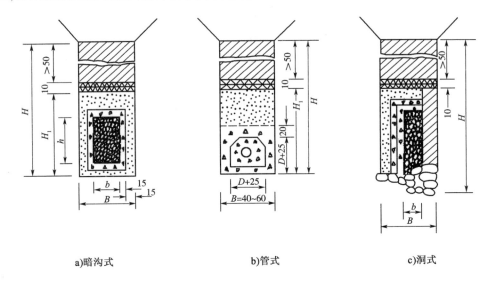

a)暗沟式　　　　　b)管式　　　　　c)洞式

图3.2.17　渗沟构造(尺寸单位:cm)

渗井构造如图3.2.18所示。

3. 隔离层

当地下水位高,路线纵面设计难以满足最小填土高度时,可在路基内设置隔离层。隔离层由透水材料或不透水材料筑成。隔离层应设在最高地下水位之上,同时应高出边沟水位0.2m;隔离层至路基边缘的高度视公路等级而定,一般为0.45～0.70m。

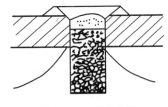

图3.2.18　渗井构造

六、防护与加固工程

公路路基在水流、波浪、雨水、风力及冰冻等自然因素影响下,可能导致边坡坍塌、路基损坏等病害。

路基防护与加固工程,按其作用不同,可分为坡面防护、沿河路基防护和路基支挡加固工程等。一般把防止冲刷和风化,主要起隔离作用的措施称为防护工程;把防止路基或山体因重力作用而坍滑,主要起支承作用的支挡结构物称为加固工程。

(一)坡面防护

坡面防护主要是用以防护易于冲蚀的土质边坡和易于风化的岩石边坡,应根据边坡的土质、岩性、水文地质条件、坡度、高度及当地材料,采取相应防护措施。坡面防护包括植物防护和工程防护。防护工程应按照"安全稳定、植物防护为主、圬工防护为辅"的原则实施。

1. 植物防护

植物防护是一种施工简单、费用经济、环保景观效果较好的坡面防护措施,常用的植物防护包括植草、铺草皮、种植灌木、喷混植生等,当植物防护的坡面有可能产生冲刷时,还应设置浆砌片石或混凝土骨架。植物防护如图 3.2.19 所示。

图 3.2.19　植物防护

2. 工程防护

1）坡面处治

常用的坡面处治包括坡面喷护或挂网喷射混凝土等,如图 3.2.20 所示。由于景观效果差,对于高速公路、一级公路或景观要求高的公路,不宜使用坡面处治。黄土高边坡应按"多台阶、陡边坡、宽平台、固坡脚"的原则进行防护;膨胀土高边坡应按"缓边坡、宽平台、固坡脚"的原则进行防护,其综合坡率应满足稳定性要求。

图 3.2.20　坡面处治

2）护坡及护面墙

常用的护坡包括浆砌护坡或干砌片石护坡,一般用于不陡于 1∶1 的土质和岩石边坡。

护面墙是一种浆砌片(块)石的坡面覆盖层,适用于防护易风化或风化严重的软质岩石或较破碎岩石的挖方边坡以及坡面易受侵蚀的土质边坡。护面墙除自重外不承受墙后的侧压力,故被防护的挖方边坡不宜陡于 1∶0.5,并应符合极限稳定边坡的要求。护面墙如图 3.2.21 所示,有时为使墙面美化,亦可采用拱形。为增加护面墙的稳定性,可分台阶设置,如图 3.2.22 所示。

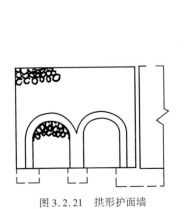
图 3.2.21 拱形护面墙

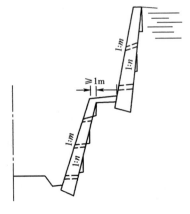
图 3.2.22 护面墙的平台与错台

(二)沿河路基防护

沿河路基直接承受水流冲刷,为了保证路基稳定坚固,必须采取措施防止冲刷。冲刷防护有两种类型,一种是直接防护,以加固岸坡为主;另一种是间接防护,以改变水流方向、降低流速、减少冲刷为主。各种冲刷防护工程均应加强基础处理,一般应将基础埋置于冲刷深度以下或置于基岩上。

1. 直接防护措施

路基边坡及河岸冲刷防护主要类型见表3.2.4。

路基边坡及河岸冲刷防护工程　　　　表3.2.4

防护类型	结构形式	适用条件		注意事项
		允许流速(m/s)	水文地形条件	
植物防护	铺草皮	1.2~1.8	水流方向与路线近乎平行,不受各种洪水主流冲刷的季节性漫水的路堤边坡防护	经常浸水或长期浸水时不宜采用
	种植防水林、挂柳		有浅滩地段的河岸冲刷防护	
干砌片石护坡	单层干砌厚一般为0.25~0.35m;双层干砌厚:上层0.25~0.35m;下层0.15~0.25m	2~4	水流方向较平顺的河岸滩地边缘。不受主流冲刷的路堤边坡	应设置垫层。厚度一般为0.1~0.2m
浆砌片石护坡	厚0.25~0.4m 厚0.3~0.6m	4~6 4~8	主流冲刷及波浪作用强烈处的路堤边坡	有冻胀变形的边坡上,应设置垫层
抛石	石块尺寸根据流速波浪大小计算,一般0.3~0.5m	3	水流方向较平顺,无严重局部冲刷地段。已被水浸的路堤边坡及河岸	抛石厚度不应小于石块尺寸的2倍
石笼	镀锌铁丝编织成箱形或圆形,笼内填石块	5~6	受洪水冲刷,但无滚石的地段和大石料缺少地区	

续上表

防护类型	结构形式	适用条件		注意事项
		允许流速（m/s）	水文地形条件	
浸水挡土墙	浆砌片（块）石或混凝土	5~8	峡谷急流地段，水流冲刷严重地段	基础应埋在冲刷线以下1m，冰冻线以下0.25m。基础前设冲刷防护措施，墙身设泄水孔
混凝土预制块板	平面尺寸一般为0.3~0.5m²，厚度为0.06~0.25m。在受波浪作用严重的地方，平面尺寸可用2.0~3.0m²，厚度可用0.5m	3~8	水流急、冲刷严重地段及无石料地区	应设置垫层，厚度一般为0.1~0.2m

表中植物防护及石砌护坡的基本情况同前述坡面防护。石笼防护使用范围比较广泛，可用于防护河岸或路基边坡，同时也是加陡边坡、减少路基占地宽度及加固河床、防止淘刷的常用措施，石笼可做成多种形式，常见的为箱形、扁长形及圆柱形等。

抛石防护主要用于受水流冲刷的边坡和坡脚，以及挡土墙、护坡的基础等。抛石的石料尺寸应视水深、流速和波浪情况确定。抛石防护的横剖面如图3.2.23所示。

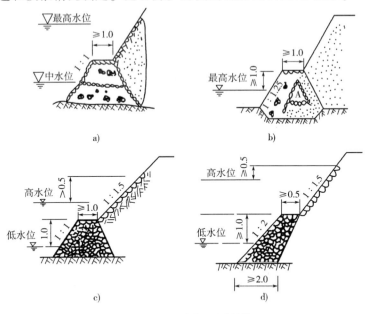

图3.2.23 抛石防护（尺寸单位：m）

2. 间接防护措施（导流构造物）

为调节水流流速及方向，防护路基免受水流冲刷，可设置导流构造物。设置顺坝、丁坝等导流构造物时应注意坝身、坝头、坝根及坝基的冲刷。丁坝也称挑水坝，是指坝根与岸滩相接，坝头伸向河槽，坝身与水流方向呈某一角度能将水流挑离河岸的结构物。顺坝为坝根与岸滩相接,坝身大致与堤岸平行的结构物。它适用于河床断面较窄、基础地质条件较差的河岸或沿河路基防护,可调整流水曲线和改善流态。

(三)路基支挡与加固工程

路基支挡与加固工程是用来支挡路基本身或加固路基边坡,防止路基变形,保证路基稳定的工程措施。常用的支挡类型有各类挡土墙、护肩及砌石、垒石、填石、石垛等具有支挡侧压力作用的构造物。边坡锚固是将受拉构件埋入地层中,以提高边坡稳定性的一种技术,常用的包括预应力锚固和非预应力锚固。

1. 普通重力式挡土墙

普通重力式挡土墙依靠墙身自重支承土压力,一般多采用片块石砌筑,在缺乏石料地区有时也用混凝土修建。

重力式挡土墙应有排水设施,以疏干墙后土体,避免墙后积水形成静水压力,减少寒冷地区回填土的冻胀压力,消除黏性土填料浸水后的膨胀压力,如图 3.2.24 所示。

为避免地基不均匀沉陷引起墙体开裂,应在地质条件变化处设置沉降缝;为防止圬工硬化收缩及温度变化产生裂缝,应设置伸缩缝。沉降缝和伸缩缝可合并设置,一般在墙长 10~15m 设置一道。

2. 衡重式挡土墙

衡重式挡土墙利用衡重台上的填料和全墙重心后移增加墙身稳定,减小墙体断面尺寸。衡重式挡墙墙面坡度较陡,下墙墙背又为仰斜,故可降低墙高,减少基础开挖工程量,避免过多扰动山体的稳定。

3. 加筋土挡土墙

加筋土挡土墙(图 3.2.25)是由面板、筋带和填料三部分组成的复合结构,依靠填料与筋带的摩擦力来平衡面板所承受的水平土压力,即保持加筋土挡土墙的内部稳定;并以这一复合结构去抵抗筋带后部一般填料所产生的土压力,即起支挡作用,获得加筋土挡墙的外部稳定。

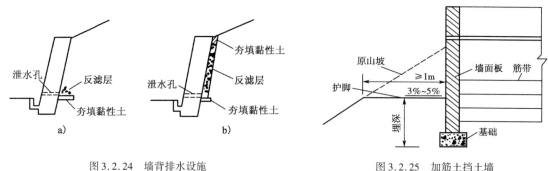

图 3.2.24 墙背排水设施　　图 3.2.25 加筋土挡土墙

4. 锚杆挡土墙

锚杆挡土墙是由钢筋混凝土墙面和锚杆组成的支挡构造物,依靠锚固在稳定地层的锚杆所提供的拉力维持挡土墙平衡,多用于具有较完整岩石地段的路堑边坡支挡。

5. 锚定板挡土墙

锚定板挡土墙是一种适用于填方的轻型支挡结构物,由墙面系、钢拉杆、锚定板组成,依靠埋置于填料中的锚定板所提供的抗拔力维持挡土墙的稳定,主要特点是结构轻、柔性大。

6. 钢筋混凝土悬臂式与扶壁式挡土墙

钢筋混凝土悬臂式、扶壁式挡土墙依靠墙自重和底板上填料及车辆荷载维持挡墙稳定,也是一种轻型支挡结构物,适用于石料缺乏及地基承载力较低的填方地段。

悬臂式墙高一般不大于6m,当墙高大于4m时,宜在臂前设置加劲肋。

7. 桩板式挡土墙

桩板式挡土墙属钢筋混凝土结构,由桩及桩间挡板组成。适用于土压力大、墙高超过一般挡土墙限制的情况,地基强度的不足可由桩的埋深得到补偿。桩板式挡土墙应用范围较广,可作为一般路肩、路堤和路堑挡土墙使用,也可用于滑坡等特殊路段的处理。

8. 护肩及砌石

1) 护肩

护肩如图3.2.26所示。

2) 砌石

陡山坡上的半挖半填路基,填方边坡不易填筑时,可采用砌石,如图3.2.27所示。

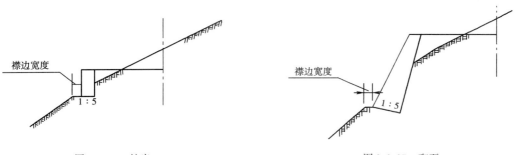

图3.2.26 护肩　　　　　　图3.2.27 砌石

护肩和砌石一般设置于石方路段或距生产石料地点较近处,分析工程造价时,可应用砌石挡土墙定额区分干砌、浆砌并分别计价。计价时,应特别分析其所用石料与一般构造物所用石料价格构成的因素差异(如只需检清、不需开炸、运距较近等),进行区别对待。

9. 垒石、填石、石垛

山区公路在生产石料及石方开挖地段,应因地制宜设置垒石、填石或石垛等支挡构筑物,保证路基稳定,节约工程投资。

垒石、填石、石垛按设计的断面尺寸,以堆砌体积(m^3)为单位计量与支付。由于垒石、填石、石垛的石料一般为开山石方,故工程所需的堆砌石应不作价或少许作价,这是垒石、填石、石垛等此类的支挡构筑物与干砌片块石挡土墙、护肩及砌石等干砌工程的主要差异。

10. 边坡锚固

常用的边坡锚固措施包括预应力锚杆(索)和非预应力锚杆。锚杆杆体材料包括高强度、低松弛的预应力钢丝、钢绞线、精轧螺纹钢筋或普通螺纹钢筋等。预应力锚杆由锚头、自由段和锚固段组成,非预应力锚杆一般采用全长黏结型锚杆。边坡浅层锚固、松动岩块的锚固以及设计锚固力较小的边坡,一般采用非预应力锚杆。而对于边坡的深层锚固、需要严格控制变形的边坡以及设计锚固力较大的边坡,多采用预应力锚杆。锚杆多与地梁(格子梁)或单锚墩结合使用,并将其作为锚固的传力结构。

(四)改移河道

为防止沿河路基被冲毁、原河道被路基侵占,或影响路基防护工程,有条件时可采取改移河道措施。

七、特殊路基处理

(一)滑坡地段路基

1. 滑坡地段路基设计的基本原则

(1)对于规模大、性质复杂、处治难度和费用大的滑坡,路线宜采取绕避措施。路线难以绕避滑坡或潜在滑坡区时,应根据滑坡或潜在滑坡区地形地质条件,合理布设线位和确定路基设计高度。

(2)路线通过滑坡前缘时,宜采用路堤方案;路线通过滑坡后部时,宜采用路堑方案。

(3)滑坡防治应根据滑坡区地形地质条件、滑坡性质、成因、规模、稳定状况及对公路的危害程度,分析滑坡的发生条件、发展趋势及主要诱发因素,确定滑坡防治技术对策与工程措施。

(4)滑坡整治,原则上应一次根治,不留后患。对于规模大、性质复杂、变形缓慢且短期内难以查明其性质的滑坡,可全面规划、分期治理。分期治理时,应保证各种因素的变化过程不影响公路运营的安全性。

(5)路线以路堤通过滑坡前缘时,路堤应采用砂砾、碎石等透水性好的材料填筑,当透水性材料缺乏时,路堤底部应做好排水措施。路线以路堑通过滑坡后部时,路堑宜采用台口式路基断面。

(6)桥址位于松散破碎岩土体、顺层边坡或潜在滑坡时,应充分考虑桥台(墩)基础开挖、弃渣、施工用水和环境因素变化等对坡体稳定性的影响,进行斜坡稳定性评价,因地制宜,采取排水、支挡加固后,方可开挖基坑。

2. 滑坡防治设计

滑坡防治设计应根据滑坡稳定性评价结果和保护对象要求,结合各种措施的实用条件,进行多方案的技术经济比选。因地制宜地采取截排水、削方减载、填土反压与支挡加固相结合的综合防治措施。

1)排水措施

滑坡排水包括地表排水和地下排水。地表排水主要用于拦截滑体外的地表水和排除滑坡体内的地表水,排水设施包括截水沟和排水沟。地下排水包括渗沟、暗沟、仰斜式排水孔和排水隧洞等。

2) 减载与反压措施

削方减载是通过清除滑坡后缘部分滑体,减小滑体自重的方式来增加滑坡稳定性;反压在滑坡坡脚的土体,必须设置在抗滑地段,且反压填土不能堵塞地下水渗水通道。

3) 支挡加固措施

根据滑坡性质和规模,常用的支挡加固措施包括重力式抗滑挡墙、抗滑桩(含预应力锚索抗滑桩)、预应力锚固等。

重力式抗滑挡墙可用于滑坡规模小、厚度薄、推力小的滑坡治理工程。一般设置在滑坡前缘,必要时可与排水、减载、锚固等联合使用。挡墙基础应埋置在滑动面以下的稳定地层中,且挡墙基坑开挖不应引起滑坡复活。重力式抗滑挡墙材料多采用片石混凝土或素混凝土。

抗滑桩可用于各种类型滑坡防治。根据滑坡特点和工程需要,可采用埋入式抗滑桩、悬臂式抗滑桩和预应力锚索抗滑桩。抗滑桩宜布置在滑体厚度薄、推力小、锚固段地基强度高的地段。桩长不宜大于35m,对于滑体厚度大于25m的滑坡,应充分考虑抗滑桩阻滑的可行性。

预应力锚杆(索)的锚固段必须置于滑面以下稳定地层中。预应力锚杆(索)的承压结构应根据滑坡岩土体性质和承载力确定,多采用钢筋混凝土框架或地梁。

(二) 崩塌地段路基

对可能发生的大规模崩塌或大范围危岩,路线应采取绕避措施。对中小型崩塌和危岩体,当绕避困难或不经济时,路基设计应避免高填、深挖并远离崩塌堆积区。

根据危岩崩塌体的范围、规模、稳定状态、与公路的位置关系等,可采取下列清除、遮蔽、拦截、加固等措施。

(1) 清除坡面危石。

(2) 修筑明洞、棚洞等遮挡建筑物。

(3) 坡面加固。如坡面喷浆、抹面、砌石铺盖等以防止软弱岩层进一步风化;灌浆、勾缝、镶嵌、锚栓以恢复和增强岩体的完整性。

(4) 危岩支顶。如用石砌或用混凝土做支垛、护壁、支柱、支墩、支墙等,以增加斜坡的稳定性。

(5) 拦截防御。如修筑落石平台、落石网、落石槽、拦石堤、拦石墙等。

(6) 调整水流。如修筑截水沟、堵塞裂隙、封底加固附近的灌溉引水、排水沟渠等,防止水流大量渗入岩体而恶化斜坡的稳定性。

(三) 泥石流地段路基

路线应绕避大型泥石流、泥石流群及淤积严重的泥石流沟,并远离泥石流堵塞严重的河岸。当无法绕避中小型泥石流时,应选择合理的路线位置和路基断面形式及综合防治措施。

泥石流防治设计应根据泥石流形成条件、类型、流动特点及活动规律,做好总体规划,采取恢复植被、排导、拦截和坡面防护等综合治理措施。

1. 水土保持

包括封山育林、植树造林、平整山坡、修筑梯田、修筑排水系统及支挡工程等措施。

2. 跨越

根据具体情况,可以采用桥梁、涵洞、明洞及隧道、渡槽等方式跨越泥石流。采用桥梁跨越泥石流时,既要考虑淤积问题,也要考虑冲刷问题。确定桥梁孔径时,除考虑设计流量外,还应考虑泥石流的阵流特性,应有足够的净空和跨径,保证泥石流能顺利通过。桥位应选在沟道顺直、沟床稳定处,并应尽量与沟床正交。不应把桥位设在沟床纵坡由陡变缓的变坡点附近。

3．排导

采用排导沟、急流槽、导流堤等措施使泥石流顺利排走,以防止掩埋道路、堵塞桥涵。泥石流排导沟是常用的一种建筑物,设计排导沟时应考虑泥石流的类型和特征。为减小沟道冲淤,防止决堤漫溢,排导沟应尽可能按直线布设,必须转弯时,应有足够大的弯道半径。排导沟纵坡宜一坡到底,如必须变坡时,应从上往下逐渐变陡。排导沟的出口处最好能与地面有一定的高差,同时必须有足够的堆淤场地,最好能与大河直接衔接。

4．滞流与拦截

滞流措施是在泥石流沟中修筑一系列低矮的拦挡坝,其作用是:拦蓄部分泥沙石块,减弱泥石流的规模;固定泥石流沟床,防止沟床下切和谷坡坍塌;减缓沟床纵坡,降低流速。拦截措施是修建拦渣坝或停淤场,将泥石流中的固体物质全部拦淤,只许余水过坝。

(四)岩溶地区路基

岩溶地区路基设计,应遵循以下原则:

(1)路线应绕避大型、复杂的岩溶发育地区。绕避困难时,路基工程应选择在岩溶发育范围小、易于处理的地段通过。

(2)由于暗河多平行于岩层构造线发育,所以路线方向不宜与岩层构造线方向平行,而应与之斜交或垂直通过。

(3)路线应尽量避开河流附近或较大断层破碎带,不能绕避时,宜垂直或斜交通过,以免由于岩溶发育或岩溶水丰富而威胁路基的稳定。

(4)路线应尽可能避开可溶岩与非可溶岩或金属矿床的接触带,这些地带往往岩溶发育强烈,甚至岩溶泉成群出露。

(5)岩溶发育地区选线,应尽量在土层覆盖较厚的地段通过,覆盖土层一般能起到防止岩溶继续发展、增加溶洞顶板厚度和使上部荷载扩散的作用。但应注意覆盖土层内有无土洞的存在。

(6)位于岩溶地段路基,根据岩溶发育状况和路基填挖情况,可采取回填、跨越、注浆加固等措施。

(7)岩溶路基段应设置完善的排水措施,在岩溶水发育地段,路基填筑不应切断岩溶水的径流通道,不得造成阻水、滞水或农田缺水。

(五)软土地段路基

公路软土路基加固处理主要有浅层处理、排水固结、粒料桩、加固土桩、水泥粉煤灰碎石桩(CFG桩)、刚性桩复合地基、强夯与强夯置换等方法。

(1)浅层处理法:软土路基浅层处理包括垫层法、换填法和抛石挤淤,适用于软土厚度薄(一般小于3.0m),或软土局部零星分布时。垫层法常用的垫层材料包括碎石、砂砾、石屑、粉煤灰和灰土等。换填法指挖除软土,换填砂、砾、碎石、片石等透水性材料或强度较高的材料。

(2)排水固结法:排水固结法常与预压联合使用。通过排除土体或降低土中的地下水,降低孔隙水压力,提高土体有效应力,从而达到降低土体压缩性和提高土体强度的目的。常用的排水固结法包括砂垫层预压、袋装砂井或塑料排水板预压、真空预压或真空联合堆载预压等。预压期一般不小于6个月。

(3)粒料桩法:粒料桩法可分为振冲法和沉管法。振冲粒料桩可用于加固十字板剪切强度大于15kPa的地基土。沉管粒料桩可用于加固十字板剪切强度大于20kPa的地基土。粒料桩可采用砂、砂砾、碎石等材料。

(4)加固土桩法:在软土地基内用生石灰等材料形成加固土桩,以降低土中的含水率,提高地基强度、减小沉降量。深沉搅拌法可用于加固十字板剪切强度不小于10kPa的地基土。采用粉喷桩法时,深度不宜超过12m;采用浆喷法时,深度不宜超过20m。

(5)水泥粉煤灰碎石桩(CFG桩)法:CFG桩可用于加固十字板剪切强度不小于20kPa的地基土。CFG桩粗集料可用碎石或砂砾,可掺入砂、石屑等细集料改善级配,粉煤灰宜采用Ⅱ级或Ⅲ级。

(6)刚性桩复合地基法:刚性桩可用于深厚软土地基上荷载较大、变形要求严格的高路堤段、桥头或涵洞与路基衔接段,以及拓宽路堤段。公路软土路基处理采用刚性桩包括预应力混凝土薄壁管桩(PTC)、预应力高强混凝土管桩(PHC)、预制混凝土方桩等。目前应用较多的是应力混凝土薄壁管桩(PTC)。管桩为工厂预制,桩外径一般300~500mm,壁厚60~100mm,桩长标准化定制,现场可焊接接长。刚性桩桩顶宜设桩帽,并铺设柔性土工合成材料加筋体垫层。

(7)强夯与强夯置换法:强夯法适用于处理碎石土、低饱和度的粉土与黏土、杂填土和软土等地基;强夯置换法用于处理高饱和度的粉土与软塑~流塑的软黏土和地基黏土,处理深度不宜大于7m。强夯是通过夯锤自由落体产生的强大冲击波和动应力,达到密实地基土、提高土体强度的目的。夯锤质量一般为8~12t,自由落差8~20m(最高可达40m),强夯加固深度与夯锤动能有关。饱和粉土、夹有粉砂的饱和软黏土地基或在夯坑中回填片块石、砂砾石、卵石等粒料进行置换处理时,可采用强夯法处理。

(六)湿陷性黄土地段路基

湿陷性黄土地基处理,应根据公路等级、湿陷等级、处理深度要求、施工条件、材料来源及对周围环境的影响等,经技术经济比较后确定处理措施。常用的处理措施包括:换填垫层、冲击碾压、表面重夯、强夯、挤密法、桩基础等。

(七)膨胀土地段路基

膨胀土路堑边坡设计应遵循"缓坡率、宽平台、固坡脚"的原则,边坡应设置完善的排水系统,开挖后应及时封闭,对路堑路床0.8m范围应超挖换填符合规定的填料。

膨胀土路堤设计应根据路堤高度、膨胀土填料类型及其处治措施,做好路基结构的防渗、排水和控湿设计。零填路堤应采取换填措施。高度小于1.5m的路堤填料采用非膨胀土或无机结合料土。

强膨胀土稳定性差,不能作为路基填料,中~弱膨胀土应进行处理后方可用作路基填料。

(八)盐渍土地段路基

盐渍土地区路基设计应根据当地积盐条件、土质性状、地表水和地下水的现状,做好盐渍土路基处理、填料控制、路基结构、防排水措施的综合设计,保证路基强度和稳定性符合要求。

盐渍土路基处理应根据地基盐胀率和湿陷性等指标,采取换填砂砾、换填非盐胀土并提高路基高度、冲击压实、浸水预溶、地基置换、强夯、砾(碎)石桩、设置隔断层等措施。

盐渍土地段路基应充分重视排水,保持排水通畅,使路基两侧无积水。积水无法避免时,应采取隔水、防渗措施。

第三节 路面工程的分类、组成及构造

一、路面的基本要求

路面直接承受车辆荷载的作用和自然因素的影响,并为车辆提供安全、经济、舒适的服务。现代公路交通运输不仅要求路面具有足够的承载能力与稳定性,而且应满足耐久、平整、抗滑等使用要求,同时减少环境污染。

1. 具有足够的承载能力

行驶在路面上的车辆,通过车轮把荷载传给路面,由路面传给路基,在路基路面结构内部产生应力、应变及位移。如果路面结构整体或某一组成部分的强度或抗变形能力不足以抵抗这些应力、应变及位移,则路面会出现沉陷,路面表面会出现波浪或车辙,使路况恶化、服务水平下降。因此,要求路基路面结构整体及各组成部分都具有与行车荷载相适应的承载能力。

结构承载能力是路面结构承受荷载的能力。路面结构应具有足够的强度以抵抗车轮荷载引起的各个部位的各种应力,如压应力、拉应力、剪应力等,使路面各个部位的在规定的范围内,保证路面结构不发生压碎、拉断、剪切等各种破坏。或者路面结构应能抵抗车轮荷载引起的各个部位的各种应变,如压应变、拉应变、剪应变等,使路面各个部位的各种应变在规定的范围内,在车轮荷载作用下不发生过量的应变或变形,保证不发生车辙、沉陷或波浪等各种病害。

2. 具有足够的稳定性

路面结构的稳定性包括高温稳定性、低温稳定性、水稳定性。

新建的路面结构暴露在大气之中,经常受到大气温度、降水、湿度变化的影响,结构物的物理、力学性质将随之发生变化,处于另外一种不稳定装状态。路面结构能否承受这种不稳定状态、保持工程设计所要求的几何形态及物理力学性质,称为路基路面结构的稳定性。

3. 具有足够的平整度

路面表面平整度是影响行车安全、行车舒适性以及运输效益的重要使用性能。特别是高速公路,对路面平整度的要求更高。不平整的路表面会增大行车阻力,并使车辆产生附加的振动作用。这种振动作用会造成行车颠簸,影响行车的速度和安全,驾驶的平稳和乘客的舒适。不平整的路面会积滞雨水,加速路面的破坏。因此,为了减少振动冲击力,提高行车速度和增进行车舒适性、安全性,路面应保持一定的平整度。

4. 具有足够的抗滑性

车辆行驶时,车轮与路表面间应具有足够的摩阻力,以保证行车的安全性。在陡坡路段或雨季及结冰季节,路面抗滑性对行车安全至关重要。

5. 具有足够的耐久性

路面工程投资昂贵,从规划、设计、施工至建成通车需要较长时间,因此要求路面工程应具有耐久性。路面在车辆荷载的反复作用下和大气水温周期性的重复作用下,路面使用性能将逐年下降,强度与刚度将逐年衰变,路面材料的各项性能也可能由于老化而衰变,引起路面结构的损坏,而路面的稳定性也可能在长期经受自然因素的侵袭后逐年削弱。因此,需要提高路面的耐久性。

二、路面的分类

路面分类一般依据路面结构力学特性(柔性路面、复合式路面、刚性路面等)、面层材料(水泥混凝土路面、沥青路面、砂石路面等)、基层材料(无机结合料稳定类基层沥青路面、粒料类基层沥青路面、沥青结合料类基层沥青路面和水泥混凝土基层沥青路面)分类。国外一般将路面分为铺装路面、简易铺装路面和未铺筑路面,沥青混凝土路面和水泥混凝土路面等称为铺装路面,沥青碎石、沥青贯入、沥青表面处治路面等称为简易铺装路面,砂石路面等称为未铺装路面。

路面面层类型的选用应符合表3.3.1规定。

路面面层类型及适用范围 表3.3.1

面层类型	适用范围
沥青混凝土路面	高速公路、一级公路、二级公路、三级公路、四级公路
水泥混凝土路面	高速公路、一级公路、二级公路、三级公路、四级公路
沥青贯入、沥青碎石、沥青表面处治路面	三级公路、四级公路
碎、砾石路面	四级公路

1. 按面层材料分类

1)沥青路面

如沥青混凝土路面、沥青贯入式路面、沥青表面处治路面等。

2)水泥混凝土路面

如普通混凝土路面、钢筋混凝土路面、连续配筋混凝土路面、预应力混凝土路面、钢纤维混凝土路面和碾压混凝土路面等。

3)碎、砾石路面

如泥(灰)结碎石路面、级配碎石路面、级配砾石路面及天然砂砾路面、粒料改善土路面等。

2. 按基层材料分类

1)沥青结合料类基层沥青路面(通常称为柔性基层沥青路面)

该类沥青路面适用于各种交通荷载等级公路。

沥青结合料类基层沥青路面的总体结构刚度较小,在车辆荷载作用下产生的弯沉变形较半刚性基层沥青路面大。虽然路面结构某一层的抗弯拉强度较低,但通过合理的结构组合和厚度设计可以保证路面结构整体具有很强的抵抗荷载作用的能力。

2)水泥混凝土基层沥青路面(通常称为刚性基层沥青路面)

该类沥青路面适用于重及以上交通荷载等级公路。刚性基层沥青路面是指用水泥混凝土做基层、沥青混凝土做面层的路面结构。水泥混凝土具有强度高、稳定性好等特点,沥青混凝土行车舒适、噪声小,这种复合式路面可以结合各自的优点,具有良好的使用性能和耐久性。

3)无机结合料稳定类基层沥青路面(通常称为半刚性基层沥青路面)

该类沥青路面适用于各种交通荷载等级公路。半刚性基层沥青路面是指用水泥、石灰、粉煤灰等无机结合料稳定类材料(常称半刚性材料)作为基层、底基层的沥青路面。这种半刚性基层材料使用前期的力学特性呈柔性,而后期趋近于刚性,其刚性介于柔性路面和刚性路面之间,如水泥或石灰粉煤灰稳定粒料类基层的沥青路面。

4)粒料类基层沥青路面

粒料类基层沥青路面包括级配碎石、级配砾石、未筛分碎石、天然砾石、填隙碎石等基层的沥青路面。级配碎石基层沥青路面适用于重及以下交通荷载等级的公路,其他适用于中等及以下交通荷载等级公路。

三、路面工程的组成

行车荷载和自然因素对路基路面的影响随深度的增加而逐渐较弱,因此对路面材料的强度、抗变形能力和稳定的要求也随深度的增加而逐渐降低。为了适应这一特点,路面结构通常分层铺筑,按照使用要求、受力状况、土基条件和自然因素影响程度的不同分成若干层次。通常按照各个层位功能的不同,路面结构一般由面层、基层(底基层)组成,必要时设置功能层。路面工程包括路面面层、基层和底基层、功能层、路肩、路缘石、路面排水设施。

1. 面层

面层是直接与行车和大气接触的表面层,承受较大的行车荷载的垂直力、水平力和冲击力的作用,同时还受降水的侵蚀和气温的变化的影响。因此,同其他层次相比,面层应具备较高的结构强度、抗变形能力、较好的水稳定性和高低温稳定性,而且应当耐磨、不透水,其表面层应具有良好的抗滑性能和平整度。

面层所用材料主要有水泥混凝土、沥青混凝土、沥青碎石混合料等。沥青面层根据需要,可分两层、三层或更多层次来铺筑。

2. 基层和底基层

基层是设置在面层之下,并与面层一起将车轮荷载的反复作用传到底基层和土基,是起承重作用的层次。基层包括无机结合料稳定类、粒料类、沥青结合料类、水泥混凝土类等类型。

不同材料基础和底基层厚度宜符合表 3.3.2 的要求。

基础和底基层厚度　　　　　表3.3.2

材料种类	集料公称最大粒径(mm)	厚度(mm),不小于
密集配沥青碎石 半开级配沥青碎石 开级配沥青碎石	19	50
	26.5	80
	31.5	100
	37.5	120
沥青贯入式	—	40
贫混凝土	31.5	120
无机结合料稳定类	19.0、26.5、31.5、37.5	150
	53	180
级配碎石 级配砾石 未筛分碎石、天然砂砾	26.5、31.5、37.5	100
	53	120
填隙碎石	37.5	75
	53.0	100
	63.0	120

3．功能层

1）防冻层

季节性冻土地区路面厚度不满足防冻要求时,应增设防冻层。防冻层宜采用粗砂、砂砾、碎石等粒料类材料。

2）粒料路基改善层

地下水位高、排水不良的路段,有裂隙水、泉眼等水文条件的岩石挖方路段,基层和底基层为非粒料类材料时,可在基层或底基层与路床间设置粒料层。粒料层应与路基边缘或与边沟下渗沟相连接,厚度不宜小于150mm。该功能层可改善土基的温度、湿度状况,以保证面层和基层的强度、刚度和稳定性不受土基水温状况变化的影响,同时将基层传下的车辆荷载应力加以扩散,以减小土基产生的应力和变形。粒料排水层可起到排水作用,一方面避免潮湿路基或裂隙水、地下毛细水等影响路面湿度状态;另一方面可及时排除路面内部水,避免下渗影响路基。

3）封层

路面结构中用于阻止水下渗的功能层称为封层。无机结合料稳定类或冷再生类材料结构层与沥青结合料类结构层之间宜设置封层,封层可采用单层沥青表面处治或稀浆封层等。当设置改性沥青应力吸收层时,可不再设置封层。

4）黏层

为加强路面各结构层之间的结果,提高路面结构的整体性,避免产生层间滑移,沥青层之间、新旧沥青层之间、沥青层与旧水泥混凝土路面之间等应设置黏层。

5）透层

粒料类基层和无机结合料稳定类基层顶面宜设置透层,透层应具有良好的渗透性。

4．中央分隔带

为保障高速公路、一级公路高速行车安全,在双向车道中间设置中央分隔带,其宽度根据设计速度确定,设计速度为120km/h时宽度一般为3m,其余一般为2m。中央分隔带下部需要设置排水设施及通信管道,外露部分需要绿化和设置防眩、防撞设施。中央分隔带开口一般2km设置一处,开口长度一般为50m。

5. 路肩

土路肩是为行车安全而设置的,位于硬路肩边缘至路肩边缘,具有一定宽度的带状结构部分。一般情况下用黏土填筑,安全设施的波形护栏立柱打入或埋置在土路肩范围内,路表排水的路肩沟也设置在土路肩范围内。

6. 路面排水设施

当前,在高等级公路建设中,为使渗入路面的表面水降至最小限度,并且迅速地排除进入路面结构内的水分,所采用的路面排水设施主要有以下四种形式。

(1) 路面表面排水:漫流排水方式、集中排水方式。包括路肩沟、超高路段排水中沟、集水井、横向排水管等。

(2) 中央分隔带排水:包括渗沟、渗水管、集水井、横向排水管等。

(3) 路面结构内部排水:包括排水性基层、排水性土工织物中间层、开级配透水性沥青混凝土表层、路肩边缘排水等。

(4) 桥面铺装体系排水。

7. 路缘石

路缘石设置在中央分隔带、两侧分隔带及路侧带两侧,缘石可以分为立缘石和平缘石。按照路缘石的材质分为水泥混凝土路缘石、天然石材路缘石。

四、沥青路面

沥青路面具有行车舒适、噪声低、施工期短、养护维修简便等优点,因此得到了广泛应用。沥青路面按照材料组成及施工工艺可分为热拌沥青混合料路面、冷拌沥青混合料路面、沥青贯入式路面、沥青表面处治等。沥青路面应具有坚实、平整、抗滑、耐久的品质,同时还应具有高温抗车辙、低温抗开裂、抗水损害以及防止雨水渗入基层的功能。

1. 沥青面层的适用范围

沥青面层类型应与公路等级、使用要求、交通荷载等级相适应。热拌沥青混凝土可用作各级公路的面层。沥青表面处治适用于三级及三级以下公路的面层。沥青贯入式路面适用于三级及三级以下公路的面层,也可作为沥青路面的联结层。冷拌沥青混合料适用于三级及三级以下的公路的沥青面层、二级公路的罩面施工以及各级公路沥青路面的基层或整平层。

2. 沥青表面处治路面

沥青表面处治是用沥青裹覆矿料、铺筑厚度小于3cm的一种薄层路面面层。其主要作用是保护下层路面结构层,使它不直接遭受行车和自然因素的破坏作用,延长路面使用寿命并改善行车条件。计算路面厚度时,不将其作为单独受力结构层。

沥青表面处治路面按嵌挤原则修筑而成,为了保证矿料间有良好的嵌挤作用,同一层的矿料颗粒尺寸应力求均匀。

沥青表面处治路面可采用拌和法或层铺法施工。比较普遍的是层铺法,即将沥青材料与矿质材料分层洒布与铺撒,分层碾压成型。拌和法可热拌热铺或冷拌冷铺,热拌热铺的施工工艺按热拌沥青混合料路面的规定执行,冷拌冷铺的施工工艺按乳化沥青碎石混合料路面的有关规定执行。

3. 沥青贯入式路面

沥青贯入式路面是在初步压实并已稳定的矿料层上洒布沥青,再铺撒嵌缝料并碾压,借助行车压实而形成的一种沥青路面结构层,其厚度通常为4～8cm,但乳化沥青贯入式路面的厚度不宜超过5cm。贯入式路面的强度和稳定性主要由矿料的相互嵌挤和锁结作用而形成,属于嵌挤式类路面。

沥青贯入式路面具有强度较高、稳定性好、施工简便和不易产生裂缝等优点。由于沥青贯入式路面主要取决于矿料间的嵌挤作用,受温度变化影响小,故温度稳定性较好。其缺点是沥青不易均匀洒布在矿料中,在矿料密实处沥青不易贯入,而在矿料空隙较大处,沥青又容易结成块,因而强度不够均匀。

当贯入式路面上部加铺拌和沥青混合料时,总厚度宜为7～10cm,其中拌和层厚度宜为3～4cm。此种结构一般称为沥青上拌下贯式路面。

沥青贯入式路面是一种多孔隙结构,为了防止表面水的透入,增强路面的水稳性,使路面面层坚固密实,沥青贯入式面层之下应施作下封层。

4. 热拌沥青混合料路面

沥青混凝土的强度是按密实原则构成,采用一定数量的矿粉是一个显著特点。矿粉的掺入,使沥青混凝土中的黏稠沥青以薄膜形式分布,从而产生很大的黏结力。

沥青面层可由单层、双层或三层沥青混合料组成,各层混合料的组成设计应根据其层厚和层位、气温和降雨量等气候条件、交通量和交通组成等因素,选用适当的最大粒径及级配类型,并遵循以下原则:沥青面层的集料最大粒径宜从上至下逐渐增大,中粒式及细粒式用于上层,粗粒式只能用于中、下层。砂粒式仅适用于通行非机动车及行人的路面工程。热拌热铺沥青混合料路面应采用机械化连续施工,以确保路面铺筑质量。

五、水泥混凝土路面

水泥混凝土路面设计以100kN的单轴-双轮组荷载作为标准轴载,以弹性地基上的薄板理论为基础,采用有限元法计算荷载应力与温度应力。其设计的主要内容包括结构组合设计、板的平面尺寸和接缝构造设计、确定板厚和配筋、水泥混凝土混合料组成设计等。

1. 路基

水泥混凝土路面下的路基必须密实、稳定和均质。影响路基强度和稳定的地面水和地下水,必须采取拦截或疏导措施,把水流排出路基以外。要求路基应处于干燥或中湿状态,过湿状态或强度与稳定性不符合要求的潮湿状态的路基,必须经过处理。

2. 基层与垫层

为保证水泥混凝土路面的整体强度及耐久性,防止唧泥和错台,基层应具有足够的强度和稳定性。特重和重交通量的公路,基层宜采用水泥稳定砂砾、水硬性工业废渣稳定类或沥青混合料类等;中等和轻交通量的公路,除上述类型外,也可采用石灰土、泥灰结碎石等。

基层宽度应比混凝土面板每侧宽出30cm(采用小型机具或轨道式摊铺机施工)、50cm(采用轨模式摊铺机施工)或65cm(采用滑模式摊铺机施工)。路肩采用混凝土面层,其厚度与行车道面层相同时,基层宽度宜与路基同宽。新建公路的水泥混凝土路面基层的最小厚度一般为15cm。岩石路基上铺筑水泥混凝土面板时,应根据需要设置整平层,其厚度一般为6~10cm。填石路基上铺筑水泥混凝土面板时,填石路基必须稳定、密实,表面平整,并满足水泥混凝土面板对基层强度的要求,如图3.3.1所示。

图3.3.1 基层与垫层

3. 混凝土面板

1)板的平面尺寸

普通混凝土面板一般采用矩形形式,纵向和横向接缝应垂直相交,其纵缝两侧的横缝不得互相错位。纵向缩缝间距(即板宽)可按路面宽度和每个车道宽度而定,其最大间距不得大于4.5m。横向缩缝间距(即板长)应根据当地气候条件、板厚和实践经验确定,一般采用4~6m,最大不得超过6m,且板宽与板长之比不宜超过1:1.3,平面尺寸不宜大于25m²。

2)板厚设计

板的横断面一般采用等厚,其厚度通过计算确定,但最小厚度为18cm。为便于荷载应力计算,各级交通量的混凝土板初估厚度见表3.3.3。

混凝土板的初估厚度　　表3.3.3

交通等级	特重			重		
公路等级	高速公路	一级公路	二级公路	高速公路	一级公路	二级公路
变异水平等级	低	中	低	中	低	中
面层厚度(mm)	≥260	≥250	≥240	270~240	260~230	250~220

交通等级	中等			轻		
公路等级	二级公路	三、四级公路	三、四级公路	三、四级公路		
变异水平等级	高	中	高	中	高	中
面层厚度(mm)	240~210	230~200	220~200	≤230		≤220

4．接缝设计

1）纵缝

混凝土面板的纵缝必须与路线中线平行,纵缝一般分为纵向缩缝和纵向施工缝。一次铺筑宽度大于4.5m时,应增设纵向缩缝。纵向缩缝采用假缝,并应设置拉杆,其构造如图3.3.2所示。一次铺筑宽度小于路面宽度时,应设置纵向施工缝。纵向施工缝采用平缝,并应设置拉杆,其构造如图3.3.3所示。

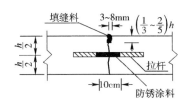
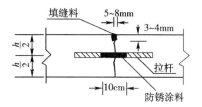

图3.3.2　纵向缩缝构造　　　　　图3.3.3　纵向施工缝构造

2）横缝

横向施工缝构造如图3.3.4所示。横缝一般分为横向缩缝、胀缝和横向施工缝。横向缩缝采用假缝。在特重交通荷载等级的公路上,横向缩缝宜加设传力杆;其他交通荷载等级的公路上,在邻近胀缝或路面自由端部的3条缩缝内,均宜加设传力杆,其构造如图3.3.5所示。

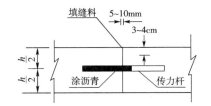
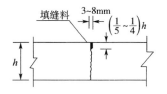
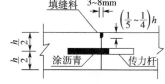

图3.3.4　横向施工缝构造　　　　　图3.3.5　横向缩缝构造

在邻近桥梁或其他固定构筑物处、与柔性路面相接处、板厚改变处、隧道口、小半径平曲线和凹形竖曲线纵坡变换处,均应设置胀缝。在邻近构造物处的胀缝,应根据施工温度至少设置2条。除此之外的胀缝宜尽量不设或少设。其间距可根据施工温度、混凝土集料的膨胀性并结合当地经验确定。

胀缝应采用滑动传力杆,并设置支架或其他方法予以固定,其构造如图3.3.6a)所示。与构筑物衔接处或与其他公路交叉的胀缝无法设传力杆时,可采用边缘钢筋型或厚边型。其构造如图3.3.6b)和图3.3.6c)所示。

每日施工结束或浇筑混凝土过程中因故中断浇筑时,必须设置横向施工缝。其位置宜设在胀缝或缩缝处。设在胀缝处的施工缝,其构造与图3.3.6a)相同;设在缩缝处的施工缝应采用平缝加传力杆型,其构造如图3.3.4所示。

3）拉杆与传力杆

拉杆应采用螺纹钢筋。传力杆应采用光面钢筋,如图3.3.7a)所示传力杆,其长度的一半再加5cm,应涂沥青或加塑料套。胀缝处的传力杆,尚应在涂沥青一端并加一套子,内留3cm的空隙,填纱头或泡沫塑料。套子端宜在相邻板中交错布置。

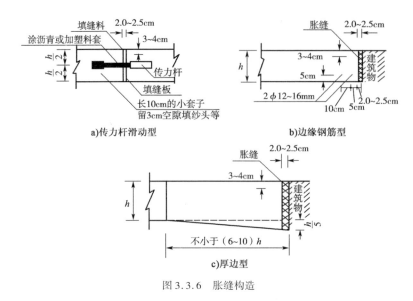

图 3.3.6 胀缝构造

图 3.3.7 横缝设置

4) 补强钢筋

混凝土面板纵、横向自由边边缘下的基础,当有可能产生较大的塑性变形时,宜在板边缘加设补强钢筋,角隅处加设发针形钢筋或钢筋网。

混凝土面板边缘部分的补强,一般选用2根直径12～16mm螺纹钢筋,布置在板的下部,距底板一般为板厚的1/4,并应不小于5cm,间距一般为10cm,钢筋两端应向上弯起。钢筋保护层最小厚度应不小于5cm。

混凝土板的角隅补强,可选用2根直径12～16mm螺纹钢筋布置在板的上部,距板顶应不小于5cm,距板边一般为10cm。板角小于90°时,亦可采用双层直径为6mm的钢筋网补强,布置在板的上、下部,距板顶和板底5～10cm为宜。钢筋保护层厚度应不小于5cm。

六、路面排水设施

防止和减少路面水的损害应从结构本身入手。设置路面排水系统,将积滞在路面结构内的水分迅速排出路面和路基结构,改善路面的使用性能,是国内外工程实践中用得较多的一项措施,综合起来有以下几种类型。

1. 开级配透水性沥青混凝土表层

这种不同于传统的密实型结构的面层利用其相互连通的孔隙,使路表水迅速下渗并在路面结构层内排出,其排水效率远比表面径流更好;消除了路面水膜,减少水漂和喷雾并缓解镜面反射,另外还能降低噪声。

2. 排水性土工织物中间层

设置排水性土工织物中间层以排出路面结构内的积水。

3. 透水性基层

在低渗透性的面层下铺设高渗透性、强度足够的处治碎石基层,迅速排除渗入水是路面结构排水系统的一个很好的发展方向。

4. 路面边缘排水系统

在路肩设置排水盲沟,排除路面结构中渗流到路面边缘的水。

5. 中央分隔带排水

(1)一般路段中央分隔带排水:一般路段的中央分隔带,其排水系统的主要作用是排除中央分隔带范围内的表面渗水。

(2)超高路段中央分隔带排水:高等级公路超高路段不允许上侧半幅路面的表面水横向漫流过下侧半幅路面。因此,超高路段的中央分隔带除应具有一般路段中央分隔带的功能和构造要求外,尚应设置明沟拦截上侧半幅路面漫流过来的表面水。

第四节 隧道工程的分类、组成及构造

一、隧道的分类

位于地表以下,一个方向的尺寸远大于另两个方向的尺寸,两端起连通功能的人工建筑物称为地道。横截面较小时称为坑道,横截面较大时称为隧道。

隧道按其所处的位置不同可分为山岭隧道、水下隧道(河底和海底)以及城市隧道等。

隧道按其横断面形状分为圆形、椭圆形、马蹄形、连拱形等,如图3.4.1和图3.4.2所示。

图3.4.1 分离式马蹄形隧道

图3.4.2 整体式直中墙连拱隧道

隧道按其用途可分为交通隧道(公路隧道、铁路隧道、城市轨道隧道、人行隧道等)和运输隧道(输水隧道、输气隧道、输电隧道、输液隧道等)。

公路隧道包括山岭隧道等。为了克服地形和高程上的障碍(山梁、山脊、垭口等)以改善和提高拟建公路的平纵线形指标、缩短公路里程,或为避免山区公路的各种地质灾害(滑坡、崩塌、岩堆、泥石流等不良地质地段)以保护生态环境,常常修建公路隧道。

公路隧道可按其长度分为四类,见表3.4.1。这种分类的目的,主要是为以隧道长度确定有关设计和施工的技术要求和规定。

公路隧道分类 表3.4.1

隧道分类	特长隧道	长隧道	中隧道	短隧道
隧道长度(m)	$L>3000$	$1000<L\leqslant 3000$	$500<L\leqslant 1000$	$L\leqslant 500$

隧道长度,是指两端洞口衬砌端墙面与隧道轴线在路面顶交点间的距离。

尽管隧道有各种用途、不同长度及横断面形状,但其构造组成大体相同,均由主体建筑物和附属建筑物两大部分组成。

隧道工程作为单位工程,包括总体及装饰装修、洞口工程、洞身开挖、洞身衬砌、防排水、路面、辅助通道等分部工程。

各分部工程所含的单项工程见表3.4.2。

隧道分部分项工程表 表3.4.2

分部工程	分项工程
总体及装饰装修	隧道总体、装饰装修工程
洞口工程	洞口边仰坡防护、洞门和翼墙的浇(砌)筑、截水沟、洞口排水沟、明洞浇筑、明洞防水层、明洞回填
洞身工程	洞身开挖
洞身衬砌	喷射混凝土、锚杆、钢筋网、钢架、仰拱、仰拱回填、衬砌钢筋、混凝土衬砌、超前锚杆、超前小导管、管棚
防排水	防水层、止水带、排水
路面	基层、面层
辅助通道	洞身开挖、喷射混凝土、锚杆、钢筋网、钢架、仰拱、仰拱回填、衬砌钢筋、混凝土衬砌、超前锚杆、超前小导管、管棚、防水层、止水带、排水

二、隧道的位置选择与线形要求

隧道位置应满足公路功能和发展的需要,并符合路线总体要求。

隧道位置应选择在稳定的地层中,避免穿越工程地质和水文地质极为复杂以及严重不良地质地段,必须通过时,应采取切实可靠的工程技术措施。隧道洞口位置不宜设在滑坡、崩塌、岩堆、危岩落石、泥石流等不良地质地段,以及排水困难的沟谷、不稳定的悬崖陡壁下。

濒临水库、沿河、沿溪的隧道,其洞口路肩设计高程应高出计算洪水位(含浪高和壅水高)不小于0.5m。

隧道洞外连接线线形应与隧道线形相协调,隧道洞口外侧各3s设计车速长度范围内的平、纵线形应一致;对于间隔100m以内的连续隧道,宜整体考虑其平、纵线形技术指标。

隧道内最小纵坡不应小于0.3%,最大纵坡不应大于3%,独立的明洞和短于100m的隧道可不受此限制。纵坡的形式一般可设置为单坡,地下水发育的隧道及特长和长隧道可设计为人字坡。隧道内纵坡变更处应设置竖曲线。凸形竖曲线最小半径和最小长度应满足规范要求。

长、特长双洞隧道,应在洞口外适当位置设置联络通道,以便隧道养护和维修,以及紧急情况时车辆转换。

三、隧道的横断面

公路隧道的横断面,主要是指隧道的净空断面,即衬砌内轮廓线所包围的空间,也称为内轮廓限界。它包括隧道建筑限界,以及照明、通风等所需的空间断面。公路隧道建筑限界如图3.4.3所示,在建筑限界内,不得有任何部件侵入。

图中 H 为建筑限界高度,高速公路、一级公路、二级公路为5.0m,三级、四级公路为4.5m; W 为行车道宽度; L_L 为左侧向宽度; L_R 为右侧向宽度; C 为余宽,当设置检修道或人行道时,检修道或人行道宜包含余宽;当不设置检修道或人行道时,应设不小于25cm的余宽; J 为检修道宽度, R 为人行道宽度,高速公路、一级公路隧道应在两侧设置1.0m或0.75m检修,二级、三级公路隧道应在两侧设置人行道兼作检修道,其宽度为1.0m或0.75m,连拱隧道行车方向左侧、四级公路隧道可不设检修道或人行道,但应保留不小于0.25m的余宽; h 为检修道或人行道高度,可按250~800mm取值; E_L 为建筑限界左顶角宽度,包含余宽,当 $L_L \leq 1m$ 时, $E_L = L_L$,当 $L_L > 1m$ 时, $E_L = 1m$; E_R 为建筑限界右顶角宽度,包含余宽,当 $L_R \leq 1m$ 时, $E_R = L_R$,当 $L_R > 1m$ 时, $E_R = 1m$ 。

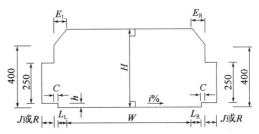

图3.4.3 隧道建筑限界(尺寸单位:cm)

公路隧道的横断面设计除应满足上述建筑限界所需空间,并预留不小于50mm的富余量外,同时还应考虑洞内装饰、通风、照明、消防、监控、指示标志等交通工程及附属设施所需空间。公路隧道的横断面形状应有利于围岩稳定、结构受力。

高速公路、一级公路的隧道应设计为上、下行分向行驶的双洞隧道,双洞隧道宜按分离式隧道布置,其净距宜按两洞结构彼此不产生有害影响的原则,并结合隧道洞口接线、围岩地质条件、断面形状和尺寸、结构设计、施工方法、工期要求等因素综合确定,一般可取0.8~2倍开挖宽度。在洞口地形狭窄、桥隧相连、连续隧道群、周边建筑物限制或为减少洞外占地的短隧道、中隧道,可按小净距隧道布置;在洞口地形狭窄、周边建筑物限制展线特别困难的短隧道,可按连拱隧道布置;桥隧相连、洞口地形狭窄或有特殊要求的长隧道、特长隧道的洞口局部地段,可按分岔隧道布置。

四、隧道主体建筑物

隧道主体建筑物包括洞口和洞身。

1. 洞口

洞口工程是隧道出入口部位的建筑物,包括隧道洞门、边仰坡支挡、洞口排水设施和洞口管沟等。

隧道洞口位置应根据地形、地质条件、洞外相关工程及施工条件,结合环境保护运营要求,通过技术经济比较综合分析确定。洞口应设于山体稳定、地质条件较好位置,隧道轴线宜与地形等高线呈大角度相交。隧道洞口施工现场如图3.4.4所示。

图3.4.4 隧道洞口施工现场

洞门是隧道唯一的外露部分,是联系洞内衬砌与洞外路基的结构,是隧道结构的重要组成部分,也是标志隧道的建筑物。洞门工程应保证边坡和仰坡稳定,并将仰坡流下的水引离隧道,同时具有美化和诱导作用。

公路隧道的洞门形式主要有两类,即端墙式洞门和明洞式洞门。

端墙式洞门包括:端墙式洞门、翼墙式洞门、台阶式洞门、柱式洞门等,如图3.4.5所示。

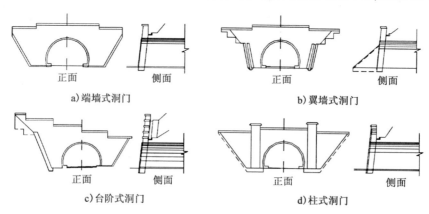

图3.4.5 端墙式洞门形式

明洞式洞门包括:直削式洞门、削竹式洞门、倒削竹式洞门、喇叭口式洞门、棚洞式洞门和框架式洞门等,如图3.4.6所示。

洞门正面端墙和翼墙是洞门的主要组成部分,其作用是抵抗山体的纵向推力、支撑仰坡。端墙面有垂直式和仰斜式两种,洞门墙身最小厚度不应小于0.5m,翼墙墙身厚度不应小于0.3m。

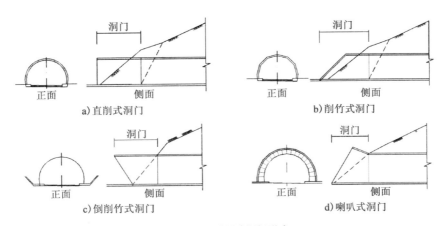

图 3.4.6 明洞式洞门形式

洞顶仰坡与洞顶回填顶面的交线至洞门端墙墙背的水平距离不应小于 1.5m；洞顶排水沟沟底至拱顶衬砌外缘的最小厚度不应小于 1.0m；洞门端墙墙顶应高出墙背回填面 0.5m。

洞门端墙应根据实际需要设置伸缩缝、沉降缝和泄水孔。洞门墙的基础必须置于稳固的地基上，应视地形及地质条件、冰冻深度，埋置足够的深度，保证洞门的稳定性，如图 3.4.7 所示。

图 3.4.7 洞门位置

构筑洞门常用的材料有混凝土、钢筋混凝土、浆砌片石、镶面块石等。

2. 洞身

洞身是公路隧道的主要组成部分，按其所处地形地质条件、施工方法和结构形式的不同，分为暗洞洞身、明洞洞身和棚洞洞身。

1）暗洞洞身

根据路线设计高程与地形地质情况，当有足够厚的覆盖土层时，采取暗挖施工，暗洞洞身由暗挖形成的岩土空间经衬砌而成。

衬砌是沿隧道洞身周边修建的支护结构，其作用是支护隧道、防止岩石碎落或风化、保证净空、防水排水。根据地质条件的不同，隧道衬砌按功能分为承载衬砌、构造衬砌和装饰衬砌，按组成可分为喷锚衬砌、整体式衬砌和复合式衬砌（图 3.4.8），就使用材料而言，有喷射混凝土、锚杆、型钢拱形支撑、钢筋格栅支撑、钢筋网或铁丝网、模筑混凝土、石料混凝土预制块衬砌。

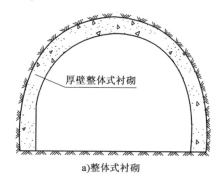
a) 整体式衬砌

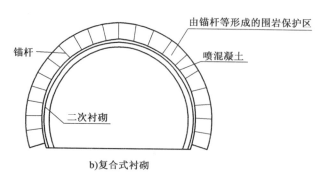
b) 复合式衬砌

图 3.4.8　隧道衬砌

承载衬砌的作用是承受围岩压力，一般由拱顶、边墙和仰拱（无仰拱时做铺底）组成。边墙根据水平压力的大小可做成直墙式或曲墙式。承载衬砌需进行荷载计算和衬砌设计，一般都做成整体式，常用的材料有混凝土、钢筋混凝土或浆砌片石等，如图 3.4.9 所示。

图 3.4.9　衬砌

构造衬砌是在围岩压力很小，但为了防止岩石局部松动坍落和防止岩石风化而建造的衬砌，无须进行受力计算。

装饰衬砌是在山体岩石整体性很好，为防止表面岩石风化而做的衬砌。

喷锚衬砌是喷射混凝土支护、喷射混凝土+锚杆支护、喷射混凝土+锚杆+钢筋网支护、喷射混凝土+锚杆+钢筋网+钢架支护的统称，是一种加固围岩，控制围岩变形，能充分利用和发挥围岩自承能力的支护衬砌形式，具有支护及时、柔性、紧贴围岩、与围岩共同变形等特点，在受力条件上比整体式衬砌优越，对加快施工进度，节约劳动力及原材料，降低工程成本等效果显著，能保证围岩的长期稳定。

整体式衬砌是被广泛采用的衬砌形式，具有较强的支护能力、防水能力和耐久性，具有长期可靠的支护作用工程实践应用多，技术成熟，适应多种围岩条件。山岭隧道中整体式衬砌采用模筑混凝土衬砌或模筑钢筋混凝土衬砌。

复合式衬砌是由内外两层衬砌组合而成，第一层称为初期支护（一般是喷锚衬砌），第二层为二次衬砌（一般是整体式衬砌），初期支护与二次衬砌之间夹防水层。在高速公路、一级公路、二级公路中的隧道衬砌应采用复合式衬砌。

整体式衬砌段应根据实际情况设置变形缝,在Ⅲ级及以下(Ⅳ～Ⅵ级)围岩地段,应设置仰拱。通过不良的地质和特殊围岩的隧道衬砌,如软弱和膨胀性围岩的隧道,应采用曲墙带仰拱的混凝土或钢筋混凝土衬砌结构,必要时还应设置钢拱支撑混凝土衬砌结构。

2)明洞洞身

明洞是指采用明挖方法施工的隧道,如图 3.4.10 所示。明洞拱背通常有回填土石覆盖,也可裸露或部分裸露。修建明洞主要可能基于以下原因:

(1)洞顶覆盖土层薄,围岩成洞条件差,不宜大规模开挖修建路堑而又难以采用暗挖法修建隧道的地段。

(2)路基或隧道口受不良地质危害、难以整治的地段;受路线线形控制无法避开,清理会造成更大病害的地段。

(3)道路两侧有受影响的重要建(构)筑物,路堑开挖会危及建(构)筑物安全,或将来交通运营噪声和烟尘对建(构)筑物使用者造成严重影响的地段。

(4)当公路、铁路、沟渠和其他人工构造物等跨越道路时,由于地形、地质以及线路条件的限制,无法避开的地段,可以用明洞结构代替道路上方跨线桥、过水渡槽等。

(5)为了保持洞口的自然环境,减少洞口开挖或防止洞口边仰坡对隧道洞口造成的危害,可将隧道延长,以明洞方式接长隧道。

图 3.4.10　明洞

明洞的结构形式分为拱形明洞和箱形明洞两种。拱形明洞整体性好,可承受较大的垂直与水平压力。一般情况下,宜采用拱形明洞。当净高、建筑高度受到限制或地基软弱的地段,则宜采用箱形明洞。

明洞应采用钢筋混凝土结构。半路堑拱形明洞应考虑偏压,拱形明洞外侧边墙宜适当加厚,地形条件允许时,可考虑采用反压回填、设反压墙平衡偏压荷载,减少或消除偏压。当拱形明洞侧压力较大或地基承载力不足时,应设仰拱。

为防止一般的落石、崩塌危害,明洞拱背回填土厚度不宜小于 1.2m,填土表面应设置一定的排水坡度。采用明洞式洞门时,明洞拱背可部分裸露,裸露部分宜设厚度不小于 20mm 的砂浆层或装饰层。明洞顶设置过水渠、过泥石流渡槽及其他构造物时,设计时应考虑其影响,一般过水沟渠或普通排水沟底距洞顶外缘厚度不应小于 1.0m,当为排泄山沟洪水、泥石流等渡槽时,渡槽沟底距洞顶外缘不应小于 1.5m。

明洞为防渗水、积水及冰冻危害,一般做外贴式防水层和隔水层。明洞拱圈外模拆除、拱圈混凝土达到设计强度的50%后,应及时按设计规范要求施作防水层及拱脚纵向排水沟、环向盲沟,防水板应向隧道内延伸不小于0.5m,并与暗洞防水板连接良好。

3)棚洞洞身

棚洞是指修建在公路上的"棚盖",一侧靠山、一侧临空。靠山一侧是贴壁防护墙、临空一侧为立柱、框架或拱形窗,顶部封闭并回填土石覆盖,形成半掩体结构,属于明洞范畴的隧道,如图3.4.11所示。

图3.4.11 棚洞

棚洞主要作用为:

(1)靠山一侧地形陡峻,防止可能发生的山坡风化碎落、少量塌方和落石危害行车安全。

(2)为保护环境、减少边坡开挖范围和高度、减少公路建设对山体植被的破坏,维护山坡稳定和自然景观。

(3)防止雪崩、溜雪、积雪和风吹雪堆积路面,阻塞交通,危害行车安全。

棚洞结构根据地形、地质、气候、防护和环境等条件,可分别采用拱形棚洞、半拱形棚洞和矩形棚洞等类型。

棚洞基础应设置于稳固的地基上。当基础位于软弱地基上时,可采用整体式钢筋混凝土底板、桩基、扩大基础、基础加深等措施。棚洞基底高程低于边沟沟底开挖高程应不小于200mm,在有冻害地区,基底埋置深度不应小于冰结线以下250mm。在横向斜坡地形,棚洞外侧基础埋置深度超过路面以下3m时,宜在路面以下设置钢筋混凝土横向水平拉杆,并锚固于内侧基础或岩体中;棚洞外侧为立柱时,可加设纵梁与相邻立柱连接(图3.4.11)。

五、辅助通道建筑

1. 横通道及平行通道

对于上、下行分离式独立双洞隧道,为了使紧急情况下驾乘人员逃生、救援人员能快速到达事故地点、方便隧道养护人员检测和维修,上、下行隧道之间设人行横通道和车行横通道。

人行横通道限界宽度不得小于2.0m、限界高度不得小于2.5m,设置间距宜为250m,并不应大于350m;车行横通道限界宽度不得小于4.5m、限界高度不得小于5.0m,设置间距宜为750m,并不应大于1000m,中、短隧道可不设。车行横通道如图3.4.12所示。

图 3.4.12 车行横通道

对于单洞双向行车的特长隧道宜设平行通道,平行通道宜平行主隧道通长设置,当条件受限时,可局部设置;平行通道断面不应小于车行横通道断面,与主隧道之间设置人行横通道相连。

2. 辅助通道

在隧道建设中,为运营通风、防灾救援或增加工作面、改善施工通风与排水条件等,可适当增设辅助通道。辅助坑道主要包括竖井、斜井、平行导坑、横导坑、风道及泄水洞等形式。

横导坑多用于傍山线路靠河的一侧,其纵坡向外下坡,出口有河槽或谷地便于排水和堆渣,且有利于正洞的施工通风。横导坑既增加了工作面又便于施工管理,是优选方案。

斜井通常结合运营通风要求,临永结合设置,适用于隧道覆盖土层较薄,或覆盖土层虽厚但在适宜处旁侧有低洼地形时。利用斜井出渣运输需要有相应的提升设备。为使机具材料运输与人员上下互不干扰,有时按主、副斜井分建,但造价高、工期长,故多数宜建混合井。斜井底部设停车场,提升设备应有可靠的安全装置。

若隧道较长且无法设置横导坑和斜井,但在洞顶某些地段覆盖土层较薄,且地质条件允许时,可设竖井。通常竖井都设在主隧道的一侧。竖井横断面有矩形和圆形两种形式,由井颈、井身、井窝和马头门组成。

对于单洞隧道,当隧道较长且覆盖层较厚,不宜采用其他形式辅助坑道时,尤其是在远期规划需增建第二线平行隧道时,采用平行导坑方案具有良好的经济效益。平行导坑可在主隧道一侧或两侧设置,一般都是独头导坑。平行导坑应先于主洞开工,根据工期和施工方法确定由平行导坑开向主洞的横通道数量。平行导坑在施工期间作为增加工作面的进出口和施工通风道,在涌水量大的主隧道运营期间,可作为排水通道起到排水沟的作用。

3. 附属建筑

根据隧道交通工程与附属设施及管理要求,必要时应设置变电所、配电房、水泵房和隧道管理用房等附属建筑。

六、隧道防水与排水

防水与排水设施,是隧道工程的重要组成部分。隧道防排水应遵循"防、排、截、堵相结合,因地制宜,综合治理"的原则,妥善处理地表水、地下水,结合隧道衬砌,采用可靠的防水和排水措施,洞内外防排水系统应完整通畅。

公路隧道防水是要求隧道衬砌结构、防水层具有防水能力,防止地下水透过防水层、衬砌结构渗入洞内。

隧道排水包括洞内和洞外两个部分。隧道洞内要求有畅通的排水设施,设置纵向排水沟、横向排水坡或横向排水暗沟、盲沟等排水设施,将衬砌背后、路面水、路面结构层下的积水排入洞内中心水沟或路侧边沟,洞外包括截水沟、排水沟等排水设施。

隧道截水是指对可能渗漏到隧道的地表水、溶洞水、采空区积水设置截(排)水措施引排。对地表水可采取回填积水坑洼地、封闭地面渗漏点、设置截水沟引排、减少地表水下渗措施,对溶洞水、采空区积水可采取引流措施。

隧道堵水主要是针对隧道围岩裂隙水、断层水、溶洞水等漏水地段,采用向围岩体内注浆、设堵水墙等封堵方法,将地下水堵在围岩体内,防止或减少地下水流失。

隧道施工防排水应与隧道永久防排水工程相结合,对于反坡排水的隧道施工,可根据距离、坡度、水量和设备等因素布置排水管道,或一次或分段接力将水排出洞外,接力排水时应在掌子面设置临时集水坑,并每隔200m设置。

隧道内结冰如图3.4.13所示。

图3.4.13 隧道内结冰

七、隧道路基路面与装饰

隧道路基应为稳定、密实、匀质路基,能为路面结构提供均匀的支承。隧道路面应具有足够的强度、平整、耐久、抗滑、耐磨等性能。

高速公路、一级公路隧道宜采用沥青混合料上面层与混凝土下面层组成的复合式路面,其他等级公路隧道可采用复合式路面或水泥混凝土路面。当洞内采用水泥混凝土路面而洞外采用沥青路面时,应设置与洞外路段保持一致的洞内过渡段,并做好不同路面结构间的衔接处理。

公路隧道装饰,可起到美化作用,也可减噪、防火、提高隧道亮度和照明效果,但是否实施需综合考虑各方面因素后确定。

隧道内装饰应选择经济耐用,易于保养清洗,无毒、耐火、吸水率低、反光率高的材料,并应考虑美化降噪等要求。

八、隧道交通工程与附属设施

隧道除主体建筑物、附属通道建筑,防水与排水设施、路面及装饰外,一般还有以下交通工程与附属设施。

1. 隧道照明

公路隧道照明设施的设计应包含入口段照明、过渡段照明、中间段照明、出口段照明、紧急停车带和横通道照明、应急照明和洞外引道照明、照明控制的设计。公路隧道照明设计应满足路面平均亮度、路面亮度总均匀度、路面中线亮度纵向均匀度、闪烁和诱导性要求。公路隧道入口段、过渡段、出口段照明应由基本照明和加强照明组成,基本照明应与中间段照明一致。公路隧道照明设计应根据交通量变化、洞外亮度变化、季节更替等多种工况制订调光及运营管理方案。

2. 隧道通风

公路隧道通风应主要对烟尘、一氧化碳和空气中的异味进行稀释。公路隧道通风设计时应根据公路等级、隧道长度、设计速度、设计交通量、车道数、平纵线形、地形地质、隧道海拔高程、隧址区域自然条件等因素,进行技术经济综合分析,确定合理的通风方案。公路隧道通风设计应分别针对正常交通工况和火灾、交通阻滞等异常交通工况进行系统设计,并应提出相应的通风设施运行方案。

3. 隧道供电

供配电设施设计内容应包括供电设施和配电设施的设计。供配电设施设计应遵循下列原则:

①系统构成应简单明确,电能损失小,便于管理和维护;
②应根据工程特点、规模和发展规划,做到近远期结合;
③应采用符合国家现行有关标准的先进、环保、可靠的电气产品。

4. 通风、照明与供电设施

隧道内良好的空气状态是行车安全的必要条件,通风是为了把隧道内的有害气体或污染物质的浓度降至允许浓度以下,以保证汽车行驶的安全性和舒适性,同时有利于隧道内的维修和养护人员的身体健康。隧道通风方式很多,选择时考虑的最主要因素是隧道长度和交通条件,同时还要考虑气象、环境、地形以及地质等条件,从而选择既有效又经济的通风方式。

隧道常见的通风方式有自然通风和机械通风,机械通风又包括纵向通风、横向通风、半横向通风、组合通风四种。机械通风中最主要的设备就是风机,主要有轴流风机和射流风机。

轴流风机如图3.4.14所示。当叶轮旋转时,气体从进风口轴向进入叶轮,受到叶轮上叶片的推挤而使气体的能量升高,然后流入导叶。导叶将偏转气流变为轴向流动,同时将气体导入扩压管,进一步将气体动能转换为压力能,最后引入工作管路。轴流风机的叶片一般都可以进行角度转动,大部分轴流风机都配有一套叶片液压调节装置,分为静叶可调和动叶可调两种。通过叶片液压调节装置,可调节叶片的安装角,并保持一定角度使其在变工况工作时仍具有较高的效率。

射流风机(图3.4.15)通常悬挂在隧道顶部或安装在隧道侧壁上,将隧道本身作为风道。风机工作时,吸入隧道中一部分空气,经叶轮做功后,由风机出口高速喷出。基于冲击传动原理,高速气流把能量传给隧道内其他空气,带动其一起向后流动,从而把隧道内的空气推向出口一端,并从进口吸入新鲜空气。

图 3.4.14 轴流风机

图 3.4.15 射流风机

为了保证车辆的正常行驶和交通安全,隧道应设置电光照明。长度超过 200m 的高速公路及一级公路的隧道,应设置照明设施。对于能通视、交通量较小且长度小于 200m 的短隧道,可以不设照明设施。隧道照明要考虑进出洞口的光过渡。尤其在白天,要避免"黑洞"效应和"白洞"效应,使车辆在由亮到暗(驶入隧道)或由暗到亮(驶出隧道)时有个适应过程。隧道照明光源目前多采用光效高、显色性高的 LED 隧道灯。若结合公路隧道运营的特点,则宜选用具有耐腐蚀性、不易老化、防潮和防喷性的灯具,达到节约维修和保养费用的目的。隧道照明、通风系统如图 3.4.16 所示。

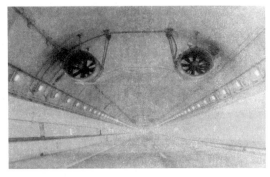

图 3.4.16 隧道照明、通风系统

隧道内供电分动力供电和照明供电。供电系统的设计必须按照相关规范,做到保证安全、供电可靠、技术经济合理。一般采用三相五线供电,供电系统宜采用380/220V交流电和中性接地变压器。

5.隧道洞内交通工程设施

隧道的交通工程设施包括交通安全设施、交通监控设施、紧急呼叫设施、火灾探测报警设施、消防设施与通道、中央控制管理系统、接地与防雷设施、线缆及相关设施等。隧道中央控制中心如图3.4.17所示。

图3.4.17　隧道中央控制中心

6.隧道救援及消防设施

双洞分离的公路隧道,双洞之间应根据现行《公路隧道设计规范　第一册　土建工程》(JTG 3370.1)的规定设置人行横通道、车行横通道。单洞双向通行的特长公路隧道,宜设置平行通道、人行横通道、车行横通道等设施,有条件时可设置直接通向地面的横通道,并应符合现行《公路隧道设计规范　第一册　土建工程》(JTG 3370.1)的规定。车行横通道应设防火卷帘,防火卷帘应采用钢质防火、防烟卷帘,防火卷帘应具备现场和远程控制开闭功能。人行横通道的两端应设防火门,防火门在正常情况下应关闭,其开启方向应为疏散方向,应能在门两侧开启,且应具有自动关闭功能。

第五节　桥涵工程的组成、分类及构造

一、桥梁的组成及分类

(一)桥梁的组成

桥梁主要由上部构造、下部构造及基础、支座系统和附属工程等四大部分组成,如图3.5.1所示。

1.上部构造(即桥跨结构)

桥梁的上部构造即桥跨结构,由于桥梁有梁式、拱式、斜拉、悬吊等不同的基本结构体系,故其承重结构的组成各不相同。

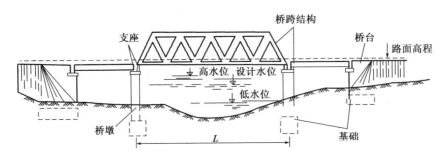

图 3.5.1　桥梁的基本组成

承重结构主要指梁、拱圈,斜拉桥的拉索、悬索桥的主缆及吊索、墩台等,在路线中断时跨越障碍的承载结构,如图 3.5.2 所示。

图 3.5.2　承重结构

2.下部构造及基础

桥梁的下部工程包括桥台和桥墩或索塔,它是支撑桥跨结构并将恒载和车辆等活载传至基础的建筑物。

重力式桥台由台身、台帽(拱座)、侧墙或八字墙及台背排水等组成。柱式、框架式、肋形埋置式等轻型桥台则包括台身、盖梁和耳背墙等。

桥墩一般有实体墩、柱式墩、空心薄壁墩等,桥塔一般有单柱式、A 形、H 形、倒 Y 形、钻石形、门形、水滴形等多种形式。

基础是将桥梁墩、台所承受的各种荷载传递到地基的结构物,是确保桥梁安全使用的关键部位,包括扩大基础(明挖浅基础)、桩基础和沉井基础等不同的结构形式。随着桥梁技术的不断发展,一些新的基础形式也逐渐在桥梁工程中得到应用。

3. 支座系统

承重结构与墩、台的支承处所设置的传力装置,称为支座。

梁式桥的支座虽体形小、耗费少,但作用十分重要。支座不仅要传递上部结构的支承反力,而且要保证结构在活载、温度变化、混凝土收缩和徐变等因素作用下的自由变形和桥梁的正常运营。常用的支座形式包括切线式(又称为弧形)和辊轴钢支座、板式和钢盆式橡胶支座、四氟板式橡胶支座等,如图3.5.3所示。从功能上分,还有拉压支座、减隔震支座等。

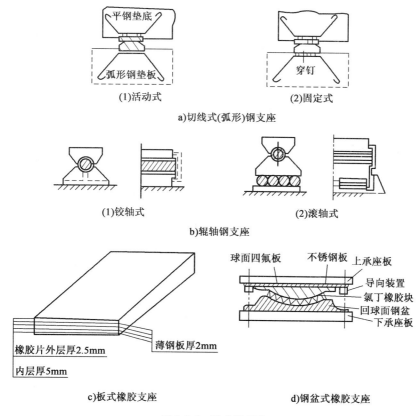

图3.5.3 梁式桥支座

梁式桥的支座一般分为固定式和活动式两种。简支梁桥应在每根梁(板)的一端设置固定支座,而在另一端设置活动支座。悬臂梁的锚固跨应在一侧设置固定支座,另一侧设置活动支座。多孔悬臂梁桥的挂梁支座设置与简支梁相同。连续梁桥则应在每联的一个桥墩上设置固定支座,而在其余的墩台上设置活动支座。

切线式钢支座由两块厚为40~50mm的铸钢制成,适用于跨径不大于20m和支承反力不超过600kN的梁桥。

辊轴钢支座适用于较大跨径的梁桥,支座的垫板可采用铸钢,铰轴和滚轴可采用锻钢,滚轴的直径一般在75mm以上。

橡胶支座构造简单、加工方便、结构高度低,便于安装和工业化生产,同时它又能适应任意方向的变形,对于宽桥、曲线桥和斜桥具有特别的适应性。此外,橡胶的弹性还能消除上下结构所受的动力作用,对抗震也十分有利。板式橡胶支座一般适用于中小跨径的桥梁,钢盆式橡胶支座适用于大跨径的桥梁,而标准跨径小于10m的简支梁、板桥,宜采用板式橡胶支座,四级以下道路或农村道路可在墩台帽上铺几层油毛毡垫层作为支座(垫层经压实后的厚度应不少于1cm)。

支座的施工、安装和质量控制应尽量符合高速公路施工标准化要求。

4. 附属工程

附属工程主要包括桥面铺装、伸缩缝、人行道、防撞护栏及栏杆、排水设施、桥头搭板、锥坡、保持桥位处河道稳定的护岸、导流堤等调治水流的构造物等。

此外,位于地震区的桥梁还应设置防震装置,斜拉桥吊索牵索上应设置防风动谐振的附加装置,活动桥应设置机械装置,位于流冰河上的桥梁应设置破冰装置等。

5. 桥梁的分部分项工程

桥梁的分部分项工程见表3.5.1。

桥梁分部分项工程 表3.5.1

单位工程	分部工程	分项工程
桥梁工程 (每座或每合同段)	基础及下部结构	钢筋加工及安装、预应力筋加工及张拉、预应力管道压浆、混凝土扩大基础、钻孔灌注桩、挖孔桩、灌注桩桩底压浆、地下连续墙、沉井、钢围堰的混凝土封底、承台等大体积混凝土结构、砌体、混凝土墩、台、墩台身安装、支座垫石和挡块、拱桥组合桥台、台背填土等
	上部构造预制及安装	钢筋加工及安装、预应力筋加工及张拉、预应力管道压浆、预制安装梁板、悬臂施工梁、顶推施工梁、转体施工梁、拱圈节段预制、拱的安装、转体施工拱、中下承式拱吊杆和柔性系杆、钢梁支座、钢梁安装、钢梁防护等
	上部构造现场浇筑	钢筋加工及安装、预应力筋加工及张拉、预应力管道压浆、就地浇筑梁板、悬臂施工梁、就地浇筑拱圈、劲性骨架混凝土拱、钢管混凝土拱、中下承式拱吊杆和头型系杆、刚性系杆等
	桥面系、附属工程及桥梁总体	钢筋加工及安装、混凝土桥面板桥面防水层、钢桥面板上防水黏结层、混凝土面层桥面铺装、钢桥面板上沥青混凝土铺装、支座安装、伸缩装置安装、人行道铺设、栏杆安装、混凝土护栏、钢桥上钢护栏安装、桥头搭板、混凝土小型构件预制、砌体坡面护坡、混凝土构件表面防护、桥梁总体等
	防护工程	砌体坡面护坡、护岸、倒流工程等

(二)桥涵的分类

桥涵分类的方法很多,主要按建设规模大小、桥梁结构类型、用途、主要承重结构所用的建筑材料、跨越障碍物的性质、上部结构中行车道所处的位置等进行分类。

1. 按建设规模大小分类

按建设规模大小分类主要是以桥涵的长度和跨径的大小作为划分依据,分为特大桥、大桥、中桥、小桥和涵洞五类。《公路工程技术标准》(JTG B01—2014)规定的桥涵划分标准见表3.5.2。

桥梁涵洞按跨径分类　　　　　　　　　　　表3.5.2

桥涵分类	特大桥	大桥	中桥	小桥	涵洞
多孔跨径总长 $L(m)$	$L>1000$	$100 \leqslant L \leqslant 1000$	$30 < L < 100$	$8 \leqslant L \leqslant 30$	—
单孔跨径 $L_k(m)$	$L_k > 150$	$40 \leqslant L_k \leqslant 150$	$20 \leqslant L_k < 40$	$5 \leqslant L_k < 20$	$L_k < 5$

注：单孔跨径指标准跨径而言。

2. 按桥梁结构类型分类

桥梁上部构造形式虽多种多样，但按其构件受力方式，分为弯、压和拉三种基本受力方式。桥梁结构按照受力体系划分，主要分为梁、拱、索三大体系；梁桥以受弯为主、拱桥以受压为主、悬索桥以受拉为主，刚构桥和斜拉桥为组合体系。近年来，随着桥梁跨径逐渐增大及桥形景观上的需求，斜拉悬索协作体系桥梁也得到广泛应用。

1）梁式桥

梁式桥是一种在竖向荷载作用下无水平反力的结构，其主要承重构件是梁，由于外力（包括自重和活载等）的作用方向与梁的轴线趋近于垂直，因此，外力对主梁的弯折破坏作用特别大，故属于受弯构件。与同样跨径的其他结构体系相比，梁式桥的梁内产生的弯矩最大，所以一般情况下梁高较相同跨径的其他结构偏高，要多采用抗弯拉较强的材料或预应力混凝土结构。混凝土梁桥施工有支架现浇、预制吊装等方法，如图3.5.4所示。

a) 支架现浇　　　　　　　　　　　　　　　b) 预制吊装

图3.5.4　梁桥施工

梁式桥按其受力特点，可分为简支梁、连续梁和悬臂梁。若就其构造形式而言，则由矩形板、空心板、T形梁、工形梁、箱形梁、桁架梁等不同构造形成。其中T形梁和工形梁又称为肋形梁。目前在公路建设中应用较广的是钢筋混凝土和预应力混凝土简支梁和连续梁。

2）拱式桥

拱式桥的主要承重结构是拱圈或拱肋，在竖向荷载作用下，拱的支承处会产生水平推力（桥墩或桥台将承受这种推力）。由于水平推力的作用，从而使荷载在拱圈或拱肋内所产生的弯矩比同跨径的梁要小得多，而拱圈或拱肋主要是承受轴向压力，故属于受压构件。因此，通常利用抗压性能较好的圬工、钢筋混凝土和钢材等建筑材料来修建拱桥。拱桥施工方法有支架法、斜拉扣挂法、转体施工法（平转和竖转）等，如图3.5.5所示。

a) 斜拉扣挂法　　　　　　　　　　　　b) 平面转体法

图 3.5.5　拱桥施工

同时,对有推力拱桥,为了确保拱桥能安全使用,下部结构和地基必须能经受住很大水平推力的不利作用。

3) 刚构桥

刚构桥的主要承重结构是梁或板和立柱或竖墙整体连在一起的钢架结构,梁和柱的连接处具有很大的刚性。在竖向荷载作用下,梁部主要受弯,而在柱脚处也具有水平反力,其受力状态介于梁桥和拱桥之间。因此,对于同样跨径且在相同荷载作用下,刚架桥的跨中正弯矩要比一般梁桥小,所以其跨中的建筑高度就可以做得较矮。

目前,在公路桥梁中,钢架结构体系采用较多的桥形有 T 形刚构桥、连续刚构桥(图 3.5.6)及刚构-连续组合梁桥等。大跨预应力混凝土连续刚构桥的缺点是由于徐变的影响,随着运营时间的增长,跨中下挠较大,出现腹板斜裂缝、底板裂缝等病害。目前,国内预应力混凝土连续刚构桥的最大跨径达 270m,还有最大连续刚构桥跨径为 330m 的重庆石板坡长江大桥复线桥(跨中段 108m 采用钢箱梁,钢混接头连接)。

图 3.5.6　连续刚构桥

4) 斜拉桥

斜拉桥又称斜张桥,是将主梁用许多拉索直接拉在桥塔上的一种桥梁,是由承压的塔、受拉的索和承弯的梁体组合起来的一种结构体系。斜拉桥可看作是拉索代替支墩的多跨弹性支承连续梁。斜拉桥可使梁体内弯矩减小,降低建筑高度,从而减轻了结构重力,节省了材料。

斜拉桥主要由索塔、主梁、斜拉索组成,如图3.5.7所示。斜拉桥常规跨径一般为300~800m,目前最大跨径斜拉桥为我国在建的常泰过江通道跨越长江的主航道桥,主跨采用1176m斜拉桥。

5)悬索桥

悬索桥又称吊桥,主要承重结构由桥塔和悬挂在塔上的缆索及吊索、加劲梁和锚定结构组成。荷载由加劲梁承受,并通过吊索将其传至主缆。主缆是主要承重结构,但其仅承受拉力。这种桥形充分发挥了高强钢缆的抗拉性能,使其结构自重较轻,能以较小的建筑高度跨越其他任何桥形无法比拟的特大跨度,是目前唯一单跨接近2000m的桥形,如图3.5.8所示。

图3.5.7 斜拉桥

图3.5.8 悬索桥

6)斜拉-悬索协作体系桥

斜拉-悬索协作体系是在传统的斜拉桥和悬索桥基础上发展起来的一种相对较新的具有超大跨越能力的组合结构桥形,如图3.5.9所示。斜拉-悬索协作体系桥融合了斜拉桥和悬索桥各自的优点,包括:①桥塔高度可以比斜拉桥更低,施工难度更低,风振和地震响应更小。②悬臂施工长度及斜拉索长度可以比斜拉桥更短,稳定性更好。③主梁压力可以比斜拉桥更小,设计选型更加自由,跨径更大。④锚定可以比悬索桥更小,降低施工难度和风险;对于自锚式斜拉-悬索协作体系还可以取消庞大的锚定。⑤扭转频率比悬索桥更高,抗风稳定性更好。⑥跨中活载和温度挠度比悬索桥小。⑦由于斜拉部分强度和刚度的加强作用,跨径也可以比悬索桥更大。尽管斜拉-悬索协作体系桥具有很多优点,但也存在下列不足:①施工工艺及机具更多、更复杂;②体系受力及外形存在间断性;③施工过程斜拉和悬索部分线形控制和协调更困难。

图3.5.9 斜拉-悬索协作体系桥

3.按用途分类

有公路桥、铁路桥、公路铁路两用桥、城市桥、渡水桥(渡槽)、人行天桥,以及其他专用桥梁(如通过管道、电缆)等。

4.按主要承重结构所用的建筑材料分类

有圬工桥(包括砖、石、混凝土桥)、钢筋混凝土桥、预应力混凝土桥、钢桥和木桥等。

5.按跨越障碍物的性质分类

有跨河桥、跨线桥(立体交叉)和高架桥等。高架桥一般是指跨越深沟峡谷以代替高填路堤的桥梁或在大城市中的原有道路上另行修建的快速车行道桥梁,用来解决交通拥挤的问题。

6.按上部结构行车道所处的位置分类

有上承式、下承式和中承式三种。桥面布置在主要承重结构之上的称为上承式桥;桥面布置在承重结构之下的称为下承式桥;桥面布置在桥跨结构高度中间的称为中承式桥。

除以上固定式桥梁外,有时根据建设环境及使用要求,还有开合桥、浮桥和漫水桥等形式的桥梁。

(三)桥梁工程中常用的技术术语

在公路桥梁建设中,常用到以下的专业技术术语,如图3.5.10所示。

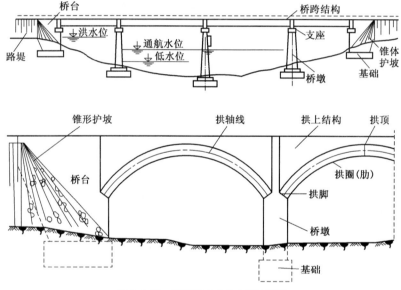

图3.5.10 桥梁基本专业术语示意图

1.设计洪水位

在进行桥涵设计时,按照一定设计洪水频率所计算得到的水位,称为设计洪水位。根据《公路桥涵设计通用规范》(JTG D60—2015)的规定,一般按桥涵的建设规模和公路等级的具体情况,常用25年一遇、50年一遇和100年一遇洪水位来表示,高速公路和一级公路中的特大桥则以300年一遇的最大洪水位作为设计洪水位,其目的是充分考虑桥位上游村镇和农田的安全,使其不受壅水淹没的危害。

2.计算跨径

设支座的桥涵指桥跨结构在相邻两个支座中心之间的水平距离。不设支座的桥涵(如拱桥、刚构桥、箱涵)指上下部结构相交面中心间的水平距离。

3. 净跨径

设支座的桥涵为相邻两墩台身顶内缘之间的水平距离。不设支座的桥涵为上下部结构相交处内缘间的水平距离。

4. 总跨径

净跨径之和。

5. 标准跨径

梁式桥、板式桥涵为两个桥(涵)墩中线之间的距离或桥(涵)墩中线与台背前缘之间的距离;拱式桥涵、箱涵、圆管涵即为净跨径。

6. 桥梁全长(总长度)

有桥台的桥梁为两岸桥台的侧墙或八字墙尾端之间的距离;无桥台的桥梁则为桥面系行车道的长度。涵洞的长度是以其洞身两端洞口之间的水平距离,即路基横方向的长度。

7. 桥梁多孔跨径总长

梁式、板式桥涵为多孔标准跨径之和;拱式桥为两岸桥台内起拱线之间的水平距离;其他形式的桥梁为桥面系的行车道长度。

8. 桥梁净空

桥梁净空包含两个方面的内容,一方面指桥面净空,即桥面的宽度和桥上的净空高度。我国公路桥面行车道净宽为车道数乘以车道宽度,并计入所设置的加(减)速车道、紧急停车道、爬坡车道、慢车道或错车道的宽度,高速公路、一级公路和二级公路桥上的净空高度应为5.0m,三级、四级公路应为4.5m;另一方面指桥下净空,即设计洪水位至上部结构最下缘之间的净空高度,是为保证洪水、流冰排泄无阻和符合河流通航净空要求所规定的一个重要设计参数。

9. 建筑高度

建筑高度是指桥梁的结构高度,即行车道路面的高程至上部结构最下缘之间的距离,它对降低路基平均填土高度有极其重要的影响。

10. 矢跨比

矢跨比是指拱顶下缘至起拱线之间的垂直距离与标准跨径之比,它是反映拱桥特性的一个重要指标。

11. 设计荷载

设计荷载是指桥涵除承受本身自重和各种附加恒载外,还承受各种交通荷载。《公路桥涵设计通用规范》(JTG D60—2015)将其归纳成四类:①永久作用,如结构自重、预加应力、土的自重和侧压力等;②可变作用,如车辆、人群、风荷载、温度作用、流水压力、支座摩阻力等;③偶然作用,如船舶撞击作用、汽车撞击作用等;④地震作用。

二、涵洞的组成及分类

1. 涵洞的组成

涵洞由洞身、洞口建筑、基础和附属工程组成,如图3.5.11所示。

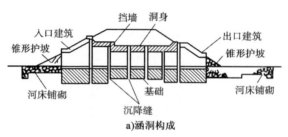

a)涵洞构成

b)涵洞实例

图 3.5.11　涵洞构成及实例

洞身是涵洞的主要部分,其截面形式有圆形、拱形、箱形等。

洞口建筑设置在涵洞的两端,有一字式和八字式两种结构形式。涵洞的进出口应与路基衔接平顺且保证水流顺畅,使上下游河床、洞口基础和洞侧路基免受冲刷,确保洞身安全,并形成良好的泄水条件。在山区修建涵洞时,出水口要设置跌水坎,在进水口处有时要设置落水井(竖井)等减冲、防冲消能设施,一般下游至少应铺出洞口外 3~5m,压力式涵洞宜更长些。改沟移位的涵洞,进出水口的沟床应整理顺直,要做好上下游导流排水设施,如天沟、侧沟、排水沟等的连接应圆顺、稳固,保证流水顺畅,避免流水损坏路基、村舍和农田等。

基础的形式分为整体式和非整体式两种。涵洞的附属工程包括锥形护坡、河床铺砌、路基边坡铺砌及人工水道等。

涵洞的建设规模以孔数、跨径、台高的形式来表示,其长度则以路基横断面方向的水平距离作为计算依据。如 2-1.0×1.2 则表示为双孔,跨径 1.0m,台高 1.2m 的盖板涵;又如 1-φ1.5 则表示为单孔,直径 1.5m 的圆管涵。

2. 涵洞的分类

涵洞的种类繁多,截面形状、出入口类型、涵内水流流态也多种多样。按不同的分类方法,涵洞可分为不同的类型。

(1)根据涵洞中线与路线中线的关系,可分为正交涵洞和斜交涵洞。正交涵洞中线与路线中线垂直,斜交涵洞中线与路线中线有一定交角。

(2)根据涵洞洞身截面形状的不同,可分为圆管涵(图 3.5.12)、盖板涵、拱涵和箱涵等。

图 3.5.12 圆管涵

（3）根据涵洞洞顶填土情况的不同，可分为明涵和暗涵。明涵洞顶不填土，适用于低路堤或浅沟渠；洞顶填土厚度大于 50cm 的称为暗涵，适用于高路堤和深沟渠。

（4）按建筑材料的不同，可分为砖涵、石涵、混凝土涵、钢筋混凝土涵和其他材料（木、陶瓷、瓦管、缸瓦管、石灰三合土箎管、石灰三合土拱、铸铁管、皱纹管）涵等。

（5）按涵洞水力特性的不同，可分为无压力式、半压力式、压力式等。

无压力式涵洞入口水流深度小于洞口高度，并在涵洞全长范围内水面都不触及洞顶，具有自由水面。公路上大多数涵洞均属于此类。

半压力式涵洞入口水深大于洞口高度，水仅在进水口处充满洞口，而在涵洞全长范围内的其余部分都具有自由水面。通常在涵洞尺寸受路基高度或其他因素限制时采用。

压力式涵洞入口水深大于洞口高度，在涵洞全长范围内都充满水流，无自由水面。此类涵洞仅在深沟高路堤或允许壅水但不危害农田时采用。

此外，当路线跨越农业灌溉沟渠，沟渠底高于路堤时，可设置为倒虹吸式涵。此时，涵洞的管节宜采用钢筋混凝土或混凝土管，进出水口须设置竖井，包括防淤沉淀井等设施。

三、桥梁基础

公路桥梁常用的基础类型，有扩大基础、桩基础（打入桩、钻孔灌注桩、挖孔桩）和沉井基础三种。随着桥梁技术的发展，地下连续墙基础、组合式基础等也逐渐得到应用。

（一）扩大基础

这种基础将荷载通过逐步扩大的基础直接传到土质较好的天然地基或经人工处理的地基上。它的尺寸按地基承载力和所承受荷载决定，基础埋置深度与基础宽度相比很小，属于浅基础范畴，施工常采用明挖方法，因此又称为明挖浅基础。

天然地基上的浅基础的特点是将基础底面直接设置在土层或岩层上，其埋置深度较浅，一般为从地表面至地基的深度在 5m 以内，而地基的承载力又能满足设计的要求，则采用这种天然地基上的浅基础。

天然地基上的浅基础的另一个特点，是要开挖基坑，基坑的大小应满足基础施工作业的要求，一般基底应比设计的平面尺寸各边增宽 50～100cm，并以此作为计算开挖基坑数量和编制工程造价的依据。渗水土质(即在湿处开挖基坑土、石方)的基坑坑底的开挖尺寸,还应考虑设置排水沟和集水井的宽度。但因此而相应增加的开挖基坑的土、石方数量,不得作为编制桥梁工程挖基的计价依据,因为概预算定额中已综合了这些作业的用工。

(二)桩基础

当地基浅层土质不良时,采用浅基础无法满足结构物对地基强度、变形和稳定性等方面的要求时,往往要采用深基础。

桩基础由若干根桩和承台两部分组成。桩在平面排列上可以为一排或几排,所有桩顶由承台联成一个整体并传递荷载。在承台上再修筑桥墩、桥台及上部构造,如图3.5.13所示。桩身可全部或部分埋入地基土中,当桩身外露在地面上较高时,在桩间应加设横系梁,以加强桩之间的横向联系。

桩基础的作用是将承台以上结构物传来的外力通过承台,由桩传到较深的地基持力层中去,承台将各桩连成一整体共同承受荷载。

若桩基础设计正确,施工得当,其将具有承载力高、稳定性好、沉降量小而均匀、耗材少、施工简便等特点,如图3.5.14所示。因此,桩基础适宜在以下几种情况中采用:

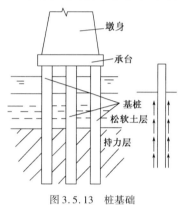

图3.5.13 桩基础

(1)荷载较大,地基上部土层软弱,适宜的地基持力层位置较深,采用浅基础或人工地基在技术、经济上不合理。

(2)河床冲刷较大,河道不稳定或冲刷深度不易计算正确,采用浅基础施工困难或不能保证基础安全时。

(3)当地基计算沉降过大或结构物对不均匀沉降敏感时,采用桩基础穿过松软土层,将荷载传到较坚实土层,减少结构沉降并使沉降较均匀。

(4)当施工水位或地下水位较高时,采用桩基础可减少施工困难和避免水下施工。

(5)采用桩基础可增加结构物的抗震能力,消除或减轻地震对结构物的危害。

图3.5.14 桩基础施工

以上情况也可采用其他形式的深基础,但由于桩基础耗材少、施工简便,往往是优先考虑的深基础方案。

1. 桩基础的分类

1) 按桩的受力条件分类

(1) 支承桩和摩擦桩。

桩穿过较松软土层,桩底支承在岩层或硬土层等实际非压缩性土层时,完全依靠桩底土层抗力支承垂直荷载,这种桩称为柱桩或支承桩,如图 3.5.15a)所示;桩穿过并支承在各种压缩性土层中,主要依靠桩侧土的摩阻力支承垂直荷载,这种桩称为摩擦桩,如图 3.5.15b)所示。一般情况下,摩擦桩除桩侧土的摩阻力支承垂直荷载外,桩底土层抵抗力也支承部分(一般 10%)垂直荷载,一个墩台不可以既有支承桩又有摩擦桩。

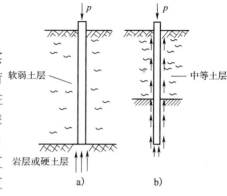

图 3.5.15 支承桩和摩擦桩

(2) 竖直桩和斜桩。

按桩轴方向可分竖直桩、单向斜桩和多向斜桩,如图 3.5.16 所示。斜桩的特点是能承受较大的水平荷载,斜桩的桩轴线与竖直桩所成倾斜角的正切不宜小于 1/8,否则斜桩不起作用。

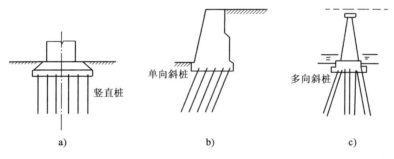

图 3.5.16 竖直桩和斜桩

(3) 桩墩。

桩墩是通过在地基中成孔后灌注混凝土形成大口径断面柱形深基础,即以单个桩墩代替群桩及承台。桩墩基础底端可支于基岩上,也可嵌入基岩或较坚硬土层之中,分为支撑桩墩和摩擦桩墩两种。

2) 按施工方法分类

(1) 钻(挖)孔灌注桩。

用钻(挖)孔机械在土中钻(挖)成桩孔,然后在孔内放入钢筋骨架,灌注桩身混凝土而成的桩,称为钻(挖)孔灌注桩。

(2) 沉入桩。

沉入桩是通过锤击、振动、射水、静力压及钻孔埋置等沉桩方法,将各种预先制好的桩打入地基内并达到所需要的深度。

3) 按承台位置分类

桩基础按承台位置可分为高桩承台基础和低桩承台基础(简称"高桩承台"和"低桩承

台")。高桩承台的承台底面位于地面(或冲刷线)以上,低桩承台的承台底面位于地面(或冲刷线)以下。

4)按材料分类

有木桩、钢桩和钢筋混凝土桩。

2．钻孔灌注桩基础

钻孔灌注桩基础,是利用不同专业钻孔机具在地基的土石中凿成一个断面为圆形的钻孔,达到设计高程后,将钢筋骨架吊入钻孔中,然后通过安放在孔中的导管,直接在水中进行混凝土的灌注作业,从而形成一棵较粗糙的圆柱式的桩基础。由于它是在现场就地浇注完成的,所以称为钻孔灌注桩基础。其工程量应按桩的设计直径和长度作为计量支付依据。

(三)沉井基础

沉井是井筒状构造物,如图3.5.17所示,通过井内挖土、依靠自身重力克服井壁摩阻力后下沉至设计高程,然后经过混凝土封底,并填塞井孔,使其成为桥梁墩台或其他结构物的基础。沉井基础的特点是埋置深度大、整体性强、稳定性好,能承受较大的垂直荷载和水平荷载,而且施工设备简单,工艺不复杂,在桥梁工程中应用较为广泛。缺点是工期长,易发生流沙现象造成沉井倾斜,沉井下沉过程中遇到大孤石、树干或岩石表面倾斜较大等,均会给施工带来一定的困难。

沉井本身既是基础结构,在施工过程中又是挡土防水的围堰设施,其埋深规定与天然地基上的浅基础相同。

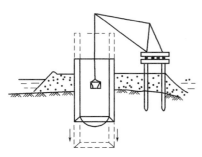

图3.5.17 沉井基础

1．沉井的类型

1)按所用的材料分类

沉井可用不同的材料做成,有混凝土、钢筋混凝土、砖石和钢壳沉井(图3.5.18)等。目前公路桥梁中采用较多的是钢筋混凝土沉井。

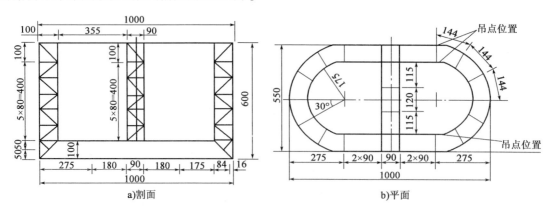

图3.5.18 钢壳沉井构造(尺寸单位:cm)

2)按沉井的平面形状分类

沉井的平面形状通常是结合墩台的平面形状来确定的,一般常用的有圆形、矩形、正方形和圆端形等。

3）按沉井的立面形状分类

在公路桥梁工程中，常用的沉井立面形状有柱形、阶梯形和倾斜式等。

2. 沉井的构造

沉井主要由井壁、刃脚、隔墙、封底、填心和顶盖板等几部分组成，如图3.5.19所示。

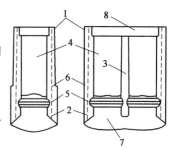

图3.5.19 沉井结构示意图
1-井壁；2-刃脚；3-隔墙；4-井孔；
5-凹槽；6-填心；7-封底；8-顶盖板

(四)地下连续墙基础及组合基础

随着桥梁技术的不断发展，以及跨越能力的不断增大，一些新型基础形式也得到了发展和应用。在此，简要介绍一些地下连续墙和组合基础的概念。

1. 地下连续墙基础

地下连续墙是一种新型的桥梁基础形式。它是在泥浆护壁条件下，采用专用的挖槽(孔)机械，顺序沿着基础结构物的周边，在地基中开挖出一个具有一定宽度和深度的槽孔，然后在槽内安放钢筋笼，浇注水下混凝土，逐步形成的一道连续的地下钢筋混凝土墙。直接作为桥梁基础的地下连续墙还较少，大多是作为基坑开挖的挡土、防渗设施。

地下连续墙按槽孔形式可分为壁板式、桩排式和组合式，如图3.5.20所示。按墙体材料可分为钢筋混凝土、素混凝土、塑性混凝土(由黏土、水泥和级配砂石合成的一种低强度混凝土)和黏土等。按挖槽方式可分为抓斗、冲击钻和回旋钻等。基础的平面形状能适应工程的需要做成矩形、圆形、多角形及井字形等。

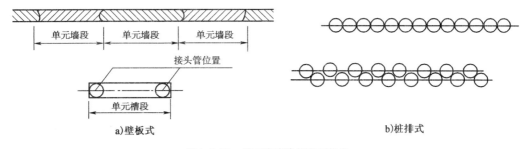

图3.5.20 地下连续墙的平面形式

地下连续墙刚度大、强度高，是一种变形较小的刚性基础。施工时对地基无扰动，基础与地基的密着性好，墙壁的摩阻力比沉井井壁大，在无明显坚硬持力层的情况下，能提供较大的承载力。同时，施工所占用空间较小，对周围地基及现有建筑物的影响小，可近距离施工，特别适宜于在建筑群中施工。施工时振动小、噪声低，无须降低地下水位，浇注混凝土无需模板和养护，故可使费用降低。目前地下连续墙的深度已达100m。

2. 组合式基础

组合式基础的形式较多，常用的有双壁钢围堰钻孔灌注桩基础、钢壳沉井加管柱(钻孔桩)基础、浮运承台与管柱、井柱、钻孔桩基础，以及地下连续墙加箱形基础等。

四、桥梁下部构造

桥墩和桥台,包括墩台身和墩台帽或盖梁等两项工程内容,通常称为下部构造。常用的墩台结构形式有实体式墩、台,柱式墩、台,埋置式桥台,空心墩,Y形墩和薄壁墩,以及索塔等,如图 3.5.21 所示。

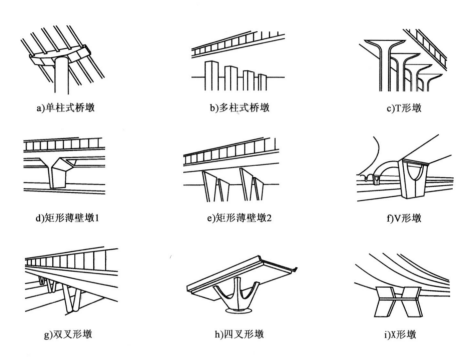

图 3.5.21　各种轻型桥墩形式

(一)墩、台的结构设计要求

桥墩是多跨桥梁的中间支承上部构造的构筑物。因此,它还要承受河中水压力,水面以上的风力,以及可能出现的漂流物或流冰、排筏、船只撞击力等。桥台则还起着衔接两岸路堤接线的作用,既要能挡土护岸,又要能承受台背填土和填土上车辆等荷载所产生的附加侧压力。故公路桥涵设计规范除要求桥梁的墩、台本身应有足够的强度、刚度和稳定性外,还对地基的承载能力以及基础底面与地基土之间的摩阻力等都提出了一定的要求和具体规定,以避免在各种荷载作用下产生过大的水平位移或沉降,从而保证桥梁的安全使用。

(二)实体式墩、台

实体式墩、台有重力式墩、台和轻型墩、台两种,通常用天然石料、片石混凝土、混凝土和钢筋混凝土等建筑材料修建,各有其不同的适用范围。因为适宜于就地取材,施工方便,需要的施工机械设备又不多,施工工艺也不太复杂,故是公路桥梁建设中较为广泛使用的一种结构形式,如图 3.5.22 所示。

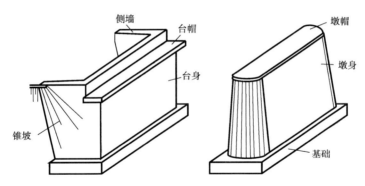

图 3.5.22　重力式墩、台

1. 重力式墩、台

它的主要特点是靠自身的重力来平衡外力而保持其稳定。因此，墩、台身比较厚实，圬工体积相应较大，主要采用天然石料或片石混凝土砌筑，不需要耗用钢筋，是比较经济的。

在公路梁桥和拱桥中的重力式墩、台，除了墩、台帽和拱座的构造上有所差别外，其他各部分的构造外形大致是相同的，施工方法基本上也是一样的。简要介绍如下：

(1) 墩、台帽及拱座。是墩、台顶端的传力部分，起着承托上部构造的作用，即将桥上的全部恒载和活载传到墩、台身上。梁式桥的墩、台帽的平面尺寸，首先应满足布置支座的需要，其平面形状则应与墩、台身形状相配合。

在支座下面，墩帽和台帽内应设置钢筋网。

在同一桥墩上，当支承相邻两孔桥跨结构的支座高度或建筑高度不相同时，常在桥墩上设置支承垫石来调整。

拱式桥则是在其墩、台顶部的起拱线高程上，设置与拱轴线成正交的拱座，直接承受拱圈传来的压力。

当桥墩两侧的孔径不等，恒载水平推力不平衡时，常将拱座设置在不同的起拱线高程上。

(2) 墩、台身。这是桥墩和桥台的主要组成部分，在公路梁桥和拱桥建设中，常用的重力式桥台有 U 形桥台和八字形桥台两种结构形式。

为了便于水流和漂浮物的顺利通过，墩身平面形状通常做成圆端形或尖端；无水的岸墩或高架桥的桥墩也可做成矩形，应结合实际情况，合理确定。

拱桥因是一种推力结构，拱圈传给墩上的力除了垂直力以外，还有较大的水平推力，这是与梁桥最大不同之处。

单向推力墩是指在它的一侧的桥孔因某种原因遭到毁坏时，能承受住单向水平推力，以保证其另一侧的桥孔不致因此而倒塌，故又称为制动墩。

2. 轻型墩、台

实体式轻型墩、台是相对于重力式墩、台而言的，其主要特点是力求体积轻巧，自重较小，它借助结构物的整体刚度和材料的强度来承受外力，从而可大量节省圬工材料，减轻地基的负担，为在软土地基上修建桥梁开辟了经济可行的途径。但它只适宜用于跨径不大于 13m 的梁（板）式上部构造，当台高不超过 4m 时，可采用块石砌筑，其顶宽不宜小于 60cm，一般都采用直坡,是一种直立薄壁墙。

轻型桥台上端与上部构造要铰接,即用钢筋锚栓相互锚固,相邻桥台(墩)之间要设置支撑梁,这样就构成四铰刚构系统,以桥梁的上部构造及桥孔下面的支撑梁作为桥台上下支撑,桥台则作为上下端简支的竖梁,承受台后的土压力。

轻型桥台按照翼墙的不同形式,有八字形轻型桥台、一字墙轻型桥台和耳墙式轻型桥台三种,如图 3.5.23 所示。

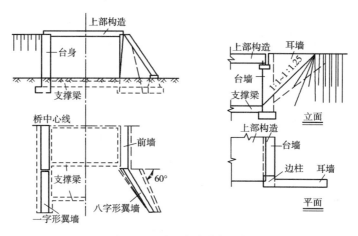

图 3.5.23　轻型桥台结构形式

八字墙和一字墙的轻型桥台,都采用天然石料砌筑,砂浆强度等级不宜小于 M7.5,如果基础能嵌入岩层,也可不设支撑梁。台身与翼墙之间一般要设置沉降缝分离。这类桥台一般都不设置路堤锥坡。

为了节省圬工,轻型桥台可以不做八字翼墙或一字翼墙,改在轻型台上设置耳墙。这样,桥台由台墙、耳墙和边柱三部分组成。

(三)柱式墩、台

公路桥梁中的柱式墩、台结构,有圆柱式和方柱式两种,都是采用钢筋混凝土就地浇筑而成,高度可达 30~45m,是公路桥梁建设中采用较多的一种墩、台结构形式。它外形美观,圬工体积小,故相应质量较轻。

柱式墩、台也是一种轻型墩、台结构,应用最多的有独柱、双柱和三柱等形式,如图 3.5.24 所示。

1. 独柱式

在跨线桥(立交)和弯梁桥中应用较多,因为它能适应连续曲线箱梁等半径较小及斜交角度较大的特殊情况,便于立交桥的墩位布置,不仅占地少,而且桥下空间视野开阔,有利于行车,桥梁的整体造型也很美观。

2. 双柱式

多作为空心板、T 形梁、工形梁、箱梁等上部构造的桥墩使用。它的特点是基础大都采用钻孔灌注桩,柱与桩直接相连,可以说立柱是地面上的桩,如图 3.5.25 所示。

图 3.5.24　柱式桥墩

图 3.5.25　双柱式桥墩

3. 三柱式

高等级公路桥梁的桥面一般都比较宽，当斜交时桥墩的盖梁长度可达 18m 左右。通常采用桩连柱的形式设置较小的盖梁高度和跨径，此时桩柱间距离一般在 6～8m 之间。若按双柱设计，盖梁内力必然增大，势必加大钢筋混凝土盖梁的高度，相应地会使路堤高度增加，从总体上来讲，是不经济的。

立柱施工的外模应采用厚度不小于 5mm 的钢板制作，对高度低于 10m 截面尺寸一致的立柱模板，宜采用整体吊装，对高度超过 10m 截面尺寸不同的立柱模板，宜采用现场组拼的方式安装，立柱模板安装就位后，宜采用 4 根风缆（立柱高度大于 10m 时，在中部再加 4 根风缆）将立柱模板拉紧。立柱混凝土浇筑施工时，应保证出料口与浇筑面之间的距离小于 2.0m，混凝土的坍落度应保持在 50～70mm 之间，泵送混凝土可保持在 120～140mm 之间。

当柱式墩、台的高度超过钢筋的标准定尺长度时,施工过程中必然出现在现场接长钢筋的情况,根据公路工程概预算定额的规定,所需的搭接长度的重量应按照实际情况另行计入钢筋的设计重量内。若为较高的立柱式墩,为了加快施工进度,减少模板的安装拆卸工作,应采用提升模架的方式进行施工。这种提升模架,是将模板沿着所施工的混凝土结构四周截面组配,并固定在提升架上,模板的高度根据墩身分节浇筑的高度确定,一般在4m左右,逐节浇筑,然后往上提升。这样,就无须设置施工接缝,也提高了工程质量。因此,在编制工程造价时,应另行计算其提升模架的金属设备费用。

(四)埋置式桥台

埋置式桥台是将台身完全埋置在路堤填土中,只露出台帽部分在外,以安置支座和上部构造,在台身上设置背墙和短小的耳墙与路堤衔接,耳墙伸入路堤的长度应不小于50cm。在台前铺砌护坡,台的两侧设置锥坡。这种桥台受到的土压力大为减少。因此,可以减薄台身,缩短翼墙。所以,埋置式桥台也是一种轻型桥台。

台帽部分的内角到护坡表面的距离不应小于50cm,否则应当在台帽的两侧设置挡板,用以挡住护坡填土,以免侵入支座平台。

埋置式桥台包括有肋形式、框架式、后倾式和双柱式等多种形式。

1. 肋形式埋置式桥台

由若干块后倾式的肋板与顶面帽梁联结而成,故而得名,并设有台背墙和耳墙,以挡住路堤填土。肋板高度一般不易超过7m,台高在10m及以上者要设置系梁。台身和基础可用C15混凝土,台身与帽梁和基础之间,要布置少量的接头钢筋,它适用跨径40m以内的梁桥。

2. 框架式埋置式桥台

它与肋形埋置式桥台基本上是类似的,只是其挖空率更高,故用料更省,但一般要用钢筋混凝土来修建。其基础通常都是采用双排钻孔灌注桩,通过系梁连成为一个框架结构,具有更好的刚度,适用于跨径20m以内的梁板式桥及台身高度在10m以下的桥台。

3. 后倾式埋置式桥台

它实质上是一种实体重力式桥台,借助台身后倾,使重心落在基底截面重心之外,以平衡台后填土的倾覆作用,故倾斜要适当。它适用于10m以上高度的桥台。

4. 双柱式埋置式桥台

它与双柱式墩、台结构形式基本上是一样的,只是盖梁上要设置台背墙和耳墙,是一种桩与桩相连的结构。

双柱式埋置式桥台适用于各种土壤的地基,还可根据桥宽和地基的承载能力采用三柱或者多柱的结构形成。如果不采用钻孔灌注桩而将立柱嵌在天然基础之上的则称为立柱式埋置式桥台。

埋置式桥台,一般适用于桥头为浅滩或边坡冲刷较小的河道修建桥梁的桥台或岸墩,但在施工时要注意前后均匀填土。

(五)U形桥台

U形桥台是一种实体重力式桥台,它由前墙和两个侧墙构成为一个U形,如图3.5.26所示,它大都采用天然石料砌筑。侧墙尾墙应有不小于75cm 的长度插入路堤内,以保证与路堤有良好的衔接。U 形桥台主要依靠自身的质量和台内填土的质量来维持其稳定,其结构简单、施工方便、有利于就地取材,是广泛使用的一种桥台形式,但由于自重较大,因此对地基要求较高。

为了排除桥台内积水,一般要在略高于高水位的平面上,修建台背排水设施,在台后路基方向设置有斜坡的夯实黏土层作为不透水层,其上再铺一层碎石,将积水引入设在台后横贯路堤的盲沟内。

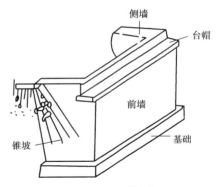

图 3.5.26　U 形桥台

设置在 U 形桥台两侧的锥坡坡比,一般由纵向的 1∶1 逐渐变至横向的 1∶25,以便与路堤边坡一致。故锥坡的平面形状为 1/4 的椭圆。锥坡的表面一般采用片石或混凝土块铺砌加固。

设有两层帽石的 U 形桥台在编制设计概算时,第二层应并入桥台的圬工体积计算,以上则属人行道工程内容。

U 形桥台的台帽和拱座的尺寸及构造与重力式桥墩基本一致,不同之处是台帽只设单排支座,而在另一侧则要设置矮墙,称为背墙,作为挡住路堤填土之用。

如果 U 形桥台的侧墙改成八字形翼墙,则称为八字形桥台,它与 U 形桥台的各种规定与要求是类似的。

(六)空心墩

空心桥墩的结构形式在外形上与实体重力式桥墩是相似的,主要是在一些高大的桥墩中,为了减少圬工体积,节约用料,降低工程造价,或者为了减轻质量,降低地基的承受力,而用混凝土或钢筋混凝土将墩身内部做成空腔结构,故称为空心墩。其自重较实体式桥墩要轻,介于实体重力式和轻型桥墩之间。由于空心墩工艺要求高,低于 40m 的桥墩一般仍用实心,目前实心墩多用于 50~150m 的高墩。

空心墩一般用于高桥墩和大跨径的桥梁,故墩身顶宽及墩帽的平面尺寸应视上部构造的类型而定。为加快施工进度,应采用滑模或提升模架的方式组织施工,当墩高超过 30m 时,宜选用塔式起重机作材料提升设备;当墩高超过 40m 时,宜设置施工电梯,以利施工人员进出施工现场,确保施工安全。

(七)Y 形墩和薄壁墩

Y 形墩和薄壁墩都是一种轻型桥墩,其结构形式经济合理,外形轻盈美观,一般都采用钢筋混凝土修建。在高等级公路桥梁建设中,常使用这种桥墩结构。

(八)索塔

索塔一般由立柱、横梁、顶梁及腹系杆组成,但也有不设顶梁的。从立面看有单柱式、A 形和倒 Y 形,从横向看有门形塔、斜腿门形塔、双柱式塔、独柱式塔、A 形塔以及可减小桥墩尺寸的宝石形(拐脚式)塔等多种形式。它是悬索桥和斜拉桥的主要支承结构,通过固定的钢索承托着上部构造的全部荷载,如图 3.5.27 所示。

图 3.5.27 索塔

独柱形的索塔,外形轻巧美观,结构简单,是吊桥和斜拉桥常用的结构形式,而纵向和横向都呈独柱形的索塔则仅限于单面斜拉索的桥梁,当需要加强侧向抗风刚度时,可以配合采用倒 Y 形。斜腿门式索塔是双平面索常用的形式,而且它适用于较高的索塔。门式索塔一般用于设置竖直双平面索的场合,钢索吊桥则通常都是采用这种索塔的结构形式。

索塔主要承受轴力,除塔底铰支的辐射式斜索布置形式外,也承受弯矩。索塔是墩塔相连的固结形式时,其高度和工程量应从其基础顶面算起。吊桥的索塔多建于桥台或岸墩,其墩、台与索塔有明显的分界线,是一种分离形式,索塔的高度和工程量则应从桥面顶面以上至塔顶进行计算。所以,在编制工程造价时,应分别按上述要求确定其计算工程量。

索塔施工一般需在塔柱内设置劲性骨架,如图 3.5.28 所示,增设劲性骨架后,由于劲性骨架刚度较大,可以起到钢筋骨架的作用。钢筋、模板在劲性骨架上固定,可以预防钢筋骨架整体歪倒和模板垮塌事故的发生。工人操作时,可以利用劲性骨架固定安全带,从而起到安全保护的作用。

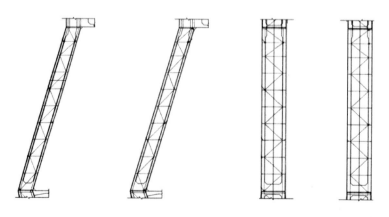

图 3.5.28 塔柱劲性骨架示意图

斜拉桥索塔锚固区是斜拉桥的关键部位,它将拉索的集中力安全平稳地传递到塔柱中。该区域受力状态复杂,是斜拉桥设计施工中的重点和难点。目前常用的索塔锚固方式有环向预应力、钢锚梁[图3.5.29a)]和钢锚箱[图3.5.29b)]三大类。环向预应力的比较适合于跨径不大的斜拉桥,对于大跨度、超大跨度斜拉桥,由于索力较大容易引起混凝土开裂;钢锚箱和钢锚梁是大跨径斜拉桥中用得比较多的,钢锚箱的特点是造价比较高而且对高程的控制要求比较严格,由于上下锚箱是叠合放上去的,所以如果下面的锚箱高程出现问题,上面锚箱高程调整比较麻烦,这就意味着斜拉索锚点空间位置的偏差。对于钢锚梁,由于是通过牛腿和主塔实现连接,因此就避免了钢锚箱高程问题的出现,且受力较好,是较为常用的锚固方式。

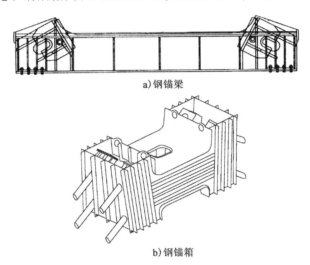

图3.5.29 索塔钢锚梁与钢锚箱构造示意图

悬索桥索塔顶部安放主索鞍,主索鞍有的设鞍罩、有的设鞍室,鞍室内可设除湿机及一些机电设备等。

索塔内部一般设置检修用的永久钢爬梯或者升降电梯。

索塔一般较高,施工时应采用提升模架,并设置施工电梯,以确保施工的顺利进行。

五、桥梁上部构造

公路桥梁上部构造,是跨越山谷、河流,连接路基的主要承重部分,常用的有梁板式和拱式两种结构形式。梁板式桥上部构造由主梁(称为承重结构)、桥面铺装(包括泄水管、伸缩缝)、人行道或安全带,栏杆扶手或防撞护栏,以及支座等组成。拱式桥上部构造则有实腹式和空腹式之分,实腹式由主拱圈、护拱、侧墙、拱上填料等组成;空腹式则包括主拱圈、腹拱、侧墙及拱上填料等工程内容。拱式桥也包括人行道或安全带及桥面铺装等工程(其中桥上的路面铺筑,一般在编制工程造价时,并入路面工程部分,因其形式及厚度与线路上相同)。

梁板式桥的截面形式有矩形板、空心板、肋形梁(包括T形梁、工形梁)、箱形梁、组合箱梁和桁架梁等。

拱式桥的截面形式有板拱、薄壳拱、肋拱、双曲拱、箱形拱、桁架和刚架拱等。

现简要介绍常用的桥梁上部构造的有关设计和施工技术方面的规定和要求。

(一)板式桥的上部构造

1. 矩形板上部构造

矩形板是公路小跨径钢筋混凝土桥中最常用的桥型之一,有整体式和装配式两种结构,前者是就地浇筑而成,适用于跨径小于 10m 的桥梁,为双向受力的整体宽板,故整体性能好,横向刚度较大。板的横截面,无论是宽板或是窄板,一般都设计成等厚的矩形截面。

装配式矩形板用混凝土制作,板与板之间接缝(企口缝)用混凝土连接。

对低等级及乡村道路桥梁用矩形板可设置简易垫层支座,铺垫油毛毡后,就直接安置在墩、台帽上,并用锚栓与墩、台帽锚固;对高等级公路应采用橡胶支座。

预制矩形板一般采用起重机安装,若采用扒杆安装,编制施工图预算时,每座桥应列入两个扒杆费用。

悬臂板桥一般做成双悬臂式结构,中间跨径为 8~10m,两端伸出的悬臂长度约为中间跨径的 0.3 倍,板在跨中的厚度为跨径的 1/18~1/14,在支点处的板厚要比跨中的加大 30%~40%。悬臂端可以直接伸到路堤上,不用设置桥台。

连续板桥的特点是板不间断地跨越几个桥孔而形成一个超静定结构体系。连续板桥较简支板桥而言,具有伸缩缝少、车辆行驶平稳等特点。连续板桥的跨径可比简支板桥的跨径做得大一些。连续板桥边跨与中跨之比为 0.7~0.8,这样可以使各跨的跨中弯矩接近相等。连续板桥也可以有整体式和装配式两种结构。

2. 空心板上部构造

空心板是将板的横截面中间部分挖成空洞,以达到减轻自重、节约材料的目的。通常用钢筋混凝土和预应力混凝土做成。

空心板的截面构造简单、施工方便、建筑高度小,可有效地降低路基的平均高度,因此,空心板桥已成为广泛使用的一种桥型。

钢筋混凝土空心板的跨径为 10~13m,其板厚为 40~80cm,一般采用混凝土。预应力混凝土空心板的跨径为 10~20m,厚度为 50~100cm,一般采用 C40 混凝土。对构件施加预应力有先张法和后张法两种不同的方法,还要对孔道压入水泥浆和浇筑梁端封锚混凝土。后张法适用于配置曲线形预应力筋的大型预制构件。

使用先张法预制空心板时,要修建张拉台座,在立模和浇筑混凝土之前,张拉预应力钢绞线、高强钢丝、钢筋,等混凝土达到了规定的强度(不得低于设计强度的 70%)时,逐渐将预应力筋放松,并将其张拉的工作长度切割掉。这样,就因预应力的弹性回缩通过与混凝土之间的黏结作用,使混凝土获得预压应力。在编制施工图预算中,一般应计列张拉台座的费用,其钢绞线等预应力筋的张拉工作长度,一般可按板的设计长度另加 1.5m 计算确定预应力筋的消耗数量。

槽式台座形成一个承力框架,便于立模和浇筑混凝土,如图 3.5.30 所示。横梁一般采用型钢制作,传力柱可采用钢筋混凝土制作或钢构件组拼,底板作为空心板的底模用。这种台座的工料消耗大,若这种预制块的数量不多,是很不经济的。

后张法的预应力空心板需要设置锚具张拉钢绞线和锚固,20m 的预应力空心板一般采用 7 根钢绞线群锚、橡胶管制孔,在预制空心板时,按设计要求布置,形成钢绞线孔道,待其混凝土达到规定强度后,再在孔内穿入钢绞线,进行张拉并锚固,最后进行孔道压浆和浇筑板端封头混凝土,锚具就被埋置在板内。封头混凝土的强度等级不宜低于构件本身混凝土强度等级的80%,亦不宜低于C30混凝土。

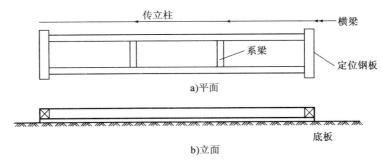

图 3.5.30 槽式张拉台座

空心板桥梁的墩、台帽要设置支座,一般采用板式橡胶支座,每块板要设置四块。

斜交的板梁桥,当斜交的角度大于15°时,应分别在钝角部位的上层布置垂直于钝角平分线的加强钢筋,而在其下层布置平行于钝角平分线的加强钢筋。

(二)梁式桥的上部构造

1. T形梁和工形梁上部构造

T形梁和工形梁统称为肋形梁,每孔上部构造一般由多片梁组成,梁间由隔板连接。主梁间距通常在2m左右,主梁由梁肋、横隔梁(横隔板)、行车道板(T形梁为翼板)组成。

1) T形梁

跨径在20m以下的T形梁,一般采用钢筋混凝土结构,跨径在20~50m的则用预应力混凝土结构。

装配式钢筋混凝土T形梁的优点为:施工工艺简单,对非预应力的T形梁,肋内钢筋可做成钢筋骨架,各主梁之间设置间距4~6m的横隔梁相互连接,整体性好,且有各种标准设计图。它有利于采用定型模板,实行工厂化预制生产,节约模板等费用,如图3.5.31所示。

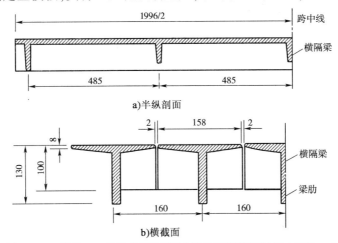

图 3.5.31 跨径20m装配式钢筋混凝土简支T形梁构造(尺寸单位:cm)

装配式简支T形梁,梁高与跨径之比为1/16~1/13,跨径大的取偏小比值。翼缘板是构成行车道的主要部分,为使行车道平整而连接成整体,能有效地承受车辆荷载的作用。

当跨径大于20m且适宜设计为T形梁时,应采用预应力混凝土T形梁。我国已编制了20m、25m、30m、35m和40m等不同跨径的标准设计图。其结构形式与钢筋混凝土T形梁基本相似,如图3.5.32所示。为了便于布置钢绞线或高强钢丝等预应力筋,一般都将肋梁的下部加厚做成马蹄形,在端部的腹板处也要逐渐加厚至与马蹄形同厚。

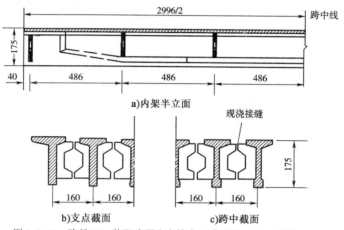

图3.5.32 跨径30m装配式预应力简支T形梁构造(尺寸单位:cm)

2)工形梁

工形梁既是一种肋形梁又是一种组合式梁,它适用于跨径30m以内的钢筋混凝土和预应力混凝土的简支梁桥。其技术要求和施工方法基本上与T形梁相似,只是梁间的横隔梁需要现浇连接。由于是组合结构受力,受力状况不如T形梁,目前很少使用。

3)T形梁和工形梁施工图预算要求

编制简支T形梁和工形梁的施工图预算时,除应列入修建预制场地外,还要列入修建大型预制构件的平面底座,其数量应以预制梁肋的根数与施工期限为依据计算确定。要求尽可能多次周转使用,以节约工程费用。同时,预制场内还应计列起吊的龙门架和运输轨道,以利构件起吊出坑和运输工作。

4)T形梁和工形梁架设方法

T形梁和工形梁安装方法较多,一般常用的是采用导梁(图3.5.33)和跨墩门架(图3.5.34),较多的是用架桥机进行安装。导梁分为单导梁和双导梁两种,跨径25m以上的则采用双导梁及架桥机安装。在陆地上对于桥不太高,沿桥墩两侧铺设轨道不困难的情况,适宜采用跨墩门架安装方法。小跨径的亦可采用扒杆或起重机作为安装工具。一般应根据技术经济原理合理确定安装方法。

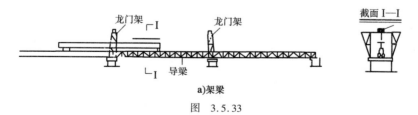

图 3.5.33

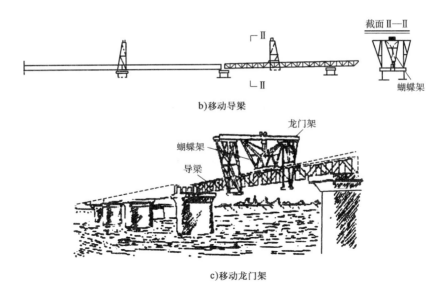

图 3.5.33 用导梁、龙门架及蝴蝶架联合架梁

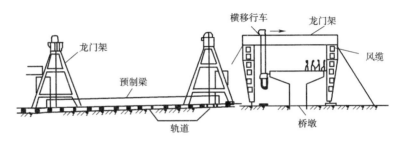

图 3.5.34 跨墩龙门架

2. 箱梁上部构造

箱梁由底板、腹板(梁肋)和顶板(包括翼板)组成,其横截面是一个封闭箱,图 3.5.35 所示为单箱单室截面,梁的底部由于有扩展的底板,因此,它提供了有足够的能承受正、负弯矩的混凝土受压区。箱梁的另一个特点,是它的横向刚度和抗扭刚度特别大,在偏心的活载作用下各梁肋的受力比较均匀。所以箱梁适用于较大跨径的悬臂梁桥(T形刚构)和连续梁桥,还易于做成与曲线、斜交等复杂线形相适应的桥型结构,斜拉桥、悬索桥也常采用的这种截面。

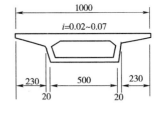

图 3.5.35 单箱单室横截面
(尺寸单位:cm)

箱梁有单箱、多箱和组合箱梁等多种形式,如图 3.5.36 所示。一般设计为等截面的 C40 钢筋混凝土和 C50 预应力混凝土结构,其梁的高度常为跨径的 1/20~1/16,具有截面挖空率高、材料用量少、结构简单、施工方便等优点。对于大跨结构,可采用变高度箱型截面,中墩支点梁高可采用跨径的 1/20~1/15,跨中梁高可采用跨径的 1/50~1/30。

为了加强箱梁腹板与水平板的联系,顶板与腹板相交处应设置承托。由于箱形截面抗扭性能好,亦有利于荷载的分布,故一般只在支点处或跨中设置横隔板,但横隔板应开孔,以利施工和养护人员进出,腹板和底板上还应预留10cm的通风孔。同时,在支承处腹板的厚度也要适当逐渐加厚。

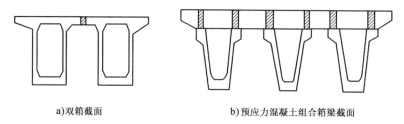

a) 双箱截面　　　　b) 预应力混凝土组合箱梁截面

图3.5.36　多箱式结构截面

3. 预应力混凝土连续梁上部构造

在较宽阔的河谷上修建连续梁时,通常采用2~5孔一联的多联结构形式,在每个桥墩上只设置沿桥墩中心的支座,一般是根据跨径的大小采用不同等级反力的盆式橡胶支座。

预应力连续梁,可以做成等跨和不等跨、等高和不等高的结构形式。其截面形式,除了中等跨径的梁桥采用T形或工形截面外,对大跨径的连续梁桥和采用顶推法或悬臂法施工的连续梁桥,都采用箱形截面,因为它能满足顶推法和悬臂法施工工艺的要求,又便于设置预应力筋。

连续梁桥一般采用C40或C50预应力混凝土,很少用钢筋混凝土。

预应力连续梁跨越能力大,常用的施工方法有顶推法、悬臂法、预制吊装(先简支后连续)及支架现浇等,如图3.5.37所示。

图3.5.37　悬臂浇筑的变截面连续箱梁桥施工

(三)拱式桥的上部构造

拱式桥与梁板式桥的主要区别,不仅在于外形上的差异,而且更主要的是受力不同。由于水平推力的作用,拱的弯矩与同跨径的梁板桥的弯矩相比要小得多,作为承重结构的拱圈主要承受压力,因此,可应采用抗压性能较好而抗拉性能较差的天然石料和混凝土修建。采用圬工材料或钢筋混凝土材料的拱桥缺点是自重较大,水平推力也大,相应增加了墩、台和基础的圬工数量,对地基的条件要求高,采用拱盔、支架来施工,故机械化程度低,耗用劳动力多,施工周期长,施工工序较多,相应地增加了施工难度。采用预制构件及无支架施工,可以增大拱桥跨越能力,扩大拱桥的使用范围,如图 3.5.38 所示。采用钢结构或钢管混凝土结构时,可以减少自重,跨径可以进一步加大。

图 3.5.38 拱式桥上部构造施工

1. 拱桥的分类及构造要求

拱桥按主拱圈的截面形式,分为板拱(包括石拱、钢筋混凝土薄壳拱)、肋拱、双曲拱、箱形拱、桁架拱和刚架拱等;若按照拱上部结构形式,则可分为实腹式和空腹式两类拱桥;按结构受力可分为无铰拱、两铰拱及三铰拱;按材料分,可分为圬工拱桥、钢筋混凝土拱桥、钢拱桥、钢管混凝土拱桥等。

主拱圈以上的建筑部分,常称为拱上建筑。它将作用在桥面上的荷载较均匀地传给主拱圈,当考虑联合作用时,才与主拱圈共同受力。实腹式的拱上建筑包括侧墙、拱座、护拱、防水层、拱背填料等工程内容,一般适用于跨径 20m 以下的小型石拱桥。大、中跨径的拱桥都采用空腹式,以减少恒载,并使桥梁更显得轻巧美观,也有利于泄洪,如图 3.5.39 所示。空腹式拱上建筑,有拱式和梁板式两种结构形式,除具有与实腹式相同的拱上建筑外,还设置有腹拱和腹拱墩。

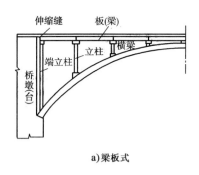 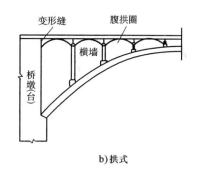

a) 梁板式　　　　　　　　　　b) 拱式

图 3.5.39 空腹式拱上建筑形式

按照建设工程的实际情况,主拱圈可以做成无铰拱、二铰拱和三铰拱等不同形式。

三铰拱属于静定结构。温度变化、材料收缩、墩台沉陷等外界因素,不会在拱内产生附加内力。所以,在软土等不良地基上宜采用三铰拱。

二铰拱为一次超静定结构,它的特点介于三铰拱和无铰拱之间。由于取消了跨中铰,故比三铰拱的整体刚度大,在因地基条件较差而不宜修建无铰拱时,可考虑采用二铰拱。

根据设计规范的有关规定,空腹式拱桥的腹拱,其靠近墩(台)的一孔应做成二铰拱或三铰拱,大跨径的拱桥,必要时可将靠拱顶的腹拱或其他腹拱做成三铰拱或二铰拱,在腹拱铰上面的侧墙、人行道和栏杆等均应设置变形缝。所以,二铰拱和三铰拱多用于空腹式的拱上建筑。拱铰有弧形铰、平铰或其他形式的假铰等。

为了避免拱上建筑不规则的开裂以保证桥梁的安全运营,通常在相对变形较大的位置设置伸缩缝,而在变形较小之处设置变形缝。实腹式拱桥的伸缩缝常设在墩(台)两起拱脚的上方,要贯穿全桥宽和侧墙的全高及人行道至栏杆;空腹式拱桥则在紧靠墩(台)的一孔做成的三铰拱的拱铰上方设置伸缩缝,在其余两铰及其他铰的上方则设置变形缝。伸缩缝的宽度一般为2~3cm,用沥青麻絮填塞充满,变形缝则不留缝宽,只将其断开或贴放油毛毡即可。

2.板拱桥

石板拱结构简单,施工方便,又有利于就地取材,因而成为常用的桥型结构。其矢跨比一般采用1/8~1/4,小跨径的石拱桥也可采用半圆拱。

实腹式拱桥,其拱圈上除要设置用片石砌筑的护拱,以达到加强拱圈的作用外,还应铺设防水层,以防止雨水渗入拱圈内。

拱上填料(指拱腹范围内),宜采用透水性较好的土壤,应在接近最佳含水率的情况下分层填筑夯实,每层厚度不宜大于30cm。也可采用碎砾石或其他轻质材料(如炉渣、石灰、黏土等混合料)作为拱上填料。

此外,还有现浇钢筋混凝土薄壳拱和二铰板拱,也属于板拱的范畴,因结构较复杂、施工工序多,又需耗用大量钢材,故在实际中很少采用。

板拱桥建设的另一个重要工作环节,就是需要搭设拱盔和支架,常简称为拱架,以支承全部或部分拱圈和拱上建筑的质量,并保证拱圈的形状符合设计要求。

拱桥中常用的拱架,有土牛拱、木拱架和钢拱架三种,如图3.5.40所示。

图3.5.40 拱架

(1)土牛拱一般只宜用于无常流水的河沟中修建的小型石拱桥,实际很少使用。

(2)木拱架,包括拱盔、支架和支架基座三部分工程内容,有满堂式和桁架式两种形式,如图3.5.41所示。

满堂式根据跨中所设支点的形式和个数,又分为排架式、撑架式和扇形式三种。桁架式一般用于经常性通航、水域较深或墩台较高的桥孔,跨中不设支点。

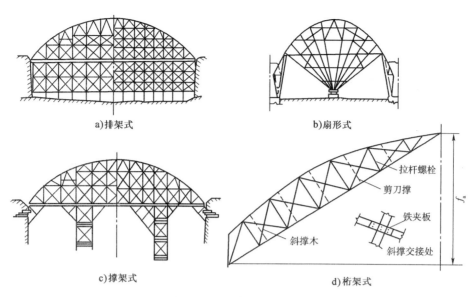

图 3.5.41　木拱架的主要形式

（3）钢拱架，有工字梁钢拱架和桁架钢拱架两种，如图 3.5.42 所示，钢拱架的安装拆除工作，可按钢拱架全套设备的质量，并以桥梁拱盔的工程定额计算所需的费用。但在安装钢拱架时，需要另行配备吊装设施，如缆索、扒杆等。在公路拱桥建设中使用钢拱架的比较少。

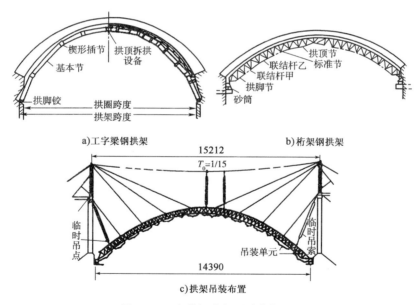

图 3.5.42　钢拱架形式（尺寸单位：cm）

3. 肋拱桥

肋拱桥实质上是在板拱的基础上演变而成的，就是将板拱分割成两条或多条刚度较大、分离的平行拱肋，而肋与肋之间则用横系梁进行连接，以增强其整体稳定性，在拱肋上设置立柱和盖梁，以支承桥面结构，如图 3.5.43 所示。

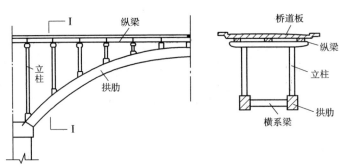

图 3.5.43 肋拱

肋拱桥的主要特点,是拱肋的横截面较小,而一般又多采用两肋组成,这样就能较多地节省材料用量,不仅减轻了拱体的质量,而且相应地减少了拱上建筑、墩台及基础的工程数量,从而能有效地降低工程造价、节约投资。因此,适用于较大跨径的拱桥。

拱肋的预制工作,也同其他大型预制构件一样,要修建预制场地、大型预制构件曲面底座、构件出坑起吊龙门架和运输轨道等设施。

4. 双曲拱桥

双曲拱桥的主拱圈由拱肋、拱波和拱板等组成,纵向和横向都呈曲线形,故称为双曲拱桥。因主拱圈为组合截面,且材料不均匀,容易产生各种裂缝,局部损坏后严重影响承载力,曾出现多座该型结构的拱桥倒塌,目前禁止使用。

这种桥型的主要特点,是将主拱圈"化整为零"的一种组装施工方法,我国在 20 世纪 60 年代曾广泛采用。

5. 箱形拱桥

箱形拱桥的主拱圈截面形式,有多箱和单箱两种。它宜用于 50m 以上的大跨径拱桥,一般采用多箱式的闭合箱形,每个箱由腹板(箱壁)、顶板、底板和横隔板组成,如图 3.5.44 所示。

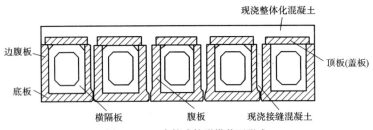

图 3.5.44 多箱式箱形拱截面形式

在施工可能的情况下,箱形拱以采用闭合箱形为宜。但开口箱不仅构件单元重量轻、有利于安装,而且预制工作比闭口箱也要方便,故在实际中多采用开口箱形。一般是在开口箱体安装好后,再安砌盖板(顶板),然后现浇接缝和整体化混凝土,使之连成整体,最后形成闭合箱形,故横向整体性强、稳定性好,抗扭刚度也大。

箱形拱圈及其他肋拱通常根据跨径大小,分为三段、五段及七段甚至更多段预制,采用无支架的缆索吊施工。公路工程预算定额中的缆索吊装设备定额,是以主索、起重索、牵引索、扣索、风缆以及塔架、主索和扣索等地锚,天线滑车等工程内容进行综合的。如图 3.5.45 所示是吊装拱桥的专用设备,不能作为梁板式桥的吊装计价依据,因为梁板桥无须设置扣索等工程内容。

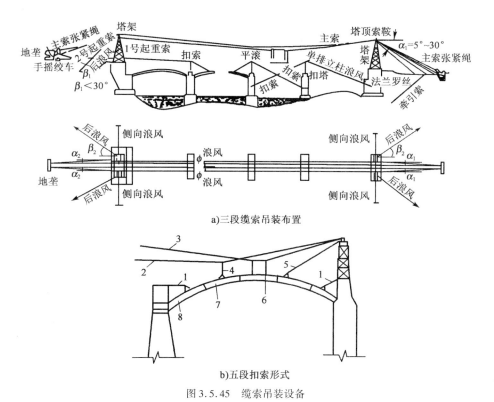

a) 三段缆索吊装布置

b) 五段扣索形式

图 3.5.45　缆索吊装设备

1-墩扣；2-扣索天线；3-主索天线；4-天扣；5-塔扣；6-顶段；7-中段；8-拱脚段

6. 桁架拱桥

桁架拱由桁拱片及其横向联系和桥面板三部分组成的，图 3.5.46 所示的是一种常用斜拉杆桥型。

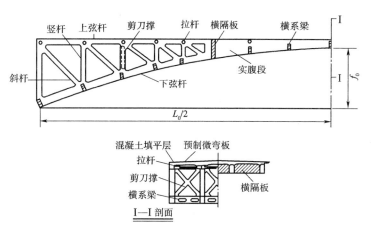

图 3.5.46　桁架拱桥的主要组成

桁拱片是桁架拱桥的主要承重结构，它由下弦杆、上弦杆、腹杆（包竖杆和斜杆）和拱顶实腹段组成，下弦杆一般采用圆弧形，这样施工较方便。为了使桁拱片连成整体而共同受力，保证其横向稳定，故在桁拱片之间设置横向联系。有拉杆、横系梁和剪刀撑、横隔板等不同的称谓。

桁架拱桥的桥面结构，一般采用微弯板，以节约钢材。桁架拱适宜用于 50m 以下跨径的桥梁。

7. 刚架拱桥

刚架拱桥是在桁架拱桥等基础上发展起来的另一种轻型钢筋混凝土桥型,也同桁架拱桥一样,是属于具有水平推力的拱式结构,适用于50m以内跨径的桥梁。

8. 钢管混凝土拱桥

钢管混凝土拱桥是我国近年来公路桥梁建筑发展的新技术,具有自重轻、强度大、抗变形能力强的优点。

在结构受力方面,随着轴向力的增大,内填型钢管混凝土使得混凝土的径向变形受到钢管的约束而处于三向受力状态,承载能力大大提高。同时,钢管的套箍作用大大提高了混凝土的塑性性能,使得混凝土,特别是高强度混凝土脆性的弱点得到克服。另一方面,混凝土填于钢管之内,增强了钢管管壁的稳定性,刚度也远大于钢结构,使其整体稳定性也有了极大提高。因此,钢管混凝土材料应用于以受压为主的构件中,较之钢结构和混凝土结构有着极大优越性。

a)内填型　　b)内填外包型

图 3.5.47　钢管与混凝土的组合

钢管混凝土是钢管与混凝土的组合材料。根据钢管与混凝土的组合关系,可分为内填型和内填外包型两类,如图 3.5.47 所示。

钢管混凝土结构的应用,使拱桥的跨越能力得到提高,同时使拱桥更加轻巧,表现力也更强,更加美观。目前,已建成的钢管混凝土拱桥的最大跨径为 575m(广西平南三桥),钢管混凝土劲性骨架拱桥的最大跨径为 420m(万县长江大桥)。

(四)预应力刚构桥的上部构造

刚构桥又称刚架桥,是由梁式桥跨结构与墩台(支柱或板墙)刚性连接而形成整体的结构体系,如图 3.5.48 所示。按其静力结构体系可分为单跨刚构桥和多跨刚构桥,支柱做成斜柱式时称为斜腿刚构。

图 3.5.48　预应力刚构桥的上部构造

多跨刚构桥可将主梁做成连续式或非连续式。非连续式刚构桥在主梁跨中设铰或悬挂简支梁,通常称为 T 形刚构桥,或简称为"T 构"。它的显著特点是全桥所有的墩上都不设置任何形式的支座。带挂梁的刚构桥在挂梁端相应设置支座,属于静定结构。

连续刚构是墩、梁固结的连续结构,由于固结的桥墩能提供部分固端弯矩,从而使跨中弯矩减小，因而可以达到较大的跨径。有时为了适应特殊的水文地质条件或地形条件，也可以将连续梁桥与连续刚构桥结合起来，成为所谓刚构-连续组合梁桥。其做法通常是在一联连续梁的中部数孔采用墩梁固结的刚构，边部数孔为设置支座的连续梁结构。

修建预应力刚构桥时，无论是现浇还是预制安装，通常采用悬臂的施工方法。

预应力刚构桥的预制安装或现浇同预应力连续梁桥的施工方法基本相同，除要修建预制场地等辅助工程设施外，还要配备预制和安装挂梁的吊装设备等辅助工程设施。

（五）预应力斜拉桥的上部构造

斜拉桥是一种造型美观的组合体系结构，由索塔、斜拉索和主梁三部分组成，如图 3.5.49 和图 3.5.50 所示。锚固在索塔上而悬吊起主梁的斜拉索实际上是起着混凝土主梁弹性支撑的作用。这样，主梁就像小跨度的多孔弹性支承的连续梁一样承受着全部荷载。因此，不仅可以增大跨越的能力，而且梁的高度也可以大大减小，一般只有跨径的 1/100～1/40，自重较轻，钢材和混凝土的用量均较节省，但由于钢索和锚具的费用都比较昂贵，所以，这种桥型的造价是比较高的。

图 3.5.49　斜拉桥施工

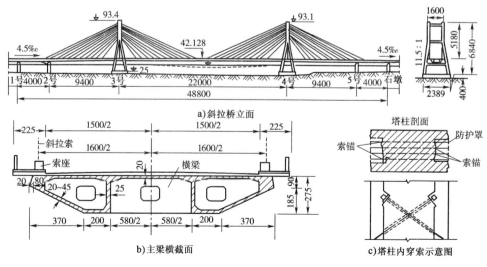

图 3.5.50　斜拉桥（尺寸单位：cm）

索塔形式、斜拉索布置和主梁截面是多种多样的,现简要介绍斜拉索和主梁的有关技术要求和构造类型。

1. 斜拉索

斜拉索是斜拉桥的主要承重结构,一般采用抗拉强度高、疲劳强度好和弹性形变模量较大的高强钢丝或钢绞线。

斜拉索在立面上的设置形状,有辐射形、竖琴形和扇形三种形式,如图 3.5.51 所示,在横截面上有双面索和单面索两种。

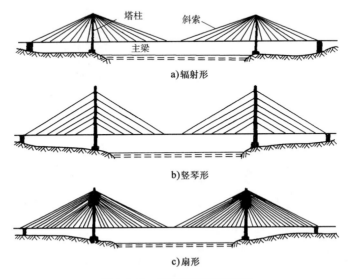

图 3.5.51 斜拉桥斜拉索的形式

（1）辐射形斜拉索。因斜拉索倾角大,平均接近 45°,故能够发挥较好的工作效率,所以拉索用量省。但由于斜拉索集中于塔顶,致使锚固难度大,而且对索塔受力也不利,在实际中较少采用。

（2）竖琴形斜拉索。因斜拉索与索塔的连接处是分散的,而且各斜拉索又是平行的,其倾角相同。这样,不仅连接构造易于处理,而且锚具垫座的制作与安装也要方便,同时对索塔的受力也比较有利。但因斜拉索倾角小,就不能像辐射形斜拉索那样发挥较好的工作效率,以致拉索用量相对较多。

（3）扇形斜拉索。它的特点是介于辐射形和竖琴形斜拉索的两者之间,可以说是兼有上述两种形式的优点。近年来在公路斜拉桥的建设中大多采用这种斜拉索布置形式。

斜拉索的间距,近年来多采用扇形的密索体系,其特点是间距可以小于 6m,这样就能降低梁的建筑高度,使自重较轻,有利于施工。

斜拉索防护是斜拉桥拉索防腐蚀和抗疲劳的措施,早期拉索防腐采用钢套筒压注水泥砂浆或钢丝绑扎涂机油的麻布等,防腐效果不好,已很少采用;现多用带热挤聚乙烯防护套的成品索。

2. 主梁

预应力混凝土斜拉桥的主梁,一般采用 π 形断面和箱形截面结构,一般采用 C50 混凝土。

图 3.5.52a)为 π 形断面形式,两边梁亦可采用实心截面;图 3.5.52b)是一种半封闭箱形截面结构。两箱之间设有横隔板,其外缘做成尖嘴形,主要是为减少风的阻力,两侧局部加固,有利于斜拉索的锚固。图 3.5.52c)和图 3.5.52d)是一种封闭式的箱形截面结构,它的抗扭刚度大,常用于单面索的斜拉桥,其倾斜式的腹板结构比竖直板的要好,但施工难度要大,图 3.5.52d)中箱梁内的斜撑,则是为锚固斜索而设置的,如图 3.5.53 所示。

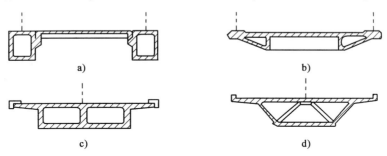

图 3.5.52 斜拉桥的主梁横截面形式

图 3.5.53 单面索的斜拉桥

预应力斜拉桥,按其索塔、斜拉索和主梁三者的不同结合方法,可以分为漂浮、支承、塔梁固结和刚构四种体系,其特点和技术要求如下:

(1)漂浮体系。它是指塔墩固结,塔处主梁不设竖向支座,其他墩设不约束纵向移动支座的结构体系,但在横向则不能任其随意摆动,必须施加一定的横向约束。

(2)支承体系。它是指斜拉桥全长范围内的墩上均设支座的结构体系。对所有墩上的支座均不约束纵向位移的结构体系称为半飘浮体系。这种体系的主梁内力,在墩塔支承处会产生急剧变化,出现很大的负弯矩,故需要加强支承区梁段的截面。

(3)塔梁固结体系。塔梁固结,墩处设支座的体系,它相当于在梁的顶面用斜拉索加强的一根连续梁,这样全部上部结构的荷载都要由支承座来传给桥墩,故需要在墩塔处设置较大吨位的支座。

(4)刚构体系。它是将桥墩、索塔与主梁三者固结在一起,从而形成了在跨度内具有弹性支承的一个刚构体系,故在固结处会产生很大的负弯矩,因此需要将其附近梁段的截面面积予以加大。

(六)悬索桥的上部构造

悬索桥又称吊桥,由承受拉力的悬索作为主要承重结构。现代悬索桥一般由索塔、主缆、锚碇、吊索、索夹、加劲梁及索鞍等主要部分组成,如图 3.5.54 所示。

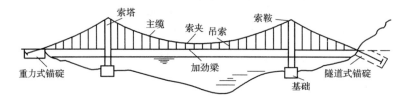

图 3.5.54 悬索桥的主要构造

悬索桥具有合理的受力形式,因为主要承重构件悬索受拉,无弯曲和疲劳而引起的应力折减,可以采用高强度钢丝制成,其$[\sigma]/\gamma$之值最大($[\sigma]$为钢材的容许应力,γ为钢材的重度),因此悬索桥的跨越能力是目前所有桥梁体系中最大的,也是目前能超过千米跨径的桥型,如图 3.5.55 所示。

图 3.5.55 悬索桥

悬索桥采用高强钢材作为主要承重结构,所以与其他桥型相比,其恒载与活载之比最小,因此在一般情况下,悬索桥是一种用料最省的桥型。

以下仅就主缆、锚碇、加劲梁、吊索、索夹和索鞍的主要结构特点作简要叙述。

1. 主缆

主缆是悬索桥的主要承重构件,不仅承担自重恒载,还通过索夹和吊索承担加劲梁(包括桥面)等其他恒载以及各种活载。此外,主缆还要承担部分横向风载,并将其传至索塔顶部。主缆可采用钢丝绳钢缆、钢绞线钢缆或平行钢丝束钢缆,由于平行钢丝束钢缆弹性模量高,空隙率低,抗锈蚀性能好,因此大跨度悬索桥的主缆均采用这种形式。现代悬索桥的主缆多采用直径5mm 左右的高强度镀锌钢丝组成。先由数十到数百根 5mm 左右的高强度镀锌钢丝制成正六边形的索股(束),再将数十至上百股索股挤压形成主缆索,并做防腐处理,如图 3.5.56 所示。设计中主缆索的线形一般采用分段悬链线方程,中小跨径悬索桥可采用抛物线方程,如图 3.5.57 所示。

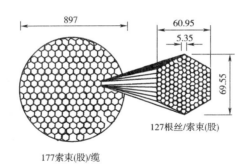

图 3.5.56 悬索桥主缆索断面构造示意图(尺寸单位:mm)

图 3.5.57 主缆索

2. 锚碇

锚碇是主缆的锚固构造。主缆中的拉力通过锚碇传至基础。通常采用的锚碇有两种形式:重力式和隧道式,如图 3.5.58 所示。重力式锚碇依靠其巨大的自重来承担主缆的垂直分力,而水平分力则由锚碇与地基之间的摩阻力或嵌固阻力承担。隧道式锚碇则是将主缆中拉力直接传递给周围的基岩。隧道式锚碇适用于锚碇处有坚实基岩的地质条件。当锚固地基处无岩层可利用时,均采用重力式锚碇,锚碇主要由锚碇基础、锚块、主索的锚碇架及固定装置和遮棚组成,如图 3.5.59 所示。

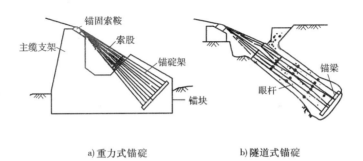

a) 重力式锚碇　　　　b) 隧道式锚碇

图 3.5.58 悬索桥的锚碇构造

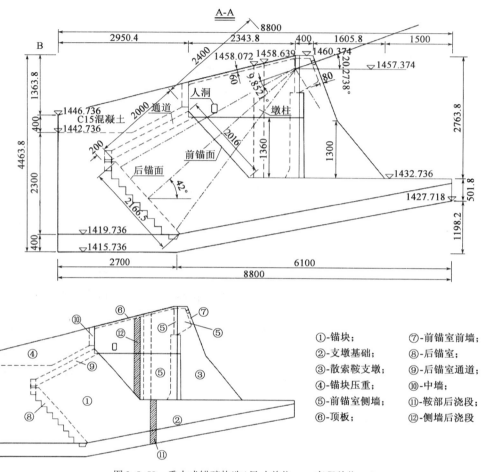

图 3.5.59 重力式锚碇构造(尺寸单位:cm;高程单位:m)

3. 加劲梁

加劲梁的主要作用是直接承受车辆、行人及其他荷载,以实现桥梁的基本功能,并与主缆、索塔和锚碇共同组成悬索桥结构体系。加劲梁是承受风荷载和其他横向水平力的主要构件,应考虑其结构的动力稳定特性,防止其发生过大挠曲变形和扭曲变形,避免对桥梁正常使用造成影响。大跨度悬索桥的加劲梁均为钢结构,通常采用桁架梁和箱形梁。预应力混凝土加劲梁仅适用于跨径在500m以下的悬索桥,大多采用箱形梁。

4. 吊索及索夹

吊索也称吊杆,是将加劲梁等恒载和桥面活载传递到主缆的主要构件。吊索可布置成垂直形式的直吊索或倾斜形式的斜吊索,其上端通过索夹与主缆索相连,下端与加劲梁连接。

吊索与主缆索的连接方式有两种:骑跨式和销接式,如图3.5.60所示。两种方式各有所长。吊索与加

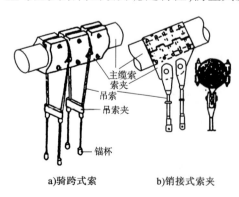

图 3.5.60 吊索和索夹的构造

劲梁连接也有两种方式:锚头承压式和销接式。承压式连接是将吊索的锚头通过承压板与加劲梁的锚箱连接。销接式连接是将带有耳板的吊索锚头与固定在加劲梁上的吊耳通过销钉连接。

吊索的间距由桥面系材料的经济性确定,当主跨跨径在 80~200m 时多为 5~8m,随着主跨跨径增大后,主梁一般采用钢结构,吊索间距也相应增大,可采用 8~16m。如图 3.5.61 所示。

图 3.5.61 吊索

索夹是紧箍主缆索股并连接主缆与吊索(如有)的构件,主要承受吊索的拉力。

按作用分为:有吊索索夹、无吊索索夹。无吊索索夹仅对主缆进行紧固,有吊索索夹既对主缆进行紧固,又通过吊索承受桥面荷载。

按结构形式分为:销接式、骑跨式。销接式索夹可以分成上下两半,也可以分成左右两半;骑跨式为上下两半。

按成型方式分为:铸造结构、焊接结构、铸焊结构。

5. 索鞍

索鞍是支承主缆的重要构件,其作用是保证主缆平顺转折;将主缆中的拉力在索鞍处分解为垂直力和不平衡水平力,并均匀地传至塔顶或锚碇的支架处。索鞍可分为塔顶索鞍和锚固索鞍。塔顶索鞍(也称主索鞍)设置在索塔顶部,将主缆荷载传至塔上;锚固索鞍(也称散索鞍)设置在锚碇支架处,主要作用是改变主缆的方向,把主缆的钢丝束股在水平及垂直方向分散开来,并将其引入各自的锚固位置。

(七)桥面铺装、人行道及栏杆

以上介绍的有关上部构造只是组成上部构造中的承重结构之一,即梁板和拱等,而上部构造是泛指桥梁的承重结构以及桥面铺装、人行道和栏杆等。除实腹式拱桥的桥面铺装之外,其余桥面系统构造基本上相同。

1. 桥面铺装

桥面铺装设计可包括桥面板处理、防排水、铺装结构层、路缘带和伸缩缝接触部位的填封设计等,设计时应综合考虑桥梁类型、公路等级、交通荷载等级和气候条件等因素。桥面铺装分混凝土桥面铺装和钢桥面铺装水泥混凝土桥面板宜进行铣刨或抛丸打毛处理,处理后桥面板的构造深度宜为0.4～0.8mm。根据设计需要决定是否设置混凝土调平层,设置混凝土调平层的桥面,调平层厚度不宜小于80mm,且应按要求设置钢筋网。调平层混凝土强度等级应与梁体一致,并与桥面板结合紧密。

目前桥面横坡通常通过主梁预制或现浇时已经形成,故通过设三角垫层的必要性已不足还增加了自重(个别桥梁可能存在设垫层的必要,另一方面,同预制装配式桥梁的整体化层作用也不一样),且设垫层(调平层)后期使用发现桥面铺装的病害较多,究其原因,该垫层同预制装配式桥梁的整体化层构造上存在不同之处,缺少与主梁的抗剪抗拔连接。

水泥混凝土桥面防水层材料应具有足够的黏结强度、防水能力、抗施工损伤能力和耐久性,可采用热沥青、涂膜等。

高速公路、一级公路水泥混凝土桥面沥青混合料铺装层厚度不宜小于70mm,常规设计厚度为80～100mm,宜采用两层或两层以上的结构,沥青混合料铺装上层厚度不宜小于30mm。二级及二级以下公路水泥混凝土桥面沥青混合料铺装层厚度不宜小于50mm。

钢桥面铺装应充分考虑环境条件、交通条件、结构支撑条件、工程实施条件,并参照国内同地区同类型桥梁桥面铺装的工程经验进行优化设计。钢桥面铺装设计应与正交异性钢桥面板结构整体考虑。

钢桥面铺装应以铺装结构的抗疲劳性能作为主要控制指标,计算铺装结构在设计荷载作用下的最大拉应力以及铺装与钢板之间的最大剪应力,并通过复合结构试验进行验证。

钢桥面铺装结构应简单、有效,可由防腐层、防水黏结层、沥青混凝土铺装层等组成,总厚度不宜超过80mm。

钢桥面铺装材料应在使用条件和工程实施条件分析的基础上,参照同地区、同类型桥梁铺装工程的使用情况确定,可选择环氧沥青混凝土、浇注式沥青混凝土、改性沥青SMA、密级配改性沥青混凝土或其他满足使用要求的材料。

对特大桥或有特殊使用要求的钢结构桥梁,其桥面铺装宜进行专项设计。

为了迅速排出桥面雨水,桥面一般横桥向设置1.5%～3%的横坡,为了防止雨水滞积桥面而渗入梁体,影响桥梁的运营安全,当桥面纵坡大于2%,而桥的长度又超过50m时,宜每隔12～15m设置一个泄水管,若小于2%则宜每隔6～8m设置一个泄水管。一般应沿行车道两侧左右对称或交错地排列,其出水口不应直接冲刷桥体,大多采用金属和PVC-U泄水管,如图3.5.62所示。

图3.5.62 桥面铺装

(1)梳形钢板伸缩缝。由梳形板、锚栓、垫板、锚板、封头板及排水槽等组成,有的还在梳齿之间填塞合成橡胶,以起防水作用,如图3.5.63所示。它适用于变形量达20~40cm的桥梁。

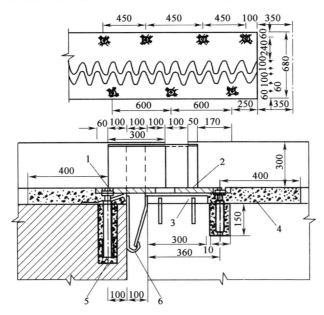

图3.5.63　梳形钢板伸缩缝构造图(尺寸单位:mm)
1-封头板;2-垫板;3-锚板;4-C40混凝土;5-锚栓;6-排水槽

(2)镀锌铁皮沥青麻絮伸缩缝。它适用于变形量在20~40mm的低等级公路的中、小跨径桥梁及人行道上,系用镀锌铁皮弯成U形并在其内填塞沥青和麻絮。这样,当桥面伸缩时,镀锌铁皮可以随之变形。

(3)橡胶条伸缩缝。是利用橡胶富有弹性、耐老化的特性,将其嵌入型钢制成的槽内,使橡胶在气温升降变化时始终保持受压状态。在型钢与橡胶条接触面上用胶黏剂黏结,根据伸缩量不同制成二孔或三孔的形式。它具有构造简单、伸缩性好、防水防尘、安装方便、价格低廉等优点,伸缩量为30~50mm,一般用于低等级公路的中、小桥梁,如图3.5.64所示。

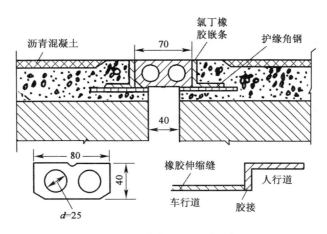

图3.5.64　橡胶条伸缩缝(尺寸单位:mm)

(4)异型钢单缝式伸缩装置。伸缩体完全由橡胶密封带组成的伸缩装置。由单缝钢和橡胶密封带组成的单缝式伸缩装置,适用于伸缩量不大于60mm的公路桥梁工程。由边钢梁和橡胶密封带组成的单缝式伸缩装置,适用于伸缩量不大于80mm的公路桥梁工程。

(5)模数式伸缩装置。由于高等级公路和各种长大桥梁的不断兴建,对位移伸缩量的要求越来越高,钢板及一般的橡胶伸缩装置,已难以满足大位移量的要求,因此出现了在大位移量情况下能承受车辆荷载的各种类型模数式伸缩装置系列,如图3.5.65所示。

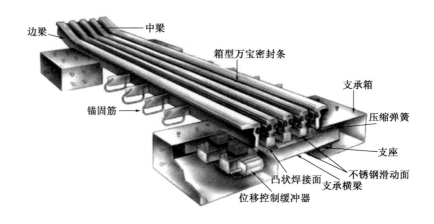

图3.5.65 模数式伸缩装置构造图

它的构造特点是:均由V形截面或其他截面形状的橡胶密封条(带)嵌接于异型边梁钢和中梁钢内组成可伸缩的密封体,异型钢梁直接承受车辆荷载,且可根据要求的伸缩量,随意增加中梁钢和密封橡胶条(带),加工组装成各种伸缩量的系列产品。其单缝伸缩量为0~80mm,位移量可根据桥梁实际需要随意组合,最大可达1200mm。

(6)弹性体材料填充式伸缩缝。它是由高黏弹塑性材料和碎石结合而成的一种伸缩体,适用于变形量在50mm以内的中、小跨径桥梁工程。

实腹式拱桥上的桥面铺装,一般都是按路面工程中的各结构类型进行铺筑,同时并入路面工程内计算,不计入桥梁工程内。

2. 人行道

位于城镇附近和行人较多的桥梁,一般均应设置人行道,其宽度一般为0.75m或1m,当大于1m时按0.5m的倍数增加。当不设人行道时,为确保行车安全,则应设置宽度不小于0.25m的安全带,一般采用C20混凝土。

人行道一般都采用装配式结构,它包括人行道块件、人行道板、缘石等。在安装好后,人行道板上要铺设2cm厚的水泥砂浆或沥青砂作为面层,常称为人行道铺装。

3. 护栏和栏杆

桥梁护栏和栏杆设置应遵循下列原则:

(1)各等级公路桥梁必须设置路侧护栏。

(2)高速公路、作为次要干线的一级公路桥梁必须设置中央分隔带护栏,作为主要集散的一级公路桥梁应设置中央分隔带护栏。

(3)设计速度小于或等于60km/h的公路桥梁设置人行道(自行车道)时,可通过路缘石将人行道(自行车道)和车行道进行分离;设计速度大于60km/h的公路桥梁设置人行道(自行车道)时,应通过桥梁护栏将人行道(自行车道)与车行道进行隔离。

根据车辆驶出桥外或进入对向车行道可能造成的事故严重程度等级,应选取不同的桥梁护栏的防护等级,参见表3.5.3。

桥梁护栏防护等级的选取 表3.5.3

公路等级	设计速度 (km/h)	车辆驶出桥外或进入对向车行道的事故严重程度等级	
		高(跨越公路、铁路或饮用水水源一级保护区等路段的桥梁)	中(其他桥梁)
高速公路	120	六(SS、SSm)级	五(SA、SAm)级
一级公路	100、80	五(SA、SAm)级	四(SB、SBm)级
	60	四(SB、SBm)级	三(A、Am)级
二级公路	80、60	四(SB)级	三(A)级
三级公路	40、30	三(A)级	二(B)级
四级公路	20		

注:括号内为护栏防护等级的代码。

因桥梁线形、桥梁高度、交通量、车辆构成、运行速度或其他不利现场条件等因素易造成更严重碰撞后果的路段,经综合论证,可在表3.5.3的基础上提高1个或1个以上等级。其中,跨越大型饮用水水源一级保护区和高速铁路的桥梁以及特大悬索桥、斜拉桥等缆索承重桥梁,防护等级宜采用八(HA)级。

公路桥梁护栏有混凝土护栏、组合式护栏和金属梁柱式护栏。如图3.5.66所示。

桥梁护栏与桥面板应进行可靠连接。

位于桥梁人行道的栏杆构造应符合下列规定:

(1)从人行道顶面起,人行道栏杆的最小高度应为110cm。

(2)栏杆构件间的最大净间距不得大于14cm,且不宜采用横线条栏杆。采用金属网状栏杆时,网状开口不应大于5cm。

(3)栏杆结构设计必须安全可靠,栏杆底座应设置锚筋。其受力条件应满足现行《公路桥涵设计通用规范》(JTG D60)的规定。

(4)人行道栏杆构件之间的连接应采用能有效避免人员伤害且不易拆卸的方式。

(5)兼具桥梁护栏与人行道栏杆功能的组合式护栏应同时满足人行道栏杆和桥梁护栏的构造要求。

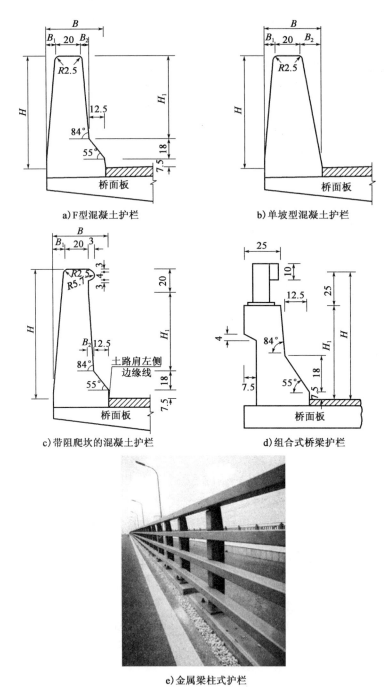

图 3.5.66 桥梁防撞护栏构造(尺寸单位:cm)

第六节 交叉工程的组成、分类及构造

交叉工程即路线交叉,有公路与公路平面交叉、公路与公路立体交叉、公路与铁路交叉、公路与乡村道路交叉、公路与管线等相交叉及动物通道等。

一、平面交叉

公路与公路(或铁路)在同一平面上相交的地方称为平面交叉口。交叉口是道路系统的重要组成部分,是道路交通的"咽喉"和"瓶颈"。相交道路上的各种车辆和行人都要在交叉口汇集、通过和转换方向。它们之间相互干扰,使行车速度降低,出现交通拥挤,甚至交通堵塞。国外的交通事故统计资料分析,60%左右的交通事故发生在交叉口或附近。因此,如何正确设计交叉口,合理组织交通,对提高交叉口的通行能力、避免交通阻塞、减少交通事故,具有重要意义。

公路平面交叉根据路网规划和周边地形、地物的协调情况,以及交通量、交通性质和交通组织情况的不同,常用的几何形式有十字形、X形、T形、Y形、错位、环形等,如图3.6.1所示。

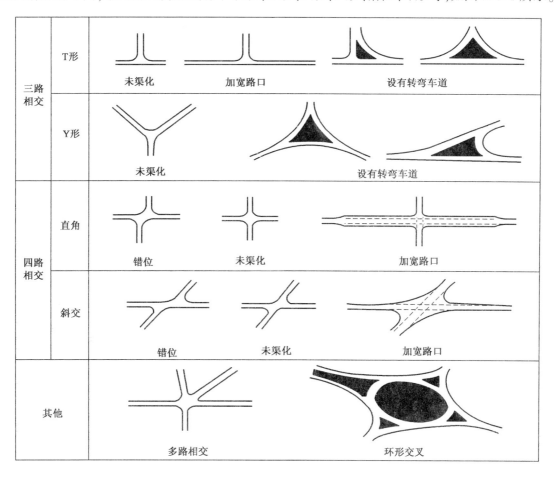

图 3.6.1 公路平面交叉形式

(1)十字形:常见的交叉口形式,两条道路以90°正交,使用最广泛。具有形式简单、交通组织方便、外形整洁、行车视线好等特点。

(2)X形:两条道路以非90°斜交,交叉角应大于45°。一方面,交叉口太小会导致行车视距不良,对交通安全和交通组织不利;另一方面,交叉角太小会增加交叉面积,从而增加通行时间而降低通行能力。

(3)T形:主要道路与次要道路的交叉,或一条尽头式的路与另一条路的搭接。

(4)Y形:通常用于道路的合流及分流处。

(5)错位:相邻两个T形或Y形相隔很近,形成错位。

(6)环形:用中心岛组织车辆按逆时针方向绕中心岛单向行驶的一种交叉形式。

平面交叉的工程内容组成,主要是路基、路面、排水防护、特殊路基处理及交安工程,部分还需设置涵洞,并无其自身特殊的工程内容。

二级及二级以上公路的平面交叉必须进行渠化设计;三级公路的平面交叉应进行渠化设计;四级公路的平面交叉宜进行渠化设计。渠化设计可采用加铺转角、加宽路口、设置转弯车道和交通岛等方式。在平面交叉设计时,应保证平面交叉范围内对应的通视和视距条件要求。当受地形、地貌或地物等影响不能满足时,平面交叉应改造或移位设置。平面交叉范围内驾驶操作复杂,易发生交通事故。交叉口范围内要求比一般路段有更好的平、纵面线形,使驾驶者能尽早看到交叉范围内的车流动向,以便于变速或停车。

二、立体交叉

立体交叉指的是道路与道路或道路与铁路在不同高程上(即不在一个平面)的交叉,利用跨线桥、地道等使相交的道路在不同的平面上交叉,使不同方向的车流互不干扰或较少干扰地通过交叉口,简称立交。

立体交叉是两条线路在不同平面上的连接方式。立交是桥路相结合的结构。相交的道路是主线,连接两主线转向道路称为匝道。

(一)交叉工程的组成

跨线构造物、正线、匝道、出口与入口、变速车道等部分组成。立体交叉的范围一般是指各相交道路出入口变速车道渐变段顶点以内包含的正线和匝道的全部区域。

(1)跨线构造物:相交道路的车流实现空间分离的主体构造物,指设于地面以上的跨线桥(上跨式)或设于地面以下的地道或隧道(下穿式)。

(2)正线:组成立体交叉的主体,指相交道路的直行车行道,主要包括连接跨线构造物两端到地坪高程的引道和立体交叉范围内引道以外的直行路段。

(3)匝道:立体交叉的重要组成部分,是供上、下相交道路转弯车辆行驶的连接道,有时也包括匝道与正线以及匝道与匝道之间的跨线桥或地道。

(4)出口与入口:由正线驶出进入匝道的道口为出口,由匝道驶入正线的道口为入口。

(5)变速车道:为适应车辆变速行驶的需要,在正线右侧的出入口附近设置的附加车道称为变速车道。变速车道分减速车道和加速车道两种,出口端为减速车道,入口端为加速车道。

(6)辅助车道:在正线的分、合流附近,为使匝道与高速公路车道数平衡和保持正线的基本车道数而在正线外侧增设的附加车道。

(7)绿化地带:在立体交叉范围内,由匝道与正线或匝道与匝道之间所围成的封闭区域,一般采用美化环境的绿化栽植,也可布设管渠、照明杆柱等设施。

除以上主要组成部分外,也包括立体交叉范围内的排水系统、照明设备以及交通工程设施等。对于收费立体交叉,其也包括收费站、收费广场和服务设施等。

(二)立体交叉的分类

1. 按相交道路的路越方式分类

立体交叉按相交道路的跨越方式分为上跨式和下穿式两类。

上跨式:用跨线桥从相交道路的上方跨过的交叉形式。这种立体交叉主线采用高出地面的跨线桥。施工方便,造价较低,与地下管线干扰小,排水易处理,但占地较大,跨线桥影响视线和周围景观,引道较长或纵坡较大,不利于非机动车辆的行驶。

下穿式:利用地道或隧道从相交道路的下方穿过的交叉形式。这种立体交叉主线采用低于地面的地道或隧道。占地较少,下穿构造物对视线和周围景观影响小,但施工时对地下管线干扰较大,排水困难,施工期较长,造价较高,养护和管理费用大。

2. 按立体交叉的交通功能分类

立体交叉按其交通功能划分为分离式立体交叉和互通式立体交叉两大类。

1)分离式立体交叉

分离式立体交叉是仅设跨线构造物一座跨线桥或通道,使相交道路在空间上分离,上、下道路间无匝道连接的交叉形式。

这种类型的立体交叉结构简单、占地少、造价低,但相交道路的车流不能转弯互通行驶,适用于高速公路或城市快速路与铁路或次要道路之间的交叉。一般跨线桥引道连接的是等级公路的称为分离式立交,跨线桥引道连接的是乡村道路的称为天桥。分离式立交及天桥根据地形地貌、连接公路的荷载等级、景观等要求综合考虑,采用相应的桥梁形式,其结构特点、具体组成、施工特点等与相应结构的桥梁一致,就不再赘述。

具有通行能力的涵洞称为通道,根据填土高度、地基承载能力等条件,采用箱涵、盖板涵、拱涵等结构形式。其中具有特殊性的是公路穿越运营铁路、高速公路路基时,一般采用顶推箱涵结构(图3.6.2),即在路基一侧将箱涵整体预制好后,采用千斤顶将构造物顶入路基中,再进行后续的工作。

图3.6.2 顶推箱涵

箱体顶进施工就是在预制工作区域做好顶进的箱体,底层打好混凝土和润滑隔离层,采用抗滑桩、支撑桩等加固原有路基,拆除既有的路基土方,然后千斤顶支撑在顶进后背之后,通过千斤顶将箱体顶入路基中。箱体在原地面以下的顶进后背可采用基坑内壁,加固后使用,箱体在原地面以上的,需通过堆土、砌筑等工艺修建顶进后背。这种施工工艺保证上方安全通车、不需要中断原有交通。

2)互通式立体交叉

互通式立体交叉是不仅设跨线构造物使相交道路在空间上分离,而且上、下道路间有匝道连接,以供转弯车辆行驶的交叉形式。这种立体交叉车辆可转弯行驶,全部或部分消灭了冲突点,各方向行车干扰小,行车安全、迅速,通行能力强,但立体交叉结构复杂,构造物多,占地大,造价高。

互通式立体交叉又分为枢纽互通式立体交叉和一般互通式立体交叉两类。

枢纽互通式立体交叉一般为高速公路与高速公路之间的交叉,其匝道无收费站等设施,且应保证所有交通流无交叉冲突。

一般互通式立体交叉为除枢纽互通式立体交叉之外的其他互通式立体交叉,常用于高速公路或一级公路与低等级公路之间的交叉,允许合并设置收费站和在被交叉公路的匝道端采用平面交叉。

互通式立体交叉的基本形式根据交叉处车流轨迹线的交错方式和几何形状的不同,又可分为部分互通式、完全互通式和环形立体交叉三种。

部分互通式立体交叉:相交道路的车流轨迹线之间至少有一个平面冲突点的交叉称为部分互通式立体交叉。当交叉口个别方向的交通量很小或分期修建时,高速道路与次要道路相交或受用地和地形地物限制时可采用部分互通式立体交叉。部分互通式立体交叉的代表形式有棱形立体交叉和部分苜蓿叶式立体交叉等。

完全互通式立体交叉:相交道路的车流轨迹线全部在空间分离的交叉称为完全互通式立体交叉。它是一种比较完善的高级形式立体交叉,匝道数与转弯方向数相等,各转弯方向都有专用匝道。其适用于高速道路之间或高速道路与其他交通量大的道路相交。其代表形式有喇叭形、苜蓿叶形、Y形、半定向形、涡轮形、组合式等。

环形立体交叉:相交道路的车流轨迹线因匝道不足而共同使用,且有交织段的交叉,称为环形立体交叉。环形立体交叉是由平面环形交叉发展而来,为保证主线直行车流快速、畅通,将主线下穿或上跨环道而构成。次要道路的直行车流和交叉口的左转车流一律绕环道做单向逆时针行驶,车流在环道内相互交织,直至所去的路口离去。环形立体交叉能保证主线快速、畅通,交通组织方便,无冲突点,行车较安全,占地较少,但环道上允许交织,次要道路的通行能力受到限制,车速较低,左转车辆绕行距离长。其多用于城市道路立体交叉,五路及以上的多路交叉更为适宜。采用环形立体交叉时,必须根据相交道路的性质进行比较研究,看环道的最大通行能力和所采用的中心岛尺寸是否满足远期交通量和车速的要求。布设时,应让主线直通,中心岛可采用圆形、椭圆形或其他形状。

3. 按其他方式分类

立体交叉还可以按以下几种方式分类。

(1)按几何形状分类,分为T形立体交叉、Y形立体交叉、十字形立体交叉等。

(2)按交会道路的条数分类,分为三路立体交叉、四路立体交叉、多路立体交叉等。

(3)按层数分类,分为双层式立体交叉、三层式立体交叉、多层式立体交叉等。

(4)按用途分类,分为公路立体交叉、城市道路立体交叉、铁路立体交叉、人行立体交叉等。

图 3.6.3 ~ 图 3.6.15 是几种较为常见具有代表性的互通形式。

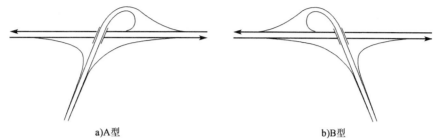

a)A型　　　　　　　　　　　　　　b)B型

图 3.6.3　三岔喇叭形互通式立交

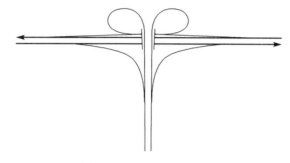

图 3.6.4　子叶形互通式立交

a)单喇叭形　　　　　　b)双喇叭形　　　　　　c)喇叭+T形

图 3.6.5　四岔喇叭形互通式立交

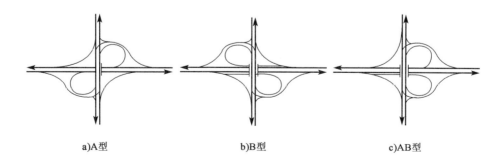

a)A型　　　　　　　　b)B型　　　　　　　　c)AB型

图 3.6.6　六匝道部分苜蓿叶形互通式立交

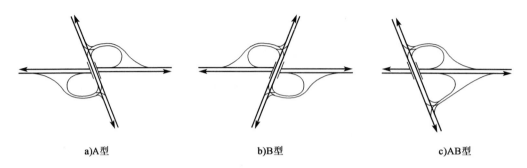

图 3.6.7 部分苜蓿叶形互通式立交

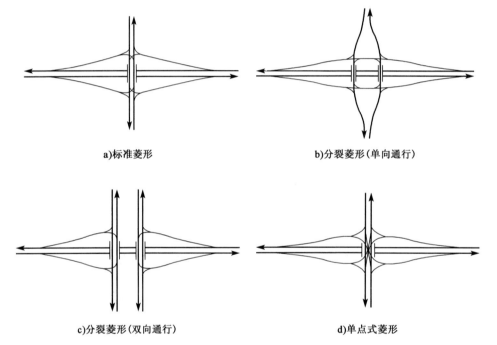

图 3.6.8 菱形互通式立交

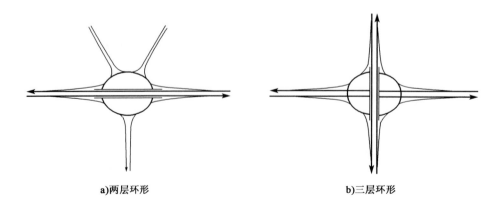

图 3.6.9 环形互通式立交

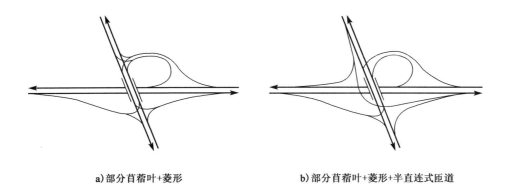

a) 部分苜蓿叶+菱形　　　　　　　b) 部分苜蓿叶+菱形+半直连式匝道

图 3.6.10　组合形互通式立交

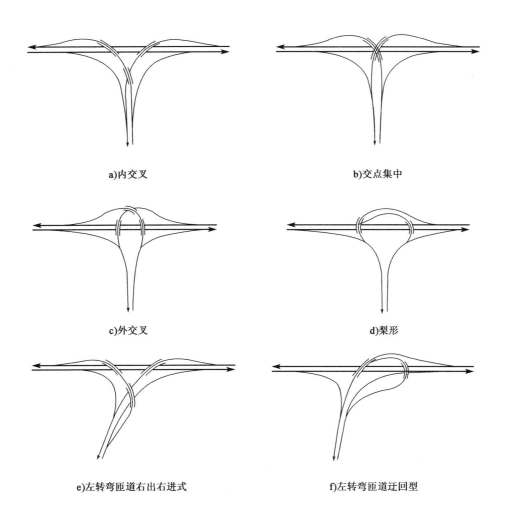

a) 内交叉　　　　　　　　　　　b) 交点集中

c) 外交叉　　　　　　　　　　　d) 梨形

e) 左转弯匝道右出右进式　　　　　f) 左转弯匝道迂回型

图 3.6.11　三岔 T 形互通式立交

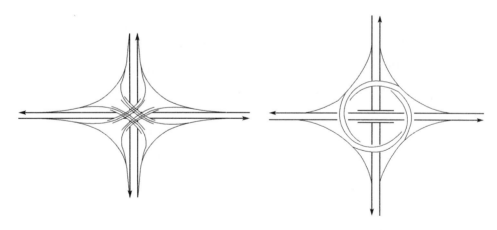

图 3.6.12　直连式互通式立交　　　　图 3.6.13　涡轮形互通式立交

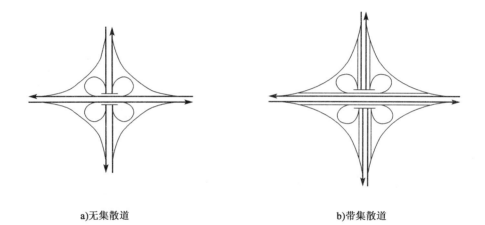

a)无集散道　　　　　　　　　　　b)带集散道

图 3.6.14　完全苜蓿叶形互通式立交

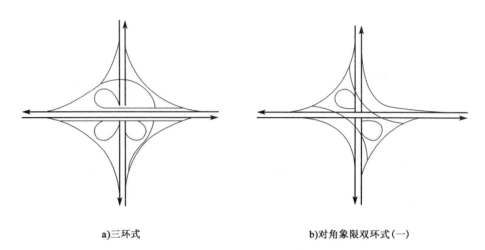

a)三环式　　　　　　　　　　　b)对角象限双环式(一)

图　3.6.15

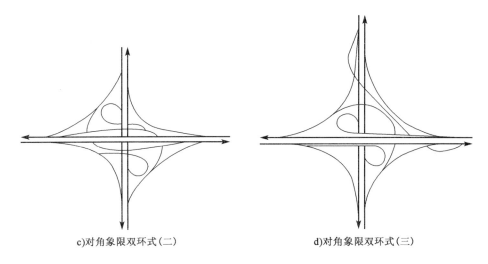

c)对角象限双环式(二)　　　　　　　d)对角象限双环式(三)

图 3.6.15　变形苜蓿叶形互通式立交

第七节　交通工程及沿线设施

交通工程及沿线设施是根据交通工程学的原理和方法为使道路通行能力最大、经济效益最高、交通事故最少、公害程度低而设置的系统、设施和给人或车配备的装备,即为使车辆高速、高效、安全、舒适地行驶而设置的各类设施。其技术标准和工程规模,应符合"安全、环保、可持续发展"的总体目标,结合公路等级、公路在路网中的功能、作用,交通量和所在地区社会经济条件等确定。

一、交通工程及沿线设施的基本组成

交通工程及沿线设施包括交通安全设施、服务设施和管理设施。

1. 交通安全设施

交通安全设施主要包括:交通标志、交通标线(含突起路标)、护栏和栏杆、视线诱导设施、隔离栅、防落网、防眩设施、避险车道和其他交通安全设施,其他交通安全设施有防风栅、防雪栅、积雪标杆、限高架、减速丘、凸面镜等。

2. 服务设施

服务设施包括:服务区、停车区和客运汽车停靠站。

3. 管理设施

管理设施包括:监控、收费、通信、供配电、照明、通风、消防和管理养护建筑等设施。

二、交通安全设施

交通安全设施属于公路的基础设施,具有安全防护、视线诱导、信息提供、排除干扰等功能,对保障行车安全,减轻交通事故的严重程度具有重要作用。

1. 交通标志

交通标志用图形符号、颜色和文字,向道路使用者传递特定信息,是用于管理交通的设施。按道路类别分为一般道路标志和高速公路标志两类。交通标志有主标志和辅助标志两大类。主标志按其作用,可分为警告标志、禁令标志、指示标志、指路标志、旅游区标志、其他标志等。辅助标志为附设于主标志下起辅助说明作用的标志,可用于表示车辆种类、表示时间、表示区域或距离、表示禁令和警告的理由等。

交通标志服务于人,设计中应充分考虑人的因素,满足道路使用者的出行信息需求,通过适当的诱导和警示对交通安全起到积极作用。交通标志设计应包括总体布置、版面设计、结构设计、施工工艺要求等内容。

1)警告标志

警告标志(图3.7.1)用于警告驾驶员及行人注意沿路存在的危险或应该注意的路段,以提高警觉,准备防范措施。

图3.7.1 警告标志

警告标志牌的形状为等边三角形,顶角向上,颜色为黑边框、黄底、黑图案。标志的尺寸由计算行车速度确定大小。警告标志设置与道路几何线形、特殊构造物有关,如道路交叉、急弯、陡坡、窄路、隧道、桥梁等;也与道路沿线环境有关,如学校、村庄、行人、牲畜、落石等。

2)禁令标志

禁令标志(图3.7.2)是向驾驶员及行人告知禁止、限制和相应解除等规定,必须严格遵守。

图3.7.2 禁令标志

标志牌的形状为圆形,但"停车让行标志"为八角形,"减速让行标志"一般为顶角向下的倒等边三角形,颜色为白底、红圈、红杠和黑图案。禁令标志有对某种车辆行驶的限制、行驶路线的限制、行驶方向的限制、交叉口控制的限制、行人的限制等。如禁止驶入,禁止通行,禁止左右转弯,禁止超车,禁止停车,减速让行,禁止行人通行,禁止超车,限制速度、质量、高度等。

3）指示标志

指示标志（图 3.7.3）是指示车辆、行人行进的一种标志,道路使用者应遵守。

标志牌的形状为圆形、矩形和正方形,颜色除个别标志外,为蓝底、白图案。一般设置于开始路段的起点附近,用于指示准许行驶方向、表示机动车道、非机动车道等。如直行,左右转弯,人行横道,停车场,公共汽车停靠站,道路的起、终点等。

图 3.7.3　指示标志

4）指路标志

指路标志（图 3.7.4）为道路使用者提供去往目的地所经过的道路、沿途相关城镇、重要公共设施、服务设施、地点、距离和行车方向。

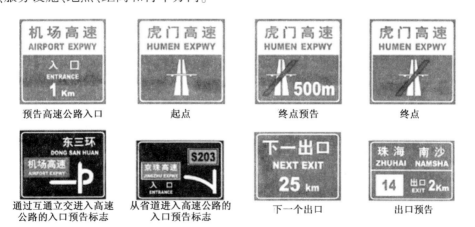

图 3.7.4　指路标志

标志牌的形状除里程碑、百米桩、公路界碑等个别标志外,一般为矩形和正方形,颜色除特别说明外,一般道路为蓝底、白图形、白边框、蓝色衬边,高速公路为绿底、白图形、白边框、蓝色衬边。标志板的尺寸根据道路行车速度确定汉字大小,阿拉伯数字的高度可按汉字相应高度的0.7倍取定,再根据汉字的字数及版面要求确定版面尺寸。有里程碑、百米桩、公路界牌、指路牌、地名牌、立交行车示意牌、高速公路和一级公路中途出入口和服务区标志等。

5）旅游区标志

旅游区标志(图3.7.5)是为吸引和指引人们从高速公路或其他道路上前往邻近的旅游区,为旅游者提供通往旅游区的方向和距离的标志。

图3.7.5　旅游区标志

标志牌的形状为矩形,颜色为棕底、白字(图形)、白边框、棕色衬边。旅游区标志分为指引标志和旅游符号标志两大类,指引标志提供旅游区名称、方向和距离等,旅游符号标志提供旅游项目类别等。设在高速公路或其他道路适当位置及通往旅游景点的交叉路口附近,或在大型服务区内通往各旅游景点的路口。

6）其他标志

告示标志(图3.7.6)用以解释、指引道路设施、路外设施,或者告示有关道路交通安全法和道路交通安全法实施条例的内容。标志牌的形状为矩形和正方形,颜色为白底、黑字(图形)、黑边框,版面中的图形标识可采用彩色图案。告示标志的设置有助于道路设施、路外设施的使用和指引,取消设置也不影响既有标志的设置和使用。

图3.7.6　告示标志

辅助标志(图3.7.7)用以帮助主标志的完整表达,分为表示车辆种类,表示时间,表示区域或距离,表示禁令、警告理由四种。标志牌的形状为矩形,颜色为白底、黑字(图形)、黑边框、白色衬边。附设在指示、警告和禁令标志牌的下面,起辅助说明作用的标志,不单独设立。

图 3.7.7 辅助标志

7）作业区标志

作业区标志（图 3.7.8）用以通告道路交通阻断、绕行等情况。用于作业区的标志有警告标志、禁令标志、指示标志及指路标志，其中警告标志为橙底、黑图形，指路标志为在已有的指路标志上增加橙色绕行箭头或橙底黑图形。

图 3.7.8 作业区标志

8）交通标志的结构形式

交通标志的设置方式可分为：路侧式、悬臂式、门架式和附着式，如图 3.7.9 所示。

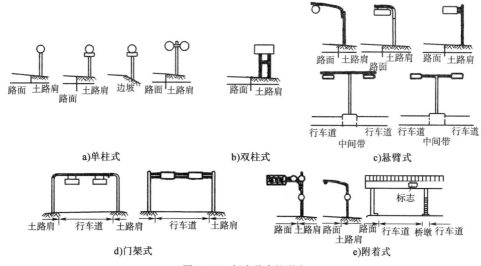

图 3.7.9 标志牌支柱形式

路侧式指将标志设置在道路边缘、人行道、中央分隔带的方式,标志牌安装在单柱或双柱上。路侧安装的标志应设置在车行道和人行道的建筑限界以外,安装高度应根据现场具体情况决定,标志下缘的高度最低为1.2m,标志板内缘距路肩边缘不得小于25cm。

悬臂式指将标志安装在单柱上,并将标志设置在车行道上方的方式。安装高度应满足建筑限界的规定。一般道路,标志下缘到路面的净空高度必须在4.5m以上,高速公路的净空高度必须在5.0m以上。

门架式指将标志安装在门式结构上,并将标志设置在车行道上方的方式。安装高度应满足建筑限界的规定。一般道路,标志下缘到路面的净空高度必须在4.5m以上,高速公路的净空高度必须在5.0m以上。

附着式指将标志安装在附属设施上的方式,附着式安装可根据标志附设的结构形式选择适当位置,其安装高度应满足建筑限界的规定。

以上四种设置方式,一般以路侧式为基本方式,重要地点应选用悬臂或门架方式。在同一点需要设置两种以上标志时,可以合并安装在一根立柱上,但最多不应超过四种。

2. 交通标线

道路交通标线由标划于路面上的各种线条、箭头、文字、立面标记、突起路标和轮廓标等构成的交通设施,向道路使用者传递有关道路交通的规则、警告、指引等信息,可以与标志配合使用,也可以单独使用。

交通标线按功能分为指示标线、禁止标线和警告标线;按设置方式分为纵向标线、横向标线、其他标线;按形态分为线条、字符、突起路标、轮廓标。标线的颜色有白色、黄色、蓝色和橙色,路面图形标记可用红色或黑色的图案或文字。

交通标线的设计应根据道路的设计速度、交通组成等、交通流运行等设置标线。标线应适当设置,过度或不必要的路面标线不仅会导致混乱,还会产生路面附着力降低;同一地点设置的交通标线,应与交通标志等其他交通设施传递的交通信息保持应一致。

1) 指示标线

指示标线(图3.7.10)是指示车行道、行驶方向、路面边缘、人行道、停车位、停靠站及减速丘等的标线。分为纵向标线(如行车道中线、车道分界线、路缘线等)和横向标线(如人行道横线、距离确认线等)。此外,还有其他标线如高速公路出入口标线、停车位标线、导向箭头等。

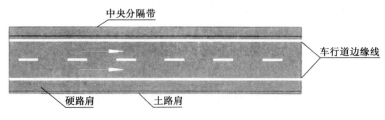

图3.7.10 指示标线

2) 禁止标线

禁止标线(图3.7.11)是告示道路交通的遵行、禁止、限制等特殊规定,车辆驾驶员及行人需严格遵守的标线。分为纵向禁止标线(如禁止超车线、禁止变换车道线、禁止路边停车线等)和横向禁止标线(如停车线、停车让行线、减速让行线等),以及其他禁止标线包括非机动车禁驶区标线、导流线、网状线、专用车道线和禁止掉头线。

图 3.7.11　禁止标线

3) 警告标线

警告标线(图 3.7.12)是促使道路使用者了解道路上的特殊情况,提高警觉,准备防范应变措施的标线。分为纵向警告标线(如车行道宽度渐变段标线、路面障碍物标线和铁路平交道口标线等)和横向警告标线(如减速标线、减速车道线等)。此外,还有一种立面标记,一般设在跨线桥、渡槽等的墩柱或侧墙端面上及隧道洞口和人行横道上的安全岛等的壁面上,其作用是提醒驾驶员注意,在车行道或近旁有高出路面的构造物,以防发生碰撞。

图 3.7.12　警告标线

4) 突起路标

突起路标一般俗称路钮,是固定于路面上起标线作用的突起标记块,用以标记车行道分界线、车行道边缘线,进出口匝道,导流标线等。一般与路面标线配合使用,其颜色与标线颜色一致;也可单独使用,但不宜替代右侧车行道边缘线。

3. 安全护栏

交通安全护栏是在道路沿线路肩外侧、中央分隔带等位置设置的,通过自身变形或车辆爬高来吸收碰撞能量,防止失控车辆越出路外或穿越中央分隔带,促使失控车辆恢复到正常行驶方向的安全设施。按护栏构造形式分为半刚性护栏(图 3.7.13)、刚性护栏(图 3.7.14)、柔性护栏(图 3.7.15);按护栏设置位置分为路侧护栏、中央分隔带护栏、桥梁护栏、防撞垫等。

图 3.7.13　半刚性护栏(波形钢板护栏)

图 3.7.14　刚性护栏(钢筋混凝土防撞护栏)

图 3.7.15 柔性护栏(缆索护栏)

半刚性护栏是一种连续的梁柱结构,具有一定的刚度和韧性,波形梁护栏是公路中应用最广泛的一类半刚性护栏;刚性护栏是一种基本不变形的护栏结构,主要通过车轮转动角的改变,车体变位、变形等吸收碰撞能量,主要有钢筋混凝土墙式护栏、钢筋混凝土梁柱式护栏、桥梁用箱梁护栏和管梁护栏及组合式护栏;柔性护栏是一种具有较大缓冲能力的韧性护栏,缆索护栏是其主要代表形式。不同形式的护栏适用于不同防护等级和不同设置位置等情况。

波形钢板护、缆索护栏、混凝土护栏、桥梁护栏主要应用于高速公路和一级公路,二级及二级以下公路有一定应用。护栏设置及防护等级选取根据现行《公路交通安全设施设计规范》(JTG D81),按事故严重程度分为三个等级:高、中、低,并从实际出发,经过充分分析、比较,经济合理地选择应设置的路段和护栏的结构形式。

1)波形钢板护栏

波形钢板护栏是一种以波纹状钢板相互拼接并由钢立柱支撑而组成的连续梁柱式的护栏结构,具有一定的刚度和柔性。其特点是利用土基、立柱、波形梁的变形来吸收失控车辆的碰撞能量,并使其改变方向,恢复到正常的行驶方向,避免越出路外或穿越中央分隔带闯入对面行车道。波形钢板护栏防撞等级最高可达七级(HB),在公路工程路基段应用广泛。

2)钢筋混凝土防撞护栏

钢筋混凝土防撞护栏通常简称为混凝土护栏,是一种以一定断面结构形式,在一定长度范围内连续设置的混凝土墙式结构物。其特点是:失控车辆碰撞过程中的能量主要是依靠汽车沿护栏坡面爬高和转向来吸收,使失控车辆恢复到正常的行驶方向,从而减少碰撞车辆的损失和保护车上人员的安全。钢筋混凝土防撞护栏防撞等级最高可达八级(HA),在公路工程路基挡墙段和桥梁应用较多。

3)缆索护栏

缆索护栏是一种以数根施加初张力的钢丝绳固定于立柱上组成的、具有较大缓冲能力的韧性护栏结构,主要依靠缆索的拉应力来抵抗车辆的碰撞从而吸收碰撞能量。

路侧缆索护栏防撞等级最高可达三级(A),可应用于一般公路和高速公路事故严重程度较低路段。

4)桥梁护栏

桥梁护栏指设置于桥梁上具有防撞功能的护栏结构,桥梁护栏不仅要有足够高度阻挡车辆越过,也应阻止车辆向护栏方向倾翻或下穿,同时护栏高度还应给道路使用者心理安全感。

桥梁护栏防撞等级最高可达八级(HA),桥梁护栏用钢材、铝合金或钢筋混凝土等材料制成,它不同于一般公路桥梁的人行护栏(常称为桥梁栏杆,由立柱和扶手组成,结构简单,仅有保障行人安全的作用)。

4.隔离栅

隔离栅是阻止行人、动物进入公路,防止非法侵占公路用地的防护设施。有金属网型、刺铁丝型和常青绿篱等多种结构形式,主要由立柱、斜撑、金属网、连接件和基础等组成。

隔离栅形式选择应根据隔离封闭的功能要求,对其性能、造价、美观性、与公路周围景观的协调性、施工条件及养护维修等因素进行综合比较。常用的金属网有电焊网、钢板网、编织网和刺铁丝,隔离网与立柱的连接有两种方法,一是挂在立柱的挂钩上,它适用于连续布设的金属网和刺铁丝等隔离设施。型钢立柱的挂钩可用冲压成型或焊接挂钩。混凝土立柱的挂钩则可预埋钢筋;二是固定在框架上,框架与立柱通过螺栓进行连接。立柱有钢管、型钢和钢筋混凝土。立柱可直接打入土中或埋置于混凝土基础内。隔离栅形式如图3.7.16所示。

a)金属网隔离栅

b)刺铁丝隔离栅

图3.7.16 隔离栅

隔离栅的设计应适应所在地区的地形、气候和环境特点,气候对金属的腐蚀性较强的地区,宜采用防腐性能较好的防腐涂料进行表面处理。隔离栅的结构设计参数主要包括结构高度、隔离栅的稳定性、网孔尺寸。

1)结构高度

隔离栅的高度主要以成人高度为参考标准,其取值范围为1.5~1.8m。在城市及其郊区人口密度较大的路段,特别是青少年较为集中的地方,如学校、运动场、体育馆、影(剧)院等处,隔离栅高度应取上限,并且根据实际需要,可从高度和结构设计上做到使人无法攀越的程度。而在人迹稀少的路段,山岭地区和公路保留用地,隔离栅的高度值可取下限。在动物身高不超过50cm等人烟稀少的荒漠地区,经交通安全综合分析后,可降至1.3~1.5m。

2)隔离栅的稳定性

隔离栅的稳定性直接关系到其使用效果和使用年限,隔离栅应保证风荷载下自身的强度和刚度,不承担防撞的功能呢,设计荷载主要考虑风力,同时也考虑人、畜的破坏作用。

3)网孔尺寸

隔离栅网孔尺寸的大小,主要根据以下几个因素选定:

(1)不利于人和小动物攀越。
(2)在小型动物出没较多的路段,可设置变孔的刺钢丝网。
(3)结构整体和网面的强度。
(4)与公路沿线景观的协调性。
(5)性价比。

对于景观绿化要求较高的段落,可以采用密植灌木等方法进行绿化隔离封闭。

5. 防落网

防落网是为了阻止落物、落石等进入公路用地范围或公路建筑限界以内的设施。一般用低碳钢丝、铝镁合金丝等编织焊接而成,主要有防落物网(图3.7.17)、防落石网(图3.7.18)两种。

图3.7.17 防落物网

图3.7.18 防落石网

防落物网以距桥面高1.8~2.1m为宜,防落石网应根据防护落石区域的面积并结合公路边坡的地形进行设置。防落物网按网片形式可分为钢板网、编织网、电焊网、实体板等,选择防落物网形式时,必须考虑其强度;防落石网的选型及安装方式应考虑防落石网的防护能量、结构形式;防落物网和防落石网选型均应考虑美观性、与公路周围环境的协调性、施工养护的方便性等因素。

防落物网一般设置在上跨铁路、饮用水源保护区、高速公路、需要控制出入的一级公路的车行或人行构造物两侧、公路跨越通航河流、交通量较大的其他公路,分离式结构桥梁需要设置防落物网时,应在桥梁内侧设置。防落物网的设置范围为下穿铁路、公路等被保护区的宽度(当上跨构造物与公路斜交时取斜交宽度)并各向路外延长10~20m,其中上跨铁路防落物网的设置范围还应符合相关规定。

防落石网应充分考虑地形条件、地质条件、危岩分布范围、落石运动轨迹及与公路工程的相互关系等因素后加以设置。防落石网宜设置在缓坡平台或紧邻公路的坡脚宽缓场地附近,通过数值计算确定落石的冲击动能、弹跳高度和运动速度,并选取满足防护强度和高度要求的防落石网。

6. 防眩设施

防眩设施是指防止夜间行车不受对向车辆前照灯强光产生眩目,改善夜间行车条件而设置在中央分隔带内的一种构造物。主要有防眩板、防眩网和植树防眩等形式。中央分隔带宽度小于9m的高速公路、一级公路,夜间交通量较大,设置超高的圆曲线路段,凹型竖曲线接近现行《公路工程技术标准》(JTG B01)规定的最小半径值的路段,与相邻公路、铁路或交叉公路、铁路有严重眩光影响的路段,连拱隧道出入口附近等情况,一般应设置防眩设施。

防眩设施形式选择应针对公路的平纵线形、气候条件,比较各种防眩设施的性能、行驶安全感、压迫感、景观要求,并考虑与公路周围环境的协调,结合经济性、施工条件及养护维修等因素综合确定。高速公路、一级公路宜采用防眩板和植树两种方式交替设置,中央分隔带有隔离要求的路段可采用防眩网,积雪严重的路段可采用防眩板。

防眩设施的高度与驾驶人的视线高度、车辆前照灯高度、道路纵断面曲线等有直接关系,一般为1.6m,高度不宜超过2m,防眩板的板间距为50~100cm。在连续设置时,应每隔一定的距离使其在纵向断开,成为一独立结构段的制造和安装单元,每一结构段的长度宜为4~12m。眩网板材厚度一般为2~3mm,网面高度可采用50~110cm,长度200~400cm,网格尺寸计算确定。

防眩设施的设置应注意其连续性,即在两段防眩设施之间,避免留有短距离间隙。在平曲线半径较小的弯道上设置时,应验算是否对停车视距有影响。在凸形竖曲线上设置时,应避免防眩设施的下缘漏光。在凹形竖曲线上设置时,则应适当增加防眩设施的高度。防眩网如图3.7.19所示,防眩板如图3.7.20所示。当中央分隔带较宽时,亦可采用植物进行防眩,如图3.7.21所示。

图3.7.19　防眩网

图3.7.20　防眩板

图3.7.21　中央分隔带植树

7. 视线诱导设施

视线诱导设施是对公路沿线的路线走向、构造物、行车隐患路段、小型平面交叉等的分布进行主动告知,对驾驶人员的行驶进行主动引导的一种安全设施。它包括轮廓标、合流诱导标、线形诱导标、隧道轮廓标、示警桩、示警墩、道口标柱等设施。视线诱导设施选型,应综合考虑使用效果、技术经济比较、耐久性等。

1)轮廓标

轮廓标是以指示道路线形轮廓为主要目标的一种视线诱导设施。通常是全线连续在前进方向左、右两侧的道路边缘设置,在高速公路和一级公路的主线,以及互通式立体交叉、服务区、停车区等进出匝道或连接道及避险车道。二级及二级以下公路一般在视距不良、设计速度60km/h 及以上、车道数或车道宽度变化、连续急转弯陡坡等路段宜设置,隧道侧壁应设置双向轮廓标。直线路段设置间隔一般不超过 50m,曲线路段根据具体情况加密。轮廓标有埋置于土中和附着于各类构筑物上两种不同的构造形式,一般应根据建设工程的实际情况确定。

(1)埋置于土中的轮廓标,由三角形柱体、反射器和混凝土基础等组成,柱体采用钢板或玻璃钢做成,其顶部斜向行车道,柱身部分为白色,在距路面 55cm 以上部分有 25cm 的黑色标记,在黑色标记的中间,镶嵌一块 18cm×4cm 的定向反光材料反射器,故又称为柱式轮廓标。轮廓标被撞坏时,为便于更换修复,柱与基础的连接可采用装配形式。

(2)附着于各类构筑物上的轮廓标,由反射器、支架和连接件组成。由于构筑物的种类和位置不同,其形状和连接方式也不一样,如有附于各种护栏上的,也有附于隧道、挡墙、桥梁墩台等侧墙上的。如图 3.7.22 所示,是附着于波形钢板护栏上的一种轮廓标构造形式,故又称为栏式轮廓标。如图 3.7.23 所示,是附着于侧墙上的轮廓标的构造形式。

在经常有雾、风沙、阴雨、下雪、暴雨等地区,可采用 100mm 的圆形反射器,将其安装在波形钢板护栏的立柱上,如图 3.7.24 所示。

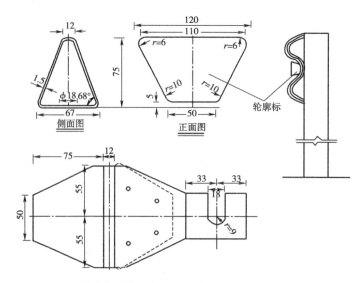

图 3.7.22 轮廓标附着于波形钢板护栏中间的槽内(尺寸单位:mm)

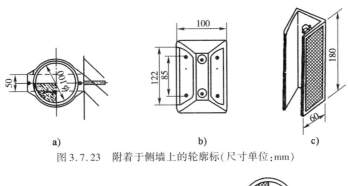

图 3.7.23 附着于侧墙上的轮廓标(尺寸单位:mm)

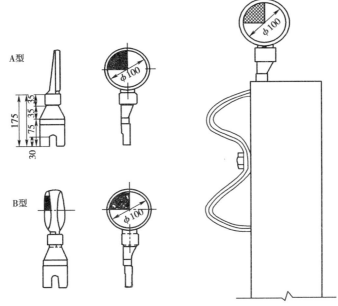

图 3.7.24 轮廓标安装于波形钢板护栏立柱上(尺寸单位:mm)

2) 合流诱导标

合流诱导标是设置在互通式立体交叉的进口匝道附近,在交通合流的地方设置的一种设施,它可以引起驾驶员对互通式立体交叉进口匝道附近的交织运行的注意。由反射器、底板、立柱、连接件和混凝土基础等组成,其底板的尺寸为 60cm × 60cm 的钢板或铝合金,距路面高度为 2.0m,高速公路的底板为绿色,其他公路为蓝色,诱导标的符号为白色,其构造如图 3.7.25 所示。它的构造形式跟公路标志基本上是一样的。

3) 线形诱导标

线形诱导标是设置在急弯或视距不良地段,用以指示道路改变方向或警告驾驶员改变行驶方向的一种设施,其构造如图 3.7.26 所示。当设计速度大于 100km/h 时,底板的尺寸的为 60cm × 80cm,设计速度在 100km/h 以下时,底板的尺寸为 22cm × 40cm。一般都采用钢板或铝合金做成。对于线形诱导标,指示性的为白底蓝图(高速公路为白底绿图),警告性的则为白底红图。警告性线形诱导标,是由于公路局部施工或维修作业等,需临时改变行车方向的路段。

视线诱导设施上的反射器一般都是采用反光膜镶贴而成,在夜间停车时通过车辆前照灯的照射就能显示其标记,起到良好的视线诱导效果。

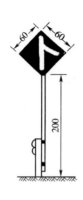
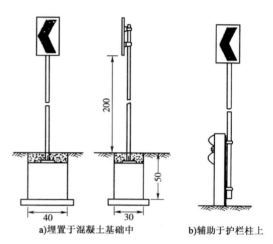

图 3.7.25　合流诱导标构造形式(附着于护栏立柱上)(尺寸单位:cm)

图 3.7.26　线形诱导标构造形式(尺寸单位:cm)

8. 避险车道

避险车道(图 3.7.27)是指在长陡下坡路段行车道外侧设置的供速度失控(制动失灵)车辆驶离正线安全减速的专用车道。避险车道主要由引道、制动床、救援车道及辅助设施(路侧护栏、防撞设施、施救锚栓、呼救电话、照明)等组成。避险车道应设置完备的排水系统,制动床基底表面应设置横坡、横向排水管和纵向排水沟,基底和制动床集料之间应铺装土工布或块石路面。

图 3.7.27　避险车道

9. 其他交通安全设施

其他交通安全设施主要有防风栅、防雪栅、积雪标杆、限高架、减速丘、凸面镜等设施。

1) 防风栅

根据研究成果,强侧风对交通安全的影响主要表现在导致车辆侧滑和侧翻,而平曲线内侧风作用下的行驶极限侧滑对应的临界风速最低,为减少横风对行驶车辆稳定性和操控性的不利影响,规范要求设计速度大于或等于 80km/h 的公路上常年存在风力大于七级的路段;设计速度小于80km/h的公路上常年存在风力大于八级的路段；隧道洞口、垭口、大桥等路段存在瞬时风速大于规范规定值时可在路侧上风侧设置防风栅（图3.7.28）。

a）桥梁防风栅

b）路基防风栅

图3.7.28 防风栅

2）防雪栅

防雪栅是为减少风吹雪导致的路面积雪和减轻能见度下降，在公路迎风一侧设置的一种设施。当地形开阔、积雪量过大、风力很大时，可设置多排防雪栅；在风吹雪量较大且持续时间长、风向变化不大的路段可设置固定式防雪栅；在风向多变、风力大、雪量多的路段，可采用移动式防雪栅（图3.7.29）。

3）积雪标杆

积雪标杆是为减小因路面积雪导致的公路边缘轮廓不清晰，在降雪量较大、持续时间长且积雪覆盖车行道的公路路段土路肩上设置的一种设施。积雪标杆设置位置不得侵入公路建筑限界以内，设置间距可参考轮廓标的设置间距（图3.7.30）。积雪标杆位于路面之上的高度宜为1.5~2.4m，大于历史积雪深度1.2m以上；夜间交通量较大的路段，积雪标杆上应使用反光膜。设置反光膜时应在周长方向闭合，反光膜宜为黄色，可间隔设置，反光膜纵向距离和间隔距离宜为20cm。

图3.7.29 防雪栅

图3.7.30 积雪标杆

4）限高架

限高架是为了保护桥梁、隧道结构及附属设施不被超高车辆撞击破坏，在进入桥梁或隧道前方设置的一种设施。公路上跨桥梁或隧道内净空高度小于4.5m时可设置防撞限高架，上跨桥梁或隧道内净空高度小于2.5m时宜设置防撞限高架(图3.7.31)。在进入上述路段的路线交叉入口处适当位置宜同时设置限高要求相同的警示限高架;另根据交通运营管理的规定,需要限制通行车辆的高度时,可设置防撞或警示限高架。警示限高架与上跨桥梁或隧道的距离应满足驾驶人反应距离与制动距离的需求,防撞限高架与上跨桥梁或隧道的距离应满足车辆碰撞后运行速度制动距离的需求。

图3.7.31 防撞限高架

5)减速丘

减速丘是一种与道路等宽的圆形凸起构造物,用于降低车辆行驶速度。多用于三、四级公路进入城镇、村庄的路段,或者三、四级公路与干线公路平交,设置于驶入平面交叉的支路上。减速丘全断面铺设,并设置相应的减速丘标志、标线、建议速度或限制速度标志(图3.7.32)。

6)凸面镜

凸面镜是在视距不足弯道处,用于扩大驾驶员视野,及早发现弯道对面车辆及行人的一种安全设施。一般在会车视距不足的小半径弯道外侧设置,宜与视线诱导设施配合使用(图3.7.33)。

图3.7.32 减速丘　　　　　　　　图3.7.33 凸面镜

除本章所列的各类交通安全设施外,为保证公路的安全运营,减少事故发生,可根据公路项目的特殊情况、特殊地形、特殊气候条件等的需要,设置其他必要的设施,如分道体(图3.7.34)、减速路面(图3.7.35)、隆声带(图3.7.36)、降温池(图3.7.37)等。

图 3.7.34 分道体

图 3.7.35 减速路面

图 3.7.36 隆声带

图 3.7.37 降温池

三、服务设施

服务区、停车区的位置应根据区域路网、建设条件、景观和环保要求等进行规划和布设。客运汽车停靠站的位置宜根据地区公路规划、公路沿线城镇分布、出行需求进行布设。

高速公路服务区应设置停车场、加油站、车辆维修站、公共厕所、室内外休息区、餐饮、商品零售点等设施。根据公路环境和需求可设置人员住宿、车辆加水等设施。作为干线的一、二级公路服务区宜设置停车场、加油站、公共厕所、室外休息点等设施，有条件时可设置餐饮、商品零售点、车辆加水等设施。

停车区应设置停车场、公共厕所、室外休息区等设施。

客运停靠站应设置车辆停靠和乘客候车设施，可与服务区结合设置。

四、管理设施

1. 监控设施

监控设施是道路监视系统和控制系统的总称，硬件设备包括信息采集设施、控制设施、监视设施、情报设施、传输设施、显示设施以及控制中心等。它具备以下三方面功能：第一，信息采集。即实时地采集道路交通状态，包括视频信息、交通信息、气象信息、交通异常事件信息等。第二，信息的分析处理功能。包括对交通运行状态正常与否的判断、交通异常事件严重程度的确认、交通异常状态的预测和对已经发生或可能发生的异常事件处置方案的确定等。第三,控制与信息提供功能。包括控制现场设施,为在公路上行驶着的驾驶人员提供道路状况信息,对行驶车辆发出限制、劝诱、建议性指令,为交通事故和其他异常事件的处理部门提供处置指令,向信息媒体或社会提供更广泛应用的公路交通信息。

1)信息采集系统

信息采集系统是公路上设置的用来采集信息的设备和装备。

采集的信息主要包括如下几个方面:

(1)交通流信息。如车辆流状况、交通量、车辆速度、车流密度、车辆占有率、车重等。交通流信息的采集设备主要是视频监视设备、车辆检测设备。

(2)气象信息。如风力、风向、降雨、降雪、冰冻、雾区等。这些信息的检测主要靠气象检测器。

(3)道路环境信息。如路面状况、隧道内的噪声、有害气体浓度等。这些信息靠环境检测器等检测。

(4)异常事件信息。如火灾、交通事故、车辆抛锚、物品散落、道路设施损坏、道路施工现场等。这些信息主要靠火灾报警系统、紧急电话、闭路电视、巡逻车等设备和装备进行搜集提供。

2)控制与信息提供系统

控制与信息提供系统是公路上设置的用来控制道路现场设施状态及向道路使用者提供道路交通信息和诱导的设备,以及向管理、救助部门和社会提供求助指令或道路交通信息的设备。主要功能包括以下几个方面:

(1)控制道路现场设施状态。如控制隧道风机设施、隧道及道路照明灯具、隧道消防设施等开启、关闭等状态。

(2)向道路使用者提供信息。如前方路段交通阻塞情况、事故警告、气象情况、道路施工情况等。这些情况常通过可变情报板或路侧通信系统提供。

(3)向道路使用者提供建议或交通管制信息。如最佳行驶路线、最佳限速车道控制信号、匝道控制信号等。这些指令常通过可变情报板、可变限速标志、车道控制标志或匝道控制设备来实现。

(4)向管理和救助部门提供信息。在发生如交通事故、车辆抛锚、道路设施损坏等情况时,向消防、急救、服务区、道路养护工区等部门提供有关指令或信息。这些信息常利用指令电话或业务电话来传递。

(5)向社会提供信息。包括对新闻媒介和本条公路以外的道路使用者提供本条公路的交通信息。这些信息的提供往往通过交通广播系统或广域信息网来实现。

3)信息处理系统

信息处理系统位于道路监控中心,是介于信息采集系统和控制与信息提供系统之间的中间环节,是监控系统的核心部分。它的主要职能是信息的接收、分析、判断、预测、确认、交通异常事件的处理决策、指令发布、设备运行状态的监视和控制等。信息处理系统通常由计算机系统、室内显示设备和监控系统控制台组成。

根据所辖路段的道路状况和交通状况,监控系统(图3.7.38)有多种交通控制方法,主要有主线控制、隧道控制、匝道控制、通道控制和综合控制五类。

图 3.7.38 监控系统

2. 收费设施

收费设施是在公路和城市道路上,用于收取过往车辆通行费的交通设施,包括土建工程和机电工程设施。一般按道路的长度、性质,过往车辆的类型,地区属性等对车辆进行收费,并在适当的位置设置 ETC 门架、收费站。土建工程主要是 ETC 门架和收费站龙门架、收费岛岛体、路面铺装、防撞安全设施、设备基础、防排水设施、预埋管道等。机电工程设施主要由计算机系统、电子设备、软件系统、供电系统、通信网络系统、照明系统等组成。收费系统制式有全线均等收费制(简称"均一制"),按路段收费制(简称"开放式"),客车按车型或货车按计重与实际行驶里程收费制(简称"封闭式")。收费方式有收费站收费和 ETC 门架收费,收费站有人工收费、半自动收费、全自动收费三种方式,ETC 门架收费为全自动收费方式。

收费站收费系统的主要构成,按其基本功能可分为计算机系统、收费视频监视系统、内部对讲系统、安全报警系统、电源系统等,并可根据需要增加计重系统、车牌自动识别装置、ETC 收费车道系统等。计算机系统根据级别可分为车道计算机系统、收费站计算机系统、路段分中心计算机系统。在省域高速公路联网收费系统中,计算机系统还应包括省收费结算中心计算机系统。车道计算机系统主要控制车道读写设备及车道附属设备,车道读写设备有读写控制器、RSU 天线等。收费站计算机系统主要由计算机软硬件组成,完成数据的输入、处理、存储、传输等功能。

收费视频监视系统一般采用收费站和路段收费分中心二级监视方式。其功能有:实时监视收费车道、收费亭等工作情况;实时监视收费广场交通状况,便于收费时的交通管理;实时监视收费车道通过车辆的类型,通行券的发放、收回,收费员操作过程及收费过程,并进行有效的监督;选择与控制功能;视频图像监视功能;具有对视频图像进行录像、检索、回放功能;与监控系统结合具有视频图像配置及管理功能;与监控系统结合具有多级联网视频监控功能。

内部对讲系统由收费站内对讲主机、收费亭内对讲分机、通信线缆和电源等构成。其功能有:为收费站与收费亭间提供直接语音通道;对讲主机可群呼、单呼等;收费站监控员可对每个收费亭进行监听。

安全报警系统由收费站内报警主机、收费亭内的报警开关和它们之间连接的信号电缆构成。其功能是:收费员在遇到人身、财产安全威胁等紧急情况下向收费站监控室发出报警信息,请求救援帮助。

电源系统有供电系统和应急供电系统组成,保证收费设备的每天24小时不间断正常运行。

计重收费系统一般在出口(或入口)车道设置低速/静态轴重检测系统。主要由称重台、轮胎识别器、红外线车辆分离器、称重数据采集处理器等组成。

车牌自动识别装置由车辆检测器、摄像机、辅助光源、图像采集卡、车辆识别处理器和软件组成。其功能有:防止车辆中途换卡逃避道路通行费;防止通行卡流失;防止收费员利用车种或降档车型进行营私舞弊;自动放行;稽查黑名单;车辆管理统计;辅助车型分类。收费站基本组成如图3.7.39所示。

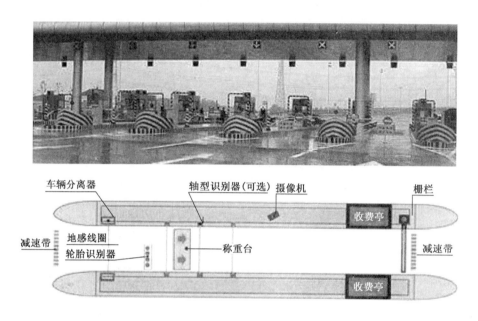

图3.7.39 收费站基本组成示意图

ETC门架收费系统由车道控制系统、RSU设备、视频图像识别设备、网络传输设备、网络安全设备、电源系统等构成。通行ETC车辆实行分段计费扣费,扣费失败车辆由省联网收费中心或部联网收费中心核查后扣取费用。

ETC门架收费系统组成如图3.7.40所示。

3. 通信设施

公路通信设施是为公路运营管理、监控、收费系统提供数据、话音和图像等信息传输的交通设施,包括通信系统和通信管道。公路通信系统包括光纤、光传输设备、程控交换设备、无线电(或集群调度)通信设备、路侧紧急电话等。目前,公路通信的传输主要依靠光纤传输系统、计算机网络传输系统、微波以及公共通信网。

根据公路建设的实际情况和交通管理的特殊要求,公路通信系统有以下特点:

(1)公路的各级管理机构及沿线设施一般均建在公路两侧,沿公路呈线状分布。一般通信站都设置在收费站或管理所的所在地,所以通信站的地理位置实际上在公路建设时已基本确定,即不能随意选址设站。

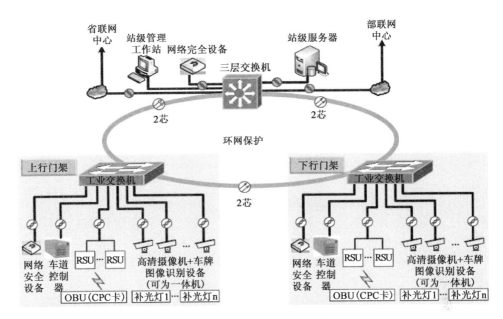

图 3.7.40 ETC 门架收费系统构成图

(2) 公路的管理体制一般采取分级管理、集中控制调度,高速公路通信网的网络结构为树形结构。此外,各级管理机构与公路沿线各地有关部门及上级机关也必须保持通信联络的畅通。

(3) 在公路管理处、管理所、服务区、收费站、收费(分)中心、监控(分)中心等机构之间,以及外场监控设备与监控(分)中心之间需进行话音、数据、图像等各类信息的传输和交换。

此外,为及时处理交通事故,进行交通调度指挥,有关部门必须和巡逻车等保持通信联络。因此,公路通信系统应是以有线通信为主,并采用移动通信等多种通信手段的综合通信系统。

1) 公路通信系统建设的基本要求

(1) 公路通信系统是交通专用通信网的重要组成部分,它的建设应该在交通专用通信网规划的统一指导下进行。全网应采用统一的技术标准,建立统一的网络管理系统,以利于专用通信网的建设、运行、维护和管理。

(2) 为了便于分期实施,在通信系统建设时应贯彻信道优于终端设备的原则。设计方案不仅要满足本路段通信业务的需要,而且要考虑到各路段通信系统联网的需求。

(3) 根据交通专用通信网自建、自管、自用的原则,应在通信系统建设的同时,建立一支专业化的通信设备维护管理队伍,以保证通信系统的正常运行,充分发挥其作用。

(4) 当前通信技术日新月异,已进入建设"信息高速公路"的新时代。为此,公路通信系统的方案设计起点要高,要积极采用高新技术。在经济条件许可的前提下,设备选型应优先考虑先进性和可靠性,且要便于扩容。

2) 公路通信系统的基本组成及其功能

公路通信系统应确保话音、数据及图像等各类信息准确及时地传输。主要由以下各部分组成：

（1）主干线传输作为交通专用通信网的通信主干线,它不仅要满足长途网和地区网的传输要求,而且应考虑到省内各地区交通运输部门的通信需要。

（2）业务电话是通信系统的基本通信业务,包括网内各级管理机构的业务电话和个人电话,它能实现专用网内用户和公用网用户之间的通话。

（3）指令电话为在公路内部进行交通管理和调度指挥服务,指令电话调度台对分机具有选呼、组呼、全呼等功能,它包括有线指令电话和无线指令电话。

（4）紧急电话是公路内部专用的安全报警电话,它为公路使用者提供紧急呼救求援的通信手段。

（5）数据传输包括收费系统内部的收费车道→收费站→收费（分）中心三级计算机数据通信网络和监控系统内部的外场监控设备→监控（分）中心之间的二级计算机数据通信网络。通信系统应为上述计算机通信网络提供传输信道。

（6）图像传输包括CCTV、交通监视图像及会议电视图像传输,通信系统应为各类图像信息提供传输信道。

（7）广播包括路侧道路情报广播及交通信息电台广播。其中路侧道路情报广播由各路段通信系统实施,而交通信息电台广播一般由各省（自治区、直辖市）统一组织建台实施。

（8）通信电源包括交流供电系统、直流供电系统及通信机房的接地系统。

通信管道是通信系统传输的载体,一般沿公路中央分隔带、公路边坡或排水沟外侧埋设,包含管道或人手孔。通信管道一般按照一次设计,分期实施的原则,管孔数量不但要一次留足当前开通系统的需要,还要满足通信系统未来发展的需要。通信管道如图3.7.41所示。

图3.7.41　通信管道

4. 供配电、照明设施

供配电设施是为监控系统、收费系统、通信系统、隧道机电设施、服务设施、养护管理设施及道路照明等公路沿线设施提供能源系统。一般利用公共供电电网,在公路沿线设置变电所、箱变站,同时根据负荷等级需求,设置储备的自发电源,以便一旦发生断电事故,仍能保证公路的正常运营。公路供电系统应满足负荷对供电可靠性和电能质量的要求,同时应注意接线简单,操作方便安全,具有一定灵活性。结合我国国情,有选择地采用国内外先进技术,选取技术上先进,经济上合理的方案。收费站供电组成如图3.7.42所示,隧道供电组成如图3.7.43所示。

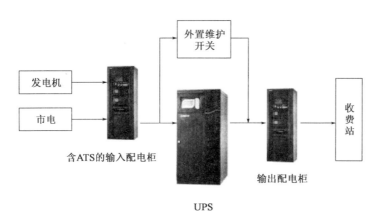

图3.7.42　收费站供电组成示意图

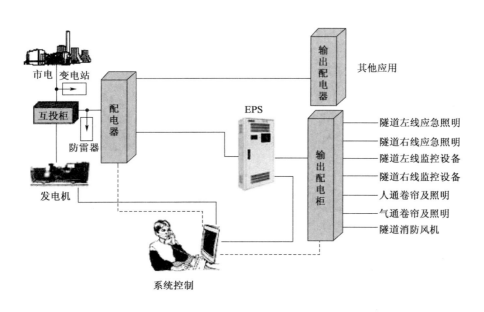

图3.7.43　隧道供电组成示意图

公路照明设施是指为公路及其附属设施设置的照明,用于提高夜间车辆行驶和行人行走的安全性,公路照明是防止夜间交通事故最为有效的手段之一。

道路照明虽有上述益处,但如设置不当,则有可能成为交通事故新的诱发因素。因此,在照明设计中,除应达到要求的照度外,还应具有良好的照明质量。照明设计的基本要求如下:

(1)车行道的亮度水平(照度标准)适宜,有足够的光照强度以保证车辆驾驶员和行人能看清路面上的障碍物、行人、车辆和道路周围的情况。

(2)亮度均匀,路面不出现光斑。

(3)控制眩光,主要避免光源的直接眩光、反射眩光及光幕反射,控制眩光对车辆驾驶员和行人的影响。

(4)良好的视觉诱导性,根据路面状况进行适当的设置,使车辆驾驶员和行人能获得前方道路方向、轮廓等信息。

(5)良好的光源光色及显色性,提高车辆驾驶员和行人识别道路障碍物能力。

(6)节约电能,合理选用照明光源,合理设计照度分布及照明控制系统。

(7)便于维护管理,满足标准的前提下减少灯具数量;灯具应尽量在维护时不干扰交通的位置安装。

(8)与道路景观协调,灯具造型、灯杆造型、涂装等应美观协调。

公路照明一般在一些危险的地方,如交叉口、长桥梁、隧道以及路侧有干扰的地段设置。一般路段由于节能的需要,同时大部分现代化公路设计成敞开式的横断面和相对合理的平、纵面线形,这样能够最大限度地利用汽车前照灯照明,从而减少固定式照明的需要。城市道路一般需要设置连续照明系统,高速公路在互通式立交、收费站广场、隧道、特大桥梁、特殊路段等处设置照明。隧道照明是比较特殊的道路照明区段,车辆驾驶员在白天进入隧道,由于从洞外亮环境进入隧道暗环境,产生"黑洞效应",以致无法辨认洞口附近的状况;驾驶员从隧道内较暗的环境过渡到隧道外部较亮的环境,感受到的强烈的眩光,产生"白洞效应",以致无法立即看清楚隧道外的状况。隧道照明的目的就是解决"黑洞效应"和"白洞效应",照明区段划分为入口加强段、过渡段、中间段和出口段。

5. 管理养护设施

根据公路管理需求的不同,分别设置省级管理中心、区域(路段)管理分中心、管理站(所)。

养护设施应根据公路养护业务需求设置养护工区和道班房。高速公路宜设置养护工区,其他等级公路宜设置道班房。

省级管理中心宜设置收费中心、监控中心、通信中心,负责全省(自治区、直辖市)高速公路的管理与养护,收集监控、收费、运行信息并反馈决策信息,应具备从行政、技术和信息等方面对全省(自治区、直辖市)路网和任一路段进行实时监视、调度、管理和控制的能力。

区域(路段)管理分中心宜设置收费分中心、监控分中心、通信分中心,负责所辖区域或路段的管理工作,应具备收集、分析所辖区域或路段管理各部门有关资料与数据,随时掌握公路状况和交通情况,实现对公路运行和信息的监视和控制的能力。

管理站根据行政区划或路段长度、构造物特性以及管理需要,宜设置路段监控站、通信站、收费站、隧道管理站、特大桥管理站,负责所辖范围内交通安全、收费、监控、通信等设备的业务管理和保养维护,应具备收集、分析、整理公路运行和信息,并按时逐级上报的能力。

养护工区负责所辖路段的保养与维护,应具备收集、分析所辖路段公路各设施的相关资料、数据,掌握公路使用状况,并按时逐级上报的能力。

省级管理中心宜设在省会城市,每省一处。区域(路段)管理分中心、管理站、养护工区,宜靠近所辖路段或区域设置。

第八节　绿化工程及环境保护

一、公路绿化工程

公路绿化工程的技术指标应根据公路绿化部位的功能要求确定。

公路绿化工程各分部工程所含的单项工程见表3.8.1。

公路绿化工程各分部工程所含的单项工程表　　　表3.8.1

分部工程	分项工程
分隔带绿地、边坡绿地、护坡道绿地、碎落台绿地、平台绿地、互通式立体交叉区与环岛绿地、管理养护设施区绿地、服务设施区绿地、取、弃土场绿地(每处)	绿地清理、树木栽植、草坪、草本地被及花卉种植、喷播绿化

1. 中央分隔带防眩绿化

公路中央分隔带的主要功能是隔离双向交通、减少双向交通干扰，保障车辆行驶安全，中央分隔带植物种植的主要技术指标一般有：

防眩树要四季常青、低矮缓生，株高在1.2~1.5m，抗逆性吸(抗旱、抗寒冷、抗病虫、抗污染、耐贫瘠)，耐粗放管理。

防眩树种植主要采取全遮光绿篱式和半遮光散栽式两种方式。全遮光绿篱的特点是全封闭、不透光、防眩好，但绿化投资大、通透性差，影响路容路貌。半遮光散栽式的特点是通透性好、绿化投资较小、绿化形式灵活、防眩技术要求严格。

防眩树株距是在车辆高速行驶的线性环境下，依据车灯光的扩散角、行车速度和人的动视觉三者之间的关系来确定。

2. 路堤边坡防护绿化

高速公路路基一般都比普通公路路基高，形成的边坡绿化面积较大，这对稳定路基、保障安全、防止冲刷、保土保水具有重要作用。

高速公路边坡绿化方式常见有两种：一种用硬质材料(混凝土、石料)砌成圆窗形网格，空格中种草，这种方式可大大减少雨水对边坡的冲刷，增强固坡能力，但投资较大，常用于坡度较陡的路段；另一种是对边坡全栽植物，不做硬化处理，常用于普通路段或坡度小、路基低的路段。

3. 行道树种植绿化

行道树主要栽植在路堤下方(边坡脚下)金属护网内侧，高路堤路段栽植高大乔木，低路堤路段栽植中小乔木或大灌木。行道树株距与外部环境景观协调一致，一般路段有景观特色，特殊路段有隔噪声、隔粉尘、隔臭气、防风沙、防泥石流等作用。

4. 绿篱护网绿化

绿篱护网在金属护网0.5~1m处，采取多栽植有刺灌木，形成封闭性绿篱的形式，作为高速公路的第二道防护网，若干年后金属护网被锈蚀破坏，绿篱护网可起替代作用。

5. 路堑土、石质坡面垂直绿化

路堑的坡度一般较大，绿化难度大，国内外目前主要采取机械喷播绿化和人工沟、挖穴绿化。路基绿化如图 3.8.1 所示。

图 3.8.1　路基绿化

6. 立体交叉区绿化

城区以外的高速公路立体交叉区多位于农田中，且多为简单立交，一般不能形成专门的绿化地带，在为纵或横道路绿化延续时，应注意提高立交路口的识别性，如较密栽植常绿和乔灌花木。对于复杂立交，可参照城市立交区绿化的做法。互通绿化如图 3.8.2 所示。

图 3.8.2　互通绿化

7. 服务区环境绿化

高速公路分车绿化带、边坡防护绿化带、防护林带等的绿化是营造行驶动态的观赏景观，而服务区、收费站的绿化是营造停车后静态的观赏景观，并且这部分大多为块状绿地，所以只能按园林景观进行绿化。服务区绿化如图 3.8.3 所示。

二、生态环境保护

公路交通对生态环境的影响概括起来有两方面：一是公路建设占用、损坏自然资源，从而破坏生态环境；二是排放污染物污染环境，造成生态环境破坏。

图 3.8.3　服务区绿化

公路项目的环境保护可以分为公路建设期的环境保护和公路运营期的环境保护,其主要项目包括:初步设计阶段项目环境影响评价;施工图设计阶段的环境保护设计;招投标阶段在招标文件、工程合同及监理合同中纳入环境保护条款;施工期的环境保护设施的施工及监理;竣工和交付使用阶段的环境保护设施验收与环境后评价;公路运营期的环境保护设施的运行及维护。

1. 公路建设期的环境保护

项目前期工作的环境保护主要涉及的是环境评价和环境工程设计,公路环评的目的和意义包括:一是从环保角度出发评价公路选线的合理性,对路线方案的可行性和项目的可行性提出评价意见和结论;二是提出必要的环保措施,使项目对环境的不利影响减少到可接受的程度;三是预测项目的环境影响程度和范围,为公路沿线社区发展规划提供环境保护依据。

公路施工期环境保护除水土保持外,涉及环境污染的项目较多,一般包括:空气污染、光污染、噪声污染、污水污染及固体废弃物污染等。

2. 公路运营期的环境保护

公路在运营期,其对环境的影响主要在于路基可能发生的崩塌、水毁,危险品运输可能发生的泄漏、汽车运营产生的汽车尾气和噪声污染以及公路附属服务设施产生的固体废弃物和污水。因此,运营期的环境保护,除继续落实项目环境保护计划和环境监测计划外,还应做好环境保护设施的维护,并根据环境监测结果和沿线居民的环境投诉,适时调整环境保护措施的实施方案。

第四章

工程材料与工程机械

材料费、施工机械使用费是直接工程费的主要组成部分,直接影响工程造价。

广义的工程材料是指用于建造建筑物和构筑物的所有材料,是原材料、半成品、成品的总称。狭义的工程材料是指直接构成建筑物和构筑物实体的材料。公路基本建设工程中使用的各种材料,品种规格繁多,性能各异。按其来源可分为外购材料及自采加工材料两部分;按其在设计和施工生产过程中所起的作用,则又可以划分为主要材料、次要材料、辅助材料、周转性材料及金属设备五大类。

施工机械种类较多,按机械的自重可分为特大型、大型、中型、小型等;按作业对象可分为土、石方机械、路面工程机械、混凝土及灰浆机械、水平运输机械、起重及垂直运输机械等;按定额综合范围可分为主要机械和小型机具等;按行走装置可分为履带式和轮胎式;按驱动力可分为机动和电动等。

第一节 工程主要材料的分类

1. 按材料来源分

(1)外购材料:承包人在市场上采购的材料,如钢材、水泥、化工材料、五金、燃料、沥青、木材等。

(2)自采加工材料:主要是指由承包人自行组织人员进行采集加工的砂、石、黏土等自采材料。

2. 按材料在设计和施工生产过程中所起的作用分

(1)主要材料:主要是指公路的基本建设工程中使用的构成产品或工程实体的各种量大或昂贵的材料,如钢材、水泥、石油沥青、石灰、砂、石料等。

(2)次要材料:主要是指相对于主要材料而言用量较少的各种材料,如电焊条、铁钉、铁丝等。

(3)周转性材料:主要是指在施工生产作业过程中,可以反复多次地周转使用的材料,如模板、脚手架、支架、拱盔、钢轨、钢丝绳以及配套的附件等。

(4)辅助材料:主要是指有助于产品和工程实体的形成或便于施工生产的顺利进行而使用的材料,它们不构成公路基本建设工程的实体,如油燃料、氧气、脱模剂、减水剂及机械的各种零配件等。

第二节 主要材料的特性及标准

本节将对公路基本建设工程中常用的工程材料,如钢材、水泥、沥青、砂石材料、混凝土的特性和标准作简要描述。

一、钢材

公路建设工程中使用的钢材,主要包括板、管、型材,以及钢筋混凝土中的钢筋、预应力钢材等。钢材具有良好的技术特性,能承受较大的弹塑性变形,加工性能好,因此被广泛使用。

(一)钢材的分类

(1)按冶炼方法分:平炉钢、氧气转炉钢和电炉钢。

(2)按脱氧程度分:镇静钢(代号 Z)及特殊镇静钢(代号 TZ)(脱氧充分)和沸腾钢(代号 F)(脱氧不充分),以及半镇静钢(代号 b)(介于脱氧充分和脱氧不充分之间)。

(3)按化学成分分:碳素钢(含碳量小于 0.25% 的为低碳钢、0.25%~0.60% 的为中碳钢、大于 0.60% 的为高碳钢)和合金钢(合金元素总含量小于 5% 的为低合金钢、5%~10% 的为中合金钢、大于 10% 的为高合金钢)。

(4)按用途分:结构钢、工具钢和特殊钢(如不锈钢、耐热钢、耐酸钢等)。

(5)按形状分:板材、管材、线材、型材等。

(二)钢材的力学性能

1. 抗拉性能

抗拉性能是钢材最重要的性能,表征抗拉性能的主要技术指标有:屈服点、抗拉强度及伸长率。它们均与拉伸试验得出的应力-应变图(图 4.2.1)有关。

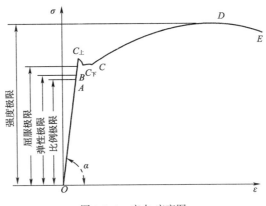

图 4.2.1 应力-应变图

1)屈服点

如图 4.2.1 所示,拉伸进入塑性变形屈服段 BC,称屈服下限 $C_下$ 所对应的应力为屈服强度屈服点,记作 σ_s。设计时,一般以 σ_s 作为强度取值的依据。对屈服现象不明显的钢材,规定以产生 0.2% 残余变形时的应力 $\sigma_{0.2}$ 作为屈服强度。

2) 抗拉强度

应力-应变图中,曲线最高点对应的应力 σ_b 称为抗拉强度。在设计中,屈强比 σ_s/σ_b 有参考价值。在一定范围内,屈强比小则表明钢材在超过屈服点工作时可靠性高,较为安全。

3) 伸长率

试件在拉断后,其标距部分增加的长度与原标距长度的百分比,称为伸长率。试件拉断后标距部分的长度用 L_1 表示,原标距长度用 L_0 表示,则伸长率 $\delta(\%)$ 见式(4.2.1):

$$\delta = \frac{L_1 - L_0}{L_0} \times 100 \qquad (4.2.1)$$

δ 表征了钢材的塑性变形能力。δ 还与试件的 L_1/d_0 有关(d_0 为试件直径)。常用 $L_0/d_0 = 5$ 及 $L_0/d_0 = 10$ 两种试件,相应 δ 分别记作 δ_5 与 δ_{10},对同一种钢材,$\delta_5 > \delta_{10}$。

2. 冲击韧性

冲击韧性是指钢材抵抗冲击荷载的能力。钢材的化学成分、组织状态、内在缺陷及环境温度等都是影响冲击韧性的重要因素。钢材的冲击韧性随温度的下降而降低,当温度下降到某一范围时,呈脆性断裂,这种现象称为冷脆性。发生冷脆时的温度为脆性临界温度,其数值越低,说明钢材的低温冲击韧性越好。

3. 抗疲劳性

材料在交变应力作用下,在远低于抗拉强度时突然发生断裂的现象称为疲劳破坏。疲劳破坏的危险应力用疲劳极限表示,其含义为试件在交变应力下工作,在规定的周期基数内不发生断裂的最大应力。

(三) 钢材的工艺性能

1. 冷弯性能

冷弯性能是指钢材在常温下承受弯曲变形的能力,表征在恶劣变形条件下钢材的塑性,是钢材的一项重要工艺性能,如图 4.2.2 所示。试件按规定条件弯曲,若弯曲处的外表面无裂痕、裂缝或起层,即认为冷弯性能合格。

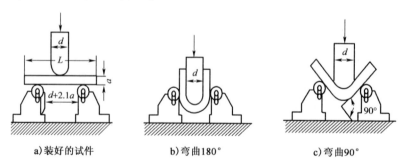

a) 装好的试件　　b) 弯曲180°　　c) 弯曲90°

图 4.2.2　试件冷弯示意图

2. 可焊性

可焊性主要指焊接后在焊缝处的性质与母材性质的一致程度。影响钢材可焊性的主要因素是化学成分及含量。

(四)常用钢材标准

1. 热轧钢筋

热轧钢筋是建筑工程中用量最大的钢材品种之一,主要用于钢筋混凝土结构和预应力钢筋混凝土结构的配筋。

1)热轧光圆钢筋

热轧光圆钢筋强度等级为 $R_{el} \geqslant 300MPa$,$R_m \geqslant 420MPa$,强度等级代号为 HPB300。它的强度较低,但具有塑性好、伸长率高($A \geqslant 25\%$)、易弯折成型、容易焊接等特点,可用作中、小型钢筋混凝土结构的主要受力钢筋、构件的箍筋,钢、木结构的拉杆等。

2)普通热轧带肋钢筋

普通热轧带肋钢筋按屈服强度特征值分为 400、500、600 级,强度等级代号有 HRB400、HRB500、HRB600 及 HRB400E、HRB500E(E 代表"地震"的英文首字母,用于对抗震有要求的结构)。其强度较高,塑性和可焊性均较好。普通热轧带肋钢筋作为钢筋混凝土结构的受力钢筋,可广泛用于大、中型钢筋混凝土结构的主筋。

3)细晶粒热轧钢筋

细晶粒热轧钢筋是在热轧过程中通过控轧和控冷工艺形成的细晶粒钢筋,其晶粒度为9级或更细。强度等级代号为 HRBF400、HRBF500 及 HRBF400E、HRBF500E,主要作为高强度钢筋使用。

2. 冷轧钢筋、预应力混凝土用热处理钢筋

1)冷轧带肋钢筋

冷轧带肋钢筋是热轧圆盘条经冷轧或冷拔减径后,在其表面冷轧成三面有肋的钢筋。冷轧带肋钢筋代号为"LL×××"。第一个"L"为"冷"字汉语拼音首字母;第二个"L"为"肋"字汉语拼音首字母,后面三位阿拉伯数字表示钢筋抗拉强度等级数值。

2)预应力混凝土用钢棒

预应力混凝土用钢棒为盘条经加工后加热到奥氏体温度后快速冷却,然后在相变温度以下加热进行回火所得钢棒,代号为 PCB,按截面外形分光圆钢棒(P)、螺旋槽钢棒(HG)、螺旋肋钢棒(HR)和带肋钢棒(R),抗拉强度有 1080MPa、1230MPa、1420MPa、1570MPa 四个等级,对应屈服强度为 930MPa、1080MPa、1280MPa、1420MPa。光圆钢棒公称直径为 6~16mm,螺旋槽钢棒公称直径有 7.1mm、9.0mm、10.7mm、12.6mm、14.0mm,螺旋肋钢棒公称直径为 6~22mm,带肋钢棒公称直径为 6~16mm。按韧性级别分延性 35 和延性 25 两个级别,其对应的最大力总伸长率 $A_{gt} \geqslant 3.5\%$ 和 $A_{gt} \geqslant 2.5\%$,断后伸长率 $A \geqslant 7.0\%$ 和 $A \geqslant 5.0\%$。由于它具有高强、高韧性、低松弛性、与混凝土握裹力强等特点,广泛应用于预应力混凝土结构。

3. 冷拉低碳钢筋和冷拔低碳钢丝

对于低碳钢和低合金高强度钢,在保证要求延伸率和冷弯指标的条件下,进行较小程度的冷加工后,既可提高屈服极限和强度极限,又可满足塑性的要求。

(1)冷拉钢筋是用热轧钢筋进行冷拉而制得。

(2)用直径 6.5mm 或 8mm 的碳素结构钢热轧盘条,在常温下经冷拔工艺拔制而成的直径为 3mm、4mm 或 5mm 的圆截面钢丝,称为冷拔低碳钢丝。建筑用冷拔低碳钢丝按力学性能分为甲、乙两级。甲级钢丝又按其抗拉强度分为Ⅰ、Ⅱ两组。甲级钢丝主要用于小型预应力构件;乙级钢丝一般用于焊接或绑扎骨架、网片或箍筋。

用作预应力混凝土构件的钢丝,应逐盘取样进行力学性能检验,并判定级别和组别,以便合理安排使用。

4. 预应力钢丝、预应力螺纹钢筋和钢绞线

预应力钢丝分冷拉或消除应力的低松弛光圆、螺旋肋和刻痕钢丝,其中冷拉钢丝仅用于压力管道。预应力钢丝的直径为 4~12mm,抗拉强度等级有 1470MPa、1570MPa、1770MPa、1860MPa。刻痕钢丝由于锚固性能较差,在桥梁工程中逐渐被淘汰了。

预应力螺纹钢筋是一种热轧成带有不连续的外螺纹的直条钢筋,该钢筋在任意截面处,均可用带有匹配形状的内螺纹的连接器或锚具进行连接或锚固。常用公称直径有 18mm、25mm、32mm、40mm、50mm。常用强度等级有 785MPa、930MPa 和 1080MPa。

预应力钢绞线采用高碳钢盘条,经过表面处理后冷拔成钢丝,然后将一定数量的钢丝绞合成股,再经过消除应力的稳定化处理过程而成。为延长耐久性,钢丝上可以有金属或非金属的镀层或涂层,如镀锌、涂环氧树脂等。为增加与混凝土的握裹力,表面可以有刻痕。无黏结预应力钢绞线采用普通的预应力钢绞线、涂防腐油脂或石蜡后包高密度聚乙烯(HDPE)制作而成。钢绞线一般由 2 股、3 股、7 股、19 股钢丝组成,公称抗拉强度 1470~1960MPa。

二、水泥

(一)水泥的分类

1)水泥按用途及性能分类

(1)通用水泥,一般土木建筑工程通常采用的水泥。通用水泥即硅酸盐水泥、普通硅酸盐水泥、矿渣硅酸盐水泥、火山灰质硅酸盐水泥、粉煤灰硅酸盐水泥和复合硅酸盐水泥。

(2)专用水泥,专门用途的水泥。如砌筑水泥、道路硅酸盐水泥。

(3)特性水泥,某种性能比较突出的水泥。如快硬硅酸盐水泥、低热矿渣硅酸盐水泥、膨胀硫铝酸盐水泥。

2)水泥按其主要水硬性物质名称分类

(1)硅酸盐水泥,即国外通称的波特兰水泥。

(2)铝酸盐水泥。

(3)硫铝酸盐水泥。

(4)铁铝酸盐水泥。

(5)氟铝酸盐水泥。

(6)以火山灰或潜在水硬性材料及其他活性材料为主组分的水泥。

3)水泥按主要技术特性分类

(1)快硬性:分为快硬和特快硬两类。

(2)水化热:分为中热和低热两类。

(3)抗硫酸盐性:分中抗硫酸盐腐蚀和高抗硫酸盐腐蚀两类。

(4)膨胀性:分为膨胀和自应力两类。

(5)耐高温性:铝酸盐水泥的耐高温性以水泥中氧化铝含量分级。

(二)水泥的基本性能

水泥是公路工程中使用广泛的一种粉状水硬性无机胶凝材料,主要技术指标如下。

1. 重度

重度指水泥在自然状态下单位体积的重量,分为松散状态下的重度和紧密状态下的重度两种。松散状态下重度为 $8.82 \sim 12.74 kN/m^3$,紧密状态下重度为 $13.72 \sim 16.66 kN/m^3$,通常采用 $12.74 kN/m^3$。

2. 细度

细度指水泥颗粒的粗细程度。水泥的细度直接影响水泥的活性和强度。

3. 凝结时间

凝结时间分为初凝时间和终凝时间。水泥从加水拌和起(调成标准稠度)到水泥浆失去塑性所需的时间,称为初凝时间。水泥从加水拌和起到水泥浆完全失去塑性开始产生强度所需的时间,称为终凝时间。初凝时间不宜过短,终凝时间不宜过长。硅酸盐水泥的初凝时间不得早于45min,终凝时间不得迟于6.5h;普通硅酸盐水泥、矿渣硅酸盐水泥、粉煤灰硅酸盐水泥等的初凝时间不得早于45min,终凝时间不得迟于10h。

4. 安定性

水泥在硬化过程中,体积变化的均匀性称为水泥的安定性。安定性不良会导致构件(制品)产生膨胀性裂纹或翘曲变形,造成质量事故。《水泥标准稠度用水量、凝结时间、安定性检验方法》(GB/T 1346—2011)规定,安定性的测定方法可以用试饼法,也可用雷氏法。试饼法是观察水泥净浆试饼沸煮后的外形变化,目测试饼未发现裂缝,也没有弯曲,即认为安定性合格。雷氏法是测定水泥净浆在雷氏夹中沸煮后取膨胀值,当两个试件沸煮后的膨胀平均值不大于5mm,即认为安定性合格。当试饼法与雷氏法有争议时,以雷氏法为准。

5. 强度

水泥强度是指胶砂的强度而不是净浆的强度,水泥强度的等级按规定龄期的抗压强度和抗折强度来划分,其法定计量单位为"兆帕"(MPa)。

6. 水化热

水泥加水后发生水化作用逐渐凝结硬化放出的热量,称为水泥的水化热。

对大型基础、桥墩等大体积混凝土工程,由于水化热积聚在内部不易发散,使内部温度上升到50℃以上,内外温差引起的应力使混凝土可能产生裂缝,因此水化热对大体积混凝土工程是不利的。

三、沥青

(一)沥青的分类

沥青路面使用的沥青材料有:道路石油沥青、改性沥青、乳化沥青、煤沥青、液体石油沥青等。

(1)道路石油沥青:由石油经蒸馏、吹氧、调和等工艺加工得到。

(2)改性沥青:是指掺加橡胶、树脂、高分子聚合物、磨细的橡胶粉或其他填料等外掺剂(改性剂),或采取对沥青轻度氧化加工等措施,使沥青或沥青混合料的性能得以改善而制成的沥青结合料。改性沥青的加工温度不宜超过180℃。

改性沥青可采用现场加工或采购成品。现场制备改性沥青可以采用一次掺配法,运用高速剪切设备或胶体研磨进行加工。对于成品改性沥青,应有产品名称、代号、标号、运输与存放条件、使用方法、生产工艺、安全须知等说明。

(3)乳化沥青:石油沥青(或煤沥青)与水在乳化剂、稳定剂作用下经乳化加工制得的沥青产品,也称沥青乳液。乳化沥青可利用胶体研磨或匀油机等乳化机械在沥青拌和厂现场制备。

(4)煤沥青:由煤干馏得到的煤焦油再经蒸馏加工制成。

(5)液体石油沥青:用汽油、煤油、柴油等溶剂将石油沥青稀释而成的沥青产品,也称轻制沥青或稀释沥青。液体石油沥青使用前应通过试验确定掺配比例。

(二)沥青适用范围及技术指标

1.道路石油沥青

道路石油沥青的适用范围:A级沥青适用各个等级的公路,任何场合和层次;B级沥青用作改性沥青、乳化沥青、改性乳化沥青、稀释沥青的基质沥青,适用于高速公路、一级公路沥青下面层及以下的层次,二级及二级以下公路的各个层次;C级沥青适用于三级及三级以下公路的各个层次。

道路石油沥青技术指标主要包括25℃针入度、针入度指数、软化点、60℃动力黏度、10℃及15℃延度、蜡含量、闪点、溶解度、密度(15℃)等,其技术要求见《公路沥青路面施工技术规范》(JTG F40—2004)。

2.改性沥青

改性沥青可单独或复合采用高分子聚合物、天然沥青及其他改性材料制作。

聚合物改性沥青技术要求的指标:针入度(25℃,100g,5s)、针入度指数 PI、延度(5℃,5cm/min)、软化点、135℃运动黏度、闪点、溶解度、25℃弹性恢复、黏韧性、韧性、储存稳定度离析48h软化点差、质量变化、2℃针入度比、5℃延度。

制造改性沥青的基质沥青应与改性剂有良好的配伍性,其质量宜符合道路石油沥青的A级或B级的技术要求。

3.乳化沥青

乳化沥青适用于沥青表面处治路面、沥青贯入式路面、冷拌沥青混合料路面,修补裂缝,喷洒透层、黏层与封层等。乳化沥青品种及适用范围如下:

(1)阳离子乳化沥青:PC-1适用表处、贯入式路面及下封层用;PC-2适用透层油及基层养生;PC-3适用黏层油用;BC-1适用稀浆封层或冷拌沥青混合料用。

(2)阴离子乳化沥青:PC-1适用表处、贯入式路面及下封层用;PC-2适用透层油及基层养生;PC-3适用黏层油用;BC-1适用稀浆封层或冷拌沥青混合料用。

(3)非离子乳化沥青:PN-2 适用透层油用;BN-1 适用与水泥稳定集料同时使用,基层路拌或再生。

道路用乳化沥青技术要求的技术指标:破乳速度、粒子电荷、筛上残留物(1.18mm 筛)、黏度、蒸发残留物、与粗集料的黏附性和裹覆面积、与粗细粒式集料拌和试验、水泥拌和试验的筛上剩余、常温储存稳定性。

4. 改性乳化沥青

改性乳化沥青的品种和适用范围:①喷洒型改性乳化沥青 PCR 适用于黏层、封层、桥面防水黏结层用;②拌和用乳化沥青 BCR 适用于改性稀浆封层和微表处用。

改性乳化沥青技术要求的指标:破乳速度、粒子电荷、筛上剩余量(1.18mm)、黏度、蒸发残留物、与矿料的黏附性和裹覆面积、储存稳定性。

5. 煤沥青

道路用煤沥青适用于下列情况:

(1)各种等级公路的各种基层上的透层,宜采用 T-1 或 T-2 级,其他等级不合喷洒要求时可适当稀释使用。

(2)三级及三级以下的公路铺筑表面处治或贯入式沥青路面,宜采用 T-5、T-6 或 T-7 级。

(3)与道路石油沥青、乳化沥青混合使用,以改善渗透性。

道路用煤沥青技术要求的指标:黏度、蒸馏试验馏出量、300℃蒸馏残留物软化点(环球法)、水分、甲苯不溶物、萘含量、焦油酸含量。

道路用煤沥青严禁用于热拌热铺的沥青混合料,作其他用途时的储存温度宜为 70~90℃,且不得长时间储存。

6. 液体石油沥青

液体石油沥青适用于透层、黏层及拌制冷拌沥青混合料。根据使用目的与场所,可选用快凝、中凝、慢凝的液体石油沥青。

道路用液体石油沥青技术要求的指标:黏度、蒸馏体积、蒸馏后残留度、闪点(TOC 法)、含水率。

四、砂石材料

砂石材料是石料和集料的统称,是公路工程中使用广泛的材料。石料可以直接用作道路与桥梁工程结构及其附属构造物的圬工材料,进行构造物的砌筑,集料也可直接用于铺筑道路路面基层或垫层,但更多的是先制备成沥青混合料、水泥混凝土和基层混合料,用于桥梁工程、隧道工程、铺筑沥青路面面层、水泥路面面层或路面基层。

1. 岩石

1)岩石的组成及分类

岩石是组成地壳及地幔的主要物质,是指在各种地质作用下按一定方式组合而成的矿物集合体。由单一矿物组成的岩石称为单矿岩,如石灰岩等;由多种矿物组成的岩石称为复矿岩,如花岗岩等。岩石按其成因可分为沉积岩、岩浆岩和变质岩三大类。岩石质量主要取决于其造岩矿物和成岩条件。在公路工程中常用的岩石类型包括石灰岩、花岗岩、砂岩、玄武岩、辉绿岩等。

2）岩石的技术性质

岩石的技术性质主要包括物理性质、力学性质、耐久性和化学性质等。各种矿物间不同的组成排列形成了岩石各异的结构性能。岩石的物理性质主要有物理常数、吸水性、膨胀性、耐崩解性等。岩石的力学性能包括抗压、抗折和抗剪强度等，此外还须具备抵抗冲击、抗磨光、耐磨耗等性能，其中岩石的抗压强度和抗磨耗性是考察路用石料性能的两个主要指标。根据石料的饱和单轴抗压强度，岩石按其坚硬程度可以分为坚硬岩、软硬岩、较软岩、软岩和极软岩。岩石的耐久性表现为承受干湿、冻融等环境条件、交通条件的变化而不老化、不劣化的抵抗能力，评价方法采用抗冻性试验和坚固性试验。石料的化学性质包括石料的酸碱性以及石料的黏附性。

2. 集料

集料是由不同粒径矿质颗粒组成，并在混合料中起骨架和填充作用的粒料。

1）集料分类

（1）按粒径大小分类

粗集料是指粒径大于 2.36mm（沥青混合料）或 4.75mm（水泥混凝土）的集料。

细集料是指粒径小于 2.36mm（沥青混合料）或 4.75mm（水泥混凝土）的集料。

矿粉也称填料，是指由石灰岩或岩浆岩等憎水性碱类石料经磨细加工得到的以粒径小于 0.075mm 的颗粒为主的矿质粉末。

（2）按成因及加工方式分类

砾石是指由自然风化、水流搬运和分选、堆积形成的粒径大于 4.75mm 的岩石颗粒。

碎石是将天然岩石或砾石经机械破碎、筛分制成的粒径大于 4.75mm 的岩石颗粒。

天然砂是指由自然风化、水流冲刷或自然堆积形成的且粒径小于 4.75mm 的岩石颗粒，包括河砂、海砂和山砂等。

人工砂是指经人为加工处理得到的符合规格要求的细集料，通常是对石料采取真空抽吸法除去大部分土和细粉或将石屑水洗得到的。从广义上分类，机制砂、矿渣砂和煅烧砂都属于人工砂。其中，机制砂是指由碎石及砾石经制砂机反复破碎加工至粒径小于 2.36mm 的人工砂，亦称破碎砂。

石屑是指碎石加工时通过最小筛孔（通常为 2.36mm 或 4.75mm）的筛下部分，也称筛屑。

工业冶金矿渣一般指金属冶炼过程中排出的非金属熔渣，常指高炉矿渣和钢渣等。

2）集料的技术性质

集料技术性质，按其内在品质可分为物理性质、力学性质和化学性质等，包括由料源特性决定的物理常数和加工特性两部分，集料的力学性质主要指压碎值、磨光值、冲击值和磨耗值等，化学性质指集料碱活性、有机物含量、细集料的三氧化硫含量、细集料的云母含量、细集料的轻物质含量等。按技术要求性质可分为两类：一类是反映材料来源的"资源特性"，或称为料源特性，它是石料产地所决定的，如密度、压碎值、磨光值等；另一类是反映加工水平的"加工特性"，如石料的级配组成、针片状颗粒含量、破碎砾石的破碎面比例、棱角性、含泥量、砂当量、亚甲蓝值、细粉含量等。

3)路面水泥混凝土用集料技术要求

(1)粗集料。

粗集料应使用质地坚硬、耐久、洁净的碎石、碎卵石和卵石,根据不同技术要求,《公路水泥混凝土路面施工技术细则》(JTG/T F30—2014)将粗集料分为Ⅰ级、Ⅱ级和Ⅲ级。极重、特重、重交通荷载等级公路面层混凝土用的粗集料质量应不低于Ⅱ级的要求,中、轻交通荷载等级公路面层混凝土可使用Ⅲ级粗集料。

用作路面和桥面混凝土的粗集料不得使用不分级的集料,应按最大公称粒径的不同采用2~4个粒级的集料进行掺配,并应符合合成级配的要求。卵石最大公称粒径不宜大于19.0mm;碎卵石最大公称粒径不宜大于26.5mm;碎石最大公称粒径不应大于31.5mm。贫混凝土基层粗集料最大公称粒径不应大于31.5mm;钢纤维混凝土与碾压混凝土粗集料最大公称粒径不宜大于19.0mm。碎卵石或碎石中粒径小于75μm的石粉含量不宜大于1%。

(2)细集料。

细集料应采用质地坚硬、耐久、洁净的天然砂或机制砂,不宜使用再生细集料。使用天然砂或机制砂时,应符合各自对应的质量标准。极重、特重、重交通荷载等级公路面层混凝土用的细集料质量应不低于Ⅱ级的要求,中、轻交通荷载等级公路面层混凝土可使用Ⅲ级细集料。机制砂宜采用碎石为原料,并用专用设备生产,对机制砂母岩的抗压强度应满足相应的技术要求。

细集料的级配要求应符合规范的规定,路面和桥面用天然砂宜为中砂,也可使用细度模数2.0~3.5的砂。同一配合比用砂的细度模数变化范围不应超过0.3,否则应分别堆放,并调整配合比中的砂率后使用。

4)桥涵水泥混凝土用集料技术要求

(1)粗集料。

桥涵水泥混凝土使用的粗集料包括碎石、卵石以及破碎砾石,粗集料应该洁净、干燥、表面粗糙,质量应符合《公路桥涵施工技术规范》(JTG/T F50—2011)相关技术要求。粗集料根据其技术性能可划分为三类:Ⅰ类宜用于强度等级大于C60的混凝土;Ⅱ类宜用于强度等级为C30~C60及有抗冻、抗渗或其他要求的混凝土;Ⅲ类宜用于强度等级小于C30的混凝土。

当混凝土结构物处于不同环境条件下时,粗集料坚固性试验的结果应满足《公路桥涵施工技术规范》(JTG/T F50—2011)相关技术要求。

粗集料宜根据混凝土最大粒径采用连续两级配或连续多级配,不宜采用单粒级或间断级配配制,必须使用时,应通过试验验证;泵送混凝土粗集料宜采用连续级配,其针片状颗粒不宜大于10%。

粗集料最大粒径宜按混凝土结构情况及施工方法选取,但最大粒径不得超过结构最小边尺寸的1/4和钢筋最小净距的3/4;在两层或多层密布钢筋结构中,最大粒径不得超过钢筋最小净距的1/2,同时不得超过75.0mm。混凝土实心板的粗集料最大粒径不宜超过板厚的1/3且不得超过37.5mm。泵送混凝土时的粗集料最大粒径,除应符合上述规定外,对碎石不宜超过输送管径的1/3;对卵石不宜超过输送管径的1/2.5。

施工前应对所用的粗集料进行碱活性检验,在条件许可时宜避免采用有碱活性反应的粗集料,必须采用时应采取必要的抑制措施。

(2)细集料。

桥涵水泥混凝土宜采用级配良好、质地坚硬、颗粒洁净且粒径小于 5mm 的河砂;当河砂不易得到时,可采用符合规定的其他天然砂或人工砂;细集料不宜采用海砂。

砂按技术要求可分为Ⅰ类、Ⅱ类、Ⅲ类。Ⅰ类宜用于强度等级大于 C60 的混凝土;Ⅱ类宜用于强度等级 C30~C60 及有抗冻、抗或其他要求的混凝土;Ⅲ类宜用于强度等级小于 C30 的混凝土和砌筑砂浆。砂根据细度模数分为粗砂、中砂和细砂。对于高性能、高强度、泵送混凝土宜选用细度模数为 2.6~2.9 的中砂,且含有较多通过 0.3mm 筛孔的颗粒,砂率宜为 35%~45%。

细集料根据颗粒级配可划分为Ⅰ区、Ⅱ区、Ⅲ区,细集料的颗粒级配应处于任一级配区范围以内。Ⅰ区砂宜提高砂率配低流动性混凝土;Ⅱ区砂宜优先选用配不同强度等级的混凝土;Ⅲ区砂宜适当降低砂率保证混凝土的强度。

5)沥青混合料用集料技术要求

(1)粗集料。

沥青面层使用的粗集料包括碎石、破碎砾石、筛选砾石、钢渣、矿渣等,但高速公路和一级公路不得使用筛选砾石和矿渣。粗集料必须由具有生产许可证的采石场生产或施工单位自行加工。

粗集料应洁净、干燥、表面粗糙,质量应符合相关技术要求。当单一规格集料的质量指标达不到要求,而按照集料配合比计算的质量指标符合要求时,工程上允许使用。对热易变质的集料,宜采用经拌和机烘干后的集料进行检验。

沥青混合料用粗集料规格应按《公路沥青路面施工技术规范》(JTG F40—2004)中沥青混合料用粗集料规格的规定生产和使用。高速公路、一级公路沥青路面的表面层(或磨耗层)的粗集料的磨光值应符合《公路沥青路面施工技术规范》(JTG F40—2004)中粗集料与沥青的黏附性、磨光值的技术要求。除 SMA、OGFC 路面外,允许在硬质粗集料中掺加部分较小粒径的磨光值达不到要求的粗集料,其最大掺加比例由磨光值试验确定。

粗集料与沥青的黏附性应符合《公路沥青路面施工技术规范》(JTG F40—2004)中粗集料与沥青的黏附性、磨光值的技术要求,当使用不符合要求的粗集料时,宜掺加消石灰、水泥或用饱和石灰水处理后使用,必要时可同时在沥青中掺加耐热、耐水、长期性能好的抗剥落剂,也可采用掺加改性沥青的措施,使沥青混合料的水稳定性检验达到要求。掺加外加剂的剂量由沥青混合料的水稳定性检验确定。

破碎砾石应采用粒径大于 50mm、含泥量不大于 1% 的砾石轧制,破碎砾石的破碎面应符合粗集料对破碎面的要求。筛选砾石仅适用于三级及三级以下公路的沥青表面处治路面。经过破碎且存放期超过 6 个月以上的钢渣可作为粗集料使用。除吸水率允许适当放宽外,各项质量指标应符合《公路沥青路面施工技术规范》(JTG F40—2004)中沥青混合料用粗集料质量技术要求。钢渣在使用前应进行活性检验,要求钢渣中的游离氧化钙含量不大于 3%,浸水膨胀率不大于 2%。

(2)细集料。

沥青面层的细集料可采用天然砂、机制砂、石屑。细集料必须由具有生产许可证的采石场、采砂场生产。

细集料应洁净、干燥、无风化、无杂质,并有适当的颗粒级配,其质量应符合相关技术要求。细集料的洁净程度,天然砂以小于0.075mm含量的百分数表示,石屑和机制砂以砂当量(适用于0~4.75mm)或亚甲蓝值(适用于0~2.36mm或0~0.15mm)表示。

天然砂可采用河砂或海砂,通常宜采用粗、中砂,其规格应符合《公路沥青路面施工技术规范》(JTG F40—2004)中沥青混合料用天然砂规格。砂的含泥量超过规定时应水洗后使用,海砂中的贝壳类材料必须筛除。热拌密级配沥青混合料中天然砂的用量通常不宜超过集料总量的20%,SMA和OGFC混合料不宜使用天然砂。

石屑是采石场破碎石料时通过4.75mm或2.36mm的筛下部分,其规格应符合《公路沥青路面施工技术规范》(JTG F40—2004)中沥青混合料用机制砂或石屑规格。采石场在生产石屑的过程中应具备抽吸设备,高速公路和一级公路的沥青混合料,宜将S14与S16组合使用,S15可在沥青稳定碎石基层或其他等级公路中使用。

机制砂宜采用专用的制砂机制造,并选用优质石料生产,其级配应符合S16的要求。

(3)填料。

沥青混合料的矿粉必须采用石灰岩或岩浆岩中的强基性岩石等憎水性石料经磨细得到的矿粉,原石料中的泥土杂质应除净。矿粉应干燥、洁净,能自由地从矿粉仓流出,其质量应符合相关技术要求。

拌和机的粉尘可作为矿粉的一部分回收使用。但每盘用量不得超过填料总量的25%,掺有粉尘填料的塑性指数不得大于4%。

粉煤灰作为填料使用时,用量不得超过填料总量的50%,粉煤灰的烧失量应小于12%,与矿粉混合后的塑性指数应小于4%,其余质量要求与矿粉相同。高速公路、一级公路的沥青面层不宜采用粉煤灰做填料。

第三节 主要混合料材料的特性及标准

一、混凝土

混凝土是由胶凝材料、水和粗、细集料及具有特定性能的外加剂按适当比例配合、拌制,经一定时间硬化而成的具有一定强度的人造石材。混凝土作为一种建筑材料,具有抗压强度高、可塑性好、就地取材方便和经济性好等特点。组成普通水泥混凝土的原材料主要包括水泥、水、粗集料、细集料和外加剂5种原材料,根据各自种类和比例不同,所配制出的水泥混凝土性能相应的有所变化。

1. 混凝土混合料的性质

和易性是新拌水泥混凝土能够形成质量均匀、密实、稳定的混凝土的性能,包含"流动性""可塑性""稳定性"和"易密性"。

流动性(有时称"稠度")是指新拌水泥混凝土在自重或机械振捣作用下,易于产生流动并能均匀密实填满模板的性质。它反映混凝土拌合物的稀稠程度,是最主要的工艺性质。新拌水泥混凝土的流动性好,操作方便、容易成型并振捣密实。

可塑性(或称"黏聚性")是指新拌水泥混凝土内部材料之间有一定的黏聚力,在自重和一定的外力作用下而不会产生层间脆性断裂,能保持整体完整和稳定的性质。

稳定性(或称"饱水性")是指新拌水泥混凝土在施工过程中,能保持各组成材料间的相互联系和相对稳定的性能。

易密性是指新拌水泥混凝土在浇捣过程中,易于形成稳定密实的结构,可以按设计要求布满整个模具和钢筋间隙,而不会留下空隙和缺陷。

2. 混凝土混合料的凝结时间

(1)水泥的水化反应是混凝土产生凝结的主要原因,但是混凝土的凝结时间与配制该混凝土所用水泥的凝结时间并不一致,因为水泥浆体的凝结和硬化过程要受到水化产物在空间填充情况的影响。水灰比的大小会明显影响其凝结时间,水灰比越大,凝结时间越长。

一般配制混凝土所用的水灰比与测定水泥凝结时间规定的水灰比是不同的,所以这两者的凝结时间是有所不同的。而且混凝土的凝结时间还会受到其他各种因素的影响,例如环境温度的变化、混凝土中掺入某些外加剂,比如缓凝剂或速凝剂等,将会明显影响混凝土的凝结时间。

(2)混凝土拌合物的凝结时间通常是用贯入阻力法进行测定的。所使用的仪器为贯入阻力仪。先用5mm筛孔的筛从拌合物中筛取砂浆,按一定方法装入规定的容器中,然后每隔一定时间测定砂浆贯入到一定深度时的贯入阻力,绘制贯入阻力与时间的关系曲线,以贯入阻力为3.5MPa及28MPa画两条平行于时间坐标的直线,直线与曲线交点的时间即分别为混凝土拌合物的初凝和终凝时间。这是从实用角度人为确定用该初凝时间表示施工时间的极限,终凝时间则表示混凝土力学强度开始发展的时间。

3. 影响水泥混凝土凝结时间的因素

(1)气温:气温越高,凝结时间越快。

(2)水泥品种:掺有混合料的水泥凝结时间较长。

(3)混凝土等级强度:其他条件相同时,混凝土凝结时间随着等级强度的提高而缩短。

(4)水灰比:随着水灰比增高,凝结时间延长。

(5)坍落度:一般坍落度增加,凝结时间可以延长。

(6)外加剂:掺入少量缓凝剂可以延长混凝土初凝时间和终凝时间。

(7)养护环境:水中混凝土比空气中的凝结时间长。

4. 水泥混凝土的力学性质

混凝土受外力作用时,其内部产生的拉应力在具有几何形状为楔形的微裂缝顶部形成应力集中,随着拉应力的逐渐增大,微裂缝进一步延伸、汇合、扩大,最后形成可见的裂缝,试件产生破坏。

1)混凝土立方体抗压强度

按照现行《混凝土物理力学性能试验方法标准》(GB/T 50081),制作边长为150mm的立方体试件,在标准条件(温度20℃±3℃,相对湿度90%以上)下,养护到28d龄期,测得的抗压强度值为混凝土立方体试件抗压强度(简称"立方抗压强度"),以f_{cu}表示。

2)立方体抗压强度标准值

立方体抗压强度标准值指用标准试验方法测定的抗压强度总体分布中的一个值,强度低于该值的百分比不超过5%（即具有95%保证率的抗压强度），单位以 N/mm² 即 MPa 计。立方体抗压强度标准值以 $f_{cu,k}$ 表示。

3）混凝土的强度等级

混凝土强度等级是根据立方体抗压强度标准值来确定的。强度等级表示方法是用符号"C"（Concrete 的缩写）和立方体抗压强度标准值两项内容表示。例如"C30"即表示立方体抗压强度标准值 $f_{cu,k}$ = 30MPa 的混凝土。《混凝土结构设计规范》〔GB 50010—2010（2015 年版）〕规定，普通混凝土按立方抗压强度标准值划分为 C15、C20、C25、C30、C35、C40、C45、C50、C55、C60、C65、C70、C75 和 C80 共 14 个强度等级。

4）混凝土的轴心抗压强度

为了使测得的混凝土强度接近于混凝土结构的实际情况，在钢筋混凝土结构计算中，计算轴心受压构件（如柱子、桁架的腹杆等）时，都是采用混凝土的轴心抗压强度 f_{cp} 作为依据。

5）混凝土的劈裂抗拉强度

混凝土的抗拉强度只有抗压强度的 1/20～1/10，且随着混凝土强度等级的提高，比值有所降低，即当混凝土强度等级提高时，抗拉强度不及抗压强度提高得快。

5. 混凝土的耐久性

混凝土的耐久性是一个综合性概念，包含的内容很多，如抗渗性、抗冻性、抗侵蚀性、碳化反应、碱集料反应等，这些性能都决定着混凝土经久耐用的程度，故统称为耐久性。环境对混凝土结构的物理和化学作用以及混凝土结构抵御环境作用的能力，是影响混凝土结构耐久性的因素。混凝土结构耐久性设计的目标，是使混凝土结构在规定的使用年限（即设计使用寿命）内，在常规的维修条件下，不出现混凝土劣化、钢筋腐蚀等影响结构正常使用和影响外观的损坏。

1）抗渗性

抗渗性是指混凝土抵抗水、油等液体在压力作用下渗透的性能。它直接影响混凝土的抗冻性和抗侵蚀性。混凝土的抗渗性主要与其密实度及内部孔隙的大小和构造有关。一般采用抗渗等级表示混凝土的抗渗性，如分为 P4、P6、P8、P10、P12 和大于 P12 6 个等级，即相应表示能抵抗 0.4MPa、0.6MPa、0.8MPa、1.0MPa 及 1.2MPa 的水压力而不渗水。

2）抗冻性

混凝土的抗冻性是指混凝土在水饱和状态下，经受多次冻融循环作用后能保持强度和外观完整性的能力。在寒冷地区，特别是在接触水又受冻环境下的混凝土，要求具有较高的抗冻性能。

混凝土抗冻性一般以抗冻等级表示，龄期 28d 的试块在吸水饱和后，承受反复冻融循环，以抗压强度下降不超过 25%，而且质量损失不超过 5% 时所能承受的最大冻融循环次数来确定。将混凝土划分为以下抗冻等级：F10、F15、F25、F50、F100、F150、F200、F250 和 F300 共 9 个等级，分别表示混凝土能够承受反复冻融循环次数为 10 次、15 次、25 次、50 次、100 次、150 次、200 次、250 次和 300 次。

3）抗侵蚀性

当混凝土所处环境中含有侵蚀性介质时，混凝土便会遭受侵蚀，通常有软水侵蚀、硫酸盐侵蚀、镁盐侵蚀、碳酸侵蚀、一般酸侵蚀与强碱侵蚀等。混凝土的抗侵蚀性与所用水泥的品种、混凝土的密实程度和孔隙特征有关。密实和孔隙封闭的混凝土,环境水不易侵入,则其抗侵蚀性较强。

4)混凝土的碳化(中性化)

混凝土的碳化作用是二氧化碳与水泥石中的氢氧化钙作用,生成碳酸钙和水。碳化引起水泥石化学组成及组织结构的变化,从而对混凝土的化学性能和物理力学性能有明显的影响,主要是对碱度、强度和收缩的影响。

5)碱-集料反应

碱-集料反应是指混凝土内水泥中的碱性氧化物(此处专指氧化钠和氧化钾)含量较高时,它会与集料中所含的活性二氧化硅发生化学反应,并在集料表面生成一层复杂的碱-硅酸凝胶,这种凝胶吸水后,会产生很大的体积膨胀(约增大3倍以上),从而导致混凝土胀裂,这种现象称为碱-集料反应。碱-集料反应引起混凝土开裂后,还会大幅度加剧冻融、钢筋锈蚀、化学腐蚀等因素对混凝土的破坏作用,这些多因素的综合破坏,会导致混凝土迅速劣化。因此,应综合考虑这些因素的影响。

6. 混凝土外加剂

混凝土掺入各种外加剂,按其使用功能可以分为减水剂、早强剂、引气剂、膨胀剂、速凝剂、缓凝剂等。

1)减水剂

减水剂是指在保持混凝土稠度不变的条件下,具有减水增强作用的外加剂。它是一种表面活性剂,加入混凝土中能对水泥颗粒起分散作用,从而把水泥凝聚体中所包含的水释放出来,使水泥达到充分水化。

2)早强剂

早强剂是指能提高混凝土早期强度,并对后期强度无显著影响的外加剂。通过对水泥水化过程所产生的综合的物理、化学作用,能显著提高混凝土拌合物的工艺性能和硬化混凝土的物理力学性能。早强剂多用于抢修工程和混凝土的冬季施工。

3)引气剂

在混凝土搅拌过程中加入引气剂,能引入大量分布均匀的微小气泡,阻塞有害的毛细孔通道,从而减少拌合物的泌水离析,改善和易性,提高抗渗性、抗冻性和耐久性。

4)膨胀剂

膨胀剂是指与水泥、水拌和后经水化反应生成钙矾石、钙矾石和氢氧化钙或氢氧化钙,使混凝土产生膨胀的外加剂。主要用于补偿混凝土收缩,常与减水剂一起配制地脚螺栓灌浆料、设备安装时的坐浆材料及混凝土接头等,还可用于防水工程,防止大体积混凝土的收缩裂缝,也可用于预应力混凝土,调整掺量以控制膨胀值。

5)速凝剂

速凝剂主要用于冬季滑模施工及喷射混凝土等需要速凝的混凝土工程。

6)缓凝剂

缓凝剂是指延缓混凝土凝结时间,并对后期强度发展无不利影响的外加剂,主要用于大体积混凝土、炎热条件下施工的混凝土、长距离运输的混凝土和某些在施工操作上需要保持较长处理混凝土时间的项目。

7.混凝土的配合比设计

1)混凝土配合比设计的基本要求

混凝土配合比就是混凝土组成材料相互间的配合比例。混凝土配合比设计的实质就是要在满足混凝土和易性、强度、耐久性以及尽可能经济的条件下,比较合理地确定水泥、水、砂、石子四者的用量比例关系。因此,配合比设计的基本要求为:

(1)满足结构物设计的强度等级要求。

(2)满足混凝土施工的和易性要求。

(3)满足结构物混凝土所处环境耐久性要求。

(4)满足经济性要求。

2)混凝土配合比设计的步骤

(1)初步配合比计算根据混凝土的性能要求,针对具体原材料试验数据,根据标准给出的公式、经验图表,初步确定各材料的关系。

(2)基准配合比设计主要是满足和易性,即按照设计混凝土所用原材料进行小批量的试拌,通过和易性的调整进行必要的校正。

(3)试验室配合比设计主要是满足强度、耐久性、经济性的要求,一般要采用三组以上的配合比进行试验,通过实测强度、耐久性后,选择强度、耐久性满足要求而水灰比较大的一组配合比作为试验室配合比。

(4)施工配合比换算由于工地堆放的砂、石含水情况常有变化,所以在施工过程中应经常测定砂、石含水率,并按含水率变化情况做必要的修正。

3)初步配合比设计要点

(1)确定混凝土配制强度。

为确保一定的成功率,混凝土配制强度要比强度等级要求的混凝土立方体抗压强度标准值高,具体可按数理统计方法来确定,即让混凝土配制强度大于或等于正态分布曲线中混凝土立方体抗压强度总体分布的平均值,即:

$$f_{cu,0} \geqslant f_{cu,k} + 1.645\sigma \qquad (4.3.1)$$

式中:$f_{cu,0}$——混凝土配制强度(MPa);

$f_{cu,k}$——混凝土立方体抗压强度标准值(MPa);

σ——混凝土强度标准差(MPa)。

(2)确定水灰比。

水灰比的选择一方面要考虑混凝土强度的要求,另一方面要考虑混凝土耐久性的要求。当混凝土强度等级小于 C60 时,混凝土水灰比(W/C)按式(4.3.2)计算:

$$\frac{W}{C} = \frac{a_a \cdot f_{ce}}{f_{cu,0} + a_a \cdot a_b \cdot f_{ce}} \qquad (4.3.2)$$

式中:a_a、a_b——回归系数;

f_{ce}——水泥 28d 抗压强度实测值(MPa)。

(3)确定用水量(m_{w0})。

根据水灰比的不同情况,查表或现场试验或计算确定。

(4)确定水泥用量(m_{c0})。

根据混凝土用水量及水灰比计算水泥用量后,再根据耐久性要求最终确定水泥用量。

(5)确定砂率(β_s)。

根据坍落度的不同,查表确定或试验确定混凝土的砂率值。

(6)确定粗集料(m_{g0})及细集料(m_{s0})用量。

粗集料(m_{g0})及细集料(m_{s0})用量通过采用质量法或体积法计算确定。

4)基准配合比设计

初步配合比是根据经验公式和经验图表估算而得,不一定符合实际情况,但必须通过试拌调整。当不符合设计要求时,需通过调整使和易性满足施工要求。

根据初步配合比按规定试拌一定量混凝土,先测定混凝土坍落度,同时观察黏聚性和保水性。如不符合要求,按下列原则进行调整。

(1)当坍落度小于设计要求时,可在保持水灰比不变的情况下,增加用水量和相应的水泥用量(即增加水泥浆)。

(2)当坍落度大于设计要求时,可在保持砂率不变的情况下,增加砂、石用量(相当于减少水泥浆用量)。

(3)当黏聚性和保水性不良时(通常是砂率不足),可适当增加砂用量,即增大砂率。

(4)拌合物的砂浆量过多时,可单独加入适量石子,即降低砂率。

5)试验室配合比设计

在和易性满足要求时的基准配合比的基础上,保持用水量不变,水灰比分别增加和减少 0.05 后再配制两组混凝土试件,砂率可分别增加和减少 1%。对水灰比不变、增加 0.05、减少 0.05 三组配合比的混凝土已成型强度试件,标养 28d 后测抗压强度。当对混凝土耐久性有要求时,则可制作相应试件,通过综合决定既能满足强度又能满足耐久性,且水泥用量最少的配合比作为试验室配合比。

6)施工配合比设计

进行混凝土施工配合比计算时,其计算公式和有关参数表格中的数值均以干燥状态集料(指含水率小于 0.5% 的细集料或含水率小于 0.2% 的粗集料)为基准,但现场施工所用砂、石料常含有一定的水分,因此需对配合比进行修正。

二、砂浆

(一)砂浆的分类

(1)按组成材料,砂浆可分为:①石灰砂浆,是由石灰膏、砂和水按一定配比制成,一般用于强度要求不高、不受潮湿的砌体和抹灰层;②水泥砂浆,是由水泥、砂和水按一定配比制成,一般用于潮湿环境或水中的砌体、墙面或地面等;③混合砂浆,是在水泥或石灰砂浆中掺加适当掺和料,以节约水泥或石灰用量,并改善砂浆的和易性。

(2)按用途不同分为:①砌筑砂浆,是将砖、石、砌块等块材经砌筑成为砌体的砂浆,它起黏结、衬垫和传力的作用,是砌体的重要组成部分;②抹面砂浆(包括装饰砂浆、防水砂浆),是指涂抹在建筑物和构件表面以及基底材料的表面,兼有保护基层和满足使用要求作用的砂浆;

黏结砂浆,是由水泥、石英砂、聚合物胶结料配以多种添加剂经机械混合均匀而成。

(二)砂浆的基本性能

砂浆的和易性是指砂浆是否容易在砖石等表面铺成均匀、连续的薄层,且在基层紧密黏结的性质。砂浆的和易性包括流动性和保水性两方面要求。

1)流动性

流动性是指新拌砂浆在自重或外力作用下是否易于流动的性能。影响砂浆流动性的因素主要有胶凝材料的种类和用量、用水量以及细集料的种类、颗粒、形状、粗细程度与级配,除此之外,也与掺入的混合材料以及外加剂的品种、用料有关。

2)保水性

保水性是指砂浆保持内部水分的能力。保水性好的砂浆在运输、存放和施工过程中,水分不易从砂浆中离析,砂浆能保持稠度,使砂浆在施工过程中能均匀地摊铺在砌体中间,形成均匀密实的连接层;保水性不良的砂浆,使用过程中出现泌水、流浆,使砂浆与基底黏结不牢,且由于失水影响砂浆正常的黏结硬化,使砂浆的强度降低。影响砂浆保水性的主要因素是胶凝材料的种类和用量、砂的品种、细度和用水量。在砂浆中掺入石灰膏、粉煤灰等粉状混合材料,可提高砂浆的保水性。

三、沥青混凝土

(一)沥青混凝土的分类

(1)按混合料最大颗粒尺寸不同,可分为粗粒(35~40mm以下)、中粒(20~25mm以下)、细粒(10~15mm以下)、砂粒(5~7mm以下)等数类。

(2)按矿料级配组成及空隙率大小可分为密级配(空隙率3%~6%)、半开级配(空隙率6%~12%)、开级配混合料(排水式,空隙率18%以上)。

(3)按矿料的组成不同,可分为密实-悬浮结构(如AC-Ⅰ)、骨架-空隙结构(如OGFC)和密实-骨架结构(SMA)。

(4)按制造工艺可分为热拌沥青混合料、冷拌沥青混合料和再生沥青混合料等。

(二)沥青混凝土的基本性能

1)高温稳定性

高温稳定性及沥青路面抵抗流动变形的能力,为了能够更好地保证沥青路面在高温季节行车荷载反复作用下不致产生诸如波浪、推移、车辙、拥包等病害。

2)低温抗裂性

低温抗裂性指的是沥青路面抵抗低温收缩裂缝的能力,在低温时应具有较低劲度和较大的抗变形能力来满足低温抗裂性能。

3)水稳定性

水稳定性指的是沥青路面抵抗受水的侵蚀逐渐产生沥青膜剥离、掉粒、松散、坑槽而破坏的能力。

4)耐疲劳性

耐疲劳性指的是沥青路面在反复荷载作用下抵抗破坏的能力。

(三)影响沥青混凝土强度的主要因素

(1)沥青与矿料相互作用。
(2)沥青材料本身黏结力。
(3)沥青用量和矿料比。
(4)温度。

第四节 常用施工机械适用范围

一、土石方机械

1. 推土机

1)分类

推土机是一种自行铲土运输机械,具有操作灵活、运转方便、所需工作面小等特点。按照行走装置的不同,可分为履带式和轮胎式两类;按照推土板(或称"铲刀")安装方式的不同,可分为固定式和回转式两类;按照推土板操纵方式的不同,可分为机械式操纵和液压式操纵两类;按照发动机额定功率的不同,可分成小型、中型、大型和特大型四种等级。

2)应用

公路施工季节性较强,工程量比较集中,施工条件较差,多采用大中型履带式推土机,主要进行50~100m短距离推运土方、石渣等作业,如开挖填筑路基土石方、基坑开挖集渣、填筑堤坝、围堰、开挖河床、渠道、平整场地、砍伐树木、清除树根、填平壕堑和堆集砂砾石等集料作业,此外还可进行局部碾压,给铲运机助铲和预松土,以及牵引各种拖式土方机械等作业。推土机的主要作业方式如下:

(1)直铲作业:推土机经常采用的主要作业方法,用于土壤、石渣的向前铲推和场地平整作业。小型履带式推土机推运的经济距离一般为50m以内,中型推土机一般为50~100m,最远可达150m。上坡推土时采用最小经济运距,下坡推土时则采用最大经济运距。轮胎式推土机的推运距离一般为50~80m,最远可达150m。

推土机的经济运距选择合适,能发挥推土机的最大效能。正常情况下,推土机在运距100m以内生产率较高,超过100m生产率将大幅度下降。在经济运距内,推土机比铲运机有更高的生产效率。

(2)斜铲作业:主要用于傍山铲土、单侧弃土或落方推运。推土铲刀的水平回转角一般为左右各25°。作业时能一边切削土壤,一边将土壤移至一侧。斜铲作业的经济运距,比直铲作业时短,生产率也低。

(3)侧铲作业:主要用于在坡度不大的坡上铲削硬土以及掘沟作业,推土铲刀可在垂直面内上下倾斜90°。

(4)松土器的劈松作业:一般大型履带式推土机的后部均悬挂有液压松土器,松土器有多齿和单齿两种。多齿松土器铲挖力较小,主要用于劈开较薄的硬土、冻土层等。单齿松土器有着较大的铲挖能力。除了能疏松硬土、冻土外,还可劈松具有风化和有裂缝或节理发达的岩石。

3)生产率计算

(1)推土机直铲进行铲推作业时的生产率按下式计算:

$$Q = \frac{3600 \times q \times K_b \times K_y}{T} \quad (4.4.1)$$

式中:Q——生产率(m^3/h);

q——推土机推移土料的体积(m^3);

K_b——时间利用系数,一般取 0.8~0.85;

K_y——坡度影响系数,平地时取 1.0;上坡时(坡度 5%~10%)取 0.5~0.7;下坡时(坡度 5%~15%)取 1.3~2.3;

T——每一工作循环所需时间(s)。

当推土机进行斜铲连续作业时,与平地机的作业方式相似,其生产率可参照平地机生产率公式进行计算。

(2)推土机平整场地时的生产率按下式计算:

$$Q = \frac{3600 \times L \times (l \times \sin\varphi - b) \times K_b \times B}{n \times \left(\dfrac{L}{V} + t_n\right)} \quad (4.4.2)$$

式中:Q——生产率(m^3/h);

L——平整地段长度(m);

l——推土板长度(m);

φ——推土板的水平回转度角度(°);

b——两相邻平整地段的重叠部分宽度(m),一般取 0.3~0.5m;

K_b——时间利用系数,一般取 0.8~0.85;

B——推土板高度(m);

n——在同一地点的重复平整次数(次);

V——推土机运行速度(m/s);

t_n——推土机转向时间(s)。

4)人员配备

推土机一般配备两名司机进行作业。

2. 铲运机

1)分类

铲运机是一种循环作业式铲土运输机械。按行走方式的不同,可分为拖式和自行式两种。

自行式铲运机按牵引车和动力传递方式的不同,可分为机械式传动、液力机械式传动、电力传动和静液压传动四种;按工作机构操纵方式的不同,可分为液压操纵铲运机和机械操纵铲运机两种,液压操纵是今后发展的方向;按铲运机卸土方式的不同,可分为强制卸土式、半强制卸土式和自动卸土式三种;按铲运机的装载方式不同,可分为链板装载式与普通装载式两种。铲运机按斗容量可分为小型、中型、大型和特大型四种。

2)应用

铲运机是一种循环作业式的铲土运输机械,主要用于中距离的大规模土方转移工程。它能综合地完成铲土、装土、运土和卸土四个工序。能控制填土铺筑厚度和进行平土作业,对卸下的土壤进行局部碾压。

铲运机的经济运距和行驶道路坡度是铲运机选型的重要依据之一。一般来说,运距短、坡度大、路面松软,以选择拖式铲运机为宜。如果运距较长、坡度大,宜采用双发动机驱动的自行式铲运机比较经济。路面较平坦则选用单发动机驱动的自行式铲运机较为经济。总之,铲运机适用于中等运距(100~600m)和道路坡度不大条件下的大量土方转移工程,如果运距太短(100m以内)则采用铲运机是不经济的,而采用推土机或轮胎式装载机自装自运较为适宜,运距太长(600m以上)则宜采用自卸汽车、机动翻斗车等较为经济。

3)生产率计算

铲运机的生产率计算见式(4.4.3):

$$Q = \frac{60 \times V \times K_b \times K_h}{t \times K_p} \quad (4.4.3)$$

式中:Q——生产率(m^3/h);

V——铲斗的几何斗容量(m^3);

K_b——时间利用系数,一般取0.8~0.85;

K_h——土壤的充满系数,见表4.4.1;

t——铲运机每一工作循环所用的时间(min);

K_p——土壤的松散系数,干砂取1.0~1.2;砂黏土、黏砂土取1.2~1.4;重砂黏土、黏土取1.2~1.3。

土壤的充满系数　　　　表4.4.1

装 载 方 式	砂 质 土	黏砂土和中等砂黏土	重砂黏土和黏土
不用推土铲助铲	0.5~0.7	0.8~0.9	0.6~0.8
采用推土铲助铲	0.8~1.0	1.0~1.2	0.9~1.2

4)人员配备

铲运机一般配备两名司机。

3. 单斗挖掘机

1)分类

单斗挖掘机是用一个刚性或挠性连续铲斗,以间歇重复的循环进行工作,是一种周期作业自行式土方机械。按行走装置的不同,单斗挖掘机可分为履带式、轮胎式、汽车式三种;按动力装置不同,可分为内燃机驱动、电力驱动和复合驱动三种;按传动方式的不同,可分为机械传动、液压传动和混合传动三种;按工作装置的不同,可分为正铲挖掘机、反铲挖掘机、拉铲挖掘机、抓斗挖掘机四种。

正铲挖掘机的挖土特点:前进向上,强制切土。挖掘力大、生产率高,可开挖停机面以上的Ⅰ~Ⅳ类土。

反铲挖掘机的挖土特点:后退向下,强制切土。挖掘力比正铲小,可开挖停机面以下的Ⅰ~Ⅱ类土,深度在4m左右的基坑、基槽、管沟,也可用于地下水位较高的土方开挖。

拉铲挖掘机的挖土特点:后退向下,自重切土。其挖土深度和挖土半径均较大,可开挖停机面以下的Ⅰ～Ⅱ类土,但不如反铲挖掘机动作灵活准确,适用于开挖大型基坑及水下挖土。

抓斗挖掘机的挖土特点:直上直下,自重切土。挖掘力较小,只能开挖Ⅰ～Ⅱ类土,用于开挖窄而深的独立基坑和基槽、沉井,适用于水下挖土,是地下连续墙施工挖土的专用机械。

2)应用

单斗挖掘机具有挖掘能力强、通用性好、能适合不同作业要求的特点。在公路工程施工中,单斗挖掘机主要用来进行挖掘土料、剥除采石的覆盖层及在料场进行装载作业等。单斗挖掘机与运输车辆配合作业可获得最好的经济效果,汽车数量可按运输距离所需的运转循环时间和挖掘机的作业循环时间来确定,数量不宜过多,以保证生产率最高,成本最低为标准。

3)生产率计算

挖掘机的生产率计算见式(4.4.4):

$$Q = q \times n \times \frac{K_\mathrm{m}}{K_\mathrm{p}} \times K_\mathrm{b} \tag{4.4.4}$$

式中:Q——生产率(m^3/h);

q——铲斗的几何斗容量(m^3);

n——工作循环次数(次/h);

K_m——铲斗的装满系数,见表4.4.2;

K_p——土壤的松散系数,见表4.4.3;

K_b——时间利用系数,一般取0.7～0.85。

铲斗的装满系数　　表4.4.2

铲斗类型	轻质黏软土	轻质黏性土	普通土	重质土	爆破后岩石
正铲	1～1.2	1.15～1.4	0.75～0.95	0.55～0.7	0.3～0.5
拉铲	1～1.15	1.2～1.4	0.8～0.9	0.5～0.65	0.3～0.5
抓铲	0.8～1	0.9～1.1	0.5～0.7	0.4～0.45	0.2～0.3

土壤的松散系数　　表4.4.3

斗容量	土壤级别					
	Ⅰ	Ⅱ	Ⅲ	Ⅳ	Ⅴ、Ⅵ	
					爆破好	爆破不好
0.2～0.75	1.12	1.22	1.27	1.35	1.46	1.50
1.0～2.0	1.10	1.20	1.25	1.32	1.44	1.48

4)人员配备

单斗挖掘机一般配备2人。

4.装载机

1)分类

装载机按工作装置作业形式的不同,可分为单斗式、挖掘装载式及斗轮式三种;按动臂形式的不同,可分为全回转式、半回转式和非回转式三种;按本身结构特点的不同,可分为刚性式和铰接式两种;按行走机构特点的不同,可分为轮胎式和履带式两种。

2)应用

装载机常用于公路工程施工中土石方铲运,以及推土、起重等多种作业。在运距不大或运距和道路坡度经常变化的情况下,如采用装载机与自卸汽车配合装运作业,会使工效下降,费用增高。在这种情况下,可单独采用装载机作为自铲运设备使用。根据经验总结,如果整个采装运作业循环时间少于3min,则把装载机作为自铲运设备使用,是经济合理的。

轮胎式装载机与自卸汽车配合采运土石方的合理运距见表4.4.4。

轮胎式装载机与自卸汽车配合采运土石方的合理运距　　表4.4.4

年生产量(万t)	10		30		50		80		100 以上	
装载机斗容量(m³)	2.25		2.25	4	2.25	4	2.25	4	2.25	4
汽车载质量(t)	10		10	27	10	27	10	27	10	27
装载机载质量(t)	装载机合理运距(m)									
2	470		170	260	110	160	80	110	71	65
4	760		280	450	190	280	130	190	118	108
5	920		350	540	240	340	170	230	155	143

轮胎式装载机与自卸汽车配合作业时的合理运距与设计年土石方生产量、设备斗容量和装载量有关,加大装载机容量就可增加合理的运距。

装载机的斗容量与自卸汽车的车厢容积相匹配,通常以3~5斗装满车为宜。

3)生产率计算

装载机的生产率计算见式(4.4.5):

$$Q = \frac{3600 \times T \times E_s \times K_b \times K'_h}{t \times K_p} \quad (4.4.5)$$

式中:Q——实际生产率(m³/台班);

T——每班工作时间(h);

E_s——装载机额定斗容量(m³);

K_b——时间利用系数,一般取0.75~0.85;

K'_h——铲斗装满系数,装砂时取0.9~1.2;装砾石时取1~1.2;装破碎岩石时取0.7~1.0;

t——装载一斗所需循环作业时间(s);

K_p——货物松散系数。

4)人员配备

履带式装载机一般配备2人,2m³及以内的轮胎式装载机一般配备1人,3m³及以上的轮胎式装载机一般配备2人。

5. 平地机

1)分类

平地机是一种装有以铲土刮刀为主,配有其他多种可换作业装置,进行土地平整和整型连续作业的筑路机械。

按行走方式的不同,可分为拖式和自行式两类,拖式因机动性差、操作费力,已很少使用。自行式平地机具有轮胎行走装置,机动灵活,生产率高,被广泛采用。自行式平地机根据轮胎的数目,可分为四轮和六轮两种;根据车轮驱动情况,有后轮驱动和全驱动之分;根据车轮转向情况,又可分为前轮转向和全轮转向;根据刮刀长度或发动机功率还可分为轻、中、重型三种;根据工作装置(刮刀)和行走装置的操作方式,可分为机械操纵和液压操纵两种。目前自行式平地机多采用液压操纵方式。

2)应用

平地机主要用于修筑路基横断面、帮刷边坡、开挖边沟及路槽、平整场地等,还可用来在路基上拌和路面材料、摊铺材料、修整和养护土路、推土、疏松土壤、清除杂草、石块和积雪等。

3)生产率计算(平地机平整场地的生产率)

平地机的生产率见式(4.4.6):

$$Q = \frac{60 \times L \times (l \times \sin\varphi - 0.5) \times K_b}{n \times \left(\frac{L}{V} + t\right)} \tag{4.4.6}$$

式中:Q——生产率(m^3/h);

L——平整地段长度(m);

l——刮刀长度(m);

φ——刮刀的平面角度(°);

K_b——时间利用系数;

n——平整好该路段所需要行程数(次);

V——平整时的行驶速度(m/min);

t——掉头一次所需时间(min)。

4)人员配备

自行式平地机一般配备2人。

6.拖拉机

1)分类

按行走装置不同,可分为履带式拖拉机和轮胎式拖拉机两种;按照传动方式不同,可分为机械传动、静液压传动和电力传动三种;按发动机的额定功率大小,可分为小型(75kW)、中型(75~170kW)、大型(170~375kW)、特大型(≥375kW)四种,公路建设中,一般多使用中型拖拉机。

2)应用

拖拉机主要用途如下:

(1)牵引拖式土方机械,如松土机、平地机、铲运机、碾压机械等,进行土方施工作业。在牵引作业的同时,还可输出动力,以对上述机械进行操纵。

(2)作为基础车与各种悬挂装置组成推土机、装载机、除荆机、拔根堆集机等工程机械。

(3)牵引挂车进行短距离运输作业。

(4)进行局部碾压作业。

(5)作为临时动力站输出动力,驱动发电机、水泵等机械。

(6)与拖式起重机组合作为起重装卸设备。

3)人员配备

履带式拖拉机一般配备2人,轮胎式拖拉机一般配备1人。

7.压路机

1)分类

按照压实力的作用原理,可分为静作用碾压机械、振动碾压机械和夯实机械三类。

按照碾压轮的材料和表面形状不同,静作用碾压机械和振动碾压机械都可分为钢制光轮和钢制带羊足碾轮两种。

2)应用

(1)光轮压路机:光轮压路机可分为自行式(简称"压路机")和拖式(简称"平碾")两种。压路机的单位直线压力较小,压实深度也浅,而且压实不均匀。因此不适用于对水工建筑物如土坝、河堤、围堰等的碾压,主要用于筑路工程。压路机可通过增减配重物的办法在一定范围内调整其单位直线压力。压路机按质量分类的应用范围见表4.4.5。

压路机按质量分类应用范围 表4.4.5

按质量分类	加载后质量 (t)	单位直线压力 (kg/cm²)	应 用 范 围
特轻型	0.5~2.0	8~20	压实人行道和修补黑色路面
轻型	2~5	20~40	压实人行道、简易沥青混凝土路面、公园小道、体育场和土路基
中型	5~10	40~60	压实路基、砾石、碎石铺砌层、黑色路面、沥青混凝土路面和土路基础
重型	10~15	60~80	压实砾石、碎石路面或沥青混凝土路面的终压作业以及路基或路面底层
特重型	15~20	80~120	压实大块石堆砌基础和碎石路面

平碾也有类似压路机的缺点,在大中型土方填筑工程中采用不多。由于平碾结构简单,易于制造,一般还用来压实设计干重度要求较低的黏性土、高含水率黏土、砂砾料、风化料、冲积砾质土等。平碾按质量分类的应用范围见表4.4.6。

平碾按质量分类应用范围 表4.4.6

按质量分类	碾重(t)	砾质砂	砂	砂壤土	壤土	黏土
轻型	<5	○	○	△	×	×
中型	5~10	△	×	△	○	△
重型	≥10	×	×	×	△	○

注:○-适用;△-尚适用;×-不适用。

(2)羊足压路机(简称"羊足碾"):羊足碾有较大的单位压力(包括羊足的挤压力),压实深度大而均匀,并能挤碎土块,因而有很好的压实效果和较高的生产率,广泛用于黏性土料的分层碾压。羊足碾由于有上述优点,同时还可通过增减配重的办法来调整羊足的单位压力,在土坝施工中常常用来碾压不透水黏性土料。羊足碾对于非黏性土料和高含水率黏土的压实效果不好,不宜采用。

(3)轮胎压路机(简称"轮胎碾"):轮胎碾由于轮胎具有弹性,在碾压时土与轮胎同时变形。轮胎碾的接触压力主要取决于全轮胎的内压力,荷重增加轮胎的变形使其接触面积增大,而这个面上的接触压力改变并不大,也可以近似的看作接触压力不变。接触面积与压实深度有密切关系,为了得到较大的接触面积,增加压实深度,一般在轮胎允许变形范围内可尽量增加轮胎碾的负荷。刚性的碾轮由于受到土壤极限强度的限制,机重不能太大,而轮胎碾没有这个缺点,所以轮胎碾适于压实黏性土及非黏性土,如壤土、砂壤土、砂土、砂砾料等。

(4)振动压路机(简称"振动碾"):可分为光轮和羊足轮两类。以适用于不同土质条件,它与静作用碾压机械相比具有以下优点:

①单位直线压力大,压实深度可比同重量级的静作用碾压机械大1.5~2.5倍。因此碾压厚度增加,碾压遍数减少。

②结构质量轻,外形尺寸小。它与作用碾压机械相比,在相同的压实效果时,其质量只有静作用碾压机械的1/5~1/3。

光轮振动碾适宜于压实非黏性土壤(砂土、砂砾石)、碎石、块石、堆石和沥青混凝土,其效果远非其他碾压机所能相比,但对黏土和黏性较强的土壤压实效果不好。摆振式振动碾还可用于大体积干硬性混凝土的捣实作业。

羊足振动碾是一种新型的碾压机械,既可以压实非黏性土壤,又可以压实含水率不大的黏性土壤和细颗粒砂砾石,以及碎石与土壤的混合料。

振动碾的最大缺点是它的高频振动易使操作人员过度疲劳,影响它的推广使用。目前振动碾采用了轮胎减振、铰接式机架、静液压传动等多种新型结构,减振问题已基本得到解决,在国内外土石坝施工中较多采用5~15t振动碾来进行压实。

振动碾的应用范围见表4.4.7。

振动碾的应用范围   表4.4.7

碾子质量和形式	块石	砂、砾石		粉土、粉质土、冰碛土		黏 土	
		优良级配	均匀粒级	粉质砂、粉质砾石、冰碛土	粉土、砂质粉土	低、中强度黏土	高强度黏土
3t以下振动平碾	×	△	△	△	△	×	×
3~5t振动平碾	×	○	○	△	△	△	×
5~10t振动平碾	△	○	○	○	△	△	△
10~20t振动平碾	○	○	○	○	△	△	△
振动凸块碾	×	×	△	△	○	○	○
振动羊足碾	×	×	△	△	○	○	○

注:○-适用;△-可用;×-不适用。

(5)夯实机械:可分为振动夯实机械和夯实机械两类,主要用于狭窄工作面的土层压实。振动夯实机适用土质条件与振动碾相似,主要用于非黏性砂质黏土、砾石、碎石的压实,而夯实机械主要适宜于黏土、砂质黏土和灰土的夯实。

3)生产率计算

静作用碾压机的生产率,可按下式计算:

$$Q = \frac{3600 \times (b-c) \times L \times h \times K_b}{n \times \left(\frac{L}{V} + t\right)} \quad (4.4.7)$$

式中:Q——生产率(m^3/h);
b——碾压带宽度(m);
c——碾压带搭接宽度(m),一般取 $0.15 \sim 0.25m$;
L——碾压段长度(m);
h——铺土层压实后厚度(m);
K_b——时间利用系数,一般取 $0.8 \sim 0.9$;
n——碾压次数;
V——碾压机行驶速度(m/s);
t——转弯掉头或换挡时间;转弯一般取 $15 \sim 20s$,换挡一般取 $2 \sim 5s$。

4)人员配备

光轮压路机配备 1 人,拖式羊足碾、拖式振动碾及振动压路机配备 2 人。

8. 凿岩穿孔机械

凿岩穿孔机械包括凿岩机、穿孔机及其辅助设备,它们都是钻凿炮孔的石方工程机械,凿岩机适用于钻凿小直径炮孔,穿孔机适用于穿凿大直径的炮孔。

公路建设中常用的是凿岩机,与大型的土方机械相比,凿岩机只能算是小型机具,因此在公路工程定额中是以将其费用计入小型机具使用费中,不作为主要机械列出。此处只简单地介绍一下凿岩机的分类。

凿岩机是按照工作动力分类的,分为风动凿岩机(公路工程中常用)、液压凿岩机、电动凿岩机和内燃凿岩机四种。

二、路面工程机械

路面工程机械主要有稳定土拌和机及厂拌设备、沥青乳化设备、沥青运输车及洒布机、黑色粒料拌和机、沥青混合料拌和设备及摊铺机、水泥混凝土摊铺机等。

(一)稳定土拌和机及厂拌设备

1. 稳定土拌和机

1)分类

稳定土拌和机行走装置可分为履带式和轮胎式两种,按工作装置在拌和机上的位置可分为前置式、中置式、后置式三种,后置式是较为常用;按转子的旋转方向可分为正转和反转两种,正转式稳定土拌和机适用于拌和松散的稳定材料,反转式稳定土拌和机适用于量大且又密集的稳定材料;按传动方式不同又可分为机械式和液压式。

2)应用

稳定土拌和机是把无机结合料(石灰、粉煤灰、水泥)、土(或碎石土、砾石土、天然料)、细料(砂、土)、集料(碎砾石、炉渣)、水等材料按照施工配合比在路上直接拌和的机械。更换工作装置后,还可进行铣削旧沥青路面和路基的工作。

3）人员配备

稳定土拌和机一般配备2人。

2. 稳定土厂拌设备

稳定土厂拌设备是将土（或碎石土、砾石土、天然料）、碎石、砾石、碎砾石和无机结合料（水泥、石灰、粉煤灰）、水等材料按施工配合比，在固定地点拌和均匀的专用设备。

（二）沥青乳化机及乳化设备

1. 沥青乳化机

沥青乳化机是将沥青破碎成微小的颗粒，稳定而均匀地分散到含有乳化剂的水溶液中，形成水包油液体的机械，沥青乳化机同时也是沥青乳化设备的关键部分。

根据所采用的力学作用原理不同，沥青乳化机的构造形式也不同，常用的有搅拌式、胶体磨式、喷嘴式三种。

2. 沥青乳化设备

沥青乳化设备是对完成从原料投入到产品储存这一连续作业过程中所需的成套沥青乳化机械的总称。

沥青乳化设备根据沥青和乳化剂进入乳化机时的状态不同，分为开式系统和闭式系统两种连接方式。

（1）开式系统的特点是用节门控制流量，沥青和乳化剂靠自重流入乳化机的漏斗。其优点是比较直观，工作后乳化机容易清洗；缺点是容易混入空气，产生气泡。

（2）闭式系统的特点是不用乳化机漏斗接液，而用两个匹配好的泵直接把沥青和乳化剂水溶液经管道泵入乳化机内，靠流量斗指示流量。其优点是不易混入空气，便于自动化控制，可以提高产量，缺点是清洗较麻烦。闭式系统适宜于大量生产。

（三）石屑撒布机

石屑撒布机是一种专门撒布石屑的路面基层修筑机械。主要用于均匀地撒布粒径在一定范围内的石屑，亦可用于泥结碎石路面撒布石屑。

石屑撒布机分为自行式、拖式和悬挂式三种，自行式最为常见。自行式石屑撒布机由于自身装有动力装置，机动性较好，可以在大面积的作业场合进行石屑撒布。

（四）液态沥青运输车

液态沥青运输车是运输液态沥青、乳化沥青、煤焦油的专用设备。该车具有保温、加热、机械抽吸、排放、内部循环等功能。液态沥青运输车的结构形式有汽车式、半挂汽车列车式、拖式三种。半挂汽车列车式最多，其他两种较少。

（五）沥青洒布机械

沥青洒布机械是一种以喷洒液态沥青为主，并具有运输液态沥青能力的沥青路面修筑机械。它用于贯入法或表面处治法修筑沥青路面。还可在路面基层上喷洒液态沥青结合料的透层油，在沥青混合料路面、水泥混凝土路面上喷洒液态沥青结合料黏层油。

沥青洒布机械按沥青喷洒方式，分为气压洒布式和泵压洒布式两种；按行走方式分为自行式和拖式两种。

(六)沥青混合料拌和设备

沥青混合料拌和设备是一种对集料进行掺配、加热、干燥,并与沥青拌和,以生产沥青混合料的专用设备。

1)分类

(1)根据设备生产率大小,可将沥青混合料拌和设备分为小型(<45t/h)、中型(45~120t/h)、大型(120~300t/h)、超大型(>300t/h)四种。

(2)根据移动性能不同,可分为固定式、半固定式和移动式三种。固定式拌和设备规模较大,适合于工程量集中且大规模的路面铺筑。半固定式拌和设备用于工程量较大的公路施工工程,也可用于公路养护。移动式拌和设备多用于中小型公路施工或养护工程。大型及超大型属固定式,中型多为半固定式,小型为移动式。

(3)根据沥青混合料的拌和方式不同,可将拌和设备分为强制式和滚筒式两种。所谓强制式沥青混合料拌和设备,是先将集料粗配、烘干、加热,然后再筛分、精确称量,最后加入矿粉和沥青,强制搅拌成沥青混合料的工艺方式,但在工作过程中产生大量粉尘,造成环境污染。另外,设备的组成部分较多,结构复杂,设备庞大。滚筒式拌和设备是将集料在滚筒中烘干、加热,同时将沥青通过流量斗送入滚筒,滚筒的旋转使其中的砂石自行跌落,被沥青裹覆,使其产生搅拌作用,从而按稳定的流程连续生产出热拌沥青混合料。其优点是对空气污染少、设备组成工艺简单,其缺点是集料的加热采用顺流式,热利用率低,拌制好的混合料有较多的残余水分,强度也较低。

2)生产率计算

沥青混合料拌和设备的生产率计算见式(4.4.8):

$$Q = \frac{60 \times G \times K_b}{1000 \times t} \tag{4.4.8}$$

式中:Q——生产率(t/h);

G——搅拌器内的料重(kg);

K_b——时间利用系数,一般取0.8~0.9;

t——拌和时间,即混合料在搅拌容器内的停留时间(min)。

(七)沥青混合料摊铺设备

1)分类

摊铺机按行走方式不同分为履带式、轮胎式和拖式三种;按动力传动系统不同分为机械式和液压式两种;按摊铺宽度不同分为小型、中型、大型和超大型四种;按熨平板的加热方式不同分为电加热、丙烷气和燃油加热三种。公路施工中常用燃油加热的摊铺机。

2)应用

沥青混合料摊铺设备是将拌制好的沥青混合料均匀地摊铺在已修整和平整路面基层上的专用设备。其原理是利用螺旋输送器将混合料铺开,然后由振捣梁对铺开的料层进行初步捣实,再用熨平装置完成加热熨平整型工作。

3)生产率计算

沥青混合料摊铺设备的生产率计算见式(4.4.9):

$$Q = h \times B \times V \times P \times K_b \qquad (4.4.9)$$

式中:Q——生产率(t/h);

h——铺层厚度(m);

B——摊铺带宽度(m);

V——摊铺工作速度(m/h);

P——沥青混合料密度(t/m³);

K_b——时间利用系数,一般取0.75~0.95。

(八)水泥混凝土摊铺机

1)分类

水泥混凝土摊铺机按施工方法不同可分为轨道式和滑模式。

轨道式水泥混凝土摊铺机是靠固定在路基上的轨道、模板来控制摊铺厚度和平整度,一般由布料机、振实机、整平机、表面抹光机等组成。

滑模式摊铺机是将各作业装置装在同一机架上,通过位于模板外侧的行走装置随机移动滑动模板,按照要求使路面板挤压成型,并可实现多种功能的摊铺,如路肩、路缘石等。

2)应用

水泥混凝土摊铺机是将水泥混凝土均匀地摊铺在路面基层上,然后经过振实、整平等作业程序,完成水泥混凝土路面铺筑的路面机械。

3)生产率计算

水泥混凝土摊铺机生产率计算见式(4.4.10):

$$Q = 1000 \times h \times B \times V \times K_b \qquad (4.4.10)$$

式中:Q——生产率(m³/h);

h——铺层厚度(m);

B——摊铺带宽度(m);

V——摊铺工作速度(km/h);

K_b——时间利用系数,参照相关标准。

三、混凝土及灰浆机械

(一)混凝土搅拌机

1)分类

混凝土搅拌机按其搅拌原理分为自落式(滚筒式)和强制式两大类;按其搅拌容量可分为大型、中型、小型三种;按安装方式分为固定式和移动式;按搅拌机的动力可分为机动和电动两种。

2)应用

混凝土搅拌机是将一定配合比的水泥、砂、石、集料和水及外掺剂等拌制成混凝土的机械,它是制备混凝土的基本手段,与人工拌制混凝土相比既能提高生产率、加快工程进度,又能减轻劳动强度、提高混凝土质量。

3）生产率计算

混凝土搅拌机的生产率计算见式（4.4.11）：

$$Q = \frac{n \times V \times K_b}{1000} \tag{4.4.11}$$

式中：Q——生产率（m³/h）；

n——搅拌机每小时出料次数；

V——搅拌机出料容量（L）；

K_b——时间利用系数。

（二）水泥混凝土搅拌站

1）分类

按安装方式可分为：装配式搅拌站、整体移动式搅拌站、汽车式搅拌站。

按搅拌主机可分为：锥形反转出料混凝土搅拌站、锥形倾翻出料混凝土搅拌站、强制漏浆式混凝土搅拌站、强制行星式混凝土搅拌站、强制单卧轴式混凝土搅拌站、强制双卧轴式混凝土搅拌站。

2）应用

混凝土搅拌站是一种将水泥、砂、石、外掺剂和水按一定的配合比周期地和自动地拌制塑性和流态混凝土的成套机械。在混凝土工程量大、浇筑强度高、施工周期长、施工地点集中的大中型工程中被广泛应用。

（三）散装水泥车

1）分类

根据卸料方式的不同，散装水泥车可分为倾卸式、机械卸料式、气压卸料式三种类型。根据装灰金属容器形式，可分为立式罐形容器和卧式罐形容器两种，卧式罐形容器较常用。

2）应用

散装水泥车是专为运输散装水泥而设计制造或改装的专用汽车，气卸散装水泥是目前应用最广泛的一种散装水泥运输车辆。

（四）混凝土搅拌运输车

1）分类

混凝土搅拌运输车按行走方式不同，可分为自行式和拖式两种形式，其中自行式混凝土搅拌运输车较常见。自行式又根据机构特性不同分为飞轮取力式、前端取力式、单独驱动式、前端卸料式、带皮带输送机式、带自行上料装置式、带臂架混凝土泵式、带拌筒倾翻机构式八种。

2）应用

混凝土搅拌运输车是搅拌与运输合一的混凝土施工机械，适用于大中型公路工程机械化施工。它的运输方式有两种：

（1）在运距较短时，只作运输工具使用。即将搅拌好的混凝土直接送至施工地点。在运送途中为防止混凝土离析，让搅拌筒做低速回转，使混凝土不致离析及凝固。

(2)在运距较长时,则作运输兼搅拌用,即先在混凝土供应基地将干料(砂、碎石和水泥等)按配合比装入搅拌鼓筒内,并将水注入配水箱。开始只作干料运送用,然后在到达使用地点前10~15min时,由驾驶员起动搅拌鼓筒回转,并向拌筒内注入定量的水,这样在途中边运输、边搅拌成混凝土,送至施工地点后卸出。

(五)混凝土输送泵及混凝土输送泵车

1)分类

混凝土输送泵分为固定式、拖式、车载式三种。

混凝土输送泵车分整体式臂架混凝土泵车、半挂式臂架混凝土泵车、全挂式臂架混凝土泵车三种。

2)应用

混凝土输送泵是输送混凝土的专用设备。它配有特殊管道,可以将混凝土输送到一定距离,沿水平方向能达200~700m,沿垂直方向达115m,如果运输距离很长,可串联两个或更多的混凝土输送泵进行多级泵送,运输工效高。可沿着水平与垂直方向连续将混凝土送至浇筑地点,占地面积小,不受运输线、地形不平、积水与狭窄的影响。

混凝土输送泵车功率大、机动性好、效率高、省劳力,适用于现场狭窄和有障碍物的施工现场以及大体积混凝土结构和高层建筑物施工,该车与混凝土搅拌输送车配套使用。

3)生产率计算

混凝土输送泵生产率计算见式(4.4.12):

$$Q = 60 \times F \times S \times n \times a \times K_e \tag{4.4.12}$$

式中:Q——生产率(m^3/h);

F——活塞断面积(m^2);

S——活塞行程(m);

n——活塞每分钟循环次数(次/min);

a——混凝土输送泵缸体数;

K_e——容积效率,一般取0.6~0.9。

(六)预应力拉伸机及张拉设备

预应力拉伸机按工作情况不同分为单作用、双作用和三作用三种形式;按基本构造特点则又可分为拉杆式、穿心式、锥锚式三种形式。公路工程中常用穿心式预应力拉伸机。

四、水平运输机械

(一)载货汽车

1)分类

载货汽车的分类较多,常见的是根据载重量的大小可分为超轻型载重汽车、轻型载重汽车、中型载重汽车、重型载重汽车、超重型载重汽车;根据载货汽车动力装置所耗能源可分为汽油车、柴油车、煤油车、电动车等。公路建设中多采用中型和重型的载货汽车。

2)应用

载重汽车在国民经济建设中应用十分广泛,载重汽车起动迅速、机动性大;可以将建筑材料由料场、供应地点、仓库等各个地方直接转运到使用地点,并适用于各种建筑材料。载重汽车适用路面能力强,较少受到道路条件的限制。

(二)自卸汽车

1)分类

自卸汽车按载重量分轻型、中型、重型、超重型;按车厢倾卸方向分为后倾卸式、侧倾卸式、三面倾卸式、底卸式;按发动机分为汽油发动机自卸汽车、柴油发动机自卸汽车、电动机自卸汽车。

2)应用

自卸汽车的车身坚固,机动性和越野性能好,爬坡能力强。装有金属车厢,在举升机构的顶推作用下,可将厢载物料一次倾卸干净,卸载迅速、节省劳力,在公路建设中被普遍采用。

在公路建设中,选择使用自卸汽车应注意以下几点:

(1)自卸汽车的车厢容积或承载吨位与工程选用的装载机械配套。自卸汽车车厢容积应为装载机械斗容量的2~4倍为宜。

(2)按照实际情况和经济效益,合理选择车型。如道路条件好的平原地区和施工地开阔的山区,可以选用中型或重型自卸汽车;山区、峡谷、河床宜选用中、轻型自卸汽车。在卸料场地狭长处,宜选用侧卸式、底卸式自卸汽车。另外从技术管理、物资供应、设备维修和技术培训等方面来考虑,选用的车辆型号规格越少越好。

(3)根据工程量大小、工期和施工强度、运距远近等确定自卸汽车的用量。从机械化施工的合理配套考虑,应充分发挥挖掘(或装载)机械的效能、又不造成汽车排队待装为原则,一般以每一台装载机前始终有1~2辆自卸汽车待装为佳。在工程量大、工期紧、场地大、施工强度高而条件许可的地方,尽可能选用大一些的自卸汽车。

轻型自卸汽车是养路道班常用的养路材料运输车,在进行道路修补作业时,用它运输各种散装材料,既节省劳力,又较好的经济效益。

中型自卸汽车除进行短途运输外还可长途运输,它与装料机械配合,可连续、高效地完成各种散装物料的转运,广泛应用于中等规模的建设工程中。

重型自卸汽车的生产率比中、小型自卸车高,在大规模工程中效益显著,所以它在大型公路工程等建设项目中有着广泛的应用前景。

(三)平板拖车组

公路建设中常用的平板拖车组多用来运输预制构件,普通平板拖车组可以运输零散的材料、货物及较大的管材,也是公路工程施工单位转移较长、较大筑路器材的有效设备;低平板拖车组四周无栏板,为低平板状,且有跳板,宜用于大型自行式工程机械装卸。平板拖车组是大、中型工程机械装运的理想设备,也是运送大型设备构件的理想设备。

(四)运油加油汽车

由于公路建设工地均远离城镇,动力机械的用油主要靠运油加油汽车来运输。运油汽车装有油罐、消电装置、通气阀、灭火器和输油管等。可用于它来装运煤油、汽油和柴油等油料。

运油、加油汽车按油罐容量分小型(<8000L)、中型(8000~16000L)、大型(>16000L)。公路建设中多用小型运油加油汽车。运油加油汽车具有装卸方便、节省劳力、安全可靠、减少环境污染、机动性大等特点。

(五)洒水汽车

工程洒水车是路面基层施工中稳定土质或路基填筑土方所必需的机械,在公路养护工作中可用于道路冲洗、防尘、降温等。

工程洒水车根据结构不同可分为汽车式、半挂汽车列车式和拖式三种形式。公路建设中多用汽车式洒水车。

五、起重及垂直运输机械

1. 起重机械

1)分类

起重机按其底座及行走装置可分为汽车式起重机、轮胎式起重机、履带式起重机、塔式起重机、吊管起重机、桅杆起重机、缆索起重机等。公路建设中主要应用的起重机为汽车式起重机、轮胎式起重机、履带式起重机及塔式起重机。

2)应用

起重机械是一种对重物能同时完成垂直升降和水平移动的机械,单一地进行重复周期的工作。履带式起重机适合在施工场地不平以及松软的地面上行走和工作。轮胎式起重机灵活机动、起重量大、作业方便、稳定性好,一定载荷范围内可吊重行驶,广泛应用于建筑工地的装卸和安装工作。汽车式起重机具有良好的机动性和灵活性,能够迅速地从一个工作地点转移到另一个工作地点,利用率高,广泛应用于公路建设工地。塔式起重机是一种本身能自升竖立的全回转臂式起重机具有高而竖立的塔架,具有较大的作业半径。塔式起重机吊装灵活,用来吊装建筑材料,安装施工机械设备、金属构件和钢筋混凝土预制构件、进行混凝土浇筑等。

汽车起重机优点是具有汽车的行驶性能,机动灵活,操作方便,转移到作业场地后能迅速投入工作。缺点是吊重物时必须用支腿,因此不能负荷(吊重)行驶。按最大额定总起重量大小,可分为小型、中型、大型、特大型;按传动方式可分为机械式、液压式和电动式三种。

2. 卷扬机

1)分类

卷扬机是一种简单的起重机械,按驱动方式可分为手摇式卷扬机、电动卷扬机、内燃机卷扬机、气动卷扬机;按传动装置的种类可分为摩擦传动卷扬机、齿轮传动卷扬机、蜗杆传动卷扬机、螺杆齿轮传动卷扬机以及齿轮摩擦传动卷扬机;按卷筒的数量可分为单筒卷扬机、双筒卷扬机和三筒卷扬机。

2)应用

公路工程施工中,电动卷扬机主要用来提升预制构件或建筑材料,以及安装机械设备等工作。

六、打桩、钻孔机械

(一)打桩机械及打桩锤

1. 柴油打桩机

柴油打桩机由打桩锤和桩架两部分组成,按照桩锤的动作特点和桩架的结构形式不同可分为导杆式和轨道式两种。导杆式柴油打桩机由导杆式柴油打桩锤、简易金属桩架和绞车等组成,特点是整机质量小,运输和安装方便,适用于打小型木桩、板桩、钢板桩及钢筋混凝土预制桩。轨道式打桩机是由柴油打桩锤和多能桩架组成,构造先进、打桩能量大、工作效率高,能打各种类型的桩,适合于大面积、多桩位基础工程的施工。

2. 蒸汽打桩机

蒸汽打桩机按汽锤的动作原理,可分为单作用式和双作用式两种;按桩架结构形式可分为直式、塔式、万能式、起重式和简易式等。

3. 振动打拔桩机

振动打拔桩机按振动锤的振动方式可分为机械振动打拔桩锤和液压振动打拔桩锤两种。公路建设中多用机械振动打拔桩机,它具有施工速度快、使用方便、施工费用低、施工噪声小、没有其他公害污染、结构简单、维修保养方便的特点,可同时进行打桩和拔桩作业。

(二)钻孔机械

钻孔机械按其破碎岩石方法的不同可分为冲击钻机、回旋钻机两种。回旋钻机根据钻头的结构形式及辅助设备不同又可分为潜孔钻机、回旋钻机、牙轮钻机、全套管式钻机等,是桥梁基础灌注桩的主要施工机械。

旋挖钻是一种专门的灌注桩成孔作业施工机械,是在回旋钻机和全套管钻机的基础上发展起来的。旋挖钻采用动力头形式,利用强大的扭矩直接将土或砂砾等钻渣旋转挖掘,然后利用旋挖斗快速提出孔外卸渣,在灌注桩施工中,是一种较为先进的施工机械。它具有适应桩径范围广、桩位定位准确、成孔质量好、自动化程度高、移动灵活方便等优点,特别是具有高环保性和工作效率,广泛用于高层建筑、市政建设、公路桥梁等基础施工工程,是工程项目中的成孔首选设备。

施工流程为:确定桩位→钻机就位→初钻 2~3m→压入护筒→钻进→终孔→成孔质量检查→安装钢筋笼→浇灌混凝土→起拔护筒。

主要性能参数有:最大钻进扭矩、最大钻孔直径、钻深、发动机功率、发动机转速、整机使用重量、牵引力、钻进速度、最大加压力、最大起拔力、加压油缸行程、主卷扬机提升力(第一层)、主卷扬绳直径、主卷扬提升速度。

影响施工效率的主要因素:动力头扭矩、动力头转速、主卷提升力、主卷提升速度、回转速度、行走速度。

旋挖钻适用的地质条件为:黏性土、粉土、砂土、填土、碎石土及风化表层。

旋挖钻机配合不同钻具适应于干式(短螺旋)或湿式(回旋斗)及岩层(岩心钻)的成孔作用。

常用的旋挖钻头有:螺旋钻头、旋挖斗、简式取芯钻头、打底钻头、冲击钻头、冲抓锥钻头、液压抓斗等。

影响旋挖钻头选用的因素很多,从专业的技术应用上概括起来主要有三个方面:地层情况,钻机功能,孔深、孔位、沉碴、护壁措施。

旋挖钻的主要组成部分为:钻塔、主卷扬机、加压卷扬机、副卷扬机、钻进参数、动刀头、发动机、液压系统、底盘等。

旋挖钻的主要型号:国内有SH36系列、RD18系列、ZY120系列、SYR220系列、YR200CX型、XZ20型、SWDM系列及SH645系列、NR2202系列等;国外有德国、意大利、芬兰以及日本所产各型号。

国外旋挖机产品最大扭矩可达360kN·m,发动机功率达448kW,钻机直径4m,钻深90余米。

旋挖成孔施工注意事项:

(1)旋挖钻成孔灌注桩应根据不同的地层建设及地下水位埋深,采取不同的成孔工艺。

(2)泥浆制备的能力应大于钻孔时的泥浆需求量,每台套钻机的泥浆储备量不少于单桩体积。

(3)成孔前和每次提出钻斗时,应检查直钻斗和钻杆连接销子、钻斗门连接销子以及钢丝缝的状况,并应清除钻斗上的渣土。

(4)旋挖钻机成孔应采用跳挖方式,并根据钻进速度同步补充泥浆,保持所需的泥浆面高度不变。

七、其他机械

1. 泵类机械

泵类机械主要包括:离心泵、潜水泵、砂浆泵、砂泵等。

离心泵按其叶轮的个数可分为单级泵和多级泵;按动力形式可分为机械式和电动式。

潜水泵是将泵和电动机制成一体浸入水中进行提升和输送水的一种泵,可分为干式、半干式、充油式和湿式几种类型。

2. 金属、木材、石料加工机械

金属加工机械是用于制作各种钢筋和钢筋骨架的机械,主要包括:钢筋调直机、钢筋切断机、钢筋镦头机、钢丝缠束机、电焊机、对焊机、点焊机、气焊设备等。

木材加工机械是用于加工各种木材、板材的专用机械,包括木工圆锯机、带锯机、平刨床、压刨床、木工榫头机、打眼机、裁口机、榫槽机等。

石料加工机械是加工破碎石料的专用机械,包括破碎机、筛洗石子机、筛分机、振动筛等。

3. 动力机械

动力机械主要包括:柴油发电机组、变压器、空气压缩机、工业锅炉等。

在建设工程远离电力网的情况下,常建立柴油发电站作为动力及照明的独立电源,供工程施工用,在有系统电源供应之后,亦常用柴油发电机组作为临时动力或作为固定备用电源。

空气压缩机按其驱动方式可分为电动式和机动式两种。按排气量可分为大型(60～

$100m^3/min$)、中型($10\sim40m^3/min$)、小型($<10m^3/min$)三类。空气压缩机广泛应用于各种类型的凿岩机、装岩机、潜孔钻等工作中。

4. 工程船舶

工程船舶是指按不同工程技术作业的要求,装备各种专业设备,从事各种工程技术作业的船舶。其类型繁多、设备复杂、专业性强、新技术及新设备应用较多,且各具特色。

工程船舶按航行方式分为自航式和非自航式。施工中常用的有:内燃拖轮、工程驳船、泥浆船、打桩船、起重船、混凝土搅拌船、抛锚船、机动艇等。

5. 通风机

通风机是依靠输入的机械能,提高气体压力并排送气体的机械,它是一种从动的流体机械。现代通风机广泛用于工厂、矿井、隧道、冷却塔、车辆、船舶和建筑物的通风、排尘和冷却,风洞风源和气垫船的充气和推进等。

通风机按气体流动方向的不同,主要分为离心式、轴流式、斜流式和横流式等类型。施工中常用的有:轴流式通风机、离心式通风机、吹风机、鼓风机、喷砂除锈机和液压无气喷涂机等。

第五章

公路工程施工组织与施工技术

第一节 公路工程施工组织设计

一、概述

公路工程施工组织设计是指对拟建工程项目提出科学的实施计划,从工程项目实际出发,确定合理的施工组织及施工方案,科学安排施工进度计划、施工平面、施工现场的规划,并作为编制工程造价和指导施工的依据。

(一)施工组织设计的概念与作用

1. 施工组织设计的概念

施工组织设计是指导工程投标、签订承包合同、施工准备和施工全过程的全局性的技术、经济和管理的综合性文件。施工组织设计的含义包括:

(1)施工组织设计是根据工程承包组织的需要编制的技术经济文件。它也是一种管理文件,具有组织、规划(计划)和据以指挥、协调、控制的作用。

(2)施工组织设计是全局性的文件。"全局性"是指工程对象是整体的,文件内容是全面的,发挥作用是全方位的(指管理职能的全面性)。

(3)施工组织设计是指导承包全过程的,从投标开始,到竣工验收结束。

2. 施工组织设计的作用

(1)指导工程投标与签订工程承包合同,作为投标书的内容和合同文件的一部分。

(2)指导施工前的一次性准备和工程施工的全过程。

(3)作为项目管理的规划性文件,提出工程施工中进度控制、质量控制、成本控制、安全控制、现场管理、各项生产要素管理的目标及技术组织措施,提高综合效益。

(二)施工组织设计的分类

根据公路工程施工组织设计阶段的不同,施工组织设计可以划分为两类:一类是投标前编制的施工组织设计(简称"标前设计"),另一类是签订工程承包合同后编制的施工组织设计(简称"标后设计")。两类施工组织设计的区别见表5.1.1。

两类施工组织设计的区别　　　　　　　表 5.1.1

种　类	服务范围	编制时间	编　制　者	主要特征	追求主要目标
标前设计	投标与签约	开标前	经营管理层	规划性	中标和经济效益
标后设计	施工准备至验收	签约后开工前	项目管理层	作业性	施工效率和效益

按施工组织设计的工程对象的不同,可以分为三类:施工组织总设计、单项(或单位)工程施工组织设计和分部工程施工组织设计。施工组织总设计是以整个建设项目或群体工程为对象编制的,是整个建设项目或群体工程施工准备和施工的全局性、指导性文件,对整个项目的施工过程起统筹规划、重点控制的作用。单项(或单位)工程施工组织设计是施工组织总设计的具体化,以单项(或单位)工程为对象编制,用以指导单项(或单位)工程准备和施工全过程;是施工单位编制月旬作业计划的基础性文件。

对于施工难度大或者施工技术复杂的工程项目,在编制单项(或单位)工程施工组织设计之后,还应编制主要分部工程的施工组织设计,用以指导各分部工程的施工。

(三)施工组织设计的编制原则和步骤

1. 编制原则

公路工程施工组织是指按照国家批准的公路基本建设计划、设计文件、招标文件、现行技术规范及标准、招标承包合同的各项规定和要求,对拟建的公路建设项目的施工进度、质量、造价、安全、环境保护等各方面作出最优的计划安排,合理配置资源,制定节约和综合利用资源的目标与措施,规定合理的施工程序,使公路工程施工具有科学性、合理性、经济性,以保证公路工程施工的顺利进行,从而提高施工效益。

编制施工组织设计时,要充分考虑施工生产过程中的连续性、平行性、协调性和均衡性的相互关系,它是公路工程施工作业的基本组合方式,是作为计算分析和合理配置各种资源的重要依据。

2. 编制步骤

(1)标前设计的编制步骤。学习招标文件、招标图纸→进行调查研究→编制施工方案并选用主要施工机械→编制施工进度计划(确定开工日期、交工日期、分期分批开工与交工日期、总工期)→绘制施工平面图→确定标价及钢材、水泥等主要材料及机械、人工用量→设计保证质量和工期的技术组织措施→提出合同谈判方案,包括谈判组织、目标、准备和策略等。

(2)标后设计的编制步骤。进行调查研究,获得编制依据→确定施工部署→拟定施工方案→编制施工进度计划→编制各种资源需要量计划及运输计划→编制供水、供热、供电计划→编制施工准备工作计划→设计施工平面图→计算技术经济指标。

(四)施工组织设计的编制依据

1. 标前设计的编制依据

(1)招标文件。

(2)施工现场踏勘情况。

(3)社会、市场和技术经济调查的资料。

(4)可行性研究报告、设计文件和各种参考资料。

(5)企业所拥有的技术力量、机械设备状况、管理水平、工法及科技成果和多年类似工程的施工经验。

2.施工组织总设计的编制依据

(1)计划文件。包括国家批准的基本建设计划文件、单位工程项目一览表、分期分批投产的要求、投资指标和设备材料订货指标、建设地点所在地主管部门的批件、施工单位主管上级下达的施工任务等。

(2)设计文件。包括批准的初步设计或技术设计,施工图设计文件设计说明书,施工图预算、概算或修正概算,可行性研究报告等。

(3)合同文件。即施工单位与建设单位签订的工程承包合同。

(4)建设地区的调查资料。包括气象、地形水文、地质、进出场道路情况和其他地区性条件等。

(5)定额、规范、建设政策法令、类似工程项目建设的经验资料等。

(6)企业现有可投入本工程的施工技术力量和机械设备。

3.单项(或单位)工程施工组织设计的编制依据

(1)施工全员、经审批的施工图。

(2)施工组织总设计和施工图。

(3)年度施工计划对该工程的安排和规定的各项指标。

(4)劳动力配备情况,材料、构件、加工品的来源和供应情况,主要施工机械的生产能力和配备情况;水、电供应情况。

(5)设备安装进场时间和对土建的要求以及对所需场地的要求。

(6)建设单位可提供的施工用地,临时房屋、水、电条件。

(7)施工现场的具体情况;工程地质勘探资料,地上、地下障碍物,交通运输道路,水准点,地形、水文、地质、气候等自然资料。

(8)建设用地征用、拆迁情况国家、行业或地方有关的法规、规范、标准、规程、图集及工程预算文件、有关定额等。

(9)本工程的资源配备情况、对类似工程的施工经验资料及类似工程施工组织设计实例资料。

二、公路施工组织设计

(一)施工组织设计要求

1.严格执行基本建设程序和施工程序

要严格遵守合同签订的或上级下达的施工工期,按照基建程序和施工程序的要求,保质保量完成施工任务。

2.科学安排施工顺序

按照公路工程施工的客观规律安排施工程序,可将整个项目划分为几个阶段,例如施工准备、基础工程、主体结构工程、路面工程、附属结构物工程等。

3. 采用先进的施工技术和设备

在条件允许的情况下,尽可能采用先进的施工技术,不断提高施工机械化、预制装配化程度,减轻劳动强度,提高劳动生产率。

4. 应用科学的计划方法制定最合理的施工组织方案

根据工程特点和工期要求,因地制宜地采用快速施工,尽可能采用流水作业施工方法,组织连续、均衡且有节奏的施工,保证人力、物力充分发挥作用。对于复杂的工程,应用网络计划技术找出最佳的施工组织方案。

5. 落实季节性施工的措施,确保全年连续施工

若当地安排冬、雨季施工项目,增加全年连续施工日数,应把那些确有必要而又不因冬、雨季施工而带来技术复杂和造价提高的工程列入冬、雨季施工,全面平衡人工、材料的需用量,提高施工的均衡性。

6. 确保工程质量和施工安全

贯彻施工技术规范、操作规程,提出确保工程质量的技术措施和施工安全措施,尤其应注意采用国内外先进的施工新技术和本单位较生疏的新工艺。

7. 节约基建费用,降低工程成本

合理布置施工平面图,节约施工用地;充分利用已有设施,尽量减少临时性设施费用;尽量利用当地资源,减少物资运输量;尽量避免材料二次搬运,正确选择、合理配置运输工具,以节约资源,降低运输成本,提高经济效益。

(二)施工组织设计内容

施工组织设计就是要根据不同工程的特点和要求以及现有和可能创造的施工条件,有针对性地确定各种生产要素(材料、机械、资金、劳动力)和施工方法等的最优结合方式。

在不同设计阶段编制的施工组织文件,内容和深度不尽相同,其作用也不一样。标前施工组织设计是概略的施工条件分析,提出创造施工条件和建筑生产能力配备的规划;施工组织总设计是对施工进行总体部署的战略性施工纲领;单项(或单位)施工组织设计则是详尽的、实施性的施工计划,用以具体指导现场施工活动。

1. 标前施工组织设计的内容和格式要求[参见《公路工程标准施工招标文件》(2018年版)]

(1)适用于合理低价法和经评审的最低投标价法,投标人应按以下要点编制施工组织设计(文字宜精炼、内容具有针对性)。

①施工总体组织布置及规划;
②重点、关键和难点工程的施工方案;
③工期关键线路图及保证措施;
④关键工程质量保证措施;
⑤安全保证措施;

⑥环境保护、水土保持、文明施工、文物保护保证措施;
⑦项目风险预测与防范,事故应急预案;
⑧其他应说明的事项。

(2)适用于技术评分最低标价法和综合评分法,投标人应按以下要点编制施工组织设计(文字宜精炼、内容具有针对性):

①施工总体组织布置及规划;
②主要工程项目的施工方案、施工方法与技术措施(尤其对重点、关键和难点工程的施工方案、方法及其措施);
③工期保证体系及保证措施;
④工期质量管理体系及保证措施;
⑤安全生产管理体系及保证措施;
⑥环境保护、水土保持保证体系及保证措施;
⑦文明施工、文物保护保证体系及保证措施;
⑧项目风险预测与防范,事故应急预案;
⑨其他应说明的事项。

施工组织设计除采用文字表述外,可附下列图表:
①施工总体计划表(附表一);
②分项工程进度率计划(斜率图)(附表二);
③工程管理曲线(附表三);
④分项工程生产率和施工周期表(附表四);
⑤施工总平面图(附表五);
⑥劳动力计划表(附表六);
⑦临时占地计划表(附表七);
⑧外供电力需求计划表(附表八)。

其中,施工总体计划表(附表一)、分项工程进度率计划(斜率图)(附表二)和工程管理曲线(附表三)可以在计算机编制进度、资源和资金计划时自动生成。

2. 施工组织总设计的内容

(1)工程概况。工程简介、设计标准、自然地理条件、施工条件、主要工程量、施工重点、工程难点分析及对策等。

(2)施工准备工作计划。设计文件复核、现场勘察、施工方案编制及论证计划、测量计划、试验检测计划、首件/试验段计划、新技术、新设备、新材料、新工艺的推广计划、施工现场准备[大型临时设施,施工用水、电、通信、网络、电视、道路及场地平整作业的安排("六通一平");物资和机具的准备]。

(3)施工方案确定。包括施工任务的划分、主要分部分项工程的施工方法、机械设备的配置等。

(4)施工进度计划。用以控制工程项目(总)工期和单位工程的工期,确定施工搭接关系。

(5)施工现场平面布置。对施工现场空间(平面)的有效、合理利用进行规划和布置。

(6)组织机构设置。包括项目经理部组织机构设置和人员配置。组织机构设置和人员配置应考虑管理跨度、管理层、管理制度与工作流程等基本要素。

（7）资源计划。是指项目施工过程中所必须消耗的各类资源的计划用量，包括劳动力、建筑材料、机械设备，以及施工用水、电、动力、运输、仓储设施等资源使用计划。

（8）特殊季节施工措施。对一些特殊条件下的施工，如冬季、雨季、夏季等特殊季节施工而需要采用的技术、组织设施。

（9）质量与安全保证措施。是指为确保工程施工质量和安全而制订的技术、组织措施，如质量检查与验收、原材料的质量检验、安全检查制度、事故预防措施及事故处理程序等。

（10）工期保证措施；技术保证措施；环境保护、水土保持保证措施；文明施工、文物保护保证措施。

（11）工程重、难点的分析、风险预测及防范应急措施。

（12）主要技术经济指标。用以评价工程施工组织设计科学性、合理性、经济性等的指标，主要包括工期指标、劳动生产率指标、质量安全指标、降低成本指标、三大材料节约指标、主要工种机械化施工程度等。

施工方案确定、施工进度计划、资源计划、施工现场平面设置是施工组织设计的四大基本内容。

3. 单项（或单位）工程施工组织设计的内容

（1）工程概况。工程概况应包括工程特点、建设地点特征、施工条件等几个方面。

（2）施工方案。施工方案的内容包括确定施工顺序、施工流向、划分施工段，施工方法的选择、施工机械设备的配置，需要设置的临时工程，应采取的技术、组织措施等。

（3）施工进度计划。包括划分施工项目（细目、子目），计算劳动量和机械台班量，确定各施工过程的持续时间并绘制进度计划图。

（4）施工准备工作计划。包括技术准备、现场准备、劳动力和物资的准备。

（5）编制各项资源需用量计划。包括材料需用量计划、劳动力需用量计划、构件加工、半成品需用量计划、施工机具需用量计划等。

（6）施工平面图。表面单项（或单位）工程施工现场场地布置及临时设施的设置。

4. 分部工程施工组织的内容

分部工程施工组织的内容应突出作业性，主要涉及施工方案、施工作业计划和采取的技术措施等。

施工组织设计的内容，取决于其任务和作用。从上述各类施工组织设计内容上看，施工组织设计必然应具有以下基本内容：①施工方案；②施工进度计划；③施工现场平面布置；④各种资源需要量及其供应；⑤采取的技术、组织管理措施等。

施工组织设计的内容是有机地联系在一起的，既相互依存又彼此制约。因此，在编制施工组织设计时要抓住核心问题，做到有针对性，同时应处理好其相互关系。

（三）公路施工前的调查

为了做好施工组织设计，必须事先进行施工组织调查工作。所谓施工组织调查，就是为编制施工组织文件所进行的收集和研究有关资料，对施工现场进行踏勘、调查的活动。

1. 勘察

所谓勘察，是指对施工现场进行勘察，在设计阶段是在外业勘测中，由勘测队的调查组来完成;在施工阶段是在开工前组成专门的调查组来完成。勘察的对象主要是水文地质情况、路线、桥位、重要结构物、大型土石方地段等。

2. 施工组织设计资料的收集

施工组织调查收集资料的基本要求是:座谈有纪要,协商有协议,有文件规定的要索取的书面资料。资料要确实可靠,措辞严谨,手续健全,符合法律要求。一般调查收集以下资料:

(1)气象资料。在勘测中或施工前应与工程所在地气象部门联系,抄录工程所在地的气温、季风、雨量、积雪、冻深、雨季等有关资料。

(2)水文地质资料。可向工程所在地的水文地质部门或向本测量队的桥涵组、地质组抄录下列主要内容:地质构造、土质类别、地基土承载能力、地震等级;地下水位、水量、水质、洪水位。

(3)项目施工区域地上、地下及相邻的地上、地下建(构)筑物情况。可现场踏勘或向工程所在地的相关部门了解。

(4)工程所在地资源供应情况:

①施工现场(沿线)附近可以利用的场地,可供租用的房屋等情况。在勘测中或施工前,调查项目红线范围内的永久用地及需要拆迁建构筑物,调查取、弃土场及临时用地情况,通过调查并与地方主管部门(如乡政府等)签订协议,解决施工期间住宿办公等用房。

②对工程所需的外购材料应进行详细调查,并填写"调查证明",由提供材料单位盖章证明。

③自采加工材料的料场、加工场位置、供应数量、运距等情况。

④当地能够雇用或支援建设的劳动力数量以及技术水平。

(5)运输情况。关于材料运输方面,除应分别了解施工单位自办运输及当地可提供的运力(指可能参加施工运输的运力,包括汽车、拖拉机、畜力车等)状况外,还应对筑路材料的运输途径、转运情况、运杂费标准等进行调查。除车辆调查外,尚应对施工便道情况进行调查。

(6)供水、供电、通信情况。了解施工用水水源、供水量、水压、输水管道长度。了解供电线路的电容量、电压、可供施工用的用电量及接线位置,对临时供电线路和变电设备的要求等。对于供电,应与当地电业部门签订用电协议书。通过调查确定施工动力类别的构成。

(7)生活供应与其他。了解粮食、燃料、蔬菜、水等基本生活用品的供应地点;调查医疗保健情况等。

通过上述实地勘察和资料收集,做到对施工总体部署心中有数,据此对施工过程进行空间组织和时间组织。同时也是确定施工方案、选择施工方法的重要依据之一。

(四)资源组织计划

1. 劳动力配置计划

根据已确定的施工进度计划,可计算出各个施工项目每天所需的工日数,将同一时间内有施工项目的工日数进行累加,即可计算出每天工日数随时间变化劳动力的需要量。同时还可编制劳动力需求计划,附于施工进度图之后,为生产提供劳动力进退场时间,保证及时调配,搞好平衡,以满足施工的需要。如现有劳动力不足或多时,应提出相应的解决措施,或者增开工作面,以按时或提前完成任务。劳动力需求计划见表5.1.2。

劳动力需求计划　　　　　　　　　　表 5.1.2

序号	工种名	需要人数及时间										备注
		年					年					
		一季度	二季度	三季度	四季度	合计	一季度	二季度	三季度	四季度	合计	
1	2	3	4	5	6	7	8	9	10	11	12	13

编制：　　　　　　　　　　　　　　　　　　　　　　　　　复核：

2. 主要材料计划

主要材料包括施工需要的由专业厂家生产的材料、地方供应和特殊的材料，以及有关临时设施和拟采取的各种施工技术措施用料，预制构件及其他半成品亦列入主要材料计划中。

材料的需求量，可按照工程量和定额规定进行计算，然后根据施工项目的施工进度编制年、季主要材料计划表（表5.1.3）。主要材料（包括预制构件、半成品）计划应包括材料的规格、名称、数量、材料的来源及运输方式等。材料计划是为物资部门提供采购供应、组织运输和筹建仓库及堆料场的依据。

主要材料计划表　　　　　　　　　　表 5.1.3

序号	材料名称及规格	单位	数量	来源	运输方式	年					年					备注
						一季度	二季度	三季度	四季度	合计	一季度	二季度	三季度	四季度	合计	
1	2	3	4	5	6	7	8	9	10	11	12	13	14	15	16	17

编制：　　　　　　　　　　　　　　　　　　　　　　　　　复核：

3. 主要施工机具、设备计划

在确定施工方法时，已经考虑了各个施工项目应选择何种施工机具或设备。为了做好机具、设备的供应工作，应根据已确定的施工进度计划，将每个项目采用的施工机械种类、规格和需求量，以及使用的具体日期等综合起来编制施工机具、设备计划表（表5.1.4），以配合施工，保证施工进度的正常进行。

主要机具、设备计划表　　　　　　　　　　表 5.1.4

序号	机具名称及规格	数量		使用期限		年								备注
		台班	台辆	开始日期	开始日期	一季度		二季度		三季度		四季度		
						台班	台辆	台班	台辆	台班	台辆	台班	台辆	
1	2	3	4	5	6	7	8	9	10	11	12	13	14	15

编制：　　　　　　　　　　　　　　　　　　　　　　　　　复核：

主要施工机具、设备需求量包括基本施工过程、辅助施工过程所用的主要机具、设备，并应考虑设备进、出（场）所需台班以及使用期间的检修、轮换的备用数量。

4. 临时工程、临时设施计划

临时工程及设施包括：生活房屋、生产房屋、便道、便桥、电力和电信设施以及小型临时设施等，其表格见表5.1.5。

临 时 工 程 表　　　　　　　　表5.1.5

序号	设置地点	工程名称	说明	单位	数量	工 程 数 量							备注
1	2	3	4	5	6	7	8	9	10	11	12	13	14

编制：　　　　　　　　　　　　　　　　　　　　　　复核：

5. 技术组织措施计划

技术组织措施计划，应根据企业下达的要求和指标，按表5.1.6编制。

技术组织措施计划　　　　　　表5.1.6

措施名称及内容摘要	经济效果(元)	计划依据	负责人	完成日期
1	2	3	4	5

编制：　　　　　　　　　　　　　　　　　　　　　　复核：

（五）平面组织计划

施工平面图设计是施工过程空间组织的具体成果，亦即根据施工过程空间组织的原则，对施工过程所需的工艺路线、施工设备、原材料堆放、动力供应、场内运输、半成品生产、仓库、料场、生活设施等进行空间的特别是平面的科学规划与设计，并以平面图的形式加以表达，这项工作称为施工平面图设计。一般来说，应包括：工程施工场地状况；拟建项目（建筑、构筑物）的位置、轮廓尺寸及相关要素；工程施工现场的加工设施、料场布置和面积；布置在施工现场的水平(垂直)运输设施、供电设施、供水供热设施、排水排污设施和临时施工道路等；施工现场必备的安全、消防、保卫和环境保护等设施；相邻地上、地下既有建（构）筑物及相关环境。

1. 施工平面图设计的依据、原则和步骤

（1）施工平面图设计的依据。

①工程项目平面图。

②施工进度计划和主要施工方案。

③各种材料、半成品的供应计划和运输方式。

④各类临时工程、临时设施的性质、形式、面积和尺寸。

⑤各加工车间、场地规模和设备数量。

⑥水源、电源资料。

⑦有关设计资料。

（2）施工平面图规划设计原则。

施工平面布置是一项综合性的规划课题，在很大程度上取决于施工现场的具体条件。平

面图规划设计应遵循下列原则:
①平面布置科学合理,施工场地占用面积少。
②合理组织运输,减少二次搬运。
③施工区域的划分和场地的临时占用应符合总体施工部署和施工流程的要求,减少相互干扰。
④充分利用既有建(构)筑和既有设施为项目施工服务降低临时设施的建造费用。
⑤临时工程和临时设施应方便生产和生活,办公区、生活区和生产区宜分离设置。
⑥符合节能、环保、安全和消防等要求。
⑦遵守当地主管部门和建设单位关于施工现场安全文明施工的相关规定。

(3)施工平面图的设计步骤。
①分析有关调查资料。
②合理确定起重、吊装、运输机械的布置(它直接影响仓库、料场、半成品制备场的位置和水、电线路以及道路的布置)。
③确定混凝土、沥青混凝土搅拌站的位置。
④考虑各种材料、半成品的合理堆放。
⑤布置水、电线路。
⑥确定各临时设施的布置和尺寸。
⑦决定临时道路位置、长度和标准。

2. 施工平面图的类型及主要内容

(1)施工总平面图。
施工总平面图是以整个工程项目为对象的施工平面布置方案,公路工程施工总平面图应包括以下内容:
①原有河流、居民点、交通路线(公路、铁路、大车道等)、车站、码头、通信、运输点等及工地附近与施工有关的建筑物。
②施工用地范围和工程主要项目,沿线大中桥、隧道、渡口、交叉口、集中土石方等的位置;道班房、加油站等运输管理服务建筑物位置。
③应将施工组织设计的成果,如采料场、附属工厂和基地、仓库、临时动力站(如抽水站、发电所、供热站等)、临时便道、便桥、电源线路、变压器位置以及大型机械设备的停放、维修厂直接标在图上。
④施工管理机构,如工程局、工程处、施工队及工程指挥系统的驻地。
⑤其他与施工有关的内容,如地质不良地段、国家测量标志、气象台、水文站、防洪、防风、防火、安全设施等需要表示的内容。

(2)单项工程、分部分项工程施工平面图。
该类平面图的布置有两种情况,一种是在施工总平面图的控制下进行布置;另一种是以施工总平面图为依据,即基本上按照施工总平面有关内容进行布置。但不论哪一种,都应比施工总平面图更加深入、更加具体。

重点工程施工场地布置图。一般说来,大桥、隧道、立交枢纽等都是重点工程,其施工场地布置图应在有等高线的地形图上按比例绘制。图上应详细绘出施工现场、辅助生产、生活等区域的布置情况,绘出原有地物情况。

其他单项局部平面布置图。对于大型项目,因施工周期长,管理工作量大,附属、辅助企业多,必要时应绘制其他的平面布置图。这类图主要有以下几种:

①沿线砂石料场平面布置图。
②大型附属企业如沥青混合料拌和厂、预制构件厂、主要材料加工厂(木工厂、机修厂)等平面布置图。
③临时供水、供电、供热基地及管线分布平面图。
④主要施工管理机构的平面布置图。

(六)施工组织计划及施工组织设计对造价的影响

施工是把设计图纸付诸实现的重要阶段。尽管在设计确定后,施工对整个建设项目投资的影响不大,但其本身是形成固定资产的重要过程,与工程造价有着密切的关系。在施工生产中应当正确处理技术先进与经济合理的关系,把造价控制的观念渗透到各项施工管理中。

1. 施工调查对造价的影响

工程施工原始资料的调查是编制施工组织设计的基础,应对拟建的公路工程现场进行充分调查,在具体分析施工条件的基础上提出优选的施工组织、施工方法及施工技术措施等。

而原始资料的一点差错可能会导致施工建设的损失。通过施工调查可以合理布置施工总平面图,选择施工用地,估算平整场地的土方量,以及拟定地基处理方案和基础施工方法等。通过施工调查可以准确地选用冬季、雨季施工方法,确定工地排水、防洪、防雷措施;通过施工调查可以正确布置临时设施、高空作业及吊装措施,应对地基及结构工程按照不同的震级规程施工,合理优化配置各种资源、确定各种地材(砂石料等)采购方式,根据工程的土石方情况合理确定取、弃土场的位置,降低成本。

2. 施工方案、方法对工程造价的关系

在施工组织设计中,施工方案是很重要的组成部分,不论在技术方面还是组织方面,通常都有多种可行的方案选择,所以应对施工方案进行优化。优化的方法有定性分析和定量分析两种,通常采用定量分析法。如路基工程需要施工大量的土石方,其施工方式不同,造价也会有明显的差别。由于每种施工机械都有相应比较经济的运距,在选择施工机械时,应予以合理组织,尽量发挥各种机械的优势,可以降低工程造价。

3. 材料的采购运输对工程造价的影响

基础建设工程需要大量的原材料,尤其是地方材料,即石灰、砂砾、碎石、片石。材料预算价格中运杂费是重要的组成内容,所以地方材料的采购运输对工程造价有显著影响。这样就必须在施工之前经过现场详细调查取得各个供应点的供货和价格,以及距施工现场运距,从而综合确定比较经济可行的供货、运输方案。

运输组织不仅直接影响施工进度,而且在很大程度上也影响了工程造价。一般需要达到以下要求:运输距离最短,运输量最小;减少运转次数,力求直达工地;装卸迅速,运转方便;尽量利用原有交通条件,减少临时运输设施的投资;充分发挥运输工具的载运条件。

4. 统筹兼顾,确定合理施工顺序

由于公路工程的基本建设特点为工作量大、工程项目多、建设周期长,此类工程施工需要修建临时工程和辅助工程。这就要求在施工中必须做好各种方案的比较,通盘考虑,以免造成浪费。建设工程要合理确定工期,避免盲目压缩工期,在进度安排上应注意其均衡性。应根据实际情况安排各项单位工程的施工周期,做到建设工作分期分批地进行,避免过分集中,有效地削减高峰工作量,减少临时设施,避免劳力、机械和材料的大进大出,保证工程建设按计划有节奏地进行。

根据建设工程的实际情况,合理确定施工工期及进度计划,对工程质量、费用都会产生影响。如路基土石方施工在填方路段的自然沉陷一般需要1~2年,混凝土施工达到标准强度的时间一般为28d左右,所以,在施工中应按合理的工期进行劳动力安排,材料的供应和机械设备的配置。以预制安装30m预应力T形梁为例,对于大型预制构件平面底座的个数,必须根据施工进度计划可能周转使用次数取定;设备的使用期也需要根据施工计划使用期来调整设备的摊销费。

5. 抓好安全质量,减少返工费用

施工中应该建立和完善安全、质量保证体系。要坚持安全第一,质量为本的原则。加强施工过程中的中间检查和技术复检,搞好质量控制,使每一道工序、每一个环节都确保工程质量,做到一次达标创优,尽量减少或避免返工损失,同时高度重视安全工作,避免出现安全事故而造成工期和经济损失。

6. 施工现场平面布置对工程造价的影响

施工现场平面布置是施工组织设计在空间上的综合描述,是施工组织设计的重要组成部分。在施工中应精心进行平面布置。一般来说,都是结合地形、地貌,在满足施工的前提下,选择交通便利、运输条件好、材料供应方便的地方,尽可能采用已征地或利用荒山、荒地,少占农田,并利用场地平整工程量小的地点布置。合理的场地布置可以有效节约工程费用。

三、临时工程

(一)临时工程的概念

临时工程是为了保证永久性工程建设而修建的,公路建成后,必须拆除并恢复原状。它与辅助工程有相同的性质,辅助工程是相对于主体工程而言的,有具体的工程服务对象,临时工程一般不单作为专一的服务对象。现行概算、预算定额规定,临时工程主要包括汽车便道、临时便桥、临时码头、轨道铺设、架设输电线路和人工夯打小圆木桩6项。

(二)临时工程内容及其规定

1. 汽车便道

应予修建的便道有两种情况,一是专供汽车运输建筑材料,二是专供大型施工机械进场。这两种便道的性质是一样的,只是修建标准有所差异。

便道有双车道和单车道两种标准,双车道便道的路基宽度为7.0m,单车道为4.5m,一般根据运输任务的大小来确定。如果是常年使用的便道,为保证晴雨畅通,还应加铺路面。同时,应根据使用期的长短,计入养护维修所需的费用。若只要求"晴通雨不通"或一次性使用便道、供大型施工机械进场用的便道或运输任务不大的便道则可修建为单车道并不铺设路面。

凡预制场、拌和场及生活区内部通行的汽车便道,均不能计入汽车便道数量。因其费用已被综合在专项费用中的施工场地建设费中,不能再重复计算。

2. 临时便桥

指便道在跨沟涉河处必须修建的桥梁,有时在修建大型桥梁时,为满足两岸运输建筑材料需要,需修建临时用桥,若达不到通行汽车的标准,则不能列入便桥项目内并计入工程造价,是属于现场经费中的临时设施费范围的内容。

为了贯彻以钢代木,节约木材的目的,公路工程概算、预算定额只规定了钢便桥一种结构形式,即利用公路装配式钢梁桁节(贝雷桁架)组成。

3. 临时码头

当建设工程处在通航地区,为利用水上运输工具进行建筑材料的运输,或桥梁水下施工需要工程拖轮和工程驳船运送材料和构件时,必须修建临时码头才能进行装卸工作,有重力式石砌码头和装配式浮箱码头两种结构形式。一般应结合当地的实际情况在经济合理的原则下选定。

浮箱码头是由多个以钢板做成的浮箱拼组而成的,并用钢筋混凝土锚碇进行固定。

4. 轨道铺设

轨道铺设指在进行大型混凝土构件的预制时,铺设在预制场内,预制场至桥头和桥面上,以及供龙门架行走,专用于大型混凝土预制构件的出坑、运输、堆放和运至桥上安装的轨道。按钢轨的质量分为 11kg/m、15kg/m、32kg/m 三种不同的标准,具体选择一般根据预制构件的单件质量确定。

5. 架设输电线路

临时电力线路架设是指在公路工程施工过程中,当工程用电使用工业电源时,需要架设由高压输电线路到工地变电站之间的电力线路。工地变电站或自发电的厂房至施工现场各个作业用电点的线路,是一种低压线路,属于电力支线,费用应计入施工场地建设费中,不能计入临时电力线路内。

此外,在修建大型桥梁时,由于工程用电的需要,必须敷设水下电缆时,可结合建设工程的实际情况,参照电力部门的有关规定和要求确定,计入临时电力线路项目内,作为编制工程造价的依据。

接高压线路或变电站接线处至工地变压器之间的距离作为输电线路计算长度。变压器或自备发电机房至现场用电点的距离不得计入输电线路内。

6. 人工夯打小圆桩

人工分打小圆桩是指人工利用重物将小圆木桩钉入预先设计的桩位。小圆木桩常用松木、杉木做成,小圆木桩自重小,具有一定的弹性和韧性,虽然加工、运输简便,但其在干湿交替的环境中极易腐烂。

上述临时工程在项目交工时,不需要办理工程验收和工程点交接手续,只需将费用纳入工程结算,但其必须予以拆除,恢复生态环境。值得注意的是,为生产、生活而修建的现场临时设施,如办公室、宿舍、仓库、加工房、机械工棚等临时房屋、生活区内的汽车便道及便桥,变压器或发电房到施工现场和生活用电线路,施工和生活用的输水线路,架子车和机动翻斗车行驶的便道,施工机械搁置场地以及临时围墙等,按现行公路工程造价编制办法规定,其费用已被综合在专项费用中的施工场地建设费中,不能再重复计算。

四、辅助工程

(一)辅助工程含义及其规定

辅助工程是相对于主体工程而言的,它有具体的工程服务对象,但在施工过程中只起辅助性的作用,不构成主体工程的实体,通常是将其费用综合在相应的使用对象工程造价内,除个别外,一般都不单独反映这些辅助工程的内容,亦不得作为计量支付的依据。

辅助工程虽然不构成永久性工程的实体,却又有具体要求和一定的适用范围及其施工技术规定。例如,在水中建造桥梁基础工程时,必须修筑围堰辅助工程,其结构形式因水深而异,没有围堰基础工程主体就无法施工,主体工程完成后,辅助工程应及时予以拆除。一般来说,辅助工程没有统一的计算工程数量的标准,必须根据工程项目实际情况逐项分析研究才能确定其工程量。

在公路工程造价编制中,有些临时工程设施,如混凝土的模板、施工操作的脚手架、操作平台等,就其性质而言,也属于辅助工程范畴,但因这部分辅助工程发生的数量与对应实体的圬工体积直接相关,为了简化工程造价的编制工作,故将其综合在相应的定额中,不单独计算这些辅助工程设施所需的费用。而另外一些辅助工程必须根据公路工程设计文件的规定及要求,编制施工组织设计时,应合理地确定辅助工程的工程数量,套用定额计算费用。通常辅助工程因为不构成工程实体一般不单独计量。如路基、路面、桥涵和隧道工程中所涉及的辅助工程量。

(1)路基工程有以下几项应予增加的数量,并计入填方内计算。清除表土或零填方地段的基底压实,耕地填前夯实,或进行路堤预压需增加的填料数量;为保证路基边缘的压实度需加宽填筑需要增加的土石方数量(清单预算中加宽填筑增加填方数量计价不计量,即按所需数量计算该部分辅助工作的费用,但这些费用因不构成实体所以不能单独计量,需将该部分费用摊入填方单价内)。

(2)路面工程设计为沥青路面或水泥混凝土路面的工程项目,应考虑拌和设备的安拆等辅助工程。路面基层混合料、面层沥青混凝土或水泥混凝土采用集中拌和时,应计列拌和设备的安拆等辅助工程。同时注意所选设备的生产能力与设计工程量及计划工期相适应,根据拌和设备设置情况,用加权平均计算混合料的平均运距。

(3)桥涵工程由于结构形式多,地形及水文地质情况复杂,施工方法及施工技术也有所不同,所考虑的辅助工程内容也很多。因此,应根据实际情况逐项计算分析并确定合理的辅助工程数量。例如水中围堰的结构形式;埋设钻孔灌注桩的护筒数量,灌注桩工作平台面积;施工电梯、塔吊的设置;支架及拱架形式;预制台座数量;预制场的面积;吊装设备;混凝土场内运距;蒸汽养护的建筑面积等工程量的确定,均应按技术先进、安全可靠、经济合理的原则进行分析计算。

(4)隧道工程应根据围岩情况及施工方法,提出临时支护钢支撑的数量和用于周转施工的次数。

(二)辅助工程的种类

工程施工中有许多大型的辅助工程,现简要介绍如下。

1. 大型拌和站

根据工程质量和任务要求,在公路建设工程中,需要设置的大型拌和站,有厂拌稳定土拌和站、沥青混合料拌和站、水泥混凝土搅拌站三种,其拌和设备的生产能力,是以 t/h 或 m^3/h 来划分的。因此,在设置拌和站时,要解决的首要问题就是如何选定拌和能力及其型号。一般应根据施工任务量,在保证总工期要求的前提下,尽可能做到满负荷施工生产且留有必要余地,科学合理地选定拌和设备的型号,这是设置拌和站的一个重要环节。

1)稳定土拌和站

指按路面施工技术规范的规定,为保证路面工程质量,路面基层中的水泥碎石、石灰粉煤灰碎石等基层,应采用集中拌和进行铺筑,故必须设置拌和站。这种稳定土厂拌设备的生产能力有 50~500t/h 等多种型号。

2)沥青混合料拌和站

沥青混合料有沥青碎石和沥青混凝土两种,一般都采用拌和设备进行拌和。其生产能力有 30~380t/h 等多种型号,60t/h 以上的拌和设备其生产过程全由计算机进行控制管理,自动化程度高,是一种比较先进的机械设备产品。在组织生产时,除要修建拌和设备和锅炉的混凝土基座外,还要设置储油(沥青)池和沉淀池,砌筑上料台等。

这种设备的一次安装费用一般都比较高,所以应合理设置拌和点,考虑到混合料运输、保温能力,一般最佳供应范围宜在 30~50km,这是在实际工作中不可忽视的一些因素。

3)水泥混凝土拌和站

混凝土用量大的工程,要求集中拌和,其设备的生产能力一般是 15~60m^3/h。在组织施工生产时,应依据混凝土的数量,构造物的分布等情况具体确定。

设置上述各种拌和站,除要注意合理选定拌和设备的型号外,尚须配置相应的运输设备及车辆,还应经过科学的分析计算,使之能协调而又能均衡地进行连续生产,避免互相脱节,在某些环节上产生延滞、停误。

2. 混凝土蒸汽养护设施

在混凝土的施工过程中,为了在冬季施工缩短混凝土的养护期,使之尽快达到设计强度的要求,及在严寒季节,为避免混凝土受冻损坏,常采用蒸汽养护的办法来解决。

蒸汽养护室的建筑面积,应根据单件预制构件的大小和每次需要预制的根数来确定。

3. 大型预制构件底座

钢筋混凝土和预应力混凝土T形梁、工形梁、箱形梁等桥梁上部构造,当采用构件预制时,要求设置预制场。预制场中应设置足够数量的预制构件底座,分为平面底座和曲面底座两种。一般是按工期要求,计划可以周转的次数,确定需要修建的座数,底座费用需单独计算并摊入大型预制混凝土构件的单价内。

各种底座的计量单位以面积计,按工程定额中规定的计算公式执行。在预制场中尚须布置存梁区、运输及吊建设备,拌和站及预制场在有条件时可设置在一起,减少运料距离。

4. 钢桁架栈桥式码头

钢桁架栈桥式码头是指为大型预制混凝土构件装船用的一种设施,实际是属于临时工程的性质,由于它有具体的服务工程对象,故在桥梁工程定额中单独列为一个定额子目,而没有将其归类在临时码头内。

栈桥式码头的上部构造,是采用万能杆件组拼而成的。

5. 先张法预应力钢筋张拉、冷拉台座

张拉台座是预应力混凝土预制构件在制作之前,对预应力钢筋进行张拉的一种设施,一般采用900kN预应力拉伸机来进行张拉,它应具有足够的抗张拉力能力,一般都采用高强度等级的钢筋混凝土制成。

6. 船上混凝土搅拌台及泥浆循环系统

当大型桥梁在江河中进行水上、水下混凝土施工时,需要解决水上混凝土的运输供应问题。目前主要采用混凝土搅拌船拌和供应。当在江河中采用回旋钻机或潜水钻机修建桥梁钻孔灌注桩基础时,一般要配置泥浆循环系统,包括泥浆池和沉渣池,以回收利用泥浆和进行钻渣处理。这种循环系统,是采用45kW和90kW以内的内燃拖轮与50t及100t的工程驳船等船只组成,是进行深水钻孔灌注桩施工的一项专用设施。

7. 施工电梯

施工电梯是在修建较高的桥墩和索塔时,为使施工人员快速安全地进入高空施工现场和返回地面,并供运输各种建筑材料等专用的一种电动垂直输送设施。当桥梁索塔的高度较高或当墩高超过40m时,为确保施工安全,加快施工进度,方便施工,宜选用施工电梯作为人员上升下降的设备。结合建设工程的实际情况,在编制工程造价时,可以另行计列这种施工电梯的费用。

8. 塔式起重机

塔式起重机是建筑工地上最常用的一种起重设备,又名"塔吊",其一节一节的接长(高)(简称"标准节"),用来运转施工用的钢筋木楞、混凝土、钢管等施工的原材料。桥墩或索塔高度低于100m以下,可用QTZ5008型号的塔式起重机;低于140m以下,可用QTZ5013或QTZ5313型号的塔式起重;低于200m以下,可用QTZ6313或QTZ7030型号的塔式起重机。

9. 钢结构拼装场

钢结构预拼装是将分段制造的超长度、大跨度的柱、梁、桁架、支撑和多层钢框架结构,特别是用高强度螺栓连接的大型钢结构、分块制造和供货的壳体结构等,在出厂前进行平立面整体组装,是控制质量、保证构件顺利进行安装的有效措施。

构件预拼装要有较宽阔平整的场地和较大的起重设备,高于12m以上的作业空间和根据预拼装构件类型设置的台架。预拼装台架应设置基础,台架上表面要平整,保持在同一水平面上,台面高度应方便操作。台架梁应用大型工字钢制作,设置间距需满足拼装构件侧向刚度。构件应在自由状态下拼装,连接螺栓应能顺利穿入孔内。

10. 大型预制场吊移工具设备的选择

大型预制场具有以下特点和要求：一是预制构件的体积一般都比较大，也较重，移动难度大；二是都要设置平面或曲面大型预制构件底座；三是为了尽可能提高底座的周转利用率，节约底座的费用，相应就要设置预制构件的堆放场地和配备吊移工具；四是混凝土的拌和地点与底座之间的距离，应尽可能地短，以减少混凝土的场内运输任务，以利构件的浇筑，节约费用。

常用的方法是设置龙门架和铺设轨道，以50kN以内的单筒慢速卷扬机或轨道拖车头来牵引轨道平车，进行预制构件的出坑、运输和码放工作，如图5.1.1所示。

图5.1.1 预制场龙门架

11. 装配式混凝土桥梁的上部构造吊装

装配式混凝土桥梁是将预制构件在现场进行安装的桥梁，不同于现场浇筑的各种混凝土及预应力混凝土桥。目前广泛使用的，有各种型号的架桥机及扒杆、导梁、跨墩门架、悬臂起重机、缆索、履带式和汽车式起重机等。

12. 现浇混凝土梁式桥上部构造支架及挂篮

现浇混凝土梁桥上部构造，一般采用满堂式和桁构式钢或木支架、满堂式轻型钢支架、钢木混合支架、万能杆件和装配式公路钢桥桁节（贝雷桁架）拼装支架、墩台自承式支架、模板车式支架等多种不同的结构形式。

1）满堂式木支架

主要适用于桥位处水位不深的桥梁，有排架式、人字撑和八字撑等不同结构形式，如图5.1.2所示。排架式结构简单，由排架和纵梁等部件组成，其纵梁为抗弯构件，故跨径一般不宜大于4m。人字撑和八字撑的结构复杂，跨径可达8m，其纵梁须加设人字撑或八字撑，是一种可变形结构。因此，在浇筑混凝土时，要保持均匀、对称地进行，以免发生较大的变形，影响工程质量。

在满堂式支架排架的地梁（枕木）以下，应设置圬工或桩基等基础，基础须坚实可靠，以保证排架的沉陷值不超过规定值。这种支架，一般适用于墩台高度在12m以下，当排架较高时，为保证支架的横向稳定，除排架上应设置撑木外，尚需在排架的两端外侧加设斜撑或斜立柱，以确保施工安全。

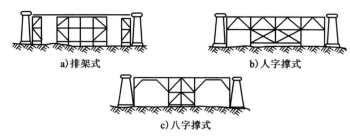

图 5.1.2 满堂式木支架结构形式

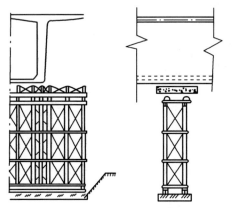

图 5.1.3 轻型钢支架

2)桁构式木支架

用木料做成的桁构式纵梁,只在墩台两旁设立支撑排架,但在拼装和拆除时,需在中间设临时支撑架。它适用于墩台高度在 12m 以内和跨中地质情况较差的桥梁。

3)满堂式轻型钢支架

是用工字钢、槽钢或钢管加工制成,斜撑和联结系等则采用角钢。桥位地面较平坦,又有一定的承载能力的桥梁,为节约木材,宜采用这种轻型钢支架,如图 5.1.3 所示。其排架应设置在混凝土或钢筋混凝土枕木上,或以木板作支承基底。为防止冲刷,支承基底需埋入地面以下适当的深度。它适用于墩台高度在 10m 以下的桥梁。

4)万能杆件和装配式公路钢桥桁节(贝雷桁架)拼装支架

前者可拼装成各种跨度和高度的支架,其柱高除柱头和柱脚外应为 2 的倍数,即 2m、4m、6m 及以上的各种不同高度,柱与柱之间的距离应与桁架之间的距离相同。后者则可拼装成桁架梁和塔架,用加大桁架梁的跨径和利用墩台作支承,也可拼装成八字斜撑以支撑桁架梁。

这种支架结构,在荷载作用下的变形都比较大。因此,应考虑预压,其预压质量宜为浇筑混凝土质量的 1.1~1.2 倍。

5)钢木混合支架

由木排架和工字钢纵梁组成,如图 5.1.4 所示。当设计的跨度达 10m 时,应改用木框架结构作支架,以加强支架的承载力和稳定性。

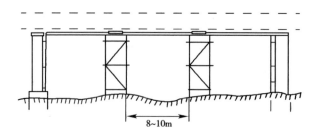

图 5.1.4 钢木混合支架

6)墩台自承式支架

在墩台上设置牛腿预埋件,利于安装横梁及架设工字钢或槽钢纵梁,即构成模板的支架。

7)模板车式支架

是将模板与支架整体安装在铺设的轨道上,可以前后移动的一种支架,如图5.1.5所示。它适用于桥跨不大,桥墩为双柱式的多跨桥梁施工,且需在桥位处铺设临时轨道。移动时,需将斜撑取下,将插入式钢梁节段推入中间钢梁节段内,并将千斤顶放松,使模板与混凝土脱离开。由于这种支架需要在桥位处铺设临时轨道,故只能用于干涸平坦的河床桥梁施工。

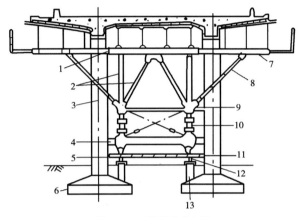

图 5.1.5 模板车式支架

1-钢架;2-钢支撑;3-立柱;4-轮轴架;5-轨道;6-基脚;7-插入式钢梁;8-斜撑;9-楔块;10-调整千斤顶;11-枕木;12-钢底梁;13-混凝土支墩

公路工程预算定额中,只有上述前三种支架的定额资料,在编制施工图预算时,当采用其他支架结构时,则应编制补充定额作为编制依据。

现浇混凝土梁式桥上部构造的模板,因已综合在相应的各种桥型结构的工程定额内,不存在选择的问题。各种支架的工程定额,是按照正常的施工条件和最大可能的周转使用次数制定的,在编制施工图预算时,当实际达不到规定的周转使用次数时,可以按实际使用的次数将材料消耗量进行换算。

8)挂篮

对于跨江河的大跨径不能采用支架施工的上部现浇混凝土施工,例如T形刚构、变截面连续梁、连续刚构桥、悬臂施工的混凝土拱桥和斜拉桥等,一般采用挂篮施工,挂篮需按不同质量专门设计,挂篮应有足够的强度及刚度,其质量不宜超过浇筑混凝土质量的40%~50%。

第二节 路基、路面工程施工技术

一、路基施工技术

路基施工内容包括:路基施工技术准备、路基土石方工程、排水工程及路基防护支挡工程施工等。

(一)挖方路基施工技术

1. 土质路堑的施工要求

(1)应根据地面坡度、开挖断面、纵向长度及出土方向等因素,结合土方调配,选用安全、经济的开挖方案。

(2)应采取临时排水措施,确保施工作业面不积水。施工遇到地下水时应采取排导措施,将水引入路基排水系统;路床土含水率高或为含水层时,应采取设置渗沟、换填、改良土质、设置土工织物等处理措施,路床填料应具有良好的透水性能。

(3)可作为路基填料的土方,应分类开挖分类使用。非适用材料应按设计要求或作为弃方并按规定处理。

(4)土方开挖应自上而下进行,不得乱挖超挖,严禁掏底开挖。边沟与截水沟应从下游向上游开挖,开挖后应及时进行防渗处理。

(5)开挖过程中,应采取措施保证边坡稳定。开挖至边坡线前,应预留一定宽度,预留的宽度应保证刷坡过程中设计边坡线外的土层不受到扰动。

(6)开挖至零填、路堑路床部分后,应尽快进行路床施工;如不能及时施工宜在设计路床顶高程以上预留至少300mm厚的保护层。

2. 土质路堑的施工工艺

土质路堑的施工工艺流程如图5.2.1所示。

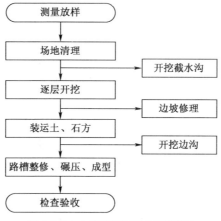

图5.2.1 土质路堑施工工艺流程图

3. 土质路堑的作业方法

土质路堑开挖方法的选择,应考虑地形条件、工程量大小、施工工期及能采用的机具等因素。此外,尚需考虑土层分布及其利用、废弃等情况。

土方开挖可根据具体情况采用横向挖掘法、纵向挖掘法或混合式挖掘法。

(1)横向挖掘法。

从路堑的一端或两端按横断面全宽向前开挖,称为横挖法,适用于短而深的土质路堑。横向挖掘可采用人工作业或机械作业,具体方法有:

①单层横挖法:从开挖路堑的一端或两端按断面全宽一次性挖到设计高程,然后逐渐向纵深挖掘,挖出的土方一般都是向两侧运送。该方法适用于挖掘浅且短的路堑。

②多层横挖法:从开挖路堑的一端或两端按断面分层挖到设计高程。该方法适用于挖掘深且短的路堑。

(2)纵向挖掘法。

沿路线纵向分层依次向前开挖称为纵向挖掘法,适用于较长的路堑。纵向挖掘多采用机械作业,具体方法有:

①分层纵挖法:沿路堑全宽,以深度不大的纵向分层进行挖掘。该方法适用于较长的路堑开挖。

②通道纵挖法:先沿路堑纵向挖掘一通道,然后将通道向两侧拓宽以扩大工作面,并利用该通道作为运土路线及场内排水的出路。该层通道拓宽至路堑边坡后,再挖下层通道,如此向纵深开挖至路基高程。该方法适用于较长、较深、两端地面纵坡较小的路堑开挖。

③分段纵挖法:沿路堑纵向选择一个或几个适宜处,将较薄一侧堑壁横向挖穿,使路堑分成两段或数段,各段再纵向开挖。该方法适用于过长、弃土运距过远、一侧堑壁较薄的傍山路堑开挖。

(3)混合式挖掘法。

多层横向挖掘法和通道纵挖法混合使用,即先沿路线纵向挖通通道,然后沿横向坡面挖掘,以增加开挖坡面。在较大的挖方地段,还可沿横向再开劈工作面。该方法适用于路线纵向长度和挖深都很大的路堑开挖。

4. 石质路堑的施工要求

(1)根据施工环境、岩石条件、开挖尺寸、工程量、施工技术要求、施工机械配备等情况,通过方案比选确定石方开挖方案。

(2)恢复路基中线,放出边线,钉牢边桩。深挖路基施工,应逐级开挖,逐级按设计要求进行防护。

(3)边坡整修及检验。挖方边坡应从开挖面往下分段整修,每下挖2~3m,宜对新开挖边坡刷坡,同时清除危石及松动石块;石质边坡不宜超挖。

(4)路床清理及验收。欠挖部分必须凿除。超挖部分应采用无机结合料稳定碎石或级配碎石填平碾压密实,严禁用细粒土找平;石质路床底面有地下水时,可设置渗沟进行排导,渗沟宽度不宜小于100mm,横坡不宜小于0.6%。渗沟应用坚硬碎石回填;石质路床的边沟应与路床同步施工。

(5)爆破法开挖。

①应先查明空中缆线、地下管线的位置,开挖边界线外可能受爆破影响的建筑物结构类型、居民居住情况等,根据地形、地质、挖深等选择适宜的爆破方法,制订爆破技术安全方案,爆破作业必须符合相关安全规定。爆破施工组织设计应按相关规定报批。

②在地面上准确放出炮眼(井)位置,竖立标牌,标明孔(井)号、深度、装药量;用推土机配合爆破,创造临空面,使最小抵抗线方向面向回填方向;炮眼按其不同深度,采用手风钻或潜孔钻钻孔,炮眼布置在整体爆破时采用"梅花形"或"方格形",预裂爆破时采用"一字形",洞室爆破根据设计确定药包的位置和药量。

③石方开挖严禁采用洞室爆破,近边坡部分宜采用光面爆破或预裂爆破。

④在居民区及地质不良可能引起坍塌后遗症的路段,原则上不采用大中型洞室爆破。在石方集中的深挖路堑采用洞室爆破时,应认真设计分集药包位置和装药量,精确测算爆破漏斗,防止超爆、少爆或振松边坡,留下后患;确保边坡爆破质量,采用预裂爆破技术,光面爆破技术和微差爆破技术,同时配合选择合理的爆破参数,减少冲击波影响,降低石料大块率,以减少

二次破碎,利于装运和填方;爆破施工要严格控制飞石距离,采取切实可行的措施,确保人员和建筑物的安全。

⑤装药前要布好警戒,选择好通行道路,认真检查炮孔、洞室,吹净残渣,排除积水,做好爆破器材的防水保护工作,雨期或有地下水时,可考虑采用乳化防水炸药。

⑥装药分单层、分层装药,预裂装药及洞室内集中装药。炮眼装药后用木杆捣实,填塞黏土,洞室装药时,将预先加好的起爆体放在药包中心位置,周围填以硝酸安全炸药,用砂黏土填塞,填塞时要注意保护起爆线路。

⑦认真设计,严密布设起爆网络,防止发生短路及"二响重叠"现象;顺利起爆,并清除边坡危石后,用推土机清出道路,用推土机、铲运机纵向出土填方,运距较远时,用挖掘机械装土,自卸汽车运输;随时注意控制开挖断面,切勿超爆,适时清理整修边坡和暴露的孤石。

5. 石质路堑的作业方法

路基石方除软石的松软部分可用大功率推土机松动,或人力使用撬棍、十字镐、大锤松动开挖外,软石的紧密部分及次坚石、坚石通常采用爆破法开挖。有条件时宜采用松土法开挖,局部视情况亦可采用静态破碎法开挖。

石方开挖方法可根据具体情况采用钻爆开挖、直接应用机械开挖或静态破碎。

1) 钻爆开挖

当前广泛采用薄层开挖、分层(梯段)开挖、全断面一次开挖和特高梯段开挖等。

(1) 爆破开挖石方的施工工艺流程。

爆破影响调查与评估→爆破施工组织设计→培训考核、技术交底→主管部门批准→清理爆破区施工现场的危石等→炮眼钻孔作业→爆破器材检查测试→炮孔检查合格→装炸药及安装引爆器材→布设安全警戒岗→堵塞炮孔→撤离实施爆破警戒区和飞石、振动影响区的人、畜等→爆破作业信号发布及作业→清除盲炮→解除警戒→测定、检查爆破效果(包括飞石、地震波及对实施爆破区内构造物的损伤、损失等)。

(2) 综合爆破施工技术。

爆破方法,要根据石方的集中程度、地质、地形条件及路基断面形状等具体情况而定。用药量 1t 以下为中小炮,1t 以上为大炮。应以小型及松动爆破为主,未经批准,不得采用大、中型爆破。

综合爆破一般包括小炮和洞室炮两大类。小炮包括钢钎炮、深孔爆破等钻孔爆破。洞室炮主要包括药壶炮和猫洞炮,随药包性质、断面形状和地形的变化而不同。

①钢钎炮(浅孔爆破):炮眼直径和深度分别小于 70mm 和 5m。钢钎炮比较灵活,适用于地形艰巨及爆破量较小地段,是一种改造地形,为其他炮型服务的辅助炮型。优点是:操作简单,对设计边坡外的岩体振动损害小;缺点是:不利于爆破能量的利用且工效较低。

②深孔爆破:炮眼直径大于 75mm、深度 5m 以上、采用延长药包。需要大型的潜孔凿岩机或穿孔机穿孔,配合挖运机械,可实现石方施工全面机械化,劳动生产率高,爆破比较安全,是大量石方快速施工的一个发展途径。

③药壶炮(葫芦炮):在深 2.5~3m 的炮眼底部用小量炸药经一次或多次烘膛,使眼底成葫芦形,将炸药集中装入药壶中进行爆破。药壶炮每次可炸岩石数十至数百方,是小炮中最省工、省药的一种方法。

④猫洞炮:炮洞直径0.2~0.5m,洞穴水平或略有倾斜,深度小于5m,用集中药包在炮洞中进行爆破。在有裂缝的软石坚石中,阶梯高度大于4m,药壶炮的药壶不易形成时,可采用该方法获得好的爆破效果。

(3)常用爆破方法。

石质路堑开挖的常用爆破方法有:光面爆破、预裂爆破、微差爆破、定向爆破、洞室爆破。

①光面爆破:在开挖界限的周边,适当排列一定间隔的炮孔,在有侧向临空面的情况下,用控制抵抗线和药量的方法进行爆破,使之形成一个光滑平整的边坡面。

②预裂爆破:在开挖界限处按适当间隔排列炮孔,在没有侧向临空面和最小抵抗线的情况下,用控制炸药用量的方法,预先炸出一条裂缝,使拟爆体与山体分开,作为隔振减振带,以保护开挖界限以外的山体或建筑物,减弱爆体爆破造成的破坏作用。

③微差爆破(毫秒爆破):相邻药包或前后排药包以毫秒的时间间隔(一般为15~75ms)依次起爆。

④定向爆破:利用爆能将大量土石方按照指定的方向,搬移到一定的位置并堆积成路堤。

⑤洞室爆破(大爆破):可根据地形和路基断面形式,采用抛掷爆破、定向爆破、松动爆破方法。其中,抛掷爆破可分为平坦地形的抛掷爆破(扬弃爆破)、斜坡地形路堑的抛掷爆破以及斜坡地形半路堑的抛坍爆破。

2)直接应用机械开挖(松土法)

用带有松土器的重型推土机破碎岩石,一次破碎深度为0.6~1m,再用推土机或装载机与自卸汽车配合,将翻松的岩块搬运出去。该方法适用于施工场地开阔、大方量的软岩石方工程。

优点是不需要风、水、电辅助设施,简化了场地布置,加快了施工进度,提高了生产效率;缺点是不适于破碎坚硬岩石。

3)静态破碎法

将膨胀剂放入炮孔内,利用产生的膨胀力缓慢作用于孔壁,经过数小时至24小时达到300~500MPa的压力,使岩石开裂。该方法适用于在设备附近、高压线下和开挖与浇筑过渡段等特定条件下的开挖。

优点是安全可靠,没有爆破产生的公害;缺点是开裂时间长,破碎效率低。

(二)填方路基施工技术

1.路堤填料的选择

1)路床填料的一般要求

用于公路路基的填料要求挖取方便、压实容易、强度高、水稳定性好。其中强度要求是按CBR值确定,应通过取土试验确定填料最小强度和最大粒径。路床填料最大粒径应小于100mm,路床填料应均匀。

2)土质路堤的填料要求

(1)卵石、碎石、砾石、粗砂等透水性良好的填料,只要分层填筑、压实,可以不控制含水率;用黏性土等透水性不良的填料,应在接近最佳含水率的情况下分层填筑与压实。

(2)含草皮、生活垃圾、树根、腐殖质的土严禁作为填料。

(3)泥炭、淤泥、冻土、强膨胀土、有机质土及易溶盐超过允许含量的土,不得直接用于填筑路基;确需使用时,必须采取技术措施进行处理,经检验满足设计要求后方可使用。

(4)湿黏土宜采用石灰进行改良,经检验满足设计要求后方可使用。

(5)粉质土不宜直接填筑于路床,不得直接填筑于冰冻地区的路床及浸水部分的路堤。当采用细粒土填筑时,宜掺用石灰、水泥、粉煤灰等无机结合料进行改良。

(6)膨胀土除非表层用非膨胀土封闭,一般也不宜用作高等级公路路基填料。工业废渣可用作路基填料,但应先进行试验及检验有害物质含量,以免污染环境。含盐量超过规定的强盐渍土和过盐渍土不能用作高等级公路路基填料。

3)填石路堤的填料要求

硬质、中硬岩石可作为路床、路堤填料;软质岩石可用作路堤填料,不得用于路床填料;膨胀岩石、易溶性岩石和盐化岩石不得用于路堤填筑;路基的浸水部分,应采用稳定性好、不易膨胀崩解的岩石填筑;路堤填料粒径应不大于500mm,并不宜超过层厚的2/3。路床底面以下400mm范围内,填料粒径应小于150mm。

4)土石路堤的填料要求

膨胀岩石、易溶性岩石等不宜直接用于路堤填筑,崩解性岩石和盐化岩石等不得用于路堤填筑;天然土石混合填料中,中硬、硬质石料的最大粒径不得大于压实层厚的2/3;石料为强风化石料或软质石料时,其CBR值应符合相关规定,石料最大粒径不得大于压实层厚。

5)轻质填料(粉煤灰)路堤的填料要求

粉煤灰可用于各级公路路堤填筑,不得用于高速公路、一级公路的路床和二级公路的上路床;用于路堤填筑的粉煤灰的烧失量应不大于20%,SO_3含量不宜大于3%,粉煤灰中不得含团块、腐殖质及其他杂质。

6)土工泡沫塑料路堤的填料要求

土工泡沫塑料可用于软土地基上路堤、桥涵与挡土墙构造物台背路堤、拓宽路堤和修复失稳路堤等;土工泡沫塑料材料密度不宜小于$20kg/m^3$,10%应变的抗压强度不宜小于10kPa,抗弯强度不宜小于150kPa,压缩模量不宜小于3.5MPa,7d体积吸水率不宜小于1.5%。

7)泡沫轻质土路堤的填料要求

用于公路路基的泡沫轻质土的无侧限抗压强度应满足设计和规范要求;湿重度应符合设计要求,设计未规定时泡沫轻质土施工最小湿重度应不小于$50kN/m^3$,施工最大湿重度宜不大于$11kN/m^3$;泡沫轻质土施工流动度宜为170~190mm。特重、极重交通高速公路及一级公路路床部位的泡沫轻质土配合比宜采用掺砂配合比,流动度宜为150~170mm,且砂与水泥的质量比宜控制在0.5~2.0。

2.路堤施工技术

1)土质路堤施工技术

(1)土质路堤施工工序:施工放样→清除表土→填前处理→分层填筑→整平→碾压→整修。

(2)土质路堤填筑方法:水平分层填筑、纵向分层填筑、横向填筑、联合填筑。

水平分层填筑:按照横断面全宽分成水平层次,逐层向上填筑,为常用方式。

纵向分层填筑:依路线纵坡方向分层,逐层向上填筑。常用于地面纵坡大于12%、用推土机从路堑取料、填筑距离较短的路堤,不易碾压密实。

横向填筑:从路基的一端或两端按横断面全高逐步推进填筑。用于填土过厚、不易压实的路堤,仅用于无法自下而上填筑的深谷、陡坡、断岩、泥沼等机械无法进场的路堤。

联合填筑:路堤下层用横向填筑,上层用水平分层填筑。适用于因地形限制或填筑堤身较高,不宜采用水平分层或横向填筑的情况。

(3)土质路堤的施工规定如下:

性质不同的填料,应水平分层、分段填筑、分层压实。同一水平层路基的全宽应采用同一种填料,不得混合填筑。每种填料的填筑层压实后的连续厚度不宜小于500mm。填筑路床顶最后一层时,压实后的厚度应不小于100mm。

对潮湿或冻融敏感性小的填料应填筑在路基上层。强度较小的填料应填筑在下层。在有地下水的路段或临水路基范围内,宜填筑透水性好的填料。

在透水性不好的压实层上填筑透水性较好的填料前,应在其表面设2%~4%的双向横坡,并采取相应的防水措施。不得在透水性较好的填料所填筑的路堤边坡上覆盖透水性不好的填料。

每种填料的松铺厚度应通过试验确定。每一填筑层压实后的宽度不得小于设计宽度。

路堤填筑时,应从最低处开始分层填筑,逐层压实;当原地面纵坡大于12%或横坡陡于1:5时,应按设计要求挖台阶,或设置坡度向内并大于4%、宽度大于2m的台阶。

填方分几个作业段施工时,接头部位如不能交替填筑,则先填路段,应按1:1坡度分层留台阶;如能交替填筑,则应分层相互交替搭接,搭接长度不小于2m。

(4)土质路堤的压实要求如下。

压实机械碾压时,一般以慢速效果最好,除羊足碾或凸块式碾外,压实速度以2~4km/h为宜。压实机具应先轻后重,以便能适应逐渐增长的土基强度,碾压速度宜先慢后快。

碾压一段结束时,宜采取机械纵向退行方式碾压第二遍,不宜掉头以免搓挤土。

在整个全宽的填土上压实,宜纵向分行进行,直线段由两边向中间,曲线段由曲线的内侧向外侧(当曲线半径超过200m时,可以按直线段方式进行)。两行之间的接头一般应重叠1/4~1/3轮迹,三轮压路机应重叠后轮的1/2。

纵向分段碾压好后进行第二段压实时,纵向接头处的碾压范围宜重叠1~2m,以确保接头处平顺过渡。

2)填石路堤施工技术

(1)填石路堤的施工工艺流程,如图5.2.2所示。

(2)填石路堤的填筑方法:竖向填筑法、分层压实法、冲击压实法、强力夯实法。

①竖向填筑法(倾填法)。以路基一端按横断面的部分或全部高度自上而下倾卸石料,逐步推进填筑。该方法主要用于二级及二级以下且铺设低级路面的公路、陡峻山坡施工特别困难或大量以爆破方式挖开填筑的路段、无法自下而上分层填筑的陡坡、断岩、泥沼和水中作业的填石路堤。缺点是路基的压实、稳定问题较多。

②分层压实法(碾压法)。自下而上水平分层、逐层填筑、逐层压实,是普遍采用并能保证填石路堤质量的方法。高速公路、一级公路和铺设高等级路面的其他等级公路的填石路堤均应采用此方法。

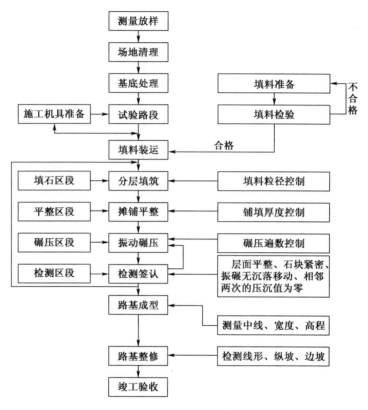

图 5.2.2 填石路堤施工工艺流程图

③冲击压实法。利用冲击压实机的冲击碾,周期性、大振幅、低频率地对填料进行冲击压密。它既具有分层法连续性的优点,又具有强力夯实法压实厚度深的优点。缺点是三角冲击压实机需要场地较大,且存在压实不到位的区域,因此多用于补强碾压。

④强力夯实法。用起重机吊起夯锤从高处自由落下,利用强大的动力冲击来提高填料的密实度和地基强度。强夯造成的表层松动层应采用振动碾压法压实。该方法机械设备简单,击实效果显著,不需铺撒细粒料,施工速度快,解决了大块石填筑地基厚层施工的夯实难题。缺点是当周围有建筑物或下部有涵洞通道时,使用受限。

(3)填石路堤的施工规定。

路堤施工前,应先修筑试验路段,确定满足规定孔隙率标准的松铺厚度、压实机械型号及组合、压实速度及压实遍数、沉降差等参数。

填石路堤应分层填筑压实,在陡峻山坡地段施工特别困难时,三级及以下砂石路面公路的下路堤可采用倾填方式填筑。岩性相差较大的填料应分层或分段填筑,严禁将软质石料与硬质石料混合使用;中硬、硬质石料填筑路堤时,应进行边坡码砌,码砌边坡的石料强度、尺寸及码砌厚度应符合设计要求,边坡码砌与路基填筑宜基本同步进行;压实机械宜选用自重不小于 18t 的振动压路机;在填石路堤顶面与细粒土填土层之间应按设计要求设过渡层。

3)土石路堤施工技术

(1)土石路堤的填筑方法。

土石路堤不得采用倾填方法,只能分层填筑,分层压实。宜用推土机铺填,每层松铺厚度应根据压实机械类型和规格确定,不宜超过40cm。接近路堤设计高程时,需改用土方填筑。

(2)土石路堤的施工规定。

施工前,应根据土石混合材料的类别分别进行试验路段施工,确定能达到最大压实干密度的松铺厚度、压实机械型号及组合、压实速度及压实遍数、沉降差等参数。

土石路堤不得倾填,宜选用自重不小于18t的振动压路机分层填筑压实。

碾压前应使大粒径石料均匀分散在填料中,石料间孔隙应填充小粒径石料、土和石渣。

压实后透水性差异大的土石混合材料应分层或分段填筑,不宜纵向分幅填筑;如确定需要纵向分幅填筑,应将压实后渗水良好的土石混合材料填筑于路堤两侧。

土石混合材料来自不同料场,其岩性或土石比例相差较大时,宜分层或分段填筑。

填料由土石混合材料变化为其他填料时,土石混合材料最后一层的压实厚度应小于300mm,该层填料最大粒径宜小于150mm。压实后,该层表面应无孔洞。

中硬、硬质石料的土石路堤,应进行边坡码砌,码砌边坡的石料强度、尺寸及码砌厚度应符合设计要求。边坡码砌与路堤填筑宜基本同步进行。软质石料土石路堤的边坡按土质路堤边坡处理。

4)高路堤施工技术

高路堤填料宜采用强度高、水稳性好的材料;路堤浸水部分应采用水稳性和透水性好的材料;高路堤施工中应按设计要求预留高度与宽度,并进行动态监控;高路堤宜每填筑2m冲击补压一次,或每填筑4~6m强夯补强一次;施工过程中应进行沉降和稳定性观测;不良地质路段的高路堤和陡坡路堤,应控制填筑速率,并进行地表水平位移监测,必要时还应进行地下土体分层水平位移监测。

5)轻质填料(粉煤灰)路堤

粉煤灰路堤可用于高速公路,可减轻土体结构自重、减少软土路堤沉降、提高土体抗剪强度。施工前应铺筑试验段;储运粉煤灰应采取有效措施防止扬尘、流失与污染环境;按设计要求铺筑隔离层,隔离层界面的路拱横坡应与路堤同坡;粉煤灰路堤应采用水平分层填筑施工;土质包边土应与粉煤灰填筑同步进行。按设计要求,做好排水盲沟;施工过程中,应及时洒水,防止干灰飞扬;粉煤灰摊铺后必须及时碾压,做到当天摊铺、当天碾压完毕;粉煤灰路堤的压实应遵循先轻后重、先低后高的原则;当铺筑至粉煤灰路堤顶层时,宜及时按设计要求做封闭层。

6)土工泡沫塑料路堤

土工泡沫塑料块体在工地堆放时,应采取防火、防风、防鼠、防雨水滞留、防侵蚀等保护措施,避免强阳光直接照射。垫层宽度宜超过路基边缘0.5~1m;非标准尺寸块体宜在生产车间加工,宜用电热丝进行切割;施工基面必须保持干燥。块体应逐层错缝铺设。允许偏差范围之内的缝隙或高差,用砂或无收缩水泥砂浆找平;严禁重型机械直接在块体上行驶;与其他填料路堤或旧路基的接头处,块体应呈台阶铺设;联结件应进行防锈处理;块体顶面的钢筋混凝土薄板、土工膜或土工织物等,应覆盖全部块体,并向土质护坡延伸0.5~1.0m;土工泡沫塑料路堤两边的土质护坡,坡面法向厚度应不小于0.25m,分层碾压夯实,防渗土工膜宜分级回包。

7)泡沫轻质土路堤

泡沫轻质土路堤地基应按设计高程和尺寸进行开挖、清理、整平、压实,设置排水沟或其他排水设施。当在地下水位以下浇筑时,应有降水措施,不得在基底有水的状态下浇筑。

泡沫轻质土路堤施工前,应将路基划分为面积不大于 $400m^2$、长轴不超过 30m 的浇筑区,每个浇筑区单层浇筑厚度宜为 0.3~1.0m,每隔 10~15m 应设置一道变形缝。

泡沫宜采用压缩空气与发泡剂水溶液混合的方式生产,不得采用搅拌发泡法生产泡沫。

泡沫轻质土不得在雨天施工。已施工尚未硬化的轻质土,在雨天应采取遮雨措施。不宜在气温低于 5℃ 时浇注,否则应采取保温措施。

泡沫轻质土在浇筑过程中应做湿重度现场检测。检测方法应采用容量筒法,每一浇筑区浇筑层检测次数应不低于 6 次。

(三)路基排水工程施工

排除地表水一般可采用:边沟、排水沟、截水沟、跌水与急流槽、蒸发池、拦水带等设施,将可能停滞在路基范围内的地表水迅速排除,防止路基范围内的地表水流入路基内。

排除地下水一般可采用:明沟(排水沟)、暗沟(管)、渗沟、渗井、检查井等,将路基范围内的地下水位降低或拦截地下水并将其排除路基范围以外。

1. 边沟

挖方地段和填土高度小于边沟深度的填方地段均应设置边沟。路堤靠山一侧的坡脚应设置不渗水的边沟。边沟的施工应符合以下规定:边沟沟底纵坡应衔接平顺;土质地段的边沟纵坡大于 3% 时应采取加固措施;边沟施工应符合设计要求,设计没有规定时,边沟深度不小于 400mm,底宽不小于 400mm;在平原区和重丘山岭区,边沟应分段设置出水口,多雨地区梯形边沟每段长度不宜超过 300m,三角形边沟不宜超过 200m。

2. 排水沟

排水沟可兼排除地表水的功能。当地下水位较高、潜水层埋藏不深时,可采用排水沟截流地下水及降低地下水位,但在寒冷地区不宜用于排出地下水。

排水沟的施工应符合以下规定:排水沟线形要平顺,转弯处宜为弧线形;排水沟的出水口,应设置跌水和急流槽将水流引出路基或引入排水系统;排水沟长度不宜过长,通常不超过 500m;排水沟距路基坡脚不宜小于 2m。

3. 截水沟

截水沟应先施工,与其他排水设施应衔接平顺;路基上方有弃土堆时,截水沟应离开弃土堆脚 1~5m,弃土堆坡脚离开路基挖方坡顶不应小于 10m,弃土堆顶部应设 2% 倾向截水沟的横坡。山坡上路堤的截水沟离开路堤坡脚至少 2m,并用挖截水沟的土填在路堤与截水沟之间,修筑向沟倾斜坡度为 2% 的护坡道或土台,使路堤内侧地表水流入截水沟排出;截水沟长度一般不宜超过 500m,超过 500m 时应设置出水口;截水沟应按设计要求进行防渗及加固处理。

4. 跌水与急流槽

跌水与急流槽设于水沟通过陡坡地段,一般采用砌石或混凝土结构,出水口应注意防止被冲刷,一般应设置跌水井等消能设施。

跌水与急流槽的施工应符合以下规定:基础应嵌入稳固的基面内,底面应按砌筑抗滑平台或凸榫。对超挖、局部坑洞,应采用相同材料与急流槽同时施工;无消力池的跌水,其台阶高度应小于600mm,每阶高度与长度之比应与原地面坡度相协调;急流槽片石砌缝应不大于40mm,砂浆饱满,槽底表面粗糙;急流槽的纵坡不宜超过1:1.5,同时应与天然地面坡度相配合。当急流槽较长时,槽底可用几个纵坡,一般是上段较陡,向下逐渐放缓;急流槽很长时,应分段砌筑,分节长度宜为5~10m,接头处应用防水材料填缝。混凝土预制块急流槽,分节长度宜为2.5~5m,接头采用榫接。

5. 蒸发池

在气候干燥且排水困难地段,可设置蒸发池。

蒸发池的施工应符合下列规定:湿陷性黄土地区,蒸发池与路基排水沟外缘的距离应大于湿陷半径。取土坑作蒸发池时,其与路基边沟距离不应小于5m,与面积较大的蒸发池距离应不小于20m。高速公路蒸发池距离路基原则上应不小于30m,且必须设置梳形盖板;不得因设置蒸发池而使附近地基泥沼化或对周围生态环境产生不利影响。蒸发池四周应进行围护;蒸发池池底宜设0.5%的横坡,入口处应与排水沟平顺连接。

6. 拦水缘石

为避免高路堤边坡被路面水冲毁,可在路肩上设拦水缘石,将水流拦截至挖方边沟或在适当地点设急流槽引离路基。与高路堤急流槽连接处应设喇叭口;拦水缘石必须按设计安置就位;设拦水缘石路段的路肩宜适当加固。

7. 暗沟(管)

当地下水位较高、潜水层埋藏不深时,可采用排水沟或暗沟截流地下水及降低地下水位,沟底宜埋入不透水层内。为排除泉水或地下集中水流,可采用暗沟或暗管。高等级公路的中央分隔带也需要采用纵向、横向的暗沟及暗管将水排出路基之外。

暗沟(管)施工应符合下列规定:沟底必须埋入不透水层内,沟壁最低一排渗水孔应高出沟底至少200mm;沟底纵坡应大于0.5%,出水口处应加大纵坡,并高出地表排水沟常水位200mm以上;寒冷地区的暗沟应做好防冻保温,坡度宜大于5%。采用混凝土或浆砌片石砌筑时,在沟壁与含水层接触面以上高度,应设置一排或多排向沟中倾斜的渗水孔,沟壁外侧应填筑粗粒透水性材料或土工合成材料形成反滤层。沿沟槽底每隔10~15m或在软硬岩层分界处应设置沉降缝和伸缩缝;顶面必须设置混凝土盖板或石料盖板,板顶上填土厚度应大于500mm。

8. 渗沟

为降低地下水或拦截地下含水层中的水流可在地面以下设置渗沟。渗沟是常见的地下排水沟渠,可视地下水流情况纵、横向设置。渗沟有填石渗沟、管式渗沟和洞式渗沟,三种渗沟均应设置排水层(或管、洞)、反滤层和封闭层。

(1)填石渗沟(盲沟)通常为矩形或梯形。施工应符合下列规定:石料应洁净、坚硬、不易风化。砂宜采用中砂,含泥量应小于2%,严禁用粉砂、细砂;渗水材料的顶面(指封闭层以下)不得低于原地下水位。当用于排除层间水时,渗沟底部应埋置在最下面的不透水层。在冰冻地区,渗沟埋置深度不得小于当地最小冻结深度;填石渗沟纵坡不宜小于1%,出水口底面高程应高出渗沟外最高水位200mm。

(2)管式渗沟适用于地下水引水较长、流量较大的地区。施工应符合下列规定:长度大于100m时,应在其末端设置疏通井和横向泄水管,分段排出地下水;泄水孔应在管壁上交错布置,间距不宜大于200mm。渗沟顶高程应高于地下水位。管节宜用承插式柔性接头连接。

(3)洞式渗沟适用于地下水流量较大的地段。填料顶面宜高于地下水位。渗沟顶部必须设置封闭层,厚度应大于500mm。

(4)支撑渗沟的基底埋入滑动面以下宜不小于500mm,排水坡度宜为2%~4%。当滑动面坡度较缓时,可做成台阶式支撑渗沟,台阶宽度宜不小于2m。渗沟侧壁及顶面宜设反滤层,出水口宜设置端墙。端墙内的出水口底高程,应高于地表排水沟常水位200mm以上,寒冷地区宜不小于500mm。承接渗沟排水的排水沟应进行加固。

9.渗井

当路基附近的地表水或浅层地下水无法排除、影响路基稳定时,可设置渗井,将地表水或地下水经渗井通过下透水层中的钻孔流入下层透水层中排出。

渗井施工应符合下列规定:距离坡脚不小于10m,渗井顶部四周用黏土填筑围护,井顶应加盖封闭;渗井开挖应随挖随支撑、及时回填;渗井直径50~60cm,填充料含泥量应小于5%,按单一粒径分层填筑,不得将粗细材料混杂填塞。下层透水层范围内宜填碎石或卵石,上层不透水范围内宜填砂或砾石。井壁与填充料之间应设反滤层,填充料与反滤层应分层同步施工。

10.检查井

为检查维修渗沟,每隔30~50m或在平面转折和坡度由陡变缓处宜设置检查井。检查井一般采用圆形,内径不小于1m,在井壁处的渗沟底应高出井底0.3~0.4m,井底铺一层厚0.1~0.2m的混凝土;井基如遇不良土质,应采取换填、夯实等措施。兼起渗井作用的检查井井壁,应在含水层范围设置渗水孔和反滤层。深度大于20m的检查井,除设置检查梯外,还应设置安全设备;井口顶部应高出附近地面0.3~0.5m,并设井盖。

(四)路基支挡与加固工程

1.挡土墙

1)重力式挡土墙

(1)基坑开挖:基坑开挖宜分段跳槽进行。土质或易风化软质岩石雨季开挖基坑时,应在基坑挖好后及时封闭坑底。

(2)基础施工:基础施工前清除基底表面风化、松软的土石和杂物。基础应在砂浆强度达到设计强度的75%后及时分层回填夯实。

(3)墙身施工:砌石墙身应分层错缝砌筑,咬缝应不小于砌块长度的1/4,且不得出现贯通竖缝。混凝土墙身应水平分层浇筑、分层振捣,分层厚度应不超过300mm。挡土墙端部伸入路堤或嵌入挖方部分应与墙体同时砌筑。挡土墙顶应找平抹面或勾缝,其与边坡间的空隙应采用黏土或其他材料夯填封闭。

(4)墙背填料及施工:墙背宜采用砂性土、卵石土、砾石土或块石土等透水性好、抗剪强度高的材料。挡土墙混凝土或砂浆强度达到设计强度的75%时,应及时进行墙背回填。距墙背0.5~1.0m内,不得使用重型振动压路机碾压。

(5)泄水孔:墙身泄水孔应在砌筑过程中按设计施工,确保排水畅通。

(6)岩体破碎、土质松软或地下水丰富等地段修建挡土墙宜避开雨季施工。

2)钢筋混凝土悬臂式和扶壁式挡土墙

基坑开挖应从上至下分层分段依次进行。开挖过程中应做好临时排水设施,并随时排水,保证工作面干燥及基底不被水浸。基坑开挖后应及时施工挡土墙,不得长期放置。凸榫部分应与基坑同时开挖,并与墙底板一起浇筑。采用装配法施工时,基础部分应整体一次性浇筑,并设置好预埋钢筋。在基础混凝土达到设计强度75%前,不得安设预制墙板。混凝土浇筑后应及时进行养护,养护时间宜不少于7d。墙背回填应在墙体混凝土达到设计强度的75%后进行。回填应分层填筑并压实。扶壁式挡土墙回填时应按先墙趾、后墙踵的顺序进行。

3)锚杆挡土墙

锚杆挡土墙施工工序:基坑开挖、基础浇(砌)筑、锚杆制作、钻孔、锚杆安放与注浆锚固、肋柱和挡土板预制、肋柱安装、挡土板安装、墙后填料填筑与压实等。

挡土板和锚杆的施工应逐层由下向上同步进行,挡土板之间的安装缝应均匀,缝宽宜小于10mm。同一肋柱上两相邻跨的挡土板搭接处净间距宜不小于30mm,并应按施工缝处理。挡土板后的防排水设施及反滤层应与挡土板安装同步进行。

4)锚定板挡土墙

锚定板应采用反开槽法施工,先填土,后挖槽就位。挖槽时,锚定板宜比设计位置高30~50mm。螺栓杆、锚头等应进行防锈处理和防水封闭。肋柱安装应符合设计的位置和倾角,安装锚定板时板面应竖直,且在同一高程。施工槽口与上层填土应同步碾压,不得直接碾压拉杆和锚定板。分级平台应按设计要求进行封闭,并设2%的外倾排水坡。

5)加筋土挡土墙

(1)施工工序。加筋土挡土墙施工简便、快速,并且节省劳力、缩短工期,一般包括下列工序:基槽(坑)开挖、地基处理、排水设施、基础浇(砌)筑、构件预制与安装、筋带铺设、填料填筑与压实、墙顶封闭等。其中现场墙面板拼装、筋带铺设、填料填筑与压实等工序是交叉进行的。

(2)加筋土挡土墙施工应符合下列规定。

填料宜采用具有一定级配、透水性好的砂类土或碎砾石土,不应含有带尖锐棱角的颗粒。拉筋应按设计位置水平铺设在已经整平、压实的土层上,单根拉筋应垂直于面板,多根拉筋应按设计扇形铺设。拉筋安装应平顺,不得打折、扭曲,不得与硬质、棱角填料直接接触。墙面板安设应根据高度和填料情况设置适当的仰斜,斜度宜为1:0.02~1:0.05。安设好的面板不得外倾。拉筋与面板之间的连接应牢固。拉筋贯通整个路基时,宜采用单根拉筋拉住两侧面板。填料摊铺、碾压应从拉筋中部开始平行于墙面进行,不得平行于拉筋方向碾压。应先向拉筋尾部逐步摊铺、压实,然后再向墙面方向进行。路基施工碾压不得使用羊足碾。靠近墙面板1m范围内,应使用小型机具夯实或人工夯实,不得使用重型压实机械压实。

2. 边坡锚固(预应力锚索边坡加固)防护

(1)锚杆施工。孔深小于3m时,宜采用先注浆后插锚杆的施工工艺。

(2)预应力锚索。严禁将钢绞线及锚索直接堆放在地面或露天储存,避免受潮、受腐蚀。

施工前应按设计要求进行预应力锚索的锚固性能基本试验,确定施工工艺。

(3)锚索束制作安装。制作宜在现场厂棚内制作;不得使用有机械损伤、电弧烧伤和严重锈蚀的钢绞线;普通锚索束必须进行清污、除锈处理;锚索入孔前,必须校对锚索编号与孔号是否一致,做好标记;必须顺直地安放在钻孔中心。

(4)锚固端灌浆。放入锚索束后应及时灌浆;黏结锚索孔灌浆宜一次注满锚固段和自由段;灌浆应饱满、密实。

(5)锚索张拉。张拉设备应按规定配套标定,标定间隔期不宜超过6个月或张拉200次;孔内砂浆的强度未达到设计规定的允许张拉强度前不得进行张拉;锚索张拉采用张拉应力和伸长量双控制。当实际伸长值大于设计伸长值的10%或小于5%时应停止张拉进行锁定;锚索锁定后,在注浆锚固前若发现有明显的预应力松弛时,应查找原因,并进行补偿张拉。

(6)封孔。封孔灌浆应在锚索张拉、检测合格、锁定后进行;封孔灌浆时,进浆管必须插到底,灌浆必须饱满;封锚应采用与结构或构件同强度的混凝土。长期外露的锚具应采取防锈措施。

3.抗滑桩

(1)开挖及支护。相邻桩不得同时开挖,开挖桩群应从两端沿滑坡主轴间隔开挖,桩身强度达到设计强度的75%后方可开挖邻桩;应分节开挖,每节宜为0.5~1m,挖一节立即支护一节,灌注前应清除孔壁上的松动石块、浮土。围岩松软、破碎、有水时,护壁宜设泄水孔。开挖应在上一节护壁混凝土终凝后进行,模板的支撑应在混凝土强度达到能保持护壁结构不变形后方可拆除;在围岩松软、破碎和有滑动面的节段,应在护壁内顺滑动方向用临时横撑加强支护。

(2)灌注桩身混凝土。灌注前,应检查断面净空、清洗混凝土护壁;灌注必须连续进行。钢筋笼搭接接头不得设在土石分界和滑动面处。

(3)桩间支挡结构、与桩相邻的挡土、排水设施等,均应按设计要求与抗滑桩正确连接,配套完成。

(4)桩板式抗滑挡墙。桩身混凝土应达到设计强度后方可安装挡土板,边安装边回填,并做好板后排水设施;当桩间为土钉墙或喷锚支护时,桩间土体应分层开挖、分层加固;当锚固桩上部设有多排锚索(杆)时,应待上一排锚索(杆)施工完成后,才可开挖下一层的桩前土体;应严格控制墙背填土的压实度,压实时保护好锚索(杆)。

(五)特殊路基施工技术

特殊路基施工前应进行必要的基础试验,核对地质资料、设计处理范围、设计参数等,编制专项施工方案。实际施工中如地质状况与设计不符或设计处置方案因故不能实施,应及时反馈处理。特殊路基施工宜进行动态监控。

1.滑坡地段路基

施工前应核查滑坡区段的地形、地貌、地质、滑坡性质、成因类型和规模,应编制滑坡段的专项施工方案和应急预案。滑坡整治不宜在雨期施工。施工过程中应进行稳定监测。

(1)排水施工要求。及时封闭滑坡体上的裂隙,在滑坡边缘一定距离外的稳定地层上,修筑一具有防渗功能的环形截水沟、排水沟;滑坡范围大时,应在滑坡坡面上修筑具有防渗功能的临时或永久排水沟。有地下水时,应设置截水渗沟。

(2)削坡减载与填土反压施工要求。滑坡整治措施实施前,严禁在滑坡体抗滑段减载、下滑段加载;滑坡整治完成后,应及时恢复植被;采用削坡减载方案整治滑坡时,减载应自上而下进行,严禁超挖或乱挖,严禁爆破减载;采用加填压脚方案整治滑坡时,只能在抗滑段加重反压,并且做好地下排水。

(3)抗滑支挡工程施工应有合理的施工方法和施工程序。当墙后有支撑渗沟及排水工程时,应先期施工;抗滑桩与挡土墙共同支挡时,应先施作抗滑桩;抗滑桩、锚索施工应从两端向滑坡主轴方向逐步推进。采取微型钢管桩、山体注浆等加固措施或注浆作为其他处置方案的配套措施时,应采用相应的成孔设备和注浆方式;各种支挡结构的基础应置于滑动面以下,并嵌入稳定地层;开挖基坑时,应分段跳槽施工,并应加强支撑、随挖随砌、及时回填。

2. 崩塌与岩堆地段路基

施工前应核查崩塌地段地形、地貌、地质情况,查明危岩、崩塌的类型、范围及危害程度,查明岩堆的物质组成、类型、分布范围、物质来源、成因,分析崩塌体与岩堆的稳定性,复查设计处置方案的可行性并编制专项施工方案。

应根据地形和岩层情况对单个危岩采取处置措施。地面坡度陡于1:0.5时,应对孤石进行处理。危岩崩塌体小时,可采取清除、支挡、挂网喷锚、柔性防护等措施,或采取拦石墙、落石槽等拦截措施。拦石墙与落石槽宜配合使用,拦石墙墙背应设缓冲层。对路基有危害的危岩体,应清除或采取支撑、预应力锚固等措施。当崩塌体大、发生频繁且距离路线近而设拦截构造物有困难时,应按设计要求采用明洞、棚洞等遮挡构造物,洞顶应有缓冲层。岩堆地区路基施工,应进行动态监控和巡视,填筑路基时,宜控制填筑速率并进行稳定观测。

3. 泥石流地区路基

施工前应结合设计,详细调查泥石流的成因、规模、特征、活动规律、危害程度等相关情况,核实泥石流形成区、流动区和堆积区,编制专项施工方案。

采用桥梁形式跨越泥石流地段时,应按设计要求及时完成防护加固设施。

采用排泄道、排导沟、明洞、涵洞、渡槽等排导功能为主的构造物进行泥石流处置时,排导构造物应符合下列规定:构造物基础应牢固,强度、断面与高度应满足设计要求;构造物平面线形应圆滑、渐变,上下游应有足够长的衔接段,行进段沟槽不宜过分压缩,出口不宜突然放宽;流向改变处的转折角不宜超过15°,避免因急弯突然收缩和扩大而造成淤塞;构造物通流段和出口段的纵坡应满足设计要求或大于沟槽的淤积平衡坡度。

永久性调治构造物采用浆砌片石时,应采用质地坚硬、不易风化的片石,基础应置于设计要求的深度,强度应满足设计要求。

4. 岩溶地区路基

施工前应核查岩溶分布、地形、地表水、地下水活动规律,编制专项施工方案。

不得堵塞与地下河连通的岩溶漏斗、冒水洞、溶洞等地下通道。对路基基底下的干溶洞,应采取回填封闭、钢筋混凝土盖板跨越、支撑加固或结构物跨越等处理措施。在溶蚀洼地填筑路基时,应采用渗水性好的砂砾、碎石土等材料填筑,并应高出积水位0.5m。开挖整体稳定性好的硬质岩溶岩石边坡时,宜采用光面爆破或预裂爆破。

5. 软土地基

1) 浅层处理

浅层处理包括:换填、垫层和抛石挤淤等,适用于表层软土厚度小于3m的浅层软弱地基处理。

(1) 换填法。

采用强度高的材料将地基中的软土全部或部分换除以提高地基强度。当软土厚度小于3m时可换填软基。对非饱和黏性土的软弱表层,也可添加适量石灰、水泥进行改良处置。换填料宜选用强度高的砂砾、碎石土等水稳性和透水性好的材料。施工时,应分层填筑、压实,如图5.2.3所示。

(2) 抛石挤淤。

抛石挤淤应采用不易风化的片石、块石,石料直径宜不小于300mm。当软土地层平坦,横坡缓于1:10时,应沿路线中线向前呈等腰三角形抛填,渐次向两侧对称抛填至全宽,将淤泥挤向两侧;当横坡陡于1:10时,应自高侧向低侧渐次抛填,并在低侧边部多抛投形成不小于2m宽的平台。当抛石高出水面后,应采用重型机具碾压密实。抛石挤淤结构如图5.2.4所示。

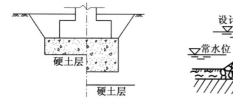

图5.2.3 换填处理　　　　　图5.2.4 抛石挤淤

(3) 垫层处理。

垫层施工应符合以下规定:垫层材料宜采用无杂物的中砂、粗砂、砂砾或碎石,含泥量应小于5%,最大粒径应小于50mm。垫层宜分层摊铺、压实,碾压到规定的压实度,采用砂砾料时,应避免粒料离析。垫层宽度应宽出路基边脚0.5~1.0m,两侧宜采用片石护砌或采用其他方式防护。

2) 土工合成材料

土工合成材料施工应符合以下规定:下承层应平整,摊铺时应拉直、平顺,紧贴下承层,不得扭曲、折皱。在斜坡上摊铺时,应保持一定松紧度。铺设时,应顺路堤坡脚回折2~3m,为保护土工合成材料,上下都应铺设厚0.2~0.3m的砂垫层。土工合成材料采用搭接方法时,搭接长度宜为300~600mm;采用黏结方法时,黏合宽度应不小于50mm,黏合强度应不低于土工合成材料的抗拉强度;采用缝接方法时,缝接宽度应不小于50mm,缝接强度应不低于土工合成材料的抗拉强度,双层土工合成材料上、下层接缝应错开,错开长度应大于500mm。施工中应采取措施防止土工合成材料受损,出现破损时应及时修补或更换。土工合成材料处置见图5.2.5。

3) 预压与超载预压

如果工期不紧,可以通过填土堆载预压,使地基土压密、沉降、固结,从而提高地基的固结度,减少路堤建成后的沉降量。预压法有真空预压和超载预压两种,预压荷载等于设计的道路工程荷载称为等载预压,预压荷载超过设计的道路工程荷载称为超载预压,如图 5.2.6 所示。

图 5.2.5　土工格栅

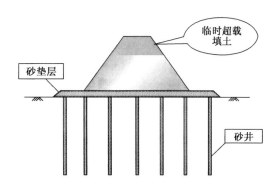

图 5.2.6　超载预压

4) 竖向排水法

竖向排水体可采用砂井、袋装砂井、塑料排水板等。袋装砂井和塑料排水板可采用沉管式打桩机施工,塑料排水板也可以采用插板机施工。

(1) 袋装砂井。

袋装砂井的施工工艺流程:整平原地面→摊铺下层砂垫层→机具定位→打入套管斗沉入砂袋→拔出套管→机具移位→埋砂袋头→摊铺上层砂垫层等。

宜采用中、粗砂,粒径大于 0.5mm 颗粒的含量宜大于 50%,含泥量应小于 3%,渗透系数应大于 5×10^{-2} mm/s,砂袋的渗透系数应不小于砂的渗透系数。套管起拔时应垂直起吊,防止带出或损坏砂袋。发生砂袋带出或损坏时,应在原孔位边缘重打。

(2) 塑料排水板。

塑料排水板的施工工艺顺序:整平原地面→摊铺下层砂垫层→机具就位→塑料排水板穿靴→插入套管→拔出套管→割断塑料排水板→机具移位→摊铺上层砂垫层等。

现场堆放的塑料排水板,应采取措施防止损坏滤膜;塑料排水板顶端埋入砂垫层的长度不应小于 0.5m;塑料排水板不得搭接,预留长度应不小于 500mm,并及时弯折埋设于砂垫层中;打设形成的孔洞应用砂回填。

5) 粒料桩

粒料桩法可采用振冲置换法或振动沉管法成桩。粒料桩的施工工艺流程为:整平地面→振冲器就位对中→成孔→清孔→加料振密→关机停水→振冲器移位等。

砂桩宜采用中、粗砂,粒径大于 0.5mm 颗粒含量宜占总质量的 50% 以上,含泥量应小于 3%,渗透系数应大于 5×10^{-2} mm/s,也可使用砂砾混合料,含泥量应 5%。碎石桩宜采用级配好、不易风化的碎石或砾石,最大粒径宜不大于 50mm,含泥量应小 5%。粒料桩宜从中间向外围或间隔跳打。邻近结构物施工时,应沿背离结构物的方向施工。

6) 加固土桩

加固土桩施工前必须进行成桩试验,以取得满足设计喷入量的各种技术参数,如钻进速度、提升速度、搅拌速度、喷气压力、单位时间喷入量等。同时确定能保证胶结料与加固软土拌和均匀性的工艺,掌握下钻和提升的阻力情况,选择合理的技术措施。加固土桩的固化剂宜采用生石灰或水泥。生石灰应采用磨细Ⅰ级生石灰,应无杂质,最大粒径应小于2mm。水泥宜采用强度等级不低于32.5级的普通硅酸盐水泥。施工中发现喷粉量或喷浆量不足,应整桩复打,复打的量应不小于设计用量。中断施工时,应及时记录深度,并在12h内进行复打,复打重叠长度应大于1m;超过12h,应采取补桩措施。

7) 水泥粉煤灰碎石桩(CFG桩)

CFG桩宜采用振动沉管灌注法成桩,施工设备采用振动沉管打桩机,一般采用隔桩跳打;施工前应进行成桩工艺和成桩强度试验,确定施工工艺、速度、投料数量和质量标;群桩施工应合理设计打桩顺序、控制打桩速度,宜采用隔桩跳打的打桩顺序,相邻桩打桩间隔时间应不小于7d;成桩过程中,应对已打桩的桩顶进行位移监测。

8) 预制桩

预制管桩宜采用静压方式施工,也可采用锤击沉桩方式施工。静压管桩在基础工程中应用广泛,施工工艺成熟。先张法预应力管桩均为工厂生产后运到现场施打,强度较高,抗裂性强。桩的打设次序宜由路基中心线向两侧打设,由结构物向路堤方向打设。每根桩宜一次性连续沉至设计高程,沉桩过程中停歇时间不应过长,沉桩过程中应严格控制桩身的垂直度。桩帽钢筋笼应插入管桩内,连接混凝土应与桩帽混凝土一起灌注。

9) 强夯及强夯置换

强夯前应采取降水措施,将地下水位降至加固层深度以下。施工前进行试夯,确定最佳夯击能、间歇时间、夯间距等参数;强夯应采取隔振、防振措施消除强夯对附近建筑的影响;强夯和强夯置换施工前应在地表铺设一定厚度的垫层。强夯施工垫层材料宜采用透水性好的砂、砂砾、石屑、碎石土等,强夯置换施工垫层材料宜与桩体材料相同。垫层宜分层摊铺压实。强夯施工完成后,应通过标准贯入、静力触探等原位测试,测量地基的夯后承载能力是否达到设计要求。强夯置换施工结束30d后,宜采用动力触探试验检查置换墩着底情况及承载力,检验数量不少于墩点数的1%,且不少于3点,检查置换墩直径与深度,应满足设计要求。

10) 软土地区路堤施工

软土地区路堤施工应尽早安排,预留地基所需固结时间。严格控制填筑速率,并应进行动态观测。桥台、涵洞、通道以及加固工程应在预压沉降完成后再进行施工。对于采用预压固结的,应按设计要求的预压荷载、预压时间进行预压,堆载预压的填料宜采用上路床填料,并分层填筑压实。在软土地基上直接填筑路堤的,对于水面以下部分应选择透水性好的填料,水面以上可用一般土或轻质材料填筑;反压护道宜与路堤同时填筑。分开填筑时,应在路堤达到临界高度前完成反压护道施工。

11) 软土路基施工观测

观测项目、内容和频率应符合设计要求;在二级及二级以上公路路堤施工中,必须进行沉降和稳定的动态观测并符合设计要求;观测仪表应在软土地基处理之后埋设,并在观测到稳定的初始值后,方可进行路堤填筑;施工期间,应按设计要求进行沉降和稳定的跟踪观测,观测频率应与沉降、稳定的变形速率相适应,每填筑一层应观测一次;如果两次填筑间隔时间较长,每3天至少观测一次。路堤填筑完成后,堆载预压期间观测应视地基稳定情况而定,半月或每月观测一次,直至预压期结束;如地基稳定出现异常,应立即停止加载并采取处理措施,待路堤恢复稳定后,方可继续填筑。

6. 膨胀土路基

膨胀土路基施工应符合以下规定:

(1)膨胀土地区路基施工,应避开雨季作业,加强现场排水。路堑施工前,应先施工截水、排水设施,将水引至路幅以外。

(2)膨胀土地区路基应分段施工,各道工序应紧密衔接,连续完成,完成一段封闭一段。

(3)膨胀土作为填料时应符合以下规定:强膨胀土不得作为路堤填料,路基浸水部分、桥台背、挡土墙背、涵洞背等部位严禁采用膨胀土填筑,高填方、陡坡路基不宜采用膨胀土填筑;膨胀土掺拌石灰改良后可用作路基填料,掺灰处置后的膨胀土不宜用于高速公路、一级公路的路床和二级特殊路基公路的上路床。

(4)零填和挖方路段路床应符合以下规定:高速公路、一级公路零填和挖方路段路床0.8~1.2m范围的膨胀土应进行换填处理,对强膨胀土路堑,路床换填深度宜加深到1.2~1.5m。在1.5m范围内可见基岩时,应清除至基岩。二级公路、三级公路的零填和挖方路段路床0.3m范围的膨胀土应进行换填处理。换填材料为透水性材料时,底部应设置防渗层。二级公路强膨胀土路堑的路床换填深度宜加深至0.5m。

(5)路堑施工应符合下列规定:路堑施工前,先施工截、排水设施;边坡施工过程中,宜采取临时防水封闭措施。边坡不得一次挖到设计线,应预留厚度300~500mm,待路堑完成时,再分段削去边坡预留部分,并立即进行加固和封闭处理;路堑边坡防护施工应根据施工能力,分段组织实施。采用非膨胀土覆盖置换或设置柔性防护结构进行防护时,边坡覆盖置换厚度应不小于2.5m,压实度应不小于90%。覆盖置换层与下伏膨胀土层之间,应设置排水垫层与渗沟。采用植物防护时,不应采用阔叶树种。圬工防护时,墙背应设置缓冲层,厚度应不大于0.5m。支挡结构基础应大于气候影响深度。

(6)物理改良的膨胀土路基填筑厚度不得大于300mm。

(7)填筑膨胀土路堤时,应及时对路堤边坡及顶面进行防护。

(8)路基完成后应做封层,其厚度应不小于200mm,横坡应不小于2%。

7. 湿陷性黄土路基

黄土地区路基施工应做好施工期排水,将水迅速引离路基。在填挖交界处引出边沟时,应做好出水口的加固,排水设施接缝处应坚固不渗漏。

若地基为一般湿陷性黄土,应采取措施拦截、排除地表水。地下排水构造物与地面排水沟渠必须采取防渗措施,路侧严禁积水。

若地基黄土具有强湿陷性或较高压缩性,应按设计要求处理。除采取防止地表水下渗的措施外,还可根据黄土的工程特性和工程要求采取换填土、重锤夯实、强夯法、预浸法、挤密法、化学加固法等处理措施。

湿陷性黄土路基施工应符合以下规定:

(1)黄土填筑路堤,路床填料不得使用老黄土。路堤填料不得含有粒径大于100mm的块料;在填筑横跨沟堑的路基土方时,应做好纵横向界面的处理;黄土路堤边坡应拍实,并应及时予以防护,防止路表水冲刷;浸水路堤不得用黄土填筑;高路堤应采用冲击碾压或强夯方式进行补充压实。

(2) 黄土路堑施工,路堑路床土质应符合设计要求。密实度不足时,应采取措施碾压至要求的压实度;路堑施工前,应做好堑顶地表排水导流工程。路基边沟宜在基底处理后、路床成形层施工前完成。路堑施工期间,开挖作业面应保持干燥;路堑施工中,如边坡地质与设计不符,或发现边坡有变形加剧迹象时,应及时反馈处理。

(3) 黄土陷穴处理。路堤坡脚线或路堑坡顶线之外,原地表高侧 80m 范围内、低侧 50m 范围内存在的黄土陷穴宜进行处理,对串珠状陷穴与路堑边坡出露陷穴应进行处理,对规定距离以外倾向路基的陷穴宜进行处理。陷穴处理前,应对流向陷穴的地表水和地下水采取拦截引排措施;采用灌砂法处理的陷穴,地表下 0.5m 范围内应采用 6%~8% 的石灰土进行封填并压实;处理后仍暴露在外的陷穴口,应采用石灰土等不透水材料进行防渗处理。防渗层厚度应不小于 500mm,穴口表面应高于周围地面。

二、路面工程

路面结构层自下而上依次为:粒料类路基改善层(旧规范中称为"垫层")、底基层、基层、面层(下、中、上)。

(一) 粒料类路基改善层(垫层)

路基湿度状态为中湿或潮湿时,宜设置粒料类路基改善层。粒料类路基改善层材料可选用碎石、砂砾、煤渣、矿渣等粒料。

粒料类路基改善层施工要求如下:应在验收合格的路基上铺筑垫层材料;在铺筑垫层前,应清除路基面,并洒水湿润;应采用批准的机械进行摊铺;摊铺后的碎石、砂砾应无明显离析现象,或采用细集料做嵌缝处理;经过整平和整型,应按试验路段所确认的压实工艺,在全宽范围内均匀地压实至重型击实最大密度的 96% 以上;一个路段碾压完成以后,应按批准的方法做密实度试验;凡压路机不能作业的地方,应采用机夯进行压实;严禁压路机在已完成的或正在碾压的路段上掉头和紧急制动;两段作业衔接处,第一段留下 5~8m 不进行碾压,第二段施工时,将前段留下未压部分与第二段一起碾压。

(二) 底基层及基层

一般公路的基层宽度每侧宜比面层宽出 10cm,底基层每侧宜比基层宽 15cm。在多雨地区,透水性好的粒料基层,宜铺至路基全宽,以利排水。

底基层可选用无机结合料稳定集料类或粒料类等;基层可选用无机结合料稳定集料类、粒料类或沥青稳定类等。

1. 无机结合料稳定类基层(底基层)

无机结合料稳定类基层(底基层),也称半刚性基层(底基层),应具有足够的强度和稳定性、较小的收缩(温缩及干缩)变形和较强的抗冲刷能力,在中、重冰冻区应检验其抗冰冻性。

无机结合料稳定类主要可分为:石灰稳定类、水泥稳定类、石灰工业废渣稳定集料类等。

1) 石灰稳定土底基层、基层

(1) 石灰稳定土底基层、基层的施工内容包括:检查、清理下承层、洒水;拌和、运输、摊铺;

整平、整型;洒水、碾压、初期养护。

(2)石灰稳定土底基层、基层的施工:可采用路拌法或厂拌法施工。

①一般要求。

施工气温应不低于5℃,并在第一次重冰冻到来之前一个月完成,不宜安排在雨季施工;压实厚度,每层不小于100mm,也不超过200mm,并应进行先轻型后重型压路机碾压;施工时,应采用集中厂拌法拌制混合料,采用摊铺机进行摊铺,或采用专用的稳定土拌和机进行路拌法施工;在铺筑上层前,应将下层的表面拉毛,并洒水湿润。

②现场拌和(路拌)。

清扫下层表面,所备混合料应将超尺寸颗粒筛除,经摊铺、洒水闷料后整平,用6~8t两轮压路机碾压1~2遍,使其表面平整。此后将石灰均匀地摊铺在整平的表面上,采用稳定土拌和机拌和。拌和过程中应及时检查含水率,使其等于或略大于最佳值,同时使土和石灰充分拌和均匀,不得留有素土夹层。

③集中拌和(厂拌)。

应根据原材料和混合料的含水率,及时调整加水量,充分拌和均匀,拌和好的混合料要尽快摊铺;运输车辆应装载均匀,速度宜缓,以减少不均匀碾压或车辙。混合料在运输中应加以覆盖以防水分蒸发;摊铺时,必须采用批准的机械进行,按要求的松铺厚度,均匀地摊铺在要求的宽度上。摊铺时混合料的含水率宜高于最佳含水率1%~2%;施工应尽可能避免纵向接缝,如必须分两幅施工时,宜采用两台摊铺机前后相隔8~10m同步向前摊铺,一起进行碾压。纵缝必须平行于中线。

④压实。

路拌整型合格后,摊铺机摊铺的混合料应立即按试验路段的施工工艺、压实速度和遍数进行压实,连续碾压直到符合规定的压实度为止。一个路段完成之后,应按规定做密实度检查。两个工作段的衔接处应搭接拌和,前一段拌和后,留5~8m不进行碾压,后一段施工时,将前一段未压部分一起进行拌和,并与后一段一起碾压。

厂拌法的工作接缝,应在碾压段末端压成斜坡,接缝时将此工作缝切成垂直于路面及路中心线的横向断面,再进行下一施工段的摊铺及碾压。施工机械不宜在已压成的底基层、基层上掉头,如必须在其上进行,应采取保护措施。

⑤养护。

碾压完成后,必须保湿养护;养护期应不少于7天。养护方法可采用洒水、覆盖砂或低黏性土,或采用不透水薄膜和沥青膜等;养护期内除洒水车外不得通行车辆,采用覆盖措施的石灰稳定土层上,经批准通行的车辆应限制车速不得超过30km/h。

2)水泥稳定土底基层、基层

(1)一般要求。

工地气温低于5℃时,不应进行施工,并应在重冰冻之前一个月结束施工。雨季施工,应特别注意天气变化,勿使水泥和混合料受雨淋。降雨时应停止施工,已摊铺的混合料应尽快碾压密实。

(2)水泥稳定土底基层、基层的施工。

①拌和与运输。

拌和应采用厂拌法;厂拌的设备及布置位置应提交监理批准后,方可进安装、检修与调试;运输车辆应装载均匀,及时将混合料运至现场;运输中应加覆盖,以防水分蒸发。

②摊铺和整型。

摊铺应采用批准的机械进行,并按规定的松铺厚度均匀地摊铺在要求的宽度上;摊铺时混合料的含水率宜高于最佳含水率0.5%~1%。

③碾压。

混合料的碾压程序应按试验路段确认的方法施工;碾压过程中,水泥稳定土的表面应始终保持潮湿;严禁压路机在已完成的或正在碾压的路段上掉头或紧急制动;从加水拌和到碾压终了的延迟时间不得超过水泥初凝时间,按试验路段确定的合适延迟时间严格施工。

混合料压实,用12~15t压路机碾压时,每层的压实厚度不应超过150mm;用18~20t压路机碾压时,每层的压实厚度不应超过200mm;每层最小压实厚度为100mm。当压实厚度超过上述规定时,应分层摊铺。

底基层分层施工时,下层碾压完后,在采用重型振动压路机碾压时,宜养护7天后铺筑上层。在铺筑上层之前,应始终保持下层表面湿润。在铺筑上层时,宜在下层表面撒少量水泥或洒少量水泥浆。底基层养护7天后,方可铺筑基层。先摊铺的一层应经过整型和压实,验收合格后,将先摊铺的一层表面拉毛后再继续摊铺上层。

④接缝和掉头,应按规定处理。

⑤养护。

碾压完成后应立即进行养护。养护时间不应少于7天。养护方法可视具体情况采用洒水,覆土工布、草袋、砂后洒水或洒透层油或封层等。养护期间除洒水车外应封闭交通;不能封闭时,经批准通行的车辆应将车速限制在30km/h以下,严禁重型车辆通行。

3)石灰粉煤灰稳定土底基层、基层

(1)一般要求。

最低施工温度应在5℃以上,并在第一次重冰冻到来之前一个月完成。雨季施工应采取防雨措施;应为现场操作人员提供防护用品。

(2)石灰粉煤灰稳定土底基层、基层的施工。

①现场拌和(路拌)混合料及摊铺。

底基层下层可采用现场拌和法。清扫下层表面;所备土应将超尺寸颗粒筛除,经摊铺、洒水闷料后整平,并用6~8t两轮压路机碾压1~2遍,使其表面平整。此后将石灰、粉煤灰分别按规定的用量均匀地摊铺在整平的表面上,即可进行拌和。拌和过程中应及时检查含水率,使其等于或略大于最佳含水率,充分拌和均匀。

②集中拌和(厂拌)混合料及摊铺。

除底基层的下层可以采用路拌法施工外,其他的各个稳定土层必须用集中厂拌法拌制混合料,并应用摊铺机摊铺混合料。

厂拌的设备及布置位置应在拌和前取得批准后,方可进行设备的安装、检修、调试;运输车辆应根据需要配置,速度宜缓,以减少不均匀碾压或车辙;路床表面摊铺前应洒水湿润;摊铺时混合料的含水率应略大于最佳含水率;混合料在运输时应覆盖;卸料时应注意卸料速度,防止离析;应及时摊铺,现场存放时间不得超过24h。

③压实。

用12~15t三轮压路机碾压时,每层的压实厚度不应超过150mm;用18~20t三轮压路机碾压时,每层的压实厚度不应超过200mm;采用能量大的振动压路机碾压时,每层的压实厚度可以根据试验适当增加。压实厚度超过上述规定时,应分层铺筑,每层的最小压实厚度为100mm,下层宜稍厚。对于石灰土工业废渣稳定土,应采用先轻型、后重型压路机碾压。

经摊铺及整型的混合料应立即在全宽范围压实,并在当日完成碾压。混合料应达到最佳含水率,再进行压实;一个路段完成之后,应按批准的方法做压实度试验;两工作段的衔接处应搭接拌和,前一段拌和后,留5~8m不进行碾压,后一段施工时,将前一段未压部分一起进行拌和,并与后一段一起碾压;未经压实的混合料被雨淋后,均应清除并更换;严禁压路机在已完成的或正在碾压的路段上掉头和紧急制动。

④养护。

必须进行保湿养护,做到不使石灰粉煤灰层表面干燥。碾压完成后应及时养护,养护期不少于7天,应始终保持表面潮湿;对于二灰稳定粗、中粒土的基层,也可用沥青乳液和沥青下封层进行养护,养护期一般为7天;分层施工时,下层施工完成后,可根据要求决定是否需要养护,再铺筑上层。养护期间应封闭交通,除洒水车外严禁其他车辆通行。

2. 粒料类基层(底基层)

粒料类基层按强度构成原理可分为嵌锁型与级配型。嵌锁型包括:泥结碎石、泥灰结碎石、填隙碎石等;级配型包括:级配碎石、级配砾石、符合级配的天然砂砾、部分砾石经轧制掺配而成的级配砾、碎石等。

1)级配碎(砾)石底基层、基层的施工要求

混合料应在料场集中拌和,在批准的路基上摊铺;根据批准的试验路段的施工工艺、施工机械进行混合料的施工;混合料应拌和均匀,含水率适当,无粗细颗粒离析;在最佳含水率时,遵循先轻后重的原则,碾压至规定的压实度。碎石层按重型击实试验法确定的压实度,底基层达到96%以上,基层达到98%以上;严禁压路机在已完成的或正在碾压的路段上掉头或紧急制动;基层未洒透层沥青或未铺封层时,严禁开放交通。

2)填隙碎石的施工要求

可采用干法或湿法施工。单层压实厚度宜为公称最大直径的1.5~2倍。

施工前按规定准备下承层和施工放样;填隙料应干燥,用量宜为集料质量的30%~40%;用平地机等将集料均匀摊铺在预定范围内,表面应平整,并有规定的路拱,同时摊铺路肩用料;宜采用振动压路机碾压;碾压后的固体体积率,基层不小于85%,底基层不小于83%;基层未洒透层沥青或未铺封层前不得开放交通。

3. 沥青稳定类基层

沥青稳定类基层又称柔性基层,包括热拌沥青碎石、贯入式沥青碎石、乳化沥青碎石混合料基层等。

1)施工的一般要求

做好各项施工准备工作;进行热拌沥青碎石的配合比设计,即包括目标配合比设计阶段、生产配合比设计阶段、生产配合比验证阶段。配合比设计采用马歇尔试验设计方法;施工前,

承包人应做200m的试验路段;试验路段验收合格后方可施工。试验段应分为试拌和试铺两个阶段。

2)热拌沥青稳定碎石的施工工艺

(1)拌制。

必须在沥青拌和场采用间歇式拌和机或连续式拌和机拌制;沥青混合料应均匀一致,无花白料、无结团成块或严重的粗细料分离;出厂的沥青混合料应逐车用地磅称重。

(2)运输。

应采用较大吨位的自卸汽车运输、车厢应清扫干净。车厢侧板和底板可涂一薄层油水(柴油与水的比例可为1:3)混合料,但不得有余液积聚在车厢底部;从拌和机向运料车上放料时,应每卸一斗混合料挪动一下汽车位置,以减少粗细集料的离析;运料车应用篷布覆盖,用以保温、防雨、防污染。

(3)摊铺。

铺筑前,应检查确认下层的质量;采用机械摊铺;摊铺温度应符合规范要求,并应根据沥青等级、黏度、气温、摊铺层厚度选用;当高速公路和一级公路施工气温低于10℃、其他等级公路施工气温低于5℃时,不宜摊铺;沥青混合料的松铺系数应根据实际的混合料类型,由试铺试压方法或以往实践经验确定;机械摊铺松铺系数1.15~1.30,人工摊铺松铺系数1.20~1.45;机械摊铺的混合料,不应用人工反复修整;可用人工局部找补或更换混合料;摊铺不得中途停顿;摊铺好的沥青混合料应及时碾压。

(4)压实及成型。

①压实后的沥青混合料应符合压实度及平整度的要求,沥青混合料的分层压实厚度不得大于10cm。

②应选择合理的压路机组合方式及碾压步骤,以达到最佳结果。沥青混合料压实宜采用钢筒式静态压路机与轮胎压路机或振动压路机组合的方式。压路机的数量应根据生产率决定。

③沥青混合料的压实应按初压、复压、终压(包括成型)3个阶段进行。压路机应以慢而均匀的速度碾压,压路机的碾压速度应符合规定。

④初压应在混合料摊铺后较高温度下进行,应采用轻型钢筒式压路机或关闭振动装置的振动压路机碾压2遍。压路机应从外侧向中心碾压。相邻碾压带应重叠1/3~1/2轮宽,最后碾压路中心部分,压完全幅为一遍。

⑤复压应紧接在初压后进行,复压宜采用重型的轮胎压路机,也可采用振动压路机或钢筒式压路机。碾压遍数应经试压确定,不宜少于4~6遍,直到达到要求的压实度并无显著轮迹为止。

⑥终压应紧接在复压后进行。终压可选用双轮钢筒式压路机或关闭振动压路机碾压,不宜少于两遍,并无轮迹。路面压实成型的终了温度应符合规范要求。

(5)接缝。

①在施工缝及构造物两端的连接处必须仔细操作,保证紧密、平顺。纵向接缝部分的施工,摊铺时采用梯队作业的纵缝应采用热接缝。施工时应将已铺混合料部分留下10~20cm宽暂不碾压,作为后摊铺部分的高程基准面,最后做跨缝碾压以消除缝迹。

②半幅施工不能采用热接缝时,宜加设挡板或采用切刀切齐。铺另半幅前必须将缝边缘

清扫干净,并涂洒少量黏层沥青。摊铺时应重叠在已铺层上5~10cm,摊铺后用人工将摊铺在前半幅上面的混合料铲走。碾压时先在已压实路面上行走,碾压新铺层10~15cm,然后压实新铺部分,再伸过已压实路面10~15cm,充分将接缝压实紧密。

(三)透层、黏层、封层

1. 透层

为使沥青面层与基层结合良好,在基层上浇洒乳化沥青、煤沥青或液体沥青而形成的透入基层表面的薄层。沥青路面的级配砂砾、级配碎石基层及水泥、石灰、粉煤灰等无机结合料稳定土或粒料的半刚性基层上必须浇洒透层沥青。沥青层必须在透层油完全渗透入基层后方可铺筑。基层上设置下封层时,也应喷洒透层油。透层的施工要求:

(1)透层沥青宜采用慢裂的洒布型乳化沥青,也可采用经稀释的中、慢凝液体石油沥青、煤沥青,稠度宜通过透入深度及试洒确定,一般要求透入深度0.5~1cm。透层油的用量通过试洒确定,且不宜超出规定范围。

(2)透层沥青宜紧接在基层碾压成型后表面稍干但尚未硬化的情况下喷洒。

(3)应采用沥青洒布车,在铺筑沥青层前1~2天,一次均匀洒布透层。

(4)浇洒透层沥青时,对路缘石及人工构造物应适当防护,以防污染。透层沥青洒布后应不致流淌,渗透入基层一定深度,不得在表面形成油膜,铺筑面层前,应清除多余的透层沥青堆积层。

(5)在无机结合料稳定半刚性基层上浇洒透层沥青后,宜立即撒布用量为$2~3m^3/1000m^2$的石屑或粗砂。半刚性基层表面宜喷洒透油层,在透层油渗透入基层后,方可开展下道工序。

(6)透层沥青洒布后应尽早铺筑面层。当采用乳化沥青作透层时,洒布后应待其充分渗透、水分蒸发后,方可铺筑沥青面层,时间不宜少于24h。

2. 黏层

黏层的施工要求:

(1)宜采用快裂或中裂乳化沥青、改性乳化沥青,也可采用快、中凝液体石油沥青,规格和用量应符合规定要求,所使用的基层基质沥青等级宜与主层沥青混合料相同。黏层油的品种和规格,应根据下卧层的类型通过试洒确定。

(2)喷洒表面清扫干净,并保持干燥。当气温低于10℃或路面潮湿时严禁喷洒。

(3)应采用沥青洒布车均匀洒布,喷洒的黏层油必须成均匀雾状,在路面全宽度内均匀分布成一薄层。

(4)黏层宜在当天洒布完成,等乳化沥青破乳、水分蒸发完后才能铺筑上层沥青混凝土。喷洒后,严禁车辆行人通过。

3. 封层

按施工类型来分,可采用拌和法或层铺法的单层式表面处置,也可以采用乳化沥青稀浆封层。

封层可分为上封层和下封层。上封层可根据情况选择乳化沥青稀浆封层、微表处、改性沥青集料封层、薄层磨耗层或其他适宜的材料;下封层宜采用层铺法表面处置或稀浆封层法施工,可采用乳化沥青或改性乳化沥青作结合料。下封层的厚度不宜小于6mm。

封层的施工要求：

(1)施工前应先清除原地面、修补坑槽、整平路面,较宽的裂缝应清理灌缝。

(2)使用层铺法沥青表面处置铺筑封层时,施工方法按层铺法表面处置工艺施工。其材料用量要求应符合有关规定。

(3)封层宜选在干燥或较热的季节施工,施工气温不得低于10℃,严禁在雨天施工,应在最高温度低于15℃到来前的半个月及雨季前结束。

(4)使用乳化沥青稀浆封层施工必须使用专用的摊铺机进行摊铺;矿料类型应根据封层的目的、道路等级进行选择,矿料级配应根据铺筑厚度、集料尺寸及摊铺用量等因素选用;可采用普通乳化沥青或改性乳化沥青,品种和质量应符合规范要求;沥青用量应通过配合比设计确定;混合料的湿轮磨耗试验的磨耗损失不宜大于800g/m²;轮荷压砂试验的砂吸收量不宜大于600g/m²;混合料的加水量应根据施工摊铺和易性由稠度试验确定,要求的稠度应为2~3cm;稀浆封层两幅纵缝搭接宽度不宜超过80mm,横向接缝宜为对接缝。分两层摊铺时,下层摊铺后至少应开放交通24h后方可进行上层摊铺。

(5)稀浆封层铺筑后,必须待乳液破乳、水分蒸发、干燥成型后方可开放交通。

(四)路面面层施工

1.热拌沥青混合料路面

1)沥青混合料的配合比设计

热拌沥青混合料的配合比设计包括：目标配合比设计阶段、生产配合比设计阶段、生产配合比验证阶段。

2)热拌沥青混合料路面的施工技术

热拌沥青混合料路面的施工工艺如图5.2.7所示。

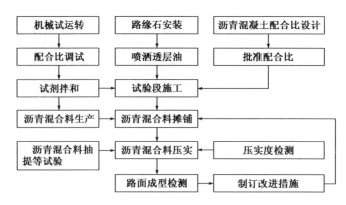

图5.2.7 热拌沥青混合料路面的施工工艺流程图

(1)施工准备。

①选购经调查试验合格的材料进行备料,矿料应分类堆放,矿粉必须是石灰岩磨细而成且不得受潮,必要时做好矿料堆放场地的硬化处理和场地四周排水及搭设矿粉库房或储存罐。

②做好配合比设计报送监理工程师审批工作,对各种原材料进行符合性检验。

③在验收合格的基层上恢复中线(底面层施工时),在边线外侧 0.3~0.5m 处每隔 5~10m 钉边桩进行水平测量,拉好基准线,画好边线。

④对下承层进行清扫,底面层施工前两天在基层上洒透层油。在中底面层上喷洒黏层油。

⑤试验段开工前 28 天安装好试验仪器和设备,配备好的试验人员报请监理工程师审核。各层开工前 14 天在监理工程师批准的现场备齐全部机械设备进行试验段铺筑,以确定松铺系数、施工工艺、机械配备、人员组织、压实遍数,并检查压实度、沥青含量、矿料级配、沥青混合料马歇尔各项技术指标等。

(2)拌和。

①粗、细集料应分类堆放,每个料源均应进行抽样试验,按要求的配合比配料。

②设置间歇式具有密封性能及除尘设备,并有检测拌和温度装置的沥青混凝土拌和站。

③拌和站设试验室,对沥青混凝土的原材料和沥青混合料及时进行检测。

④沥青的加热温度控制在 150~170℃,集料的加热温度控制在 160~180℃,混合料的出厂温度控制在 140~165℃,混合料运至施工现场的温度控制在 120~150℃。

⑤出厂的混合料须均匀一致,无白花料,无粗细料离析和结块现象,不符要求时应废弃。

(3)运输。

①根据拌和站的产量、运距合理安排运输车辆。应采用较大吨位的自卸汽车,一般不小于 15t。

②运输车的车厢内保持干净,涂防黏薄膜剂。运输车配备覆盖棚布以防雨和热量损失。

③已经离析或结成团块或卸料时滞留于车上的混合料,以及低于规定铺筑温度或被雨水淋湿的混合料都应废弃。

④运至铺筑现场的混合料,应在当天或当班完成压实。

⑤从拌和机向运料汽车上放料时,应前、中、后挪动一下车辆位置,以减少粗细集料的离析现象。

(4)摊铺。

①铺筑沥青混合料前,应检查确认下层的质量。根据路面宽度选用 1~2 台具有自动调节摊铺厚度及找平装置、可加热的振动熨平板,并且运行良好的高密度沥青混凝土摊铺机进行摊铺。

②底、中、面层采用走线法施工,表面层采用平衡梁法施工。

③摊铺机均匀行驶,行走速度和拌和站产量相匹配。在摊铺过程中不准随意变换速度或中途停顿。

④开铺前将摊铺机的熨平板进行加热至不低于 65℃。摊铺温度根据气温变化进行调节。一般正常施工温度控制不低于 110℃、不高于 165℃,在摊铺过程中随时检查并做好记录。

⑤采用双机或三机梯进式施工时,相邻两机的间距控制在 10~20m。两幅应有 5~10cm 宽度的重叠。

⑥在摊铺过程中,随时检查摊铺质量,出现离析、边角缺料等现象时人工及时补撒料,换补料;随时检查高程及摊铺厚度,并及时通知操作手。

⑦摊铺机无法作业的地方,在监理工程师同意后采取人工摊铺施工。

(5)压实。

①压路机采用2~3台双轮双振压路机及2~3台质量不小于16t胶轮压路机组成。

②摊铺后应立即进行压实作业。压实分为初压、复压和终压(包括成型)3个阶段,每阶段的碾压速度应符合设计要求。

初压:采用双钢轮压路机静压1~2遍,正常施工情况下,温度应不低于110℃并紧跟摊铺机进行;复压:采用胶轮压路机和单钢轮压路机振压等综合碾压4~6遍;终压:采用双轮双振压路机静压1~2遍,碾压温度应不低于100℃。边角部分压路机碾压不到的位置,使用小型振动压路机碾压。

③碾压顺纵向由低边向高边按规定要求的碾压速度均匀进行。相邻碾压重叠宽度大于30cm。

④采用雾状喷水法,以保证沥青混合料碾压过程中不粘轮。

⑤压路机不得在未碾压成型或未冷却的路段上转向、制动或中途停留。不得在新铺筑的路面上停机、加水、加油,以免污染路面。

(6)接缝处理。

①梯队作业采用热接缝,施工时将已铺混合料部分留下20~30cm宽暂不碾压,作为后摊铺部分的高程基准面,后摊铺部分完成立即骑缝碾压,以消除缝迹。

②半幅施工不能采用热接缝时,采用人工顺直刨缝或切缝。铺另半幅前必须将边缘清扫干净,并涂洒少量黏层沥青。摊铺时应重叠在已铺层上5~10cm,摊铺后将混合料人工清扫干净。碾压时先在已压实路面行走,碾压新铺层10~15cm,然后压实新铺部分,再伸过已压实路面10~15cm,充分将接缝压实紧密。

③横接缝的处理方法:首先用3m直尺检查端部平整度。不符合要求时,垂直于路中线切齐清除。清理干净后在端部涂黏层沥青接着摊铺。摊铺时调整好预留高度,接缝处摊铺层施工结束后再用3m直尺检查平整度。横向接缝的碾压先用双轮双振压路机进行横压,碾压时压路机位于已压实的混合料层上伸入新铺层的宽度为15cm,然后每压一遍向新铺混合料方向移动15~20cm,直至全部在新铺层上为止,再改为纵向碾压。

④纵向冷接缝上、下层的缝错开15cm以上,横向接缝错开1m以上。

(7)检查试验。

按施工技术规范要求的频率做好原材料、施工温度、矿料级配、马歇尔试验、压实度等试验要求;施工过程中随时检查摊铺厚度、平整度、宽度、横坡度、高程等。

(8)开放交通。

热拌热铺沥青混合料路面应待摊铺层完全自然冷却,表面温度低于50℃后方可开放交通。一般在施工完毕后第二天可开放交通。

2. 改性沥青混合料路面

1)拌和

(1)粗、细集料应严格分类堆放和供料,不同料源也应分开堆放,每个料源的材料应进行抽样试验;必须严格按批准的配合比进行配料,并应将集料充分烘干。

(2)改性沥青混合料储存时间不应超过24h;回收的粉尘不得利用,应全部废弃在指定地点进行处理,防止污染环境。

(3)沥青料拌和时间根据具体情况经试拌确定,以沥青均匀裹覆集料为度。SMA混合料的拌和时间应适当延长;应严格控制拌和温度,不得超过 195℃;超过时必须废弃。

2) 运输

宜采用较大吨位的运料车运输,但不得超载运输,或紧急制动、急转弯掉头使透层、封层造成损伤;每次使用前后必须清扫干净,在车厢板上涂一薄层防止沥青黏结的隔离剂或防黏剂,但不得有余液积聚在车厢底部;进入摊铺现场时,轮胎上不得粘有泥土等可能污染路面的异物;每次卸料必须倒净,如有剩余,应及时清除,防止硬结。

3) 摊铺

(1) 必须按图纸规定的平面、高度数据设控制导线或导梁,确保铺筑层的高度、横坡度和宽度符合设计要求。铺筑改性沥青及 SMA 路面时宜采用非接触式平衡梁。

(2) 应做到匀速、连续摊铺。摊铺速度应根据拌和机产量,运力配置情况,摊铺宽度和厚度等条件,通过试验段确定。一般为 2~4m/min,SMA 及改性沥青混合料宜放慢至 1~3m/min。不得随意变换速度或中途停顿,以提高平整度、减少混合料的离析。

(3) 摊铺过程中应随时观察摊铺机的工作状态和摊铺层的外观质量,出现异常且调节无效时,应立即停机查明原因,进行调整。

(4) 摊铺过程中应跟踪检测质量,发现缺陷应"趁热"修补;修补不好的应刨除重铺。

(5) 应将熨平板的振频振幅调整到摊铺层的压实度达 85%,且以高频低幅为宜。

(6) 沥青路面上面层应全幅摊铺。

4) 压实

(1) 用通过试验段确定的压实设备和工艺进行碾压。改性沥青混合料一般应在温度降至 120℃前结束碾压作业。

(2) 在初压和复压过程中,宜采用同型号压路机并列呈梯队碾压。

(3) 采用振动压路机碾压改性沥青混合料路面时,压路机的轮迹重叠宽度不应大于 200mm;但用静载钢轮压路机碾压时,压路机轮迹重叠宽度不应小于 200mm。

(4) 改性沥青混合料的碾压较困难,应尽可能提高碾压温度和振动频率。

(5) 碾压过程中,应密切注意压实度的变化情况,既要达到压实标准,又要防止过度碾压而破坏集料的棱角嵌挤,或出现弹簧现象。

(6) 碾压时,压路机不得中途停留、转向或制动。当压路机来回交替碾压时,前后两次停留地点应相距 10m 以上,并应驶出压实起始线 3m 以外。

(7) 压路机不得停留在温度高于 60℃的已经压过的混合料上。同时,应防止油料、润滑脂、汽油或其他杂质在压路机操作或停放期间落在路面上。

(8) 不宜采用轮胎压路机碾压,以防止将沥青结合料搓揉挤压上浮。SMA 路面宜采用振动压路机或钢筒式压路机碾压,振动压路机的碾压应遵循"高温、紧跟、均速、慢压、高频、低幅、先边、后中"的原则。

3. 水泥混凝土路面

1) 水泥混凝土路面的分类及特点

目前通常采用的水泥混凝土面层铺筑的技术方法有:小型机具铺筑、滑模摊铺机铺筑、三辊轴机组铺筑、碾压混凝土等。

(1) 小型机具铺筑。

小型机具施工工艺是传统的施工方式。施工技术简单成熟,施工便捷,不需要大型设备,主要靠人工。所以一般用在县乡公路,三级、四级公路,等外公路,旅游公路,村镇内道路与广场建设中。

(2)滑模摊铺机铺筑。

采用滑模摊铺机来铺筑水泥混凝土路面。经过多年推广应用,已经成为我国在高等级公路水泥混凝土路面施工中广泛采用的工程质量最高、施工速度最快、装备最现代化的高新成熟技术。

(3)三辊轴机组铺筑。

三辊轴机组施工工艺的机械化程度适中,设备投入少,技术容易掌握,不少地方在使用。三辊轴机组施工比较适用于二级、三级、四级公路及县乡公路水泥混凝土路面的施工。

(4)碾压混凝土。

采用沥青路面的主要施工机械将单位用水量较少的干硬性混凝土摊铺、碾压成型的一种混凝土路面。碾压混凝土采用的是沥青摊铺机或灰土摊铺机,碾压密实成型工艺是将干硬性混凝土技术和沥青路面摊铺技术结合起来的复合技术。目前该技术尚存在一些没有彻底解决的问题,如:裂缝、离析与局部早期损坏成坑,板底的密实度不佳,动态平整度不高等。因此仅适用于二级以下水泥混凝土路面或复合式路面下面层。

2)水泥混凝土路面的施工技术

(1)模板及其架设与拆除。

①施工模板应采用刚度足够的槽钢、轨模或钢制边侧模板,不应使用木模板,塑料模板等易变形模板。

②支模前在基层上应进行模板安装及摊铺位置的测量放样,核对路面高程、面板分板、胀缝和构造物位置。

③摊铺混凝土之前,应先将路面边部模板安装完毕(对于滑模摊铺机无此工序)。采用半幅路面施工时,还应安装纵缝处模板。

④纵横曲线路段应采用短模板,每块横板中点应安装在曲线切点上。

⑤边模高度应与路面厚度相同。模板底面与基层若有空隙,应用石子或木片垫衬,以免振捣时模板下沉。垫衬后的剩余空隙可用砂填满补实,以免漏浆而使混凝土侧面形成蜂窝。

⑥模板安装应稳固、平顺、无扭曲,应能承受摊铺、振实、整平设备的负载行进,冲击和振动时不发生位移。

⑦模板安装后应检查其高程是否正确,模板与混凝土拌合物接触表面应涂脱模剂。

⑧模板拆除应在混凝土抗压强度不小于 8 MPa 时方可进行。

(2)拌和。

①搅拌楼的配备,应优先选配间歇式搅拌楼,也可使用连续搅拌楼;每台搅拌楼在投入生产前,必须进行标定和试拌。在标定有效期满或搅拌楼搬迁安装后,均应重新标定。

②外加剂应以稀释溶液的方式加入,其稀释用水和原液中的水量,应从拌和加水量中扣除。

③应根据拌合物的黏聚性、均质性及强度稳定性试拌确定最佳拌和时间。

④拌和引气混凝土时,搅拌楼一次拌和量不应大于其额定搅拌量的 90%,纯拌和时间应

控制在含气量最大或较大时。

（3）运输。

①根据施工进度、运量、运距及路况，选配车型和车辆总数，总运力应比总拌和能力略有富余。

②运输到现场的拌合物必须具有适宜摊铺的工作性，不满足时应通过试验、加大缓凝剂或保塑剂的剂量。

③运输过程中应防止漏浆、漏料和污染路面，途中不得随意耽搁。自卸汽车运输应减小颠簸，防止拌合物离析，车辆起步和停车应平稳。

（4）铺筑。

水泥混凝土面层铺筑的技术方法通常有：滑模摊铺机铺筑、三辊轴机组铺筑、混凝土振捣、碾压混凝土四种方法。

①滑模摊铺机铺筑。

a. 滑模摊铺的机械配备：高速公路、一级公路施工，宜选配能一次摊铺 2~3 个车道宽度（7.5~12.5m）的滑模摊铺机；二级及二级以下公路路面的最小摊铺宽度不得小于单车道设计宽度。硬路肩的摊铺宜选配中、小型多功能滑模摊铺机，并宜连体一次摊铺路缘石。

b. 准备工作：基层、封层表面及履带行走部位应清扫干净。摊铺面板位置应洒水湿润，但不得积水。横向连接摊铺时，前次摊铺路面纵缝的溜肩胀宽部位应切割顺直。侧边拉杆应校正扳直，缺少的拉杆应钻孔锚固植入。纵向施工缝的上半部缝壁应满涂沥青。

c. 混凝土布料：滑模摊铺机前的正常料位高度应在螺旋布料器叶片最高点以下，亦不得缺料。卸料、布料应与摊铺速度相协调；当坍落度在 10~50mm 时，布料松铺系数宜控制在 1.08~1.15。布料机与滑模摊铺机之间施工距离宜控制在 5~10m。

d. 摊铺：应采用自动抹平板装置进行抹面。对少量局部麻面和明显缺料部位，应在挤压板后或搓平梁前补充适量拌合物，由搓平梁或抹平板机械修整。特殊情况下，可用人工进行局部修整。

②三辊轴摊铺机施工。三辊轴整平机的主要技术参数满足施工需要，布料应与摊铺速度相适应；坍落度在 10~40mm 时，松铺系数为 1.12~1.25，三辊轴机组铺筑作业均应符合规定；精光工序是对混凝土表面进行最后的精细修整，是混凝土路面外观质量的关键工序；纹理制作是提高水泥混凝土路面行车安全的重要措施，用纹理制作机对混凝土路面进行拉槽式压槽，具有一定粗糙度；混凝土达到一定强度即可拆除模板，一般在浇筑混凝土 60h 以后拆除。

③混凝土振捣（小型机具施工）。

a. 混凝土混合料运送到工地后应专人指挥自卸汽车卸在钢板上，以免扰动下承层（尤其在砂质整平层更应注意）。混合料有离析现象时应用铁铲翻拌均匀。摊铺时不宜扬撒抛掷，以免混凝土发生离析。

b. 每车道路面应使用 2 根振捣棒，组成横向振捣棒组，沿横断面连续捣密实，不得欠振或漏振。

c. 振捣棒的持续时间应以拌合物全面振动液化、表面不再冒气泡和泛水泥浆为限，不宜过振，也不宜少于 30s。振捣棒的移动间距不宜大于 500mm；至模板边缘的距离不宜大于 200mm。应避免碰撞模板、钢筋、传力杆和拉杆。

d. 在振捣棒已完成振实的部位,可开始进行振动板纵横交错两遍全面提浆振实,每车道路面应配备1块振动板;振动板移位时,应重叠100~200mm,移位控制以振动板底部和边缘泛浆厚度3±1mm为限;缺料的部位,应铺以人工补料找平。

e. 振动梁振实,每车道路面宜使用1根振动梁。振动梁应具有足够的刚度和质量,振动梁应垂直路面中线沿纵向拖行,往返2~3遍,使表面泛浆均匀平整。

f. 在模板附近,必须用方铲以扣铲法撒铺,并予振捣,使浆水捣出,以免发生空洞蜂窝。

g. 人工摊铺混凝土拌合物的坍落度应控制在5~20mm,摊铺后的松散混凝土表面应略高于模板顶面,使捣实后的路面高程及厚度符合设计要求。

(5)整平饰面。

①每车道路面应配备1根滚杠(双车道2根)。振动梁振实后,应拖动滚杠往返2~3遍提浆整平。

②拖滚后的表面宜采用3m刮尺,纵模各1遍整平饰面,或采用叶片式或圆盘式抹面机往返2~3遍压实整平饰面。

③在抹面机完成作业后,应进行清边整缝,清除黏浆,修补缺边、掉角。精平饰面后的面板表面应无抹面印痕,致密均匀,无露骨,平整度应达到规定要求。

④小型机具施工三级、四级公路混凝土路面,应优先采用在拌合物中掺外加剂。无掺外加剂条件时,应使用真空脱水工艺,该工艺适用于面板厚度不大于240mm的混凝土面板施工。

⑤使用真空脱水工艺时,混凝土拌合物的最大单位用水量可比不采用外加剂时增大3~12kg/m³;拌合物适宜坍落度为高温天30~50mm,低温天20~30mm。

(6)接缝施工。

①纵缝施工。

a. 当一次铺筑宽度小于路面和硬路肩总宽度时,应设纵向施工缝,位置应避开轮迹,并重合或靠近车道线,构造可采用平缝加拉杆型。

b. 当所摊铺的面板厚度≥260mm时,也可插拉杆的企口纵向施工缝。采用滑模施工时,纵向施工缝的拉杆可采用摊铺机的侧向拉杆装置插入。采用固定模板施工方式时,应在振实过程中从侧模预留孔中手工插入拉杆。

c. 当一次铺筑宽度大于4.5m时,应采用假缝拉杆型纵缝,即锯切纵向缩缝,纵缝位置应按车道宽度设置,并在摊铺过程中用专用的拉杆插入装置和拉杆。

d. 桥面与搭板纵缝拉杆可由横向钢筋延伸穿过接缝代替。钢纤维混凝土路面切开的假纵缝可不设拉杆,纵向施工缝应设拉杆。

e. 插入或置入的侧向拉杆应牢固,不得松动、碰撞或拔出。若发现拉杆松脱、拔出或未插入,应在横向相邻路面摊铺前,钻孔重新置入拉杆。当发现拉杆可能被拔出时,宜进行拉杆拔出力(握裹力)检验。

f. 纵缝应与路线中线平行。纵缝拉杆应采用螺纹钢筋,设在板厚中央,并应对拉杆中部100mm进行防锈处理。

②横缝施工。

横缝从功能上可分为:横向施工缝、横向缩缝、横向胀缝;横缝从构造上分为设传力杆平缝型和设拉杆企口缝型;横缝还可分为设传力杆假缝型和不设传力杆假缝型。

a. 横向施工缝。

每天摊铺结束或因临时原因中断时,应设置横向施工缝,其位置宜与胀缝或缩缝重合,横向施工缝在缩缝处应采用设传力杆平缝型,确有困难不能重合时,横向施工缝应采用拉杆企口缝。

b. 横向缩缝。

普通混凝土路面横向缩缝宜等间距布置,不宜采用斜缩缝和不等间距缩缝,不得不调整板长时,最大板长宜不大于6m;最小板长不宜小于板宽。在中、轻交通的混凝土路面上,横向缩缝可采用不设传力杆假缝型。在特重和重交通公路、收费广场、邻近胀缝或路面自由端的3条缩缝应采用假缝加传力杆型。缩缝传力杆的施工方法可采用前置钢筋支架法或传力杆插入装置(DBI)法。传力杆应采用光面钢筋。横向缩缝的切缝方式有全部硬切缝、软硬结合切缝和全部软切缝三种。切缝方式的选用,应由施工期间该地区路面摊铺完毕到切缝时的昼夜温差确定。

c. 横向胀缝。

胀缝指的是在水泥混凝土路面板上设置的膨胀缝,其作用是使水泥混凝土板在温度升高时能自由伸展。

普通混凝土路面的胀缝应设置胀缝补强钢筋支架、胀缝板和传力杆。钢筋混凝土和钢纤维混凝土路面可不设钢筋支架。胀缝宽20~25mm,使用沥青或塑料薄膜滑动封闭层时,胀缝板及填缝宽度宜加宽到25~30mm。传力杆一半以上长度的表面应涂防黏涂层,端部应戴活动套帽,套帽材料与尺寸应符合有关规定的要求。胀缝板应与路中心线垂直,缝壁垂直;缝隙宽度一致;缝中完全不连浆。

胀缝应采用前置钢筋支架法施工。应预先加工、安装和固定胀缝钢筋支架,并在使用手持振捣棒振实胀缝板两侧的混凝土后再摊铺。宜在混凝土未硬化时,剔除胀缝板上部的混凝土,嵌入(20~25)mm×20mm的木条,整平表面。胀缝板应连续贯通整个路面板宽度。

③填缝。

混凝土面板所有接缝凹槽都应按图纸规定,用填缝料填缝。缝槽应在混凝土养护期满后及时填缝,填缝前必须保持缝内干燥清洁。填缝料应与混凝土缝壁黏附紧密,其灌注深度宜为缝宽的2倍,当深度大于30mm时,可填入多孔柔性衬底材料。夏季应使填缝料灌至与板面齐平,冬季则应稍低于板面。开放交通前,填缝料应有充分的时间硬结。

(7)抗滑构造施工。

①摊铺完毕或精整平表面后,宜使用钢支架拖挂1~3层叠台麻布、帆布或棉布,洒水湿润后作拉毛处理。人工修整表面时,宜使用木抹。用钢抹修整过的光面,必须再拉毛处理,以恢复细观抗滑构造。

②当日施工进度超过500m时,抗滑沟槽制作宜选用拉毛机械施工,没有拉毛机时,可采用人工拉槽方式。

③特重和重交通混凝土路面宜采用硬刻槽,凡使用圆盘、叶片式抹面机精平后的混凝土路面、钢纤维混凝土路面必须采用硬刻槽方式制作抗滑沟槽。

(8)混凝土路面养护。

①混凝土路面铺筑完成或施作抗滑构造完毕后立即开始养护。机械摊铺的各种混凝土路

面、桥面及搭板宜采用喷洒养护剂同时保湿覆盖的方式养护。在雨天或养护用水充足的情况下,也可采用覆盖保湿膜、土工毡、土工布、麻袋、草袋、草帘等洒水湿养护方式,不宜使用围水养护方式。

②养护时间根据混凝土弯拉强度增长情况而定,不宜小于设计弯拉强度的80%,应特别注重前7天的保湿(温)养护。一般养护天数宜为14～21天,高温天不宜小于14天,低温天不宜小于21天。掺粉煤灰的混凝土路面,最短养护时间不宜少于28天,低温天应适当延长。

③混凝土板养护初期,严禁人、畜、车辆通行,在达到设计强度40%后,行人方可通行。在路面养护期间,平交道口应搭建临时便桥。面板达到设计弯拉强度后,方可开放交通。

(9)灌缝。

①应先采用切缝机清除接缝中夹杂的砂石、凝结的泥浆等,再使用压力大于或等于0.5MPa的压力水和压缩空气彻底清除接缝中的尘土及其他污染物,确保缝壁及内部清洁、干燥。缝壁检验以擦不出灰尘为灌缝标准。

②常温施工式填缝料的养护期,低温天宜为24h,高温天宜为12h。加热施工时填缝料的养护期,低温天宜为2h,高温天宜为6h。在灌缝料养护期间应封闭交通。

③路面胀缝和桥台隔离缝等应在填缝前,凿去接缝板顶部嵌入的木条,涂胶黏剂后,嵌入胀缝专用多孔橡胶条或灌进适宜的填缝料,当胀缝的宽度不一致或有啃边、掉角等现象时,必须灌缝。

(五)中央分隔带及路肩施工

1. 中央分隔带施工

1)开挖

当路面基层施工完毕后,即可进行中央分隔带的开挖,先挖集水槽,后挖纵向盲沟,一般采用人工开挖,开挖的土料不得堆置在已铺好的基层上。沟槽的断面尺寸、结构层端部边坡、沟底纵坡应符合设计要求,沟底须平整、密实,不得有杂物。

2)防水层施工

沟槽开挖完毕并经验收符合设计要求后,进行防水层施工,可喷涂双层防渗沥青。防渗层沥青要求涂布均匀、厚薄一致、无漏涂现象,涂布范围应是中央分隔带范围内的路基及路面结构层。防水层也可铺设PVC防水板等,PVC防水板铺设时两端应拉紧,不应有褶皱,PVC板材纵横向应搭接,铺完后用铁钉固定。

3)纵向碎石盲沟的铺设

(1)碎石盲沟应做到填筑充实、表面平整。

(2)反滤层可用筛选过的中砂、粗砂、砾石等渗水性材料分层填筑,目前高等级公路多采用土工布作为反滤层。

(3)碎石盲沟上铺设土工布,使其与回填土隔离,较之砂石料作反滤层,施工方便,有利于排水并可保持盲沟长期利用。施工时应注意必须平滑无拉伸地铺在碎石盲沟的面层上,不得出现扭曲、褶皱、重叠;若有破损,必须立即修补;采用平搭接,搭接长度不得小于30cm。

4)埋设横向塑料排水管

(1)路基施工完毕后,即可进行埋设横向塑料排水管的施工。

(2)基槽开挖。

根据设计要求,按图纸所示桩号,定出埋设位置。采用人工开挖或用开沟机挖槽,沟槽应保持直线并垂直于路中心线。沟槽开挖深度及宽度应符合设计要求。沟底坡度应和路面横坡一致。

(3)铺设垫层。

垫层采用粒径小的石料,如石屑、瓜子片等,铺设厚度应保持均匀一致,保证垫层顶面具有规定的横坡。

(4)埋设塑料排水管。

一端应插入中央分隔带范围内的纵向排水盲沟位置,另一端应伸出路基边坡外。横向塑料排水管的进口必须用土工布包裹,防止碎石堵塞。

当塑料管不足一次埋设的长度时,需套接。套接时,管口要对齐并靠紧,接头处用一短套管套紧相邻两根塑料排水管,套管两端需用不透水材料扎紧。

横向排水管埋设完毕并经验收合格后,方可进行沟槽回填。

5)路缘石安装

路缘石的预制安装或现场浇筑应符合图纸所示的线形和坡度。路缘石应在路面铺设之前完成。预制缘石应铺筑设在厚度不小于2cm的砂垫层上,砌筑砂浆的水泥与砂的体积比应为1:2。

路缘石的施工技术要求如下:预制缘石的质量应符合规定要求;安砌稳固,顶面平整,缝宽均匀,勾缝密实,线条直顺,曲线圆滑美观;槽底基础和后背填料必须夯打密实。

2. 路肩施工

1)土路肩施工

当路肩用料与稳定土层用料不同时,应采取培肩措施,先将两侧路肩培好。路肩料层的压实厚度应与稳定土层的压实厚度相同。在路肩上,每隔5~10m应交错开挖临时泄水沟。路面铺筑完成后,可进行路肩培土及中央分隔带回填土的施工作业。

培土路肩施工方案如下:

(1)准备下承层:底基层表面应平整、坚实,具有规定的宽度、纵坡、路拱、平整度和压实度,高程应满足规范要求,且没有任何松散的材料和软弱反弹的地点。

(2)施工流程:备料→推平→平整→静压→切边→平整→碾压。

(3)施工方法:

备料:选择可以用作底基层的取土场,挖掘机挖装合格的底基层料,自卸运输并卸至路肩区域;堆卸时按自卸汽车的装容量、路肩的松铺方量确定堆卸距离。

推平:推土机(或平地机)沿路肩区域根据松铺厚度均匀推平料堆,使材料摊铺在路肩区域。

平整:平地机按需要的宽度、高度进行平整、翻刮,使材料基本平顺。

静压:压路机沿路肩区域往返静压。

切边:技术人员根据路基中心确定路肩内边缘,人工沿内边缘拉线并撒白灰,平地机根据白灰线切除并翻材料至路肩上。

平整:用平地机按设计横坡、宽度、高程、平整度进行精确平整,使肩材料达到设计的松铺要求。

碾压：按最佳含水率的要求，用洒水车进行洒水，待可以碾压时用18t压路机沿路肩区域进行初压、复压、终压，使压实度达到规定要求。

2）硬路肩施工

硬路肩的设计高程常见的有两种情况：一种是硬路肩与车行道连接处高程一致，横坡与沥青混合料的种类也相同时，可将硬路肩视为行车道的展宽，摊铺混合料时可与行车道一起铺筑。另一种是硬路肩的顶面高程低于相连的行车道，这种情况应先摊铺硬路肩部分，宽度应比要求的宽5cm左右。

摊铺行车道表面层时，摊铺机靠硬路肩一侧的端部应使用45°的斜挡板，以减少碾压时边缘坍塌或发生较大的侧移，并尽量使边缘顺直、平齐。

第三节　公路隧道施工技术

(一)洞口与明洞施工

隧道洞口与明洞工程应按照隧道施工组织设计的顺序安排，按设计要求尽早完成。洞口附近其他构造物的施工安排应结合隧道施工场地布置及弃渣、运输的需求进行统筹考虑。洞口施工宜避开降雨期和融雪期；在寒冷地区施工，应按冬期施工的有关规定办理。施工前应检查边仰坡以上的山体稳定状况，施工过程中做好监测与防护。

1. 洞口工程

洞口边仰坡应严格按照施工放线自上而下进行开挖，不得掏底开挖或上下重叠开挖。合理控制边仰坡开挖高度；严禁采用大爆破，尽量减少对原地层的扰动。洞口开挖废弃的土石方应堆放在指定地点，不得堆置在边仰坡上方。对于边仰坡上的浮石或危石，应采取清除或相应支挡防护措施。洞口边仰坡的防护一般可采用喷锚、砌石圬工、植物防护等措施。洞顶回填面以外的边仰坡外露喷锚面施工完成后应绿化恢复。对于洞口不稳定坡体可采用抗滑桩、桩板墙、地表注浆等措施。边仰坡外的截水沟或排水沟应于洞口土石方开挖前完成，水沟的上游进水口应与原地面衔接紧密或略低于原地面，下游出水口应妥善地接入洞外排水系统。

洞门应及早修筑，并尽可能安排在冬季或雨季前完成。洞门基础必须置于稳固的地基上。洞门拱墙应与洞内相邻的拱墙衬砌一并施工，连成整体。洞门端墙应与隧道衬砌紧密相连，必要时应设置环向连接钢筋。洞门端墙的砌筑（或浇筑）与墙背回填应两侧同时进行，防止对衬砌产生偏压。洞门建筑完成后，洞门以上仰坡如有损坏应及时修补；同时应检查截、排水沟的完好性并与路堑排水系统连接通畅。

2. 明洞工程

明洞衬砌施工应仰拱先行、拱墙整体浇筑。明洞边墙地基承载力应满足设计要求。边墙基础混凝土灌注前应排除坑内积水，完成后应及时回填。明洞与暗洞拱圈应连接良好。

明洞边墙、拱圈混凝土强度等级达到设计强度的70%后，才能施作防水层及墙脚盲沟。拱墙背部表面先以水泥砂浆涂抹平顺，再涂上一层热沥青，随后立即从下向上敷设卷材防水层，敷设时应粘贴紧密，相互搭接错缝，搭接长度不小于100mm，并向隧道内拱背延伸不少于

0.5m。墙背铺设无纺土工织物作滤层时,防水板与无纺土工织物应叠合一起整体铺挂。墙脚应按设计做好纵向盲沟,保证排水通畅。拱背铺设黏土隔水层应选用黏性好、无杂质、无石块的黏土分层夯实,并与边坡、仰坡搭接良好,封闭严密。

明洞段顶部回填应对称分层夯实,每层厚度不得大于0.3m,两侧回填面高差不得大于0.5m,回填至拱顶后应分层满铺填筑。拱圈混凝土强度达到设计强度后由人工填筑夯实至拱顶以上1.0m,方可使用机械回填。洞顶回填土石的压实度不宜小于90%。

(二)洞身开挖

1. 开挖方法及适用范围

公路隧道的开挖方法主要有全断面法、台阶法、环形开挖预留核心土法、中隔壁法(CD法)、双侧壁导坑法及中导洞法等其他施工方法。应根据地质条件、隧道长度、断面大小、结构形式、工期要求、机械设备等选择适宜的开挖方案。变换开挖方法时,应采取有效过渡措施。

全断面法:按设计断面一次基本开挖成形的施工方法。一般适用于Ⅰ~Ⅲ级围岩的中小跨度隧道;Ⅵ级围岩中跨度隧道和Ⅲ级围岩大跨度隧道在采用了有效的预加固措施后,也可采用全断面法。

台阶法:先开挖上半断面,待开挖至一定距离后再同时开挖下半断面,上下半断面同时并进的施工方法。一般适用于Ⅲ~Ⅵ级围岩的中小跨度隧道,Ⅴ级围岩的中小跨度隧道在采用了有效的预加固措施后,也可采用台阶法。台阶法一般分为二台阶法、三台阶法。单车道隧道及围岩地质条件较好的双车道隧道可采用二台阶法施工;隧道断面较高、单层台阶断面尺寸较大时可采用三台阶法。

环形开挖预留核心土法:先开挖上台阶成环形,并进行支护,再分部开挖中部核心土、两侧边墙的施工方法。一般适用于Ⅴ~Ⅵ级围岩或一般土质围岩的中小跨度隧道或洞口浅埋地段隧道施工。

中隔壁法(CD法):在软弱围岩大跨隧道中,先开挖隧道的一侧,并施作中隔壁墙,然后再分步开挖隧道的另一侧的施工方法。一般适用于围岩较差、跨度大、浅埋、地表沉降需要控制的地段。

双侧壁导坑法:先开挖隧道两侧的导坑,并进行初期支护,再分部开挖剩余部分的施工方法。一般适用于浅埋大跨度隧道及地表下沉量要求严格而围岩条件很差的情况。

中导洞法:在连拱隧道或单线隧道的喇叭口地段,先开挖两洞之间立柱(或中隔墙)部分,并完成立柱(或中隔墙)混凝土浇筑后,再进行左右两洞开挖的施工方法。适用于连拱隧道。

2. 开挖要求

公路隧道开挖的最常用的方法是钻眼爆破法(以下简称"钻爆法")。隧道开挖掘进时应遵循"管超前、短进尺、强支护、弱爆破、勤量测"的原则进行。隧道的开挖轮廓应按设计要求预留变形量,并在施工过程中根据现场监控量测信息进行调整。

洞身开挖断面尺寸应符合设计要求。在开挖过程中应随时测定隧道轴线位置及高程。预留预埋洞室在施工前应与设计进行核对,确保洞室的数量与位置正确。

在开挖过程中应考虑采用有利于减少超挖、有利于围岩稳定的施工方法。采用台阶法施工时,台阶不宜分层过多;上下台阶之间的距离尽可能满足机具正常作业,并减少翻渣工作量。

采用全断面法、台阶法、环形开挖预留核心土法、中隔壁法或交叉中隔壁法、双侧壁导坑法施工及仰拱开挖应符合相关规定，严格控制欠挖，尽量减少超挖。

3. 钻爆

隧道钻爆应采用光面爆破或预裂爆破技术，爆破作业前应进行钻爆设计。

钻爆设计应根据地质条件、地形环境、开挖断面、开挖方法、循环进尺、钻眼机具、爆破材料和出渣能力等因素综合考虑，并根据实际爆破效果及时对爆破设计参数进行调整。钻爆设计的主要内容有：炮眼(掏槽眼、辅助眼和周边眼)的布置、数目、深度和角度、装药量和装药结构、起爆方法和爆破顺序等。设计图应包括炮孔布置图(包括掏槽方式、钻孔深度及斜度)、周边眼装药结构图、钻爆参数表、主要技术经济指标及必要的说明。

隧道开挖掘进掌子面的炮眼主要由掏槽眼、辅助眼和周边眼组成。掏槽眼的作用是将开挖面上某一部位的岩石掏出一个槽，形成新的临空面，为其他炮眼的爆破创造有利条件。辅助眼的作用是进一步扩大掏槽体积和增大爆破量，并为周边眼创造有利的爆破条件；其布置主要是解决间距和最小抵抗线问题，一般最小抵抗线略大于炮眼间距。周边眼的作用是爆破后使坑道断面达到设计的形状和规格；周边眼原则上沿着设计轮廓均匀布置，间距和最小抵抗线应比辅助眼的小，以便爆出较为平顺的轮廓。周边眼与辅助眼的眼底应在同一垂直面上，以保证开挖面平整；但掏槽炮眼一般要比其他炮眼深 10~20cm。

光面爆破的要求：残留炮孔痕迹应在开挖轮廓面上均匀分布。炮孔痕迹保留率：硬岩不少于 80%，中硬岩不少于 70%，软岩不少于 50%。相邻两孔之间的岩面平整，孔壁不应有明显的爆破裂隙。相邻两孔之间出现的台阶形误差不得大于 150mm。

预裂爆破的要求：在主要爆破眼引爆前，瞬时爆破单排密距孔眼，可获得沿开挖线的预裂面，减少对主要爆破眼的爆破影响，从而减少外层岩石的破损。最理想的情况是单一的断裂应连接到邻近的爆破眼，并在每个预裂孔眼内还保留一半的孔深。预裂爆破孔的预裂缝宽度一般不宜小于 5mm。

钻爆作业必须按照钻爆设计进行。当开挖条件出现变化时，爆破技术应随围岩条件的变化而做相应改变。钻炮眼前应在岩面上定出开挖断面的中线、水平和断面轮廓，标出炮眼位置，经检查符合设计要求后方可钻眼。炮眼的深度、角度、间距应按设计要求确定。钻眼完毕，应按炮眼布置图进行检查并做好记录，不符合要求的炮眼应重钻，经检查合格后才能装药。装药前应将炮眼内泥浆、石屑吹洗干净。已装药的炮眼应及时堵塞炮泥，周边眼的堵塞长度不宜小于 200mm。采用预裂爆破法时，应从药包顶端起堵塞，不得只在眼口堵塞。采用电力起爆时，应按《土方与爆破工程施工及验收规范》(GB 50201—2012)中的爆破工程部分规定及《公路隧道施工技术规范》(JTG F60—2009)、《公路隧道施工技术细则》(JTG/T F60—2009)有关规定执行。周边眼以一次同时起爆为宜。当在软岩地段必须对爆破震动加以控制时，周边眼可根据地质条件分组起爆。爆破前所有人员应撤至安全地点；爆破后应设专人负责"清帮清顶"，同时要对开挖面和未衬砌地段进行检查，如察觉可能产生险情时应及时采取措施。

4. 装渣运输

隧道洞渣应按照隧道施工组织设计中提出的装渣运输方案执行。出渣方式主要分为有轨运输和无轨运输，应根据隧道长度、断面大小、开挖方法、机具设备、运量要求等因素综合考虑确定;施工过程中应不断改进装、运、卸和调车作业,减少干扰、提高运输效率、保证作业安全。装渣应选用在隧道断面内能发挥高效率的机具,装渣能力应与运输车辆的容积相适应。洞渣装运作业过程中,不得损坏已有的支护及设施。

5. 小净距隧道及连拱隧道施工

1) 小净距隧道

小净距隧道是指隧道间的中间岩墙厚度小于分离式独立双洞的最小净距的特殊隧道布置形式。常用于洞口地形狭窄或有特殊要求的中、短隧道以及长或特长隧道洞口局部地段。

小净距隧道开挖方法的选择应以减小对中夹岩的扰动、控制中夹岩的围岩变形、保证开挖过程中围岩的稳定性为原则,合理安排施工方法及施工工序。不同围岩条件、不同净距的小净距隧道应按设计采用不同的开挖方法。对于较差的围岩,应采用封闭的初期支护;对于较好的围岩,初期支护可不封闭,但应尽早浇筑仰拱。先行洞与后行洞掌子面错开距离宜大于2倍隧道开挖宽度。后行洞开挖时应加强对中岩墙的监控量测。

小净距隧道施工应重点控制爆破震动隧道中岩墙的危害。为避免爆破振动波的叠加,必须采取微差控制爆破,相邻爆破分段起爆间隔时间不宜小于100ms。除此之外,还应严格控制爆破震动,震动值应符合现行《爆破安全规程》(GB 6722)相关规定。

2) 连拱隧道施工

连拱隧道主要适用于洞口地形狭窄,或对两洞间距有特殊要求的中、短隧道。连拱隧道按中墙形式不同分为整体式中墙和复合式中墙两种形式。

连拱隧道的施工应坚持"弱爆破、短进尺、少扰动、强支护、勤量测、紧封闭"的原则。宜采用控制爆破,应放小炮,爆破的装药量应予严格控制。

连拱隧道通常采用三导坑开挖的施工方法,即先中导坑开挖并浇筑中隔墙,再开挖侧导坑,按照先墙后拱的顺序施工完成。中导坑开挖决定着洞身开挖的方向,也是对洞身岩层情况的先行探察,为主洞的开挖积累资料和摸索情况,指导主洞的施工,是隧道开挖的关键。主洞上拱部的开挖,在中隔墙混凝土浇筑完毕并达到强度要求后进行。为了平衡中导洞初期支护左、右两侧拱圈的推力,上拱部开挖前,应在中隔墙另一侧导坑空隙采用钢管横撑或回填措施,防止中隔墙受到单侧拱圈的推力后产生变形。

主洞开挖时,左右两洞开挖掌子面错开距离宜大于30m。开挖过程中应及时做好洞内排水系统,洞内不得积水,排水沟不应沿边墙设置。

(三) 洞身支护与衬砌

1. 超前支护

隧道通过浅埋、严重偏压、岩溶流泥地段,砂土层、砂卵(砾)石层、回填土、软弱破碎地层、断层破碎带等自稳性差的地段以及大面积淋水或涌水地段时,常会发生开挖面围岩失稳,或由于初期支护的强度不能满足围岩稳定的要求以及由于大面积淋水、涌水导致洞体围岩丧失稳定而产生冒顶、坍塌等。这不仅使围岩条件更加恶化,给施工带来极大困难,而且影响施工安全,延误工期,影响工程质量和隧道使用年限。此时采用通常的锚杆、喷射混凝土层、钢支撑等初期支护难以稳定围岩,因此需要采用辅助工程措施以稳定地层和处理涌水。经常采用的辅助工程措施有超前锚杆、插板、超前小导管、管棚及围岩预注浆加固等。上述措施的选用应视围岩条件、涌水状况、施工方法、环境要求等情况而定，经过充分的技术与经济比较，选用其中一种或几种措施进行治理。

超前锚杆或超前小导管支护主要适用于地下水较少的软弱破碎围岩的隧道工程中，如土砂质地层、弱膨胀性地层、流变性较小的地层、裂隙发育的岩体、断层破碎带、浅埋无显著偏压的隧道等。此法的要点是开挖掘进前，在开挖面顶部一定范围内，沿坑道设计轮廓线，向岩体内打入一排纵向锚杆（型钢或小钢管），以形成一道顶部加固的岩石棚，在此棚保护下进行开挖等作业。

超前管棚主要适用于对围岩变形及地表下沉有较严格限制要求的软弱破碎围岩隧道工程中，如土砂质地层、强膨胀性地层、强流变性地层、裂隙发育的岩体、断层破碎带、浅埋有显著偏压等地段。此外，在一般无胶结的土及砂质围岩中，采用插板封闭较为有效；在地下水较多时，则可利用钢管注浆堵水和加固围岩。管棚的配置、形状、施工范围、管棚间隔及断面等应根据地质条件、周边环境、隧道开挖面、埋深以及开挖方法等因素来决定。

超前小导管注浆不仅适用于一般软弱破碎围岩，也适用于地下水丰富的松软围岩。但超前小导管注浆对围岩加固的范围和强度是有限的，在围岩条件特别差而变形又严格控制的隧道施工中，超前小导管注浆常常作为一项主要的辅助措施，与管棚结合起来加固围岩。超前小导管注浆在开挖掘进前，先用喷射混凝土将开挖面封闭，然后沿隧道开挖轮廓周边打入带孔的纵向小导管并通过小导管向围岩注浆，待浆液硬化后，在隧道周围形成了一个加固圈，在此加固圈的防护下进行开挖。

超前围岩预注浆主要适用于软弱围岩及断层破碎带、自稳性较差的含水地段。掘进前先在掌子面前方的围岩中注入浆液，提高地层的强度、稳定性和抗渗性，形成较大范围的筒状封闭加固区，然后在其范围内进行开挖作业。

2. 初期支护

隧道初期支护措施应紧随开挖面及时施作，控制围岩变形和减少围岩暴露时间。初期支护可作为开挖面的临时支护，亦可作为永久衬砌的一部分。临时支护可选择喷射混凝土、锚杆、钢筋网、钢架等单一或组合的支护形式。不同级别的围岩应采用不同结构形式的初期支护。Ⅰ、Ⅱ级围岩支护时，宜采用局部喷射混凝土或局部锚杆，为防止岩爆和局部落石，可局部加挂钢筋网。Ⅲ、Ⅳ级围岩可采用锚杆、锚杆挂网、喷射混凝土或锚喷联合支护，Ⅳ级围岩必要时可加设钢支撑。Ⅴ、Ⅵ级围岩宜采用锚喷挂网、钢支撑的联合支护形式，并应结合辅助措施进行施工支护。

1）喷射混凝土

喷射混凝土是用压力喷枪喷射混凝土的施工方法，作为开挖后的柔性支护常用于隧道拱部、边墙等部位。喷射混凝土按照各工艺流程的投料顺序不同分为干喷、潮喷和湿喷等三种。由于湿喷法的粉尘和回弹量少，喷射混凝土的质量容易控制，目前湿喷法使用的较多。但湿喷对湿喷机械要求高，机械清洗和故障处理较困难。对于喷层较厚的软岩和渗水隧道，不宜采用湿喷。干喷由于粉尘和回弹量大，不利于作业人员身体健康，已禁止在公路隧道工程使用。随着当前施工机械化、智能化理念的提出，喷射混凝土机械手的应用也正在逐步推广。

2）锚杆

锚杆是用螺纹钢筋或其他高抗拉性能的材料制作的一种杆状构件，杆体末端与垫板配合使用。按照锚固形式可划分为全长黏结型、端头锚固型、摩擦型和预应力型四种。锚杆对地下工程的稳定性起着重要的作用,尤其是在节理裂隙岩体中,锚杆对岩体的加固作用十分明显。锚杆具有结构简单、施工方便以及对工程适应性强等特点。

3) 钢筋网

钢筋网材料应满足设计要求,钢筋网钢筋在使用前应调直、清除锈蚀和油渍。

钢筋网随受喷面的起伏铺设,与受喷面的最大间隙不宜大于30mm。钢筋搭接长度不得小于$30d$(d 为钢筋直径),并不得小于一个网格边长尺寸。钢筋网应与锚杆或其他固定装置连接牢固,其混凝土保护层应不小于规范规定。

4) 钢支撑

钢支撑按其材料的组成可分为钢拱架和格栅钢架,常用于软弱破碎围岩隧道中,并与锚杆、喷射混凝土等共同使用。钢拱架可选用工字钢、H形钢、U形钢或钢轨等制作。钢拱架的刚度较大,架设后能够立即承载;可作临时支撑并单独承受较大的围岩压力,也可设于混凝土内作为永久衬砌的一部分。格栅钢架是由钢筋经冷弯成形后焊接而成的独立单元钢架,通过螺栓将两段钢架连接板紧密地连在一起。喷射混凝土能够充满格栅钢架及其与围岩的空隙,故格栅钢架能够很好地与喷射混凝土一起与围岩密贴,且能和锚杆、超前支护结构连成一体,支护效果好。

根据隧道不同的围岩级别,通常将喷射混凝土、锚杆、钢筋网、钢支撑等支护形式进行组合形成联合支护。联合支护的施工中,各施作的支护彼此要牢固相连,如超前锚杆、系统锚杆与钢拱架的连接、钢筋网及钢拱架要尽可能多地与锚杆头焊连,以充分发挥联合支护效果;同时,喷射混凝土要将钢筋网和钢拱架包裹密实。

3. 二次衬砌

二次衬砌是隧道工程施工在初期支护内侧施作的模筑素混凝土或钢筋混凝土衬砌,与初期支护、防水层共同组成复合式衬砌。二次衬砌混凝土的材料和级配,应满足衬砌结构的强度和耐久性要求,同时必须重视其抗冻、抗渗和抗侵蚀性。二次衬砌应在防水层铺设完成后进行,拱墙衬砌混凝土应由下向上、从两侧向拱顶对称浇筑。在隧道纵向上二次衬砌需分段进行,分段长度一般为8~12m。衬砌的施工缝与沉降缝、伸缩缝结合布置。

在全断面或大断面开挖成形的隧道衬砌施工中,应尽量使用钢模板衬砌台车灌注混凝土形成整体衬砌。二次衬砌采用移动式混凝土泵或其他获准的机具连续浇筑,并应防止混凝土离析。当混凝土面超过拱顶时,泵管出口应埋设在混凝土面以下,保证拱顶所有空间能填满、填实。隧道整体式衬砌内不允许出现水平接缝和倾斜接缝。若浇筑混凝土因故中断,则在继续浇筑新混凝土前,必须凿除已硬化的前层混凝土表面上的松软层和水泥砂浆薄膜,并将表面凿毛,用压力水冲洗干净。

仰拱断面开挖成型后应及时浇筑仰拱混凝土。在仰拱浇筑前,需先清除基底虚渣、杂物和坑槽内积水,再进行铺底。浇筑仰拱应采用大样板,并由仰拱中心向两侧对称进行,仰拱与边墙衔接处应捣固密实。仰拱应超前拱墙衬砌浇筑完成。仰拱施工宜整断面一次成型,不宜左右分幅分次浇筑。隧道仰拱调平层的顶面高程、横坡应符合设计要求。

边墙基础的埋置深度应符合设计规定,无仰拱段落的边沟及电缆沟应与边墙一并开挖到位。采用拼装模板施工时,边墙基础宜结合边墙一次施工完成;当边墙基础与边墙分次浇筑时，边墙基础顶面应凿毛、冲洗。

二次衬砌应在初期支护变形基本稳定后进行，施作时间应满足下列条件：①各测试项目所显示的位移率明显减缓并已基本稳定。②已产生的各项位移已达预计位移量的80%~90%。③周边位移速率小于0.1~0.2mm/天，或拱顶下沉速率小于0.07~0.15mm/天。在满足上述条件后，应尽快施作二次衬砌。对于自稳性很差的围岩，可能长时间达不到基本稳定条件，当初期支护壁面产生大量明显裂缝、变形无收敛趋势，而初期支护能力又难以加强时，应提前施作仰拱及二次衬砌。与此同时，可通过增设钢筋和提高混凝土强度等措施来增强二次衬砌结构。

隧道仰拱或二次衬砌到掌子面的安全距离称为隧道安全步距，安全步距主要由隧道围岩级别决定。《公路工程施工安全技术规范》(JTG F90)中公路隧道施工安全步距要求：①仰拱与掌子面的距离，Ⅲ级围岩不得超过90m，Ⅳ级围岩不得超过50m，Ⅴ级及以上围岩不得超过40m。②软弱围岩及不良地质隧道的二次衬砌应及时施作，二次衬砌距掌子面的距离要求：Ⅳ级围岩不得大于90m，Ⅴ级及以上围岩不得大于70m。

(四)防水与排水

隧道施工的临时防、排水应与永久防、排水设施相结合，以"防、截、排、堵相结合，因地制宜、综合治理"为原则，保证隧道结构物和运营设备的正常使用和行车安全，并对地表水、地下水妥善处理，形成完整通畅的防排水系统。

1. 施工防排水

隧道施工前，根据设计和调查资料，预计可能出现的地下水情况并估计水量，参照有关规定，制订防、排水施工方案。施工中，应对隧道的出水部位、水质、水量及变化规律等做好观测试验记录，并不断改进和完善防、排水措施，选择既经济合理又切实可行的治水措施，确保围岩稳定，便于初期支护的施工，并保证在二次衬砌施工前，现场具有防水层的施工条件。

隧道洞口及辅助坑道洞(井)口排水系统应按照设计及时做好排水系统。边坡、仰坡坡顶的截水沟应结合永久排水系统在洞口开挖前修建，其出水口应防止水顺坡面漫流，洞顶截水沟应与路基边沟顺接组成排水系统。洞内顺坡排水时，其坡度应与线路坡度一致。洞内反坡排水时，必须采取水泵及时抽排。开挖过程中洞内出现大面积渗漏水时，宜采用钻孔将水集中汇流引入排水沟，并将钻孔部位、数量、孔径、深度、方向和渗水量等做成详细记录，据此确定在施作衬砌时设置拱墙背后的排水设施。

2. 结构防排水

隧道防水以混凝土自防水为主，防水混凝土抗渗等级应符合设计要求。施工过程中应根据隧道渗水部位、渗水量大小等现场情况，在衬砌背后合理布置排水管、盲沟、暗沟等排水设施。

防水层一般选用高分子材料，其性能指标应符合设计要求。防水板铺设应超前二次衬砌施工1~2个衬砌段，并应与开挖掌子面保持一定距离。初期支护表面应平整、圆顺。对支护表面外露的坚硬物和局部渗漏水处应先进行处理，不平处用喷射混凝土或砂浆找平。防水板应无钉铺设，并留有余量，以保证防水板与喷层基本密贴。

在浇筑二次衬砌混凝土前，应检查防水层的铺设质量和焊接质量。如发现有破损情况，应及时处理。衬砌的施工缝和沉降缝采用的止水带材料应符合设计要求。止水带在安装以及混凝土振捣过程中,应注意对止水带的保护;如发现有被刺破、割裂现象,应及时修补。止水带的长度应根据施工需要事先向生产商家定制,尽量避免接头。如确需接头,根据止水带材质和止水部位可采用不同的接头方法。对于橡胶止水带,其接头形式应采用搭接或复合接,对于塑料止水带,其接头形式应采用搭接或对接。

(五)洞内防火涂料和装饰工程

隧道内防火涂料及装饰工程正式施工前,应将喷涂及装饰的表面进行清理。

防火涂料施作应采用专用设备,喷涂与涂抹相结合。喷涂设备应能连续将均匀涂料喷涂到基层上。在喷涂防火涂料前应对洞身混凝土表面除尘、去污,并对错台进行修补处理,以保证防火涂料喷涂厚度均匀。为加强附着力,在喷涂前宜采用强度等级为32.5级的水泥调制纯水泥浆涂刷洞身一次。防火涂料涂层硬化后,方可按设计要求涂刷各类装饰色料。喷涂混凝土专用漆时,喷涂厚度应符合规定。为保证面层美观,应采用高压无空气喷涂机施工,第一次喷涂无色封闭底漆,然后喷涂两次带色面漆。喷涂混凝土专用漆施工工艺流程可参照"基层→处理→质检→喷底漆→喷两次面漆→质检→补喷→质检、验收"施行。

隧道洞内装饰应根据设计的装饰材料及设计要求,采用相应的施工方法。目前隧道洞内常见的有贴瓷砖和安装装饰板两种方式。

洞内镶贴瓷砖要求:瓷砖必须表面平整、边缘整齐;棱角不得损坏;瓷砖镶贴用砂浆比例应按规定;镶贴时应保证砂浆饱满,面层与基层黏结牢固,无空鼓现象。边墙表面应对附着物进行清除,对混凝土表面进行凿毛、清洗,并符合设计要求。贴瓷砖造价较低。

隧道装饰板种类较多,有佳秀板、搪瓷钢板、钢钙板等;造价相对较高。现场应按设计要求施工。

(六)通风防尘及水电施工

1. 通风、防尘

实施机械通风一般需要通风机和风道才能实现。按照风道的类型和通风机安装位置分为风管式通风、巷道式通风、风墙式通风。风管式通风,风由管道输送,分为压力式、抽出式和混合式三种方式。风管式通风的优点是设备简单、布置灵活、易于拆装,故为一般隧道施工采用。巷道式通风适用于有平行坑道的长隧道,其特点是通过最前面的横洞和平行导坑组成一个风流循环系统,在平行导坑洞口附近安装通风机,将污浊空气由导坑抽出,新鲜空气由正洞流入,形成循环风流。风墙式通风适用于较长隧道;当管道式通风难以解决又无平行导坑可以利用时,可利用隧道成洞部分较大的断面,用砖砌或木板隔出一条风道,以减小风管长度,增大风量满足通风要求。

隧道内应控制粉尘的产生。钻眼作业应采用湿式凿岩,仅在水源缺乏、容易冻结或岩石性质不适于湿式凿岩的地段可采用带有捕尘设备的干式凿岩。当防尘措施不能达到规定的粉尘浓度标准时,严禁采用干式凿岩。在凿岩和装渣时,应做好以下事项:凿岩机在钻眼时,必须先送水后送风;放炮后应进行喷雾、洒水;出渣前应用水淋湿全部石渣和附近岩壁;新鲜风流连续经过几个工作面时,在两个工作面间和混合式通风系统中两组风管交错的距离间;根据防尘效果适当增设喷雾器以净化风流中的粉尘。施工人员应佩戴防尘面罩。

2. 供水、供电

供水方案及设备配置应能满足工程及生活用水的需要。水源在使用前必须经过水质鉴定,符合国家工程用水及生活用水的水质标准。供水的蓄水池高度应能保证洞内最高用水点的水压。水池的蓄水量应保证洞内外集中用水的需要。采用机械抽水站供水时,应有备用的抽水机。

隧道供电电压应符合以下要求:供电线路应采用400/230V三相五线系统两端供电;动力设备应采用三相380V;照明电压、成洞段和不作业地段可用220V,瓦斯地段不得超过110V,一般作业地段不宜大于36V,手提作业灯为12~24V;低压线路末端电压降不应大于10%,高压分线部位应设明显危险警告标志。

洞外变电站宜设在洞口附近,并应靠近负荷集中地点和设在电源来线一侧。供电线路布置和安装应符合下列要求:①成洞地段固定的用电线路,应使用绝缘良好胶皮线架设,施工地段的临时电线路,宜采用橡套电缆;竖井、斜井宜使用铠装电缆;瓦斯地段的输电线必须使用煤矿专用密封阻燃铜芯电缆,不得使用皮线。②瓦斯地段的电缆应沿侧壁铺设,不得悬空架设。富水隧道的电动排水设备、瓦斯隧道的通风设备和斜井、竖井内的电气装置应采用双回路输电,并有可靠的切换装置。

长、特长隧道成洞地段应用6~10kV高压电缆送电;洞内采用6~10/0.4kV变电站供电时;应有保证安全的措施。隧道作业地段必须有足够的照明。瓦斯地段的照明器材应采用防爆型;在主要通道、洞内抽水机站等重要处所,应有安全照明。漏水地段照明,应用防水灯头和灯罩。

(七)特殊地质地段的施工

隧道施工中常见的几种特殊地质地段包括:塌方、断层、溶洞、瓦斯地段、膨胀性围岩、流沙、岩爆、高地温、松散地层、黄土等地质。在不良地质地段施工时,应做好监测、预报工作,坚持以预防为主的原则;在确保安全的前提下,制订切实可行的施工方案。隧道通过破碎松散、软塑膨胀、承压涌水、流沙等不良地质地段时,施工前应对工程地质和水文地质资料进行详细了解分析,制订相应的预防措施,备足有关应急的机具材料。不良地质地段的隧道施工,遵循"管超前、短开挖、弱爆破、强支护、紧封闭、勤量测"的原则,稳步前进。在施工过程中,应经常观察和测试地质和地下水的变化情况,检查支护、衬砌的受力状态,注意地形、地貌的变化,防止突发事故的发生。如有险情,应立即分析情况采取措施妥善处理。

第四节　桥涵工程施工技术

一、模板、拱架和支架施工

1. 模板、拱架和支架的设计

模板、拱架和支架均应进行施工图设计,经批准后方可用于施工。其设计原则为:

(1)宜优先使用胶合板和钢模板。

(2)在计算荷载作用下,对模板、拱架及支架结构按受力程序分别验算其强度、刚度及稳定性。

(3)模板板面之间应平整,接缝严密,不漏浆,保证结构物外露面美观,线条流畅。

(4)结构简单,制作、装拆方便。

2.模板、拱架和支架的制作与安装

混凝土的模板板面应采用下列材料之一:金属板、木制板及高分子合成材料面板、硬塑料或玻璃钢板等材料。外露面的模板板面宜采用钢模板、胶合板。为减少模板的拼缝,对于大面积的混凝土,其每块模板的面积宜大于 $1.0m^2$。

模板、拱架及支架的制作,应按图纸要求和符合《公路桥涵施工技术规范》(JTG/T F50—2011)第5.3和第5.4节的规定。

3.模板、拱架和支架的拆卸

模板、拱架、支架的拆除期限和拆除程序等应严格按施工图设计的要求进行,设计未要求时,应根据结构物特点、模板部位和混凝土所达到的强度来决定。模板、拱架及支架拆除时的技术要求,应符合图纸要求及《公路桥涵施工技术规范》(JTG/T F50—2011)第5.5节的有关规定。

二、钢筋工程施工

钢筋的表面应洁净,使用前应将表面油渍、漆皮、鳞锈等清除干净,钢筋外表有严重锈蚀、麻坑、裂纹夹砂和夹层等缺陷时应予剔除,不得使用。钢筋的形状、尺寸应按照设计的规定进行加工,加工后的钢筋表面不应有削弱钢筋截面的伤痕。

钢筋的连接宜采用焊接接头或机械连接接头。绑扎接头仅当钢筋构造施工困难时方可采用,直径不宜大于28mm,对轴心受压或偏心受压构件中的受压钢筋可不大于32mm;轴心受拉和小偏心受拉构件不应采用绑扎接头。受力钢筋焊接或绑扎接头应设置在内力较小处,并错开布置。

适宜于预制的钢筋骨架或钢筋网的构件,宜先预制成钢筋骨架片或钢筋网片,运至工地后就位进行焊接或绑扎。预制成的钢筋骨架,必须具有足够的刚度和稳定性。

三、混凝土工程施工

混凝土工程所需各种原材料,均应符合现行国家及行业标准规定,并应在进场时对其性能和质量进行检验。混凝土抗压强度应以边长150mm的立方体标准试件测定,保证率95%,试件以同龄期3个为一组,每组试件抗压强度以3个试件测值的算术平均值为测定值(精确至0.1MPa),当有1个测值与中间值的差值超中间值15%时取中间值为测定值,当有2个测值与中间值的差值均超15%时则该组试验无效。混凝土抗压强度应以标准方式成型的试件置于标准养护条件下(温度20±2℃,相对湿度不低于95%)养护28天所测得的抗压强度值(MPa)进行测定。

1.混凝土配合比

(1)混凝土配合比应以质量比表示,并通过计算和试配选定。试配时,应使用施工实际采用的材料,配制的混凝土拌合物应满足和易性、凝结时间等施工技术条件,制成的混凝土满足强度、耐久性等质量要求。

(2)普通混凝土配合比,按《普通混凝土配合比设计规程》(JGJ 55—2011)规定进行计算和试配,在满足工艺要求前提下,宜采用低坍落度的混凝土施工。

2. 混凝土拌制

(1)配料宜用自动计量装置,计量器具应定期标定,迁移后应重新进行标定。预制场或集中搅拌站拌制时配料数量允许偏差,除集料为±2%外,其他如水泥、掺合料、水、外加剂均为±1%。

(2)混凝土拌合物应搅拌均匀、颜色一致,不得有离析和泌水现象。

(3)混凝土拌好后,宜在搅拌地点和浇筑地点分别取样检测混凝土拌合物的坍落度及其损失,每一工作班或每一单元结构物应不少于2次,评定时应以浇筑地点的测值为准。

3. 混凝土运输

(1)混凝土运输宜用搅拌运输车、或在条件允许时采用泵送方式输送;采用吊斗或其他方式运输时,运距不宜超过100m且不得使混凝土产生离析。搅拌运输车途中应以2~4r/min的慢速进行搅动,卸料前应以正常速度再次搅拌。

(2)搅拌车运至搅拌地点后发生离析、泌水或坍落度不符合要求时,应进行二次搅拌。二次搅拌时不宜任意加水,确有必要时,可同时添加水、相应胶凝材料、外加剂并保持原水胶比不变。二次搅拌仍不符合要求时,则不得使用。

(3)采用泵送时,泵送间隔时间不宜超过15min。

4. 混凝土浇筑

(1)混凝土浇筑前,制订合理的浇筑工艺方案,对施工缝设置、浇筑顺序、浇筑工具、防裂措施、保护层控制等作出明确规定。

(2)自高处向模板内倾卸混凝土,应防止离析。卸落高度超过2m,应通过串筒、溜槽等设施下落;倾落超过10m时,应设置减速装置。

(3)混凝土应按一定的厚度、顺序和方向分层浇筑,且应在下层混凝土初凝前完成上层混凝土浇筑。

5. 混凝土养护

混凝土浇筑完成后,应在收浆后尽快予以覆盖并洒水保湿养护。混凝土面有模板覆盖时,应在养护期间使模板保持湿润;混凝土洒水保湿养护时间应不小于7天,对重要工程或有特殊要求的混凝土,应酌情延长养护时间。

6. 大体积混凝土

(1)大体积混凝土配合比设计时,宜选用低水化热和凝结时间长的水泥品种,宜掺用可降低混凝土早期水化热的外加剂和掺合料。在配合比设计时,宜降低水胶比、减少水泥用量。

(2)大体积混凝土可分层、分块浇筑。分层浇筑时应对下层混凝土顶面作凿毛处理,且新浇混凝土与下层混凝土温差不宜大于20℃,并应采取措施将各层间浇筑间歇期控制在7天以内。

(3)大体积混凝土浇筑宜在气温较低时进行,但入模温度不应低于5℃。大体积混凝土的温度控制宜按照"内降外保"的原则,对混凝土内部采取设置冷却水管通循环水冷却,对混凝土外部采取覆盖蓄热或蓄水保温等措施进行。在混凝土内部通水降温时,进出水口的温差宜小于10℃。

7. 高强度混凝土

高强度混凝土,适用生产C60及以上强度等级混凝土施工。水泥宜选强度等级不低于52.5的硅酸盐水泥和普通硅酸盐水泥,不得使用立窑水泥,外加剂应为高效减水剂或缓凝减水剂,每立方米混凝土的水泥用量不宜大于500kg,胶凝材料总量不宜大于600kg。

8. 高性能混凝土

高性能混凝土,宜选用优质水泥、级配良好的优质集料,同时应掺加与水泥匹配的高效减水剂、优质掺合料。对暴露于空气的一般构件混凝土,粉煤灰的掺量不宜大于20%。

四、预应力混凝土施工

1. 预应力钢筋及其制作

预应力混凝土结构所采用的钢丝、钢绞线、螺纹钢筋等材料,应符合现行国家标准规定;预应力钢筋进场时,应分批验收,钢丝每批不大于60t,钢绞线每批不大于60t(任取3盘截取一组),螺纹钢每批不大于100t;预应力钢筋应避免锈蚀,存放时应支垫并遮盖,存放时间不宜超6个月;预应力筋制作时下料,应通过计算确定,下料应采用切断机或砂轮锯切断,严禁采用电弧切割。

2. 锚具、夹具和连接器

锚具应满足分级张拉、补张拉及放松预应力的要求,能满足整束张拉也能满足单根张拉,锚具的锚口摩擦损失不宜大于6%;夹具应具有良好的自锚性能、松锚性能和安全的重复使用性能,主要锚固件应具有良好防锈性能,可重复使用次数不应少于300次;混凝土结构中永久性的预应力钢筋连接器,应符合锚具的性能要求;用于先张法施工且在张拉后需进行放张和拆卸的连接器,应符合夹具的要求;锚垫板应具有足够强度和刚度,且宜设置锚具对中止口、压浆孔或排气孔,压浆孔内径不宜小于20mm,锚垫板下还应有配套的局部加强钢筋;预应力钢筋用锚具产品应配套使用,同一结构应采用同一生产厂的产品。

3. 管道

在后张有黏结预应力混凝土结构中,预应力筋的孔道由浇筑在混凝土中的刚性或半刚性管道构成,或采取抽芯法进行预留。预应力筋管道不应有漏浆现象,且应具有足够强度和刚度;刚性管道为壁厚不小于2mm的平滑钢管,且应有光滑内壁;半刚性管道是波纹状的金属管或密度聚乙烯塑料管,金属波纹管宜采用镀锌扁钢带制作且壁厚不宜小于0.3mm。

4. 混凝土浇筑

在浇筑混凝土时,宜根据结构形式选用插入式、附着式或平板式振动器进行振捣,后张构件应避免振动器碰撞预应力钢筋的管道、预埋件等;用于判断现场预应力混凝土结构强度的混凝土试件,应置于现场与结构或构件同环境同条件养护。

5. 施加预应力

预应力钢筋的张拉宜采用穿心式双作用千斤顶,整体张拉或放张宜采用具有自锚功能的千斤顶,千斤顶的额定张拉力宜为所需张拉力的1.5倍,且不得小于1.2倍;与千斤顶配套使用的压力表应选用防震型产品;张拉机具设备应与锚具产品配套使用,并在使用关进行校正、检验和标定;张拉用的千斤顶与压力表应配套标定、配套使用;千斤顶安装时,工具锚应与前端的工作锚对正,工具锚和工作锚之间的各根预应力筋不得错位或扭绞,实施张拉时,千斤顶与预应力钢筋、锚具的中心线应位于同一轴线上;预应力钢筋采用应力控制方法张拉时,应以伸长值进行校核。实际伸长值与理论伸长值的差值应控制在±6%以内,否则应暂停张拉,查明原因并调整。

6. 先张法

先张法的墩式台座应进行专门设计,并应具有足够强度、刚度和稳定性,抗倾覆安全系数不小于1.5,抗滑移系数不小于1.3,锚固横梁受力后挠度不大于2mm。

7. 后张法

(1)采用金属或塑料管道构成后张预应力混凝土或构件的孔道时,管道内横截面积不得少于预应力筋净截面积的2倍,对长度大于60m的管道宜通过试验确定其面积比是否可进行正常压浆作业。管道应按设计规定的坐标位置进行安装,采用定位钢筋固定。管道接头处的连接管应采用大一级直径的同类管道,长度宜为连接管道直径的5~7倍,接头并应缠裹紧密防止水泥浆渗入。所有管道均应在每个顶点设排气孔,需要时在每个低点设排水孔,最小内径为20mm;管道安装完毕后,其端口应临时封堵。

(2)预应力钢筋安装时,可在混凝土浇筑前或浇筑后穿入孔道,整体穿束时,束的前端宜设置穿束网套或特制的牵引头,保持预应力钢筋顺直。未采取防腐措施的预应力钢筋,当空气湿度大于70%时,在安装后至压浆时的容许间隔时间为7天。预应力钢筋安装在管道中后,应将管道端部密封防湿气进入;采用蒸汽养护混凝土时,在养护完成前,不应安装预应力钢筋。

(3)锚具、夹具和连接器的安装前,应擦拭干净。锚具安装位置应准确,且应与孔道对中;锚垫板上设置有对中止口时,应防止锚具偏出止口;安装夹片时,应使夹片的外露长度基本一致。

(4)后张法预应力的张拉和锚固应符合以下规定:

①预应力张拉前,宜对不同类型的孔道进行至少一个孔道的摩阻测试。

②张拉时,在设计未规定情况下,混凝土的强度不应低于设计强度等级值的80%,弹性模量应不低于混凝土28天弹性模量的80%。

③预应力钢筋的张拉顺序应符合设计规定,未规定时,可采取分批、分阶段的方式对称张拉。

④预应力钢筋应整束张拉锚固。

⑤直线筋或螺纹筋可在一端张拉,对曲线预应力钢筋,当锚固损失的影响长度小于或等于构件长度的一半时,应采取两端同时张拉。

⑥后张法预应力钢筋的张拉程序应符合设计规定。

⑦后张钢绞线束,每束钢绞线断丝或滑丝数不超1丝,每个断面断丝之和不超过该断面钢

丝总数的1%。

⑧预应力钢筋在张拉控制应力达到稳定后方可锚固,对夹片式带有自锚性能的锚具,锚固后夹片顶面应平齐,相互间错位不宜大于2mm,且露出锚具外的高度不应大于4mm。

⑨切割后预应力钢筋的外露长度不应小于30mm,锚具应采用封端混凝土保护,当需长期外露时,应采取防止锈蚀的措施。

(5)预应力钢筋张拉锚固后,孔道应尽早压浆,且应在48h内完成,否则应采取防止预应力钢筋锈蚀的措施。压浆完成后,需要封锚的锚具,应对梁端混凝土凿毛并将其周围冲洗干净,设置钢筋网浇筑封锚混凝土,封锚采用与构件同强度的混凝土并严格控制封锚后梁体长度。

五、桥梁基础工程施工

(一)明挖扩大基础施工

1. 基坑

当基坑深度较小且坑壁土层稳定时,可直接放坡开挖;坑壁土层不易稳定且有地下水影响,放坡开挖场地受到限制或放坡开挖工程量大时,应按设计要求对坑壁进行支护,设计未要求时,应结合实际情况选择适宜的坑壁支护方案。

基坑顶面应设置防止地表水流入基坑的设施,基顶有动荷载时,其边缘与动荷载之间应留有不小于1m宽的护道。

基坑较浅且渗水量不大时,可采用竹排、木板、混凝土或钢板等对坑壁进行支护;基坑深度≤4m且渗水量不大时,可采用槽钢、H形钢或工字钢进行支护;基坑深度>4m时,宜采用锁口钢板或锁口钢管桩围堰进行支护。需对支护结构应进行设计计算,当支护结构受力过大时,应加设临时支撑。

基坑坑壁采用喷射混凝土、锚杆喷射混凝土、预应力锚索和土钉支护等方式进行加固,施工前需进行抗拉拔力的验证。孔深≤3m时,宜用先注浆后插入锚杆工艺,孔深>3m时,宜先插入锚杆后注浆。注浆应采用孔底注浆法,注浆管应插至距孔底50~100mm处,并随浆液的注入逐渐拔出,注浆的压力不得小于0.2MPa。

不论采用何种加固方式,均应按设计要求逐层开挖、逐层加固,坑壁或边坡上有明显出水点时,应设置导管排水。

2. 挖基和排水

挖基施工宜安排在枯水或少雨季节进行。在开挖过程中进行排水时应不对基坑的安全产生影响,排水困难时,宜采用水下挖基方法。采用机械开挖时应避免超挖,宜在挖至基底前预留一定厚度,再由人工开挖至设计高程,如超挖,则应将松动部分清除,并应对基底进行处理。基坑开挖后,不得长时间暴露、被水浸泡或被扰动。

3. 扩大基础

扩大基础的基底为非黏性土或干土时,施工前应润湿,并浇筑混凝土垫层。基底为岩石时,应用水冲洗干净,且铺一层不低于基础混凝土强度的水泥砂浆。

(二)桩基础施工

1. 沉桩基础

沉桩所用的基桩主要为预制的钢筋混凝土桩和预应力混凝土桩。沉桩的施工方法主要有锤击沉桩、振动沉桩、射水沉桩等。

2. 钻孔灌注桩

桩位位于旱地时,可在原地适当平整并填土压实形成工作平台;位于浅水区时,宜采用筑岛法施工;位于深水区时,宜搭设钢制平台,若水位变动不大时,可采用浮式工作平台。工作平台的顶面高程应高于施工期间可能的最高水位1.0m以上。

钻孔机具有冲抓锥、冲击锥、冲击钻机、回旋钻机、潜水钻机以及全套管钻机等专业钻孔机具。这些常用的钻孔机具,可归纳为冲抓式、冲击式和旋转式三大类,可在各类土层造孔成桩,常用的桩径有1.0m、1.2m、1.5m、1.8m、2.0m、2.5m、3.0m、3.5m等,而建成的最大桩径已有6.0m。桩的长度可从十余米到上百米。常用的钻孔机具如图5.4.1所示。

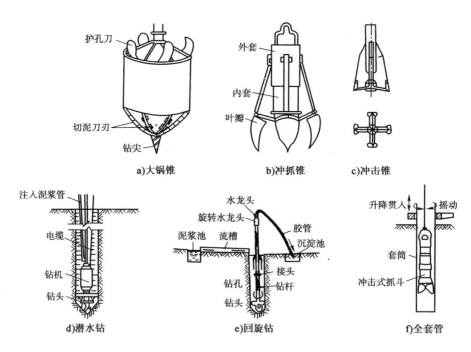

图5.4.1 常用的钻孔机具

钻孔灌注桩施工的主要工序有:埋设护筒、制备泥浆、钻孔、清底、钢筋笼制作与吊装以及灌注水下混凝土等。

钻孔灌注桩主要技术要点如下。

(1)埋设护筒。

护筒宜采用钢板卷制,一般其内径应大于桩径至少200mm,护筒中心与桩中心平面位置偏差应不大于50mm,竖直向倾斜度不大于1%。

护筒顶宜高于地面 0.3m 或水面 1~2m,潮汐影响水域应高出施工期最高潮水 1.5~2m,桩孔内有承压水时应高于稳定后的承压水面 2m 以上。

护筒埋置深度在旱地或筑岛处宜为 2~4m,对有冲刷影响的河床,护筒宜沉入局部冲刷线以下 1~1.5m,且采取防止冲刷的防护措施。

(2)制备泥浆。

泥浆的配合比和配制方法宜通过试验确定,其性能应与钻孔方法、土层情况相适应。

(3)钻孔。

钻机就位前,应对钻孔的各项准备工作进行检查;钻机安装后,其底座和顶端应平稳。不论采用何种方法钻孔,开孔的孔位均必须准确;开钻时应慢速钻进,待导向部位或钻头全部进入地层后,方可正常钻进。

采用冲击钻机冲击成孔时,应小冲程开孔,并应使初成孔的孔壁坚实、竖直、圆顺,起到导向作用,待钻进深度超过钻头全高加冲程后,方可进行正常的冲击。冲击钻进过程中,孔内水位应高于护筒底口 500mm 以上;掏取钻渣和停钻时,应及时向孔内补水,保持水头高度。

采用旋挖钻机钻孔时,应根据不同的地质条件选用相应的钻斗。钻进过程中应保证泥浆面始终不低于护筒底部 500mm 以上,并应严格控制钻进速度。

(4)清底。

钻孔深度达到设计高程后,应对孔径、孔深、孔倾斜度进行检验。清孔排渣时,应保持孔内水位防止坍孔。不得用加深钻孔深度的方式代替清孔。

(5)钢筋笼制作与吊装。

长桩骨架宜分段制作,分段长度应根据吊装条件确定,应确保不变形,接头应错开。应在骨架外侧设置控制保护层厚度的垫块,其间距竖向为 2m,横向圆周不得少于 4 处。安装钢筋骨架时,应将其吊挂在孔口的钢护筒上,不得直接将钢筋骨架支承在孔底。

(6)灌注水下混凝土。

钻孔灌注桩所用水下混凝土不同于一般混凝土的技术要求,水泥的初凝时间不宜早于 2.5h。水下混凝土配制,粗集料宜选用卵石,集料粒径不宜大于导管内径的 1/8~1/6 和钢筋最小净距的 1/4,同时不宜大于 40mm,混凝土可经试验掺入适量缓凝剂,混凝土拌合物应具有良好的和易性。当桩径 $D < 1.5$m 时,其坍落度宜为 180~220mm;桩径 $D > 1.5$m 时,坍落度宜为 160~200mm。每 $1m^3$ 混凝土的水泥用量一般不宜小于 350kg。水下混凝土的灌注时间不得超过首批混凝土的初凝时间,首批灌注混凝土的数量应能满足导管首次埋置深度 1.0m 以上的需要,其中导管底至桩底距离一般为 0.3~0.4m。首批混凝土入孔后,应连续灌注,不得中断。在灌注中,应保持孔内的水头高度,导管的埋置深度宜控制在 2~6m,并应随时测探孔内混凝土面的位置,及时调整导管埋深。

3.挖孔灌注桩

挖孔施工应根据地质和水文地质情况,因地制宜选择孔壁支护方案报批,并应经过计算,确保施工安全并满足设计要求。孔口处应设置高出地面至少 300mm 的护圈,并应设置临时排水沟,防止地表水流入孔内。若孔内有积水且无法排净时,宜按水下混凝土灌注要求施工。

(三)承台施工

承台施工前,应进行桩基等隐蔽工程的质量验收,桩顶混凝土面应按水平施工缝要求凿毛,桩头预留钢筋上的泥土及鳞锈等应清理干净。承台基地为软弱土层时,应按设计要求采取措施,避免在浇筑承台混凝土过程中产生不均匀沉降。

(四)沉井

沉井一般作为桥墩基础,其制作方法应根据桥址的具体情况合理确定。

沉井施工前,应根据设计文件提供的工程地质和水文地质资料及现场的实际情况决定是否补充地质钻探。

沉井下沉前,应对附近的堤防、建筑物和施工设备采取有效的防护措施,在下沉过程中,经常进行沉降观测及观察基线、基点的设置情况。

当在制作下沉过程中沉井所在位置不会被水淹没时,宜就地围堰筑岛制作沉井;当位于深水处而围堰筑岛困难时,则可采用浮式沉井。

1)重力式沉井

它的特点是壁厚、重量大。当墩台位于旱地时,可就地制作,挖土下沉;当位于浅水区或可能被水淹没的区域时,一般宜用筑岛的方法制作和下沉。筑岛分为无围堰筑岛和有围堰筑岛两种形式。重力式沉井的下沉作业,有排水下沉和不排水下沉两种方式。

2)浮式沉井

浮式沉井基础,系将沉井做成空腔式的壳体,入水后能自行浮于水中,有钢丝网水泥薄壁沉井和钢壳沉井等多种形式。一般是在工厂里按设计要求制成构件,然后在船坞或船上进行拼装。浮式沉井的施工顺序是:制作或拼装、下水、浮运、定位落床。

当沉井沉至设计高程后,经检查基底合格,应及时进行封底。

沉井的制作、就位、下沉、基底处理、封底、井孔填充、顶板浇筑等,应符合《公路桥涵施工技术规范》(JTG/T F50—2011)第10.2~10.6节的规定。

(五)地下连续墙

1. 施工平台与导墙

施工平台应坚固、平整,适合于重型设备和运输车辆行走,平面尺寸及高度应满足施工需要。采用泥浆护壁挖槽构成的地下连续墙应先构筑导墙,导墙是在施工平台中修建的两道平行墙体,它是地下连续墙施工中重要的临时结构物。

2. 地下连续墙

地下连续墙的槽孔施工,应根据水文、地质情况和施工条件选用能满足成槽要求的机具与设备,必要时可选用多种设备组合施工。可采用的成槽方法有钻劈法、钻抓法、抓取法、铣削法。

3. 槽段接头(缝)

地下连续墙分槽段(孔)施工,然后再由各墙段连接而成。槽段接头一般采用预埋钢筋、钢板、设置剪力键等连接方式。施工接头所用的材料包括:钢管、钢板、钢筋、各种型钢和铸钢;

预制混凝土结构;人造纤维布和橡胶等;其他材料(如工程塑料、玻璃钢等)。

4.钢筋骨架

钢筋骨架应根据设计图和单元槽段的划分长度制作,并宜在胎架上试装配成型;骨架主筋的接长宜采用机械连接,骨架中间应留出上下贯通的导管位置。吊放钢筋骨架时,应使其中心对准单元槽段中心。全部钢筋骨架入槽后,应固定在导墙上,并应使骨架顶端高程符合设计要求。

5.混凝土灌注

水下混凝土应采用导管法灌注。单元槽段长度小于4m时,可采用1根导管灌注;单元槽段长度超过4m时,宜采用2或3根导管同时灌注;采用多根导管灌注时,导管间净距不宜大于3m,导管距节段端部不宜大于1.5m;各导管灌注的混凝土表面高差不宜大于0.3m;导管内径不宜小于200mm。

(六)围堰

围堰为在水中进行基础施工时,围绕基础平面尺寸外围修建的临时性挡水设施。围堰建成后,可使基础工程由水中施工变为干处施工。

不论何种围堰,均必须满足下列要求:

(1)围堰的顶高宜高出施工期间最高水位(包括浪高)50~70cm。

(2)围堰的外形应适应水流排泄,大小不应压缩流水断面过多,以免壅水过高危害围堰安全,以及影响通航、导流等。围堰内形应满足基础施工的要求。堰身断面尺寸应保证有足够的强度和稳定性,使基础施工期间,围堰不致发生破裂、滑动或倾覆。

(3)应尽量采取措施防止或减少渗漏,对围堰外围边坡的冲刷和修筑围堰后引起河床的冲刷均应有防护措施。

围堰为辅助工程,概预算定额是将修建和拆除清理两项工作内容综合在一起的。通过调查研究,本着合理可靠、便于施工的原则决定。不同水深和地质条件的基础围堰见表5.4.1。

各类围堰参考适用范围　　表5.4.1

序号	围堰类型	适用条件
1	草土围堰	水深1.0m以内,流速0.5m/s以内,河床土质渗水性较小
2	草、麻袋围堰	水深2.5m以内,流速1.5m/s以内,河床土质渗水性较小
3	竹笼围堰	水深4.0m以内,流速较大,河床土质渗水性较小
4	竹、铅丝笼围堰	水深1.5~4.0m以内,流速较大
5	钢板桩围堰	各类土(包括强风化岩)的深水基础(<20m)
6	双壁钢围堰	深水基础(>20m)
7	钢筋混凝土板桩围堰	黏性土、砂类土及碎石类河床
8	钢套箱(吊箱)围堰	浅水、深水基础均可,可作为深水基础的高桩承台施工

围堰的种类比较多,除上述几种类型外,还有钢筋混凝土板桩围堰、木板桩围堰、木和钢木结合套箱及钢丝网混凝土套箱围堰等。

围堰的填料宜采用黏性土,以减少渗漏,从而减少排水工作。

凡采用围堰施工的基础,应尽可能安排在枯水季节进行,在施工前应将堰底河床上的树根、石块、杂物等清除,修筑围堰应自上游开始至下游合龙。

六、桥梁下部结构

(一)桥墩与桥台

(1)模板组装前,应在基础顶面放出墩台中线及实样。

(2)钢筋施工除应符合规范相关规定外,尚应符合下列规定:

①对高度大于30m的桥墩,在钢筋安装时宜设置劲性骨架。

②钢筋施工时其分节高度不宜大于9m,以确保施工安全。

③下一节段钢筋绑扎时,上一节段混凝土强度应达到2.5MPa以上。

(3)模板制作安装与脚手架施工除应符合规范相关规定外,尚应符合下列规定:

①高墩施工宜采用翻转模板、爬升模板或滑升模板。

②模板采用分段整体吊装时,应连接牢固,保证其整体性,可视吊装能力确定分段尺寸。对高度低于10m、截面尺寸一致的立柱模板,宜采用整体吊装;对高度超过10m、截面尺寸不同的立柱模板,宜采用现场组拼的方式安装。

③高墩施工时,首节模板安装平面位置和竖直度应严格控制,模板安装过程中必须采取可靠的调整措施,以保证高墩的垂直度满足规范的要求。

④钢筋与模板之间用以保持间距的垫块,厚度不允许有负偏差,正偏差不得大于5mm。

⑤模板在安装过程中,应有防倾覆的措施,对高墩及风力较大地区的墩身模板,应考虑其抗风稳定性。立柱模板安装就位后,宜采用4根风缆(立柱高度大于10m时,在中部再加4根风缆)将立柱模板拉紧。

⑥墩台身施工时应搭设脚手架工作平台,上铺木板,下挂安全网,周围设扶手栏杆。

(4)混凝土浇筑时,应保证出料口与浇筑面之间的距离小于2.0m,混凝土的坍落度应保持在50~70mm之间,泵送混凝土可保持在120~140mm之间。串筒、溜槽等的布置应方便摊铺和振捣需要,并应明确划分工作区域。在每级混凝土浇筑前,应将已浇混凝土表面进行凿毛处理,并将其表面的松散层、石屑等清扫干净,再修整连接钢筋。

(5)墩台顶表面收浆后,应及时养护,养护须采用淡水。用塑料薄膜养护时,模板拆除后应先将混凝土表面用清水浇湿,再用薄膜将该节墩台身包裹严密,养护时间不得少于7天。

(6)混凝土应分层、整体、连续浇筑,逐层振捣密实,轻型墩台需设置沉降缝时,缝内要填塞沥青麻絮或其他弹性防水材料,并和基础沉降缝保持顺直贯通。

当柱式墩、台的高度超过钢筋的标准定尺长度时,施工过程中必然出现在现场接长钢筋的情况。根据公路工程概预算定额的规定,所需的搭接长度的数量应按照实际情况另行计入钢筋的设计重量内。若系较高的立柱式墩,为了加快施工进度,减少模板的安装、拆卸工作,应采用提升模架的方式进行施工。这种提升模架,是将模板沿着所施工的混凝土结构四周截面组配,并固定在提升架上,模板的高度根据墩身分节浇筑的高度确定,一般在4m左右,逐节浇筑,然后往上提升。这样,就无须设置施工接缝,也提高了工程质量。因此,在编制工程造价时,应另行计算其提升模架的金属设备费用。

(二)墩台帽和盖梁

对墩台帽、盖梁施工所用的托架、支架或抱箍等临时结构,都应进行受力分析计算与验算。支架宜直接支承在承台顶部,当必须支承在承台以外的软弱地基上时,应对地基进行加固处理,并应对支架进行预压。

在墩台帽、盖梁与墩身连接处,模板与墩台身应密贴,不得出现漏浆现象。应保证钢筋保护层厚度,支座垫石的预埋钢筋等位置应准确。施工过程中,应采取措施防止对墩台身成品造成损伤和污染。

(三)片石混凝土

片石混凝土宜用于较大体积的基础、墩台身等圬工受压结构。采用片石混凝土,可在混凝土中掺入不多于该结构体积20%的片石,大、中桥的桥墩和基础以及轻型桥台抗压强度等级应不低于MU40。

(四)砌体

1. 石料与砂浆

浆砌片石一般适用于高度小于6m的墩台身、基础、镶面以及各式墩台身填腹;浆砌块石一般用于高度大于6m的墩台身、镶面或应力要求大于浆砌片石砌体强度的墩台。

2. 砌体砌筑施工一般要求

(1)砌块在使用前必须浇水湿润,表面如有泥土、水锈,应清洗干净。

(2)砌筑基础的第一层砌块时,如基底为岩层或混凝土基础,应先将基底表面清洗、湿润,再坐浆砌筑;如基底为土质,可直接坐浆砌筑。

(3)砌体应分层砌筑,砌体较长时可分段分层砌筑,但两相邻工作段的砌筑差一般不宜超过1.2m;分段位置尽量设在沉降缝、伸缩缝处,各段水平砌缝应一致。各砌层的砌块应安放稳固,砌块间应砂浆饱满,黏结牢固,不得直接贴靠或脱空。

七、桥梁上部结构

桥梁上部结构的形式是多种多样的,其施工方法的种类也较多,但除一些比较特殊的施工方法之外,大致可分为预制安装和现浇两大类。

(一)预制安装法

预制安装可分为预制梁安装、预制节段式块件拼装和整跨箱梁预制吊装三种类型。预制梁安装主要指装配式的简支梁板,如空心板、T形梁、工形梁及小跨径箱梁等的安装,然后进行横向联结或施工桥面板而使之成为桥梁整体。预制节段式块件拼装则将梁体(一般为箱梁)沿桥轴向分段预制成节段式块件,运到现场进行拼装。整跨箱梁预制吊装是通过在现场设置临时预制场将箱梁集中预制,大规模生产,然后利用大吨位运架机械逐跨架设。

1. 自行式吊装设备吊装法

这种吊装法多采用汽车吊、履带吊和轮胎吊等机械,有单吊和双吊之分,此法一般适用于跨径在30m以内的简支梁板的安装作业。跨径小于25m的陆上预制梁,结合地形条件可采用吨位符合要求的自行式吊车架设。跨径大于或等于25m的梁宜使用架桥机、跨墩龙门架或其他适合的专用大型机具设备。架桥机一般用于多跨桥梁安装,有100t、150t、200t、300t等各种规格,由钢桁架组成,有架、换移功能,对构件有起吊、运构件前进及横移功能。起重机械如图5.4.2所示。

2.跨墩龙门安装法

在墩台两侧顺桥向设置轨道,其上安置跨墩的门式起重机,将梁体在吊起状态下运到架设地点并安装在预定位置,但要求架设地点的地形应平坦且良好,梁体应能沿顺桥向搬运,桥墩不能太高。一般只适宜用于桥墩高度不大于15m、无常流水、河床干涸又平坦的梁板式桥梁安装工作,因为需要在桥的两侧铺设轨道,作为移动跨墩门架和预制混凝土构件之用。它适用于跨径30m及以下的梁板式桥梁的安装,常采用万能杆件等钢构件组拼而成。跨墩门架如图5.4.3所示。

3.架桥机安装法

这是预制梁的典型架设安装方法。在孔跨内设置安装导梁,以此作为支承梁架设梁体,这种作为支承梁的安装梁结构称为架桥机。按形式的不同,架桥机又可分为单导梁、双导梁、斜拉式和悬吊式等。

4.扒杆吊装法

在长期的公路桥梁施工中,常用的有人字扒杆、三角扒杆、摇头扒杆、格架人字扒杆和钢管独脚摇头扒杆等多种形式。格架人字扒杆(图5.4.4)是采用型钢或万能杆件组拼的,起重量可达40t。钢管独脚摇头扒杆,一般采用外径152~426mm的钢管制成,起重量可达30t。上述其他三种扒杆,一般都采用木料制成,只适用于13m及以下长度的梁板预制混凝土构件或单件构件质量较轻的安装工作。随着我国机械化装备水平提高,此种工艺已较少使用。

图5.4.2 起重机械

图5.4.3 跨墩门架

图5.4.4 格架人字扒杆

5.浮式起重机架设法

这种方法一般适用于河口、海上长大桥梁的架设安装,包括整孔架设和节段式块件的悬臂拼装。

6. 浮运整孔架设法

将梁体用驳船载运至架设地点后进行架设安装的方法，可采用两种方式：第一种方式是用两套卷扬机（或液压千斤顶装置）组合提升吊装就位；第二种方式是利用驳船的吃水落差将整体梁体安装就位。

7. 缆索吊装法

当桥址为深谷、急流等桥下净空不能利用时，在桥台或桥台后方设立钢塔架，塔架上悬挂缆索，以缆索作为承重索进行架设安装，此施工方法为缆索吊装法，如图5.4.5所示。

8. 提升法

提升法有两种形式，一是采用卷扬机进行提升，较适用于悬臂拼装的桥梁；另一种是采用液压式千斤顶进行连续提升，较适用于重型构件的架设安装。

9. 逐孔拼装法

逐孔拼装法一般适用于节段式预应力混凝土连续梁的施工。在施工的孔跨内搭设落地式支架或采用悬吊式支架，将节段预制块件按顺序吊放在支架上，然后在预留孔道内穿入预应力筋，对梁施加预应力使其成为整体。

10. 悬臂拼装法

悬臂拼装法（简称"悬拼"）是悬臂施工法的一种，它是利用移动式悬拼起重机将预制梁段起吊至桥位，然后采用环氧树脂胶和预应力钢丝束连接成整体。采用逐段拼装，一个节段张拉锚固后，再拼装下一节段。悬臂拼装的分段，主要取决于悬拼起重机的起重能力，一般节段长2～5m。节段过长则自重大，需要悬拼起重机起重能力大，节段过短则拼装接缝多，工期也延长。一般在悬臂根部，因截面积较大，预制长度比较短，以后逐渐增长。悬拼施工适用于预制场地及运吊条件好，特别是工程量大和工期较短的桥梁工程。桥面悬臂安装起重机如图5.4.6所示。

图5.4.5 缆索吊装

图5.4.6 桥面悬臂安装起重机

悬臂拼装施工包括块件的预制、运输、拼装及合龙。它与悬浇施工具有相同的优点，不同之处在于悬拼以起重机将预制好的梁段逐段拼装。此外还具备以下优点：

（1）梁体的预制可与桥梁下部结构施工同时进行，平行作业缩短了建桥周期。

（2）预制梁的混凝土龄期比悬浇法的长，从而减少了悬拼成梁后混凝土的收缩和徐变。

（3）预制场或工厂化的梁段预制生产利于整体施工的质量控制。

(二)现浇法

1. 固定支架法

在桥跨间设置支架、安装模板、绑扎钢筋、现场浇筑混凝土的施工方法,特别适用于旱地上的钢筋混凝土和预应力混凝土中小跨径连续梁桥的施工。支架按其构造的不同可分为满布式、柱式、梁式和梁柱式几种类型,所用材料有门式支架、扣件式支架、碗扣式支架、贝雷桁片、万能杆件及各种型钢组合构件等。固定支架法施工的特点是梁的整体性好,施工平稳、可靠,不需大型起吊设备,施工中无体系转换的问题,但需要大量施工支架,并需要有较大的施工场地。

2. 逐孔现浇法

1)在支架上逐孔现浇

这是一种与固定支架法相类似的施工方法,其区别在于逐孔现浇施工仅在梁的一孔(或二孔)间设置支架,完成后将支架整体转移到下一孔连续施工,因此这种方法可仅用多孔的支架和模板周转使用所花费施工费用较少的情况。支架形式可采用满布式或梁式,满布式用于陆地或不通航河道上,支架最大高度不超过20m,高宽比不大于2,梁式可采用工字钢、钢板梁或钢桁梁。

2)移动模架逐孔现浇

移动模架法适用在多跨长桥,桥梁跨径可达50m,使用一套设备可多次移动周转使用。为适应这类桥梁的快速施工,要求有严密的施工组织和管理。

移动模架是以移动式桁架为主要支承结构的整体模板支架,可一次完成中小跨径桥一跨梁体混凝土的浇筑,适用于20~70m跨径梁体断面形式基本相同的多跨简支和连续梁的就地浇筑。连续施工时每孔仅在$(0.2 \sim 0.25)L$附近处(L为跨长)设一道横向工作缝,浇完一孔后,将移动模架前移到下孔位置,如此重复推进和连续施工。

移动模架主要由主梁导梁系统、吊架支撑系统、模板系统、移位调整系统、液压电气系统及辅助设施等部分组成。移动模架结构按行走方式分为自行式和非自行式;按导梁的形式分为前一跨式导梁、前半跨式导梁、前后结合导梁等;按底模的安拆方式分为平开合式、翻转式等;按与箱梁的位置和过孔方式分为上行式(上承式)、下行式(下承式)和复合式三种形式。

主要施工工序有:支腿或牛腿托架安装、主梁安装、导梁安装、模板系统与液压电气系统及其他附属设施安装、加载试验、支座安装、预拱度设置与模板调整、绑扎底板及腹板钢筋、预应力系统安装、内模就位、顶板钢筋绑扎、箱梁混凝土浇筑、内模脱模、施加预应力和管道压浆、落模拆底模及滑模纵移。

3. 悬臂现浇法

适用于大跨径的预应力混凝土悬臂梁桥、连续梁桥、T形刚构桥、连续刚构桥。其特点是无须建立落地支架,无须大型起重与运输机具,主要设备是一对能行走的挂篮。

悬臂浇筑梁段混凝土分次浇筑施工工艺流程:挂篮前移就位、挂篮静载试验、安装梁段底模及侧模、安装底板及腹板钢筋、梁段底板混凝土浇筑及养护、安装内模、顶模及腹板内预应力管道、安装顶板钢筋及顶板预应力管道、接缝混凝土处理、浇筑腹板及顶板混凝土、检查并清洁预应力管道、梁段混凝土养护、拆除端模板、穿预应力钢筋、张拉预应力钢筋、管道压浆、封锚。

如梁段混凝土采用一次整体性浇筑,则应在安装好底模及侧模后,制作完成底板、腹板的普通钢筋和预应力钢筋,然后安装内模,制作顶板的普通钢筋和预应力钢筋,安装端模,再浇筑整个梁段混凝土,混凝土养护,预应力钢筋张拉等。

4. 顶推法

顶推法多应用于预应力钢筋混凝土等截面连续梁桥和斜拉桥梁的施工。梁体在桥头逐段浇筑或拼装,用千斤顶纵向顶推,使梁体通过各墩顶的临时滑动支座面就位的施工方法。顶推施工是在桥台的后方设置预制构件施工场地,分节段浇筑梁体,并用纵向预应力钢筋将浇筑节段与已完成的梁体连成整体,在梁体前安装长度为顶推跨径 0.7 倍左右的钢导梁,然后通过水平千斤顶施力,将梁体向前方顶推出施工场地。这样分段预制,逐段顶推,待全部顶推就位后,落梁、结构体系转换、更换正式支座,完成桥梁施工。顶推施工的方法可分为单点顶推和多点顶推。

(三)转体施工法

转体法多用于拱桥的施工,亦可用于斜拉桥和刚构桥。这种施工法是在岸边立支架(或利用地形)顶制半跨桥梁的上部结构,然后借助上、下转轴偏心值产生的分力使两岸半跨桥梁上部结构向桥跨转动,用风缆控制其转速,最后就位合龙。该法最适用于峡谷、水深流急、通航河道和跨线桥等地形特殊的情况,具有工艺简单、操作安全、所需设备少、成本低、速度快等特点。转体法分平转和竖转两种施工方法,施工中又分为有平衡重和无平衡重两种方式。

(四)劲性骨架施工法

又称埋置式拱架法,是大跨径拱桥无支架施工方法的一种。它是指用无支架方法架设好拱形的劲性骨架,然后围绕劲性骨架浇筑混凝土。劲性骨架不再拆卸和回收,而是与混凝土一起共同组成承重的主拱结构。

八、大跨径桥梁施工

(一)斜拉桥施工

斜拉桥是将主梁用许多拉索直接拉在桥塔上的一种桥梁,是由承压的塔、受拉的索和承弯的梁体组合起来的一种结构体系。其可看作是拉索代替支墩的多跨弹性支承连续梁。斜拉桥作为一种拉索体系,比梁式桥的跨越能力更大,为大跨度桥梁的主要桥型。其主要由索塔、主梁、斜拉索组成。

1. 索塔

索塔的构造材料主要有钢结构、混凝土结构、预应力混凝土结构等。

索塔的施工可视其结构、体形、材料、施工设备和设计综合考虑选用合适的方法。裸塔施工宜用爬模法。横梁较多的高塔宜用劲性骨架挂模提升法。

裸塔现浇施工的方法主要包括:翻模法、滑模法、爬模法。

(1)翻模法:应用较早,施工简单,能保证几何尺寸(包括复杂断面),外观整洁。但模板高空翻转,操作危险,沿海地区不宜用此法。

(2）滑模法：施工速度快，劳动强度小，但技术要求高，施工控制复杂，外观质量较差，且易污染。一般倾斜度较大，预留孔道及埋件多的索塔不宜用此法。

（3）爬模法：爬模兼有滑模和翻模的优势，使用斜拉桥一般索塔的施工。施工安全，质量可靠，修补方便。国内外大多采用此法。

索塔施工主要机械设备一般安装一台塔式起重机，一台施工电梯，还有混凝土浇筑设备、供水设备及混凝土养护设备等。塔式起重机可安装在两柱中间。混凝土的垂直运输一般采用泵送。泵管一般设在施工电梯旁，便于接管、拆管和采取降温或保温措施，或处理堵管等。

2. 主梁

斜拉桥的主梁结构主要是采用混凝土结构、钢结构或者钢混组合结构，在截面形式上又可分为闭口截面和开口截面。

由于斜拉桥主梁的支承形式为多点连续支承，而且支承间距小，与梁式桥相比，斜拉桥的主梁梁体高跨比较小，斜拉桥的主梁跨越能力大、建筑高度小，把斜拉索索力的水平分力作为轴力传递。主梁施工方法与梁式桥基本相同，大体分以下几种：悬臂现浇法、悬臂拼装法、顶推法、转体施工法和支架现浇法。

主梁应严格按照预定的程序、方法和措施进行施工。对设计为漂浮或半漂浮体系的斜拉桥，在主梁施工期间应使塔梁临时固结。

主梁可分为：混凝土主梁、钢主梁、钢-混凝土组合梁。

1）混凝土主梁

混凝土主梁采用悬臂浇筑法施工时，主梁0号梁段及相邻梁段浇筑施工时，应设置可靠的支架系统。用于悬浇施工的挂篮应进行专门设计，挂篮应满足使用期的强度和稳定性要求，同时应考虑主梁在浇筑混凝土时抗风振的刚度要求。

混凝土主梁采用悬臂拼装法施工时，梁段的预制可采用长线法或短线法台座。对梁段拼装用的非定型桥面悬臂起重机或其他起吊设备，应进行专门设计并宜委托具有相应资质的专业单位加工制造，加工完成后应进行出厂质量验收。0号及其相邻的梁段为现浇时，在现浇梁段和第一节预制安装梁段间宜设湿接头，对湿接头结合面的梁段混凝土应进行凿毛并清洗干净。

2）钢主梁

钢主梁应由具备相应资质的专业单位加工制造，制造完成后应在工厂内进行试拼装和涂装，经质量检验合格后方可运至工地现场。

3）钢-混凝土组合梁

钢-混凝土组合梁预制桥面板在起吊、运输和安装时，应采取必要措施防止产生碰撞、坠落等损伤而开裂，对吊点处的局部应力应进行验算。预制桥面板安装前，应将钢梁与桥面板的结合面及剪力连接装置表面清理干净。安装应遵循先预制后安装的原则，安装时不得因桥面板就位困难而随意破坏剪力连接装置。

各桥面板单元之间的湿接缝应采用微膨胀低收缩混凝土。湿接缝混凝土浇筑后的养护时间应不少于7天，对桥面板预应力钢束的张拉亦宜在混凝土龄期达7天后进行。

3. 主梁合龙

对合龙前最后若干个悬臂施工梁段的高程、线形、轴线偏差及索力应进行严格控制，使合龙口两侧主梁的自然相对偏差满足合龙的误差要求。

主梁合龙施工期间,应对桥面上的临时施工荷载进行严格控制,不得随意施加除合龙施工需要外的其他附加荷载。

主梁中跨合龙后,应按设计要求的程序在规定时间内拆除塔梁临时固结装置,保证结构体系的安全转换。

4. 拉索

拉索按材料和制作方式的不同可分为以下形式:平行钢筋索、平行(半平行)钢丝索、平行(半平行)钢绞线索、单股钢绞缆、封闭式钢缆。

拉索的安装施工应按设计和施工控制的要求进行,在安装和张拉拉索时应采用专门设计制作的施工平台及其他辅助设施进行操作,保证施工安全。张拉拉索用的千斤顶、油泵等机具及测力设备应要求进行配套校验;为施工配备的张拉机具,其能力应大于最大拉索所需要的张拉力。

拉索可在塔端或梁端单端进行张拉,张拉时应按索塔的顺桥向两侧及横桥向两侧对称同步进行。同步张拉时不同步索力之间的差值不得超出设计和施工控制的规定;两侧不对称或设计拉力不同的拉索,应按设计规定的索力分级同步张拉,各千斤顶同步之差不得大于油表读数的最小分格。张拉宜以测定的索力或油压表量值为准,以延伸值做校核。

(二)悬索桥施工

悬索桥是利用主缆和吊索作为加劲梁的悬吊体系,将荷载作用传递到索塔和锚碇的桥梁,具有跨越能力大、受力合理、能最大限度发挥材料强度、造价经济等特点,是跨越千米以上障碍物最理想的桥型。

1. 悬索桥施工步骤

悬索桥施工一般包括以下4个步骤:

(1)索塔、锚碇的基础工程施工,同时加工制造上部施工所需构件。

(2)索塔、锚碇施工及上部施工准备。包括塔身及锚体施工、上部施工技术准备、机具和物资准备、预埋件等上部施工准备工作。

(3)上部结构安装。即缆索系统安装,包括主、散索鞍安装,先导索施工,猫道架设,主缆架设,紧缆,索夹安装,吊索安装,主缆缠丝防护等。

(4)桥面系施工。即加劲梁和桥面系施工,包括加劲梁节段安装、工地连接、桥面铺装、桥面系及附属工程施工、机电工程等。

2. 锚碇施工

锚碇是悬索桥的主要承重构件,主要抵抗来自主缆的拉力,并传递给地基基础,按受力形式的不同可分为重力式锚碇、隧道式锚碇和岩锚等。

重力式锚碇依靠自身巨大的重力抵抗主缆拉力,重力式锚碇由基础、锚体及锚固系统三部分组成,锚碇基础形式通常有明挖基础、沉井基础、地下连续墙基础、箱形基础、矩形排桩基础等。锚体的结构一般由锚块、散索鞍支墩、后锚室、前锚室侧墙和顶板、后浇段等组成。

隧道式锚碇的锚体嵌入地基基岩内,借助基岩抵抗主缆拉力,隧道式锚碇主要构造有锚塞体、散索鞍支墩、隧洞支护构造、前锚室、后锚室等。按传力机理可分为普通隧道锚和复合式隧道锚。

岩锚是通过锚固钢绞线或锚杆直接锚固于岩体,将荷载传递至基岩,岩锚与隧道锚的主要区别在于:隧道锚是将主缆索股通过锚固系统集中在一个隧洞内锚固,隧洞内浇筑混凝土形成锚塞体;而岩锚则将锚固系统的预应力筋分散设置在单个岩孔中锚固,不需要浇筑混凝土锚塞体,高质量的岩体替代了锚塞体,从而大量节省混凝土锚体材料。

3.索塔施工

索塔按材料分有钢索塔、钢筋混凝土索塔和钢-混凝土组合索塔,一般由基础、塔柱、横梁等组成。

根据索塔外形不同,索塔在横向的结构形式可分为门形框架式、桁架式、混合形式,纵向结构形式可采用单柱式、A形、倒Y形。小跨径单缆悬索桥中,还可以采用独柱式和倒V形或菱形索塔。

塔顶钢框架的安装必须在索塔上系梁施工完毕后方能进行。索塔完工后,需测定裸塔倾斜度、跨距和塔顶高程,作为主缆线形计算调整的依据。

1)塔身施工

大跨度悬索桥塔身国内主要采用钢筋混凝土塔,国外主要采用钢塔,钢塔施工主要有浮式起重机、塔式起重机和爬升式起重机等架设方法。钢塔架制作工艺程序主要包括放样尺寸→冲孔→拼装→焊接→定中线→切削试拼。

混凝土塔柱施工工艺与斜拉桥塔身基本相同,施工用的模板工艺主要有滑模、爬模和翻模等类型。塔柱竖向主钢筋的接长可采用冷压套管连接、电渣焊、气压焊等方法。混凝土运送方式应考虑设备能力采用泵送或吊罐浇筑,施工至塔顶时,应注意索鞍钢框架支座螺栓和塔顶吊架、施工猫道预埋件的施工。

2)主索鞍施工

安装索鞍时必须满足高空吊装重物的安全要求,一般选择在白天晴朗时连续完成工作。

索鞍安装时应根据设计提供的预偏量就位,加劲梁架设、桥面铺装过程中按设计提供的数据逐渐顶推到永久位置。顶推前应确认滑动面的摩阻系数,严格掌握顶推量,确保施工安全。

4.主缆施工

主缆架设工程包括架设前的准备工作、主缆架设、防护和收尾工作等,主缆施工难度大、工序多,其主要施工程序如下。

1)牵引系统

牵引系统是架设于两个锚碇之间,跨越索塔用于空中拽拉的牵引设备,主要承担猫道架设、主缆架设以及部分牵引吊运工作,常用的牵引系统有循环式和往复式两种。牵引系统的架设以简单经济,并尽量少占用航道为原则。通常的方法是先将先导索渡海(江),再利用先导索将牵引索由空中架设。

2)猫道

猫道是供主缆架设、紧缆、索夹安装、吊索安装以及主缆防护用的空中作业脚手架。猫道的线形宜与主缆空载时的线形平行。

猫道的主要承重结构为猫道承重索,一般按三跨分离式设置,边跨的两端分别锚于锚碇与索塔的锚固位置上,中跨两端分别锚于两索塔的锚固位置上。其上有横梁、面层、横向通道、扶手绳、栏杆立柱、安全网等。为了抗风稳定,一般设有抗风缆、抗风吊杆等抗风构件。

猫道形状及各部尺寸应能满足主缆工程施工的需要,猫道承重索设计时应充分考虑猫道自重及可能作用于其上的其他荷载,承重索的安全系数不小于3.0。

猫道承重索可采用钢丝绳或钢绞线,采用钢丝绳时须进行预张拉消除其非弹性变形,预张拉荷载不得小于各索破断荷载的1/2,保持60min,并进行两次。

主缆防护工程完成以后,可进行猫道拆除工作,拆除时严禁伤及吊索、主索和桥面。

3)主缆架设

锚碇和索塔工程完成、主索鞍和散索鞍安装就位、牵引系统架设完成后,即可进行主缆架设施工,主缆架设方法主要有空中纺丝法(AS法)和预制平行索股法(PPWS法)。

PPWS法是在工厂将钢丝制成束,用卷筒运至桥位安装在一侧锚碇的钢丝松卷轮上,通过液压无级调速卷扬机用拽拉器将钢丝束吊起拉向对岸,对牵引系统所需动力要求较大。钢丝束的张拉、移设就位、固定作业和调整作业对每束钢丝束都要采用,最后用紧缆机将钢丝束挤紧为圆形成为主缆。

AS法的特点是主缆钢丝逐根或几根牵引,然后编束。相对于PPWS法,AS法所用的牵引机械动力较小,而且可以编成较大的索股,因而锚头数量较少,但其设备一次性投资较大,而且制缆的质量相对PPWS法差些,空中作业时间较长。

安装索力的调整以设计提供的数据为依据,其调整量应根据调整装置中测力计的读数和锚头移动量双控确定。

4)紧缆

索股架设完成后,需对索股群进行紧缆,紧缆包括准备工作、预紧缆和正式紧缆等工序。

预紧缆应在温度稳定的夜间进行,预紧缆时宜把主缆全长分为若干区段分别进行,以免钢丝的松弛集中在一处。索股上的绑扎带采用边紧缆边拆除的方法,不宜一次全部拆除。预紧缆完成处必须用不锈钢带捆紧,保持主缆的形状,预紧缆的目标空隙率宜为26%~28%。

正式紧缆宜用专用的紧缆机把主缆整成圆形。其作业可以在白天进行,正式紧缆宜向塔柱方向进行。当紧缆点空隙率达到设计要求时,在靠近紧缆机的地方打上两道钢带。

5)索夹安装与吊索架设

索夹安装前需测定主缆的空缆线形,提交给设计及监控单位,对原设计的索夹位置进行确认。然后在温度稳定时,在空缆上放样定出各索夹的具体位置并编号,清除油污,涂上防锈漆。

索夹在运输和安装过程中应注意保护,防止碰伤及损坏表面。索夹安装方法应根据索夹结构形式、施工设备和施工人员的经验确定。当索夹在主缆上精确定位后,即固紧索夹螺栓。紧固同一索夹螺栓时,须保证各螺栓受力均匀,并按3个荷载阶段(索夹安装时、钢箱梁吊装后、桥面铺装后)对索夹螺栓进行紧固,补足轴力。

索夹安装应注意测量放样、索夹上架与清理、安装与紧固和螺栓轴力控制等,安装时中跨从跨中向塔顶进行,边跨从散索鞍向塔顶进行。

吊索根据其长度不同,由塔顶起重机运至塔顶解开,用托架运至预定位置,并在猫道上开孔,吊索钢丝绳穿过后徐徐放下,将吊索钢丝绳跨挂在主缆索夹上。

5. 加劲梁施工

加劲梁分为钢桁架、钢箱梁和预应力混凝土箱梁等形式,钢桁架一般采用工厂焊接、工地高强度螺栓连接施工。

钢质加劲梁应由专业单位加工制造,制造完成后应在厂内进行试拼装和防腐涂装。

1) 钢箱加劲梁安装

(1) 安装钢箱加劲梁的非定型起重机应进行专门设计,在安装前必须进行试吊,检验其安全性和可靠性。

(2) 采用焊接连接时,应先将待连接钢箱加劲梁的节段与已安装节段临时刚性连接,接头焊缝的施焊宜从桥面中轴线向两侧对称进行;应待接头焊缝形成并具有足够的强度和刚度后,方可解除临时刚性连接。

2) 钢桁架梁安装

(1) 钢桁架梁的架设安装方法宜根据钢桁架的结构特点、施工安全、设备和现场环境条件等因素综合确定。

(2) 采取单构件方式安装时,宜根据钢桁架和吊索的受力情况及桥位的气候条件,选择全铰接法或逐次固结法。架设的顺序可从索塔处开始,向中跨跨中及边跨的端部方向进行。

(3) 采用全铰接法架设时,在桁架梁逐渐接近设计线形后,可对部分铰接点逐次固结;采用逐次固结法架设时,宜采用接长杆牵引吊索与桁架梁连接,且宜在不同架设阶段采用千斤顶调整吊索张力,直至最后拆除接长杆入锚。架设过程中应逐一对桁架梁及吊索的内力及变形进行分析,并应将桁架梁斜杆及吊索的最大应力控制在允许范围内。

(4) 应对桥面起重机、铰接设备、吊索牵引机具、片架运输台车、行走轨道铰点过渡梁和移动操作平台等设备做专项的设计、加工和试验。桥面起重机应满足拼装过程中顺桥向坡度变化的要求,底盘应设置止滑保险装置。

6. 防腐涂装

悬索桥的防腐涂装是一项技术性、专业性、工艺性要求很强的工程,为确保质量,应委托专门从事防腐工程的技术部门进行设计;选用质量优良的制造厂家生产的涂料,选拔过硬的施工队伍,在施工中必须聘请有涂装专业技术的人员进行严格监理。

悬索桥主缆防护措施主要有:主缆腻子钢丝缠绕涂层法;合成护套防护法;主缆内部通干燥空气除湿法等。

防护与涂装要点:

(1) 主缆防护应在桥面铺装完成后进行,主缆涂装应按涂装设计进行;防护前必须清除主缆表面灰尘、油污和水分等污物,临时覆盖,待对该处进行涂装及缠丝时再揭开。

(2) 缠丝工作宜在二期恒载作用于主缆之后进行,缠丝材料以选用软质镀锌钢丝为宜,缠丝工作应由电动缠丝机完成。

(3) 工地焊接后应及时按防腐设计要求进行表面处理。

(4) 工地焊接的表面补涂油漆应在表面除锈24h内进行,分层补涂底漆和面漆,并达到设计的漆膜总厚度。

九、海洋环境桥梁

海洋环境(含宽阔水域、咸水湖泊及特殊腐蚀环境地区)桥梁施工时,应注意以下方面:

(1)海上桥梁施工在对无参照物和精度要求较低的打入桩、优先墩等测量时,应采用 GPS 测量方法。

(2)海洋环境施工应根据设计大型化、工厂化、预制安装的原则,选用大型设备、整体安装,或采取栈桥推进等变海为陆的方法施工,尽量减少海上作业时间,提高作业效率。

(3)海洋环境桥梁应配制具有高抗渗性、高抗裂性和高工作性的海工耐久性结构混凝土。

(4)用于海洋环境桥梁施工的各种钢制临时承重结构和构件,对于使用期超过 12 个月的,应采取必要的防腐措施,保证其使用的可靠性和安全性。

(5)海洋环境施工应符合环保要求,防止对海洋环境的污染。

十、涵洞工程

1. 圆管涵

圆管涵一般采用预制的钢筋混凝土管材,其管壁厚度与孔径大小及其管顶填土高度有关。常用的管径有 0.75m、1.00m、1.25m、1.50m、2.00m 5 个标准。

管节安装应从下游开始,使接头面向上游;每节涵管应紧贴于垫层或基座上,使涵管受力均匀;所有管节应按正确的轴线和图纸所示坡度敷设。管节的安装方法通常有滚动安装法、滚木安装法、压绳下管法、龙门架安装法、吊车安装法等。

如图 5.4.7 中的 φ 称为中心角。这个角度的大小往往与荷载及地基承载力有关:在无特殊荷载时,一般采用 $90°$;如有特殊荷载,而且地基松软,又容易产生不均匀的沉降时,则可采用 $135°$ 或 $180°$。

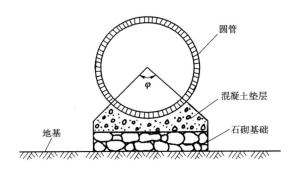

图 5.4.7 圆管涵基础

圆管涵结构简单,施工方便,耗用材料少。采用工厂化生产,吊装设备也比较简单,施工进度快,总体经济效果较好。而且可以采用顶进法进行施工,可避免破坏已建成的路基和影响交通,还可节省修建临时便道等费用。

2. 盖板涵

盖板涵有石盖板和钢筋混凝土盖板两种。目前,石盖板涵已很少采用,广泛采用的是钢筋混凝土盖板涵。钢筋混凝土盖板涵洞身和基础,大都是采用石砌圬工。

钢筋混凝土盖板涵,有 0.75m、1.00m、1.25m、1.50m、2.00m、2.50m、3.00m、4.00m 共 8

种不同的标准跨径,修建较多的是 1.00m 左右跨径的盖板涵,2.00m 及以上的一般都比较少。洞身(墩台)都采用矩形截面,其圬工砌体要求采用抗压强度不低于 MU25 的片块石和 M5.0 砂浆砌筑,砌体的外露面要用 M7.5 砂浆勾缝。基础工程(包括沟底铺砌)一般采用与墩台相同强度等级的砂浆砌筑和片石圬工砌体,沟床和进出水口处的铺砌等工程。

钢筋混凝土盖板,一般采用预制宽度为 1.00m 的矩形实心板,板的长度为净跨径加 2×25cm,混凝土的强度等级不宜低于 C20。当板顶填土高度大于 5.0m 时,一般要适当增加板的厚度和钢筋的用量,以免土压过大而造成盖板断裂。

盖板涵的安装工作由于构件重量轻,一般都是采用扒杆或汽车式起重机械等来进行。

3. 拱涵

拱式涵洞多为石拱涵,且一般都是采用半圆拱结构,其标准跨径(净跨径)为 1.50m、2.00m、2.50m、3.00m、4.00m 共 5 种,各结构的组成、施工工艺要求与石拱桥基本上是一致的,对地基的承载力要求高,不能产生不均衡的沉降,以免造成拱圈开裂。

拱涵所需的拱涵支架是以涵洞的长度乘以净跨径的水平投影面积作为定额计算单位,这是与石拱桥的拱盔、支架的计算方法不同之处。

石拱涵的优点是不需耗用钢材,施工工艺要求不高也不复杂,但木料和劳动力需求量大,施工周期相应也要长。因此,在设计选型时,应根据地质情况,结合工期要求,按就地取材的原则综合考虑确定。

4. 箱涵

箱涵是一种钢架结构,是用钢筋混凝土建筑材料做成的,有现浇和预制两种。这种结构,既可用于跨越溪沟排泄流水或天然雨水而修建的排水设施(涵洞),还更多地用于跨越原有乡村道路以维持交通运输,或穿过原有铁路、公路而所修建的立交式通道。

混凝土和钢筋混凝土拱涵、盖板涵、箱涵的施工分为现场浇筑和在工地预制安装两大类。无论是圬工基础或砂垫层基础,施工前必须先对下卧层地基土进行检查验收,地基土承载力或密实度符合设计要求时,才可进行基础施工。对于拱涵基础要求较高,可采用整体式基础、非整体式基础和板式基础。

5. 倒虹吸管

当路线穿过沟渠、路堤高度很低或在浅挖方地段通过,填、挖高度不足,难以修建明涵时,或因灌溉需要,必须提高渠底高程,建筑架空渡槽又不能满足路上净空要求时,常修建倒虹吸管。

6. 钢波纹管涵

波纹管涵是将厚度为 20~70mm 的薄钢板板面压成波纹后,制成管节或板片,可以增加其刚度和管轴压力的抵抗强度,因此修建成的涵洞称为波纹管涵或板通道。截面形状为圆形、椭圆形、半圆形、拱形等不同结构形式,管径范围为 50~800cm,满足填土厚度 1~60m 构造物的需要。

波纹管涵是一种柔性结构,具有一定的抗震能力,而且能适用较大的沉降与变形,建成后与周围土体形成一种组合结构,共同受力。波纹管涵楔形部及两侧的回填土很关键。其工程造价比同类跨径的桥涵洞低,施工工期短,主要为拼装施工。

第五节 交通工程设施施工技术

一、交通安全设施

公路交通安全设施主要包括：交通标志、交通标线（含突起路标）、护栏和栏杆、视线诱导设施、隔离栅、防落网、防眩设施、避险车道和其他交通安全设施，其他交通安全设施有防风栅、防雪栅、积雪标杆、限高架、减速丘、凸面镜等设施。

（一）交通标志

交通标志的支撑结构主要包括柱式（单柱、双柱）、悬臂式（单悬臂、双悬臂）、门架式、路侧附着式和车行道上方附着式等。

交通标志的施工要求如下：

(1)在开始加工标志板前，应根据公路实施的实际情况（如互通式立交、平交路口、服务区、收费站等设施的设置情况），对设计图纸进行复核。

(2)标志底板应根据设计尺寸在工厂进行加工成型，按照设计的要求进行加固、拼接、冲孔、卷边，挤压成型的铝合金型材应根据标志尺寸拼接，板面应保持平整。反光膜尽量避免拼接。反光膜的逆反射性能，版面形状、颜色、文字等应符合设计要求。

(3)所有交通标志设置位置、基础坑开挖尺寸、基础地基承载力均应符合设计要求。在浇筑标志基础前，设计对标志的设置位置进行逐个核对，特别应注意门架式标志、双柱式标志等大型标志的可实施性。

(4)在加工标志的支撑结构时，应保证钻孔、焊接等加工在钢材镀锌之前完成。在加工立柱时，应根据有关规范及设计的要求，并结合标志实际设置位置的情况，确定立柱的长度，标志牌安装使用的柱、杆、抱箍、螺栓、压板等金属构件应进行热镀锌处理，符合规范和设计要求。

(5)标志面板与车流方向所成角度应满足有关规范和设计的要求，不允许出现过度偏转或后仰的现象。对于门架式标志、悬臂式标志，应注意控制标志板下缘至路面的净空。单柱式标志、双柱式标志的内边缘至土路肩边缘的距离应满足有关规范和设计的要求。

（二）交通标线

交通标线的涂料分为溶剂型、热熔型、双组分、水性四种，为提高路面标线的反光性能，还应在涂料中掺入或在施工时面撒玻璃珠。突起路标根据其是否具备逆反射性能分为A、B两类：具备逆反射性能的为A类突起路标；不具备逆反射性能的为B类突起路标。

1. 交通标线的施工要求

正式开工前应进行实地试划试验。新铺装沥青混凝土路面应在路面施工完成一周后开始交通标线施工；新建水泥混凝土路面应在混凝土养护膜老化起皮并清除后开始交通标线施工。正式划标线前，应首先清理路面，保证路面表面清洁干燥，然后根据设计图纸进行放样，并使用划线车进行画线。进行划线时，应通过划线车的行驶速度控制好标线厚度。喷涂施工应在白天进行，雨天、雪天、强风天、沙尘暴、温度低于10℃时，应暂时停止施工。喷涂标线时，应采取交通安全措施,设置适当警告标志,阻止车辆及行人在作业区内通行,防止将涂料带出或形成车辙,直至标线充分干燥。

2. 突起路标的施工要求

在施工时,首先根据设计的要求确定突起路标的设置位置,将设置位置的路面清洁干净,然后将环氧树脂均匀涂覆于突起路标的底部,涂覆厚度约为8mm,最后将突起路标压在路面的正确位置上,突起路标反射体应面向行车方向,在环氧树脂凝固前不得扰动突起路标。在水泥混凝土路面设置突起路标时,先用硬刷和10%盐酸溶液洗刷混凝土表面,然后用清水冲洗干净,待路面清洁干燥后安装突起路标。突起路标设置高度,顶部不得高出路面25mm。雨天、雪天、强风天、沙尘暴,或温度过高、过低时,应暂时停止施工。

(三)护栏

常用的护栏有:路基护栏(钢筋混凝土护栏、波形梁护栏、缆索护栏)、桥梁护栏、活动护栏等。

1. 钢筋混凝土护栏

钢筋混凝土护栏通常简称为混凝土护栏一般用于对防护等级要求较高的路段。钢筋混凝土护栏的施工技术要求如下:

(1)当混凝土护栏采用预制施工时,预制场地应平整、坚实,并应采取必要的排水措施,防止场地沉陷。

(2)预制混凝土护栏块使用的模板,应采用钢模板,每块预制混凝土护栏必须一次浇筑完成。

(3)混凝土护栏的安装应从一端逐步向前推进。在安装过程中应使每块护栏构件的中线与公路线形相一致。在曲线路段,应使护栏布设圆滑;在竖曲线路段,应使护栏与公路线形协调。

(4)当混凝土护栏采用就地浇筑的方式施工时,在浇筑混凝土前,应按设计图规定安装好钢筋及预埋件,检查合格后,方可浇筑混凝土。每节护栏构件的混凝土必须一次浇筑完成,不得间断。就地浇筑的混凝土护栏,可采用湿治养护或塑料薄膜养护。

2. 波形钢板(梁)护栏

按防护等级,波形钢板护栏可分为用于路侧护栏的C~HB级与用于中央分隔带的组合型波形梁护栏的Am级,中央分隔带分设型波形梁护栏的规格与路侧波形梁护栏相同。波形梁板有两波和三波两种,立柱埋设于土中时,根据结构形式的不同,立柱间距有2m、3m、4m;埋设于混凝土中时,有1m、1.5m、2m。

波形梁护栏在施工之前,应进行立柱定位放样,以桥梁、隧道、涵洞、中央分隔开口、互通立交交叉等控制立柱位置。护栏的起、终点应根据设计要求进行端头处理。波形梁通过拼接螺栓相互拼接,并由连接螺栓固定于立柱或横梁上。护栏板的搭接方向应与行车方向相同。立柱应与道路线形相协调,波形梁顶面应与道路竖曲线相协调。

3. 缆索护栏

路侧缆索护栏,按防撞等级分为A级、B级和C级三种,中央分隔带缆索护栏与路侧缆索护栏规格相同。路侧缆索护栏立柱埋设于土中时,根据结构形式的不同,立柱间距为7m;埋设于混凝土中时,间距为4m。中央分隔带缆索护栏立柱埋设于土中时,根据结构形式的不同,立柱间距为6m和7m两种;埋设于混凝土中时,间距为4m。

立柱安装主要要求与波形护栏相同。

4.桥梁护栏

桥梁护栏由钢材、铝合金或钢筋混凝土等材料制成。按构造特征,桥梁护栏可分为梁柱式、钢筋混凝土墙式和组合式三类护栏。

桥梁护栏应在桥梁车行道板、人行道板施工完毕,跨中支架及脚手架拆除后桥跨处于独立支撑的状态时才能施工。对于焊接的金属护栏,在进行防腐处理前应对所有外露焊缝做好磨光或补满的清面工作。桥梁护栏施工前还应对所有预埋件的设置位置、强度、腐蚀程度进行检查,不符合要求的必须整改。

5.中央分隔带开口护栏

中央分隔带开口护栏防护等级宜与相邻路段保持一致,线形良好路段经过论证可低于相邻路段1~2个等级,但高速公路中央分隔带开口护栏不得低于三(Am)级。中央分隔带开口护栏的防护等级应满足设计要求,中央分隔带开口护栏的安装及与中央分隔带护栏过渡段处理,应满足设计要求并符合施工技术规范的规定。

(四)隔离栅

隔离栅宜在路基工程完成后尽早实施。施工时应先按图纸要求及实际地形、地物情况进行施工放样,确定控制立柱的位置和立柱中心线。每个立柱均应按设计的要求确定高程,并应根据实际地形进行调整。立柱的埋设应分段进行,先埋设两端的立柱,然后拉线埋设中间立柱。立柱纵向应线形顺畅,不得出现参差不齐的现象。柱顶应平顺,不得出现高低不平的情况。安装隔离栅网片时,应从立柱端部开始安装。

(五)防落网

防落网安装前应对设置在桥梁上的预埋件的位置、强度、腐蚀程度进行检查。应按图纸所示安设,牢固地安装在立柱或支撑上。金属网应伸展拉紧,整个结构不得扭曲。在高压输电线穿越安装护网的地方,护网应按电力部门的规定做防雷接地,接地电阻值应小于10Ω。

(六)防眩设施

防眩设施施工前,应确定控制点,在控制点之间测距定位、放样。施工时,首先要保证遮光角和防眩高度的要求,防眩板的间距必须符合设计的要求。防眩板或防眩网整体应与公路线形协调一致,不得有明显扭曲或凹凸不平、固定不牢固的现象,整体上还应达到高低一致的要求。施工过程中,不得损坏中央分隔带上通信管道及护栏等其他设施。当防眩设施需附着在混凝土护栏等其他设施上时,不得削弱混凝土护栏的原有功能。

(七)视线诱导设施

视线诱导设施可分为轮廓标、合流诱导标、线形诱导标。轮廓标、合流诱导标的设置方式可分为柱式和附着式,线形诱导标的设置方式一般为柱式。在施工安装前,应对全线诱导设施的埋设条件、位置等进行核查,根据设计间距要求,定出具体位置,设置高度应符合设计的要求,同一类型的设施,安装高度应一致。在波形梁护栏上设置诱导标时,应注意与护栏施工的衔接。在设置柱式诱导标时,应注意对排水沟或路肩石的保护。柱式诱导标混凝土基础的制作应按规定要求进行。

二、监控设施

1. 设备安装的通用要求

(1)设备开箱检查必须由业主、承包方和监理方共同参加。

(2)检查确认外观无损伤、防腐层无剥落,产品合格证、质量检测报告齐全,型号、规格、数量、备品、备件等满足设计要求,做好详细记录,并签字确认。

(3)安装前,应确认外场设备及相关电力、通信人(手)孔安装位置满足设计要求,并对预埋管线进行疏通。

(4)设备支撑系统材质、承载能力应满足设计要求,设计无要求时,支撑系统应能承受所支撑设备和支撑系统本身重力之和的3倍。

(5)室内设备安装前要画线定位,核对地面水平,保持防静电地板的完好性。

(6)设备应按设计位置水平排列,方向正确,位置合理。

(7)室内布缆、布线应在防静电地板下平行排列,不能交叉排列,每隔0.5~1m绑扎一处,各种电缆应分槽布设。

(8)对有静电要求的设备,开箱检查、安装、插接件的插拔时,必须穿防静电服或戴防护腕,机架地线必须连接良好。

(9)设备配线如为焊接式,焊点应牢固、饱满、光滑、均匀;如为螺钉固定时,应加焊线鼻子,螺钉紧固,焊接严禁使用带腐蚀剂的焊剂。

(10)设备安装完毕后,应在重点检查电源线、地线等配线正确无误后,方可通电。

(11)设备调试,应先进行通电试验,然后测试相关的技术指标及调试软件。

2. 主要外场设备的基础安装要求

设备基础设置位置、基础坑开挖尺寸、基础地基承载力、基础尺寸等应符合设计要求。基础采用明挖法施工;基础一般采用C25混凝土现场浇筑,内部配钢筋,顶面应预埋钢地脚螺栓;基础的接地电阻必须小于或等于4Ω,防雷接地电阻必须小于或等于10Ω。

三、收费设施

(一)收费设施的设计原则

满足道路收费功能的要求;形成一个完整的收费系统;收费设施应与道路其他设施相协调;多方案设计优化比选、分期实施;尽量减少对道路的交通干扰;技术先进可靠;国产化程度高;有利于防止收费作弊。

(二)收费设施的施工要求

收费设施施工内容主要包括收费车道设施、收费站(收费管理所、收费分中心)设施安装、调试。收费设施施工应在收费广场路基、路面及收费天棚工程，收费岛主体工程及站区相关的预留孔洞、预埋件等已经完成，收费广场、收费站区设备基础混凝土强度已满足设计要求后实施。

1. 设备安装的通用要求

同监控设施。

2. 设备施工的技术要求

1）收费车道设备的施工技术要求

（1）出、入口车道设备数量、型号规格符合设计要求，部件及配件完整。

（2）车道内埋设抓拍和计数线圈的位置应为素混凝土块板，没有接缝。

（3）ETC车道系统中，固定安装方式的路侧设备应支持户外安装，宜采用顶挂安装方式，且吊装在车道正中，挂装高度不低于5.5m，通信区域长度、宽度应现场调试，避免相邻车道和同车道车辆误唤醒干扰。ETC车道前方2km、1km和500m处应设置预告标志和路面标记。

（4）计重收费系统中，计重秤台应埋设在一个板块的中心，不得设置在接缝处；安装后称台及秤台前后路面平整度应符合设计要求；车辆分离器设置应防止被车辆剐损；室外机柜位置不应影响收费员视线且便于维护；所有连接线缆均应穿管。

2）省收费管理中心、路段收费分中心、收费站计算机及网络系统

计算机及网络系统设备包含计算机、打印机、交换机、视频矩阵、图像分配、视频存储等。设备的施工要求如下：

（1）设备布局合理、安装牢固、摆放平稳，后部留有足够的空间散热。

（2）电源线与控制线、信号线应分开布设，布设时应路由正确、排列整齐、成端规范、连接稳固、标识清晰齐全，弯曲半径和预留长度满足设计和规范要求；线缆接插头安装牢固，无漏接、错接现象。

3）收费视频监视设施的设备施工技术要求

（1）设备及配件数量、型号、规格符合设计要求，部件完整。

（2）收费站监视墙的安装方位、角度、高度应符合设计要求，设备后部净距不小于80cm。

（3）设备基础混凝土表面应刮平，无损边、无掉角。机箱、立柱法兰及地脚螺栓规格符合设计要求，防腐措施得当，裸露金属基体无锈蚀。

（4）收费广场、车道以及收费亭内摄像机安装方法、高度符合设计要求，安装牢固、端正。

（5）车道至收费站内的传输线不允许有中间接头；电源、控制线路及视频传输线路按规范要求连接到位。

四、通信设施

通信设施施工内容主要包括通信管道、光缆、电缆的铺设，通信设备的安装与调试。

（一）管道、光缆、电缆线路的施工要求

光缆、电缆在敷设安装中，应根据敷设地段的环境条件，在保证光缆、电缆不受损伤的原则下，因地制宜采用人工或机械敷设。

1. 管道、光缆、电缆敷设

(1) 管道的材质、规格、型号、数量等应符合设计文件规定。

(2) 钢材管道不得有锈片剥落或严重锈蚀,硬聚氯乙烯管、玻璃钢管的管身应光滑无伤痕,管孔无形变。各种管材的管身及管口不得变形,管孔内壁应光滑、无节疤、无裂缝、接续配件齐全有效,承插管的承口内径应与插口外径吻合。

(3) 子管敷设在两人(手)孔间的管道段应无接头,子管管孔应按设计要求封堵。

(4) 光缆、电缆敷设要求如下:

①敷设光缆时的牵引力应符合设计要求,在一般情况下不宜超过 2000kN。敷设电缆时的牵引力应小于电缆允许拉力的 80%。

②敷设管道之前必须清刷管孔,敷设管道光缆、电缆时应以液状石蜡、滑石粉等作为润滑剂,严禁使用有机油脂。

③光缆的曲率半径必须大于光缆直径的 20 倍,电缆的曲率半径必须大于电缆直径的 15 倍。

④以人工方法牵引光缆时,应在井下逐段接力牵引,一次牵引长度一般不大于 1000m。

⑤光缆绕"8"字敷设时其内径应不小于 2m。

⑥光缆牵引端头应根据实际情况现场制作,牵引端头与牵引索之间应加入转环以防止在牵引过程中扭转、损伤光缆。

⑦布放光缆时,光缆由缆盘上方放出并保持松弛弧形,敷设后的光缆、电缆应平直、无扭转、无明显刮痕和损伤。

⑧敷设后的光缆、电缆应紧靠人孔壁,并以扎带绑扎于搁架上,且留适当余量,光缆在人孔内的部分采用蛇形软管或软塑料管保护。

⑨按要求堵塞光缆、电缆管孔,光缆、电缆端头应做密封防潮处理,不得浸水。

⑩光缆、电缆在每个人孔内应及时标注光缆、电缆牌号。

2. 光缆、电缆接续和电缆成端

1) 光缆接续

(1) 光缆接续前核对光缆程式、接头位置并根据预留要求留足光缆长度。

(2) 根据光缆的端别,核对光纤、铜导线并编号作永久标记。

(3) 光纤接续宜采用熔接法,接续完成并测试合格后立即做增强保护措施。增强保护方法采用热可缩管法、套管法和 V 形槽法。

(4) 光纤全部接续完成后根据光缆接头套管(盒)的不同结构,将余纤盘在光纤盘片内,盘绕方向应一致,纤盘的曲率半径应符合设计要求,接头部位平直不受力。

(5) 光缆加强芯的连接应根据接头盒的结构夹紧、夹牢,并能承受与光缆同样的拉力,加强芯按悬浮处理。

2) 光缆接头

(1) 光缆接头套管(盒)的封装,应符合下列要求:接头套管的封装按工艺要求进行;接头套管内装防潮剂和接头责任卡;若采用热可缩套管,加热应均匀,热缩完毕原地冷却后才能搬动,热缩后外形美观,无烧焦等不良状况;封装完毕,测试检查接头损耗并做记录。

(2)管道光缆接头安装在人孔正上方的光缆接头盒托架上,接头余缆紧贴人孔壁或人孔搁架,盘成O形圈,并用扎线固定。O形圈的曲率半径不小于光缆直径的20倍。

3)电缆芯线接续

(1)电缆接续前,检查电缆程式、对数、端别,如有不符合规定者应及时返修,合格后方可进行电缆接续。

(2)电缆芯线接续不应产生"混、断、地、串"及接触不良,接续后应保证电缆的标称对数全部合格。

(3)配线电缆排列整齐,松紧适度,线束不交叉,接头呈椭圆形;无接续差错,芯线绝缘电阻合格。

4)电缆成端

(1)进局电缆在托架上应排放整齐,不重叠、不交叉、不上下穿越或蛇行。

(2)电缆引上转角的曲率半径应符合规定。

(3)成端电缆接头的芯线接续,应按一字形接续。

(4)配线架成端电缆必须单条依次出线,严禁一条以上的成端电缆在同一位置上同时出线,或齐头并进交错出线。

(二)通信设备的安装要求

通信设备施工内容包括传输设备、语音交换设备、电源设备等安装、通电检查及测试。

1. 机架安装

(1)机架安装应位置正确,符合设计文件要求。

(2)机架安装应端正牢固,垂直偏差不大于3mm,列内机架应相互靠拢,相邻机架紧密靠拢,机架间隙不大于3mm,整列机面在同一平面上无凹凸现象,有利于通风散热。

(3)设备的抗震加固应符合通信设备安装抗震加固要求。

(4)机架应着力均匀,如不平整应用油毡等垫实。电池体安装在铁架上时,铁架及附件防腐处理应满足设计要求,应垫缓冲胶垫等,使之牢固可靠。

2. 电缆、光纤敷设

(1)敷设的电缆、光纤的规格、型号、路由、路数和位置应符合设计要求,电缆、光纤排列整齐,外皮无损伤。

(2)传输不同信号的电缆应分开敷设,间距满足设计和规范要求;交、直流电源的馈电电缆必须分开布设,电源电缆、信号电缆、用户电缆应分离布放,避免在同一线束内。

(3)槽道内光纤连接线拐弯处的曲率半径应满足设计要求,应加套管或线槽保护,无套管保护部分宜用活扣扎带绑扎,扎带不宜过紧,在槽道内的光纤应顺直,无明显扭绞。

(4)电缆槽内电缆捆绑要牢固,松紧适度、紧密、顺直、端正;电缆转弯应均匀圆滑,电缆弯曲半径应大于60mm。

(5)电源线的规格、熔丝的容量均应符合设计要求;电源线必须用整段线料,外皮完整,中间严禁有接头。

(6)采用胶皮绝缘线作直流馈电线时,每对馈电线应保持平行,正负线两端应有统一的红蓝标志。

(7)电源线与设备端子连接时,不应使端子受到机械压力。

(8)截面在10mm²以下的单芯或多芯电源线可与设备直接连接,即在电线端头制作接头圈,线头弯曲方向应与紧固螺栓、螺母的方向一致,并在导线和螺母间加装垫片,拧紧螺母。

(9)截面在10mm²以上的多股电源线应加装接线端子,其尺寸与导线线径相吻合,用压(焊)接工具压(焊)接牢固,接线端子与设备的接触部分应平整、紧固。

(10)任何缆线与设备采用插件连接时,必须使插件免受外力的影响,保持良好的接触。

(11)机房布线、机架间连线及各部件连线应正确无差错,接触良好,焊接光滑。不得碰地、短路、断路,严禁虚焊、漏焊。

3. 接地装置

(1)新建局站应采用联合接地装置,接地电阻值应≤1Ω。接地引入线与接地体应焊接牢固,焊缝处应做防腐处理。扁钢作接地引入线时应涂沥青,并用麻布条缠扎,然后再在麻布条外涂沥青保护。

(2)接地汇集装置的位置应符合设计规定,安装端正、牢固,并有明显的标志。

(3)通信设备除做工作接地外,其机壳应做保护接地。

(4)交、直流配电设备的机壳应从接地汇集线上引入保护接地线。

(5)通信机房内接地线的布置方式,可采取辐射式或平面型。要求机房内所有通信设备除从接地汇集线上就近引接地线外,不得通过安装加固螺栓与建筑钢筋相碰而自然形成的电气接通。

(6)机房内强电设备的接地端应使用不小于其相线截面积的多股绝缘铜线连接至机房汇流排。

(7)机房汇流排至总接地干线之间宜采用截面积不小于16mm²多股绝缘铜线连接。

五、供配电及照明设施

供配电及照明设施的施工内容主要包括高低压配电柜、母线、变压器、不间断电源、应急电源和柴油发电机组装置、箱式变电站、照明灯具、照明接线箱、照明杆体等的安装、调试。

(一)安装前的准备

(1)供配电、照明设施等主要电力设备和材料应从由获得相关部门颁发生产许可证的生产厂家采购,采购前应对供应商进行评价对比,挑选信誉高、质量有保证的产品。

(2)主要设备、材料在安装、使用前,应进行检验或试验,合格后方可使用。

(二)高低压开关柜、配电箱(盘)的安装要求

(1)柜、盘、箱的金属柜架及基础型钢必须接地(PE)或接零(PEN)可靠,应有防腐蚀措施。

(2)基础型钢安装应符合设计要求,基础型钢顶部宜高出抹平地面10mm,安装直线度和水平度应小于1mm/m,全长应小于5mm,位置误差及平行度小于5mm。

(3)柜、箱、盘安装垂直度允许偏差为0.15%,相互间接缝应不大于2mm,相邻两盘边的盘面偏差小于1mm。

(4)线间和线对地间绝缘电阻值,馈电线路必须大于0.5MΩ,二次回路必须大于1MΩ。

(5)带电体裸露载流部分之间或其与金属体之间电气间隙应符合规范要求。

(6)柜、箱应有可靠的电击保护,柜内保护导体最小截面积 S_p 应根据电源进线相线截面积 S 决定,当 S 在 35~400mm² 时,S_p 应不小于 $S/2$,且材质与其相同。

(7)箱、盘安装应牢固,底边距地面为 1.5m,照明配电板底边距地面不小于 1.8m。

(三)变压器、箱式变电站的安装要求

(1)变压器吊装时应按照设备安装技术文件的要求进行,变压器的定位应准确,符合设计要求。

(2)变压器的低压侧中性点、箱式变电所的 N 母线和 PE 母线直接与接地装置的接地干线连接;变压器箱体、干式变压器的支架或外壳应接地线(PE)。

(3)油浸变压器运到现场后,如 3 个月内不能安装时,应检查油箱密封情况,做油的绝缘测试,并注以合格油。

(4)除厂家有规定外,1000kVA 以上变压器应做器身检查。

(5)变压器的交接试验应符合相关规定。

(6)箱式变电站的基础应高于室外地坪,周围排水顺畅,箱体应与保护导体可靠连接,有明显标识。

(7)箱式变电站的高压和低压配电柜内部接线应完整,低压输出回路标记应正确、清晰。

(四)柴油发电机组的安装要求

(1)柴油发电机组的设置位置和工作环境应满足设备技术文件要求,发电机组的四周净距不得小于 1m,上部净距不得小于 2m。

(2)柴油发电机馈电线路连接后,两端的相序必须与原供电设施相序一致。

(3)发电机中性线(工作零线)应与接地干线直接可靠连接,接地电阻应符合设计要求,发电机本体和机械部分的外露可导电部分应分别与保护导体可靠连接,接地线均应有标识。

(4)发电机组至低压配电柜馈电线路的相间、相对地间的绝缘电阻值应大于 0.5MΩ,高压馈电线路应大于 1MΩ/kV;塑料绝缘电缆线路直流耐压电压为 2.4kV,时间为 15min,泄漏电流稳定,无击穿现象。

(5)发电机组与市电的双向转换开关应可靠,严禁倒送电。

(6)发电机的试验必须符合规定的发电机静态和运转试验标准。

(五)不间断电源(UPS)和应急电源装置(EPS)的安装要求

(1)UPS、EPS 的输入、输出各级保护系统和输出的电压稳定性、波形畸变系数、频率、相位、静态开关的动作等各项技术性能指标试验调整必须符合产品技术文件要求,且符合设计要求。

(2)UPS 的输入端、输出端对地间绝缘电阻值应大于 2MΩ,UPS 和 EPS 的连线及出线的线间、线对地间绝缘电阻值应大于 0.5MΩ。

(3)不间断电源输出端的中线(N 极),必须与由接地装置直接引来的地线干线相连接,做重复接地。

(4)UPS 和 EPS 的外露可导电部分应分别与保护导体可靠连接,且应有标识。

(5)安装时应横平竖直,水平度、垂直度允许偏差不应大于0.15%。

(6)主回路与控制回路应分别穿保护管敷设;在电缆支架上平行敷设应保持150mm距离。

(7)蓄电池安装应平稳,间距均匀,单体蓄电池之间的间距应大于5mm,同一排、列蓄电池槽应高度一致,排列整齐。

(8)蓄电池的引出电缆宜采用塑料外护套电缆,电缆接线端子应有绝缘防护罩。

(六)电缆线路的敷设要求

(1)直埋电缆的埋深不应小于0.7m,敷设时应做波浪形,最小弯曲半径不得小于现行《电气装置安装工程 电缆线路施工及验收标准》(GB 50168)中的规定,聚氯乙烯绝缘电力电缆为外径的10倍。

(2)直埋电缆的上、下部应铺以不小于100mm厚的软土或砂层。

(3)电缆通过桥、涵、道路和可能受到机械损伤的地段时,应采用钢管保护。

(4)管道敷设时,电缆管内径与电缆外径之比不得小于1.5。

(5)三相或单相的交流单芯电缆,不得单独穿于钢管内。

(6)金属电缆支架、电缆导管必须可靠接地或接零。

(7)电缆在沟内敷设时,应遵循低压在下、高压在上的原则。

(8)电缆敷设完毕,应进行校线及编号,并做好测试记录。

(七)动力设备安装要求

(1)动力设备的可接近裸露导体必须接地或接零。

(2)安装应牢固,螺栓及防松零件齐全,不松动。

(3)在设备的接线盒内,裸露不同相导线间和对地最小距离应大于8mm。

(4)电动机等绝缘电阻值应大于0.5MΩ。

(5)电动机应试通电,可空载试运行的电动机应运转2h,记录空载电流,检查机身和轴承的温升。

(八)管道敷设的安装要求

1.钢管敷设

(1)潮湿场所和直埋于地下时应采用厚壁钢管,干燥场所应采用薄壁钢管。

(2)钢管的内壁、外壁均应做防腐处理。钢管不应有折扁和裂缝,管内应无铁屑及毛刺,切断口应平整,管口应光滑。

(3)镀锌钢管和薄壁钢管应采用螺纹连接或套管紧定螺钉连接。

(4)明配钢管或暗配镀锌钢管与盒(箱)连接应采用锁紧螺母或护套帽固定,与设备连接时,应敷设到设备的接线盒内,管口与地面的距离宜大于200mm。

(5)镀锌钢管的跨接地线连接宜采用专用接地线卡跨接。

2.塑料管敷设

(1)塑料管及其配件必须由阻燃处理的材料制成,不应敷设在高温和易受机械损伤的场所。

(2)管口应平整、光滑,管与管、管与盒(箱)等器件应采用插入法涂专用胶合剂连接;当采用套管连接时,套管长度宜为管外径的1.5~3倍。

(3)塑料管直埋于现浇混凝土内时,应采取防止发生机械损伤的措施,敷设时其温度不宜低于-15℃。

(4)暗配时与建筑物、构筑物表面距离不应小于15mm。

(九)照明设施的安装要求

1.灯杆

(1)照明灯杆安装位置应合理选择,符合设计要求,灯杆与架空供电电缆的安全距离应符合有关规范要求。

(2)灯杆基础设置位置、基础尺寸、基础坑开挖尺寸、基础地基承载力均应符合设计要求。

(3)灯杆的检修门应有防水措施,并设置需要用专用工具开启的闭锁防盗装置。

(4)灯杆、灯臂、抱箍等金属构件应进行热镀锌处理,满足防腐蚀要求。

(5)低杆灯、中杆灯的杆体垂直度偏差应小于5mm/m,高杆灯允许误差宜小于0.3%。

2.灯具的安装要求

(1)具有产品合格证和认证标志的灯具安装时,灯具的吊钩圆钢直径不应小于灯具吊挂销钉的直径,且不小于6mm,大型花灯的固定及悬吊装置,应按灯具质量的2倍做过载试验。

(2)当灯具质量大于3kg时,应固定在螺栓或预埋吊钩上。

(3)同一路段、隧道、桥的照明灯具,光源中心到路面的安装高度、仰角及装灯方向宜保持一致。

(4)立柱式路灯、建筑物景观照明的每套灯具的导电部分对地绝缘电阻值应大于2MΩ。

(5)在人行道等人员密集场所安装的落地灯具,无围栏防护,安装高度应距地面2.5m以上。

(6)当灯具距地面高度小于2.4m时,金属构架和灯具的可接近裸露导体及金属软管的接地或接零可靠,且有标识。

(7)应急照明灯具应采用双电源供电,除正常电源之外,还要接入备用电源。在正常电源断电后,电源转换时间为:疏散照明及备用照明≤15s,安全照明≤0.5s。

(8)立柱式路灯、灯具与基础固定可靠,地脚螺栓备帽齐全。灯具的接线盒、熔断器、盒盖的防水密封垫应完整;金属立柱及灯具可接近裸露导体接地或接零可靠,接地线单设干线,且有标识。

第六章
公路养护工程技术

第一节 概 述

一、公路养护概念及组成分类

公路养护是为保持公路的正常使用而进行的经常性保养、维修作业,预防、修复灾害性损坏,以及为提高使用质量和服务水平而进行的加固、改善工作,分为日常养护和养护工程。

日常养护按照作业内容,分为日常巡查、日常保养、日常维修。日常巡查指对公路进行经常性巡查,及时发现损坏与异常情况;日常保养指对公路进行日常性清洁、保洁等;日常维修指对公路设施出现的轻微或局部损坏进行维修。

养护工程按照养护目的和养护对象,分为预防养护、修复养护、专项养护和应急养护。

预防养护是公路整体性能良好但有轻微病害,为延缓性能过快衰减、延长使用寿命而预先采取的主动防护工程。

修复养护是公路出现明显病害或部分丧失服务功能,为恢复技术状况而进行的功能性、结构性修复或定期更换,包括大修、中修、小修。

专项养护是为恢复、保持或提升公路服务功能而集中实施的完善增设、加固改造、拆除重建、灾后恢复等工程。

应急养护是在突发情况下造成公路损毁、中断、产生重大安全隐患等,为较快恢复公路安全通行能力而实施的应急性抢通、保通、抢修。

二、公路养护工作实施

公路养护工作的组织实施应当依照有关法律、法规和规定,各类养护工程所涉及的技术服务与工程施工等相关作业,应通过公开招标投标、政府采购等方式选择具备相应技术能力和资格条件的单位承担。其中,应急养护可以根据应急处置工作需要,直接委托具备相应能力的专业队伍实施。

一般而言,养护工程应当按照前期工作、计划编制、工程设计、工程施工、工程验收等程序组织实施;应急养护除外。

(1)前期工作:公路管理机构或公路经营管理单位应当结合安全运行状况,按照公路技术状况评定、养护需求分析、养护技术方案确定等工作流程进行前期决策,并作为制订养护计划的依据。

(2)计划编制:地方各级交通运输主管部门、公路管理机构或公路经营管理单位应当根据年度养护资金规模、养护目标要求、项目库的储备更新情况,合理编制养护工程年度计划。养护工程计划应当统筹安排,避免集中养护作业造成交通拥堵。省际养护作业应当做好沟通衔接。

(3)工程设计:养护工程一般采用一阶段施工图设计。技术特别复杂的,可以采用技术设计和施工图设计两阶段设计。应急养护和技术简单的养护工程可以按照技术方案组织实施。应当对施工工艺和验收标准进行详细说明。鼓励养护工程采用新技术、新材料、新工艺、新设备。对涉及工程质量和安全的新技术、新材料、新工艺、新设备,尚无相关标准可参照的,应当经过试验论证审查后方可规模化使用。

(4)工程施工:养护工程应当按照审查通过的设计文件进行施工,对施工中发现的设计问题,应当书面提出设计变更建议。一般设计变更经公路管理机构或公路经营管理单位同意后实施,重大设计变更须经原设计审查或审批单位同意后实施。

(5)工程验收:技术复杂程度高或投资规模较大的养护工程按交工验收和竣工验收两阶段执行,其他一般养护工程按一阶段验收执行。

养护工程完工后未通过验收的,由施工单位承担养护责任,超出验收时限、无正当理由未验收的除外。验收不合格的,由施工单位负责返修。在质量缺陷责任期内,发生施工质量问题的,施工单位应当履行保修义务,并对造成的损失承担赔偿责任。公路养护工程通过验收后,验收结果应当及时向交通运输主管部门报告。

(6)监督检查:各级交通运输主管部门和公路管理机构应当依据职责采取定期检查或抽查等方式,加强养护工程监督检查并督促及时整改。公路养护作业单位应当接受相关管理部门和机构的监督检查。

第二节 公路技术状况评定

公路路面在承受繁重的轴载负荷和密集交通反复作用的同时,还经受气候、环境的影响,路面使用品质呈逐年下降的趋势,路面损坏随之而来。当路况变换达到一定限度或路面使用性能下降到接近最低可接受水平时,就要及时采取现代化的养护对策,快速进行修复,使路面的路用性能保持在良好状态。为了能正确判断公路的养护对策,需要对路面的路用性能做出准确的评价,以衡量路网的服务水平,确定路网内需要养护和改建的路段,有针对性地选择相应的养护对策,并作为项目优先安排的依据。这样便可以提高养护质量,合理使用养护资金,降低养护成本。

一、公路技术状况评定

目前,公路技术状况评定采用现行《公路技术状况评定标准》(JTG 5210)。公路技术状况评定用公路技术状况指数 MQI 和相应分项指标表示,包含路面、路基、桥隧构造物和沿线设施四部分内容,具体指标如图 6.2.1 所示。按照等级分为优、良、中、次、差 5 个等级,如表 6.2.1 所示。

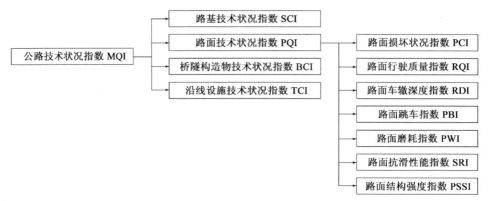

图 6.2.1 公路技术状况评价指标

公路技术状况评定标准 表 6.2.1

评价等级	优	良	中	次	差
MQI 及各级分项指标	≥90	≥80,<90	≥70,<80	≥60,<70	<60

公路技术状况检测与调查包括路面、路基、桥隧构造物和沿线设施四部分内容。路面检测包括路面损坏、平整度、车辙、跳车、磨耗、抗滑性能和结构强度 7 项指标。其中,路面结构强度为抽样检测指标。桥隧构造物调查包括桥梁、隧道和涵洞三类构造物。

公路技术状况以 1000m 路段为基本检测或调查单元,数据按上行方向(桩号递增方向)和下行方向(桩号递减方向)分别检测。二级、三级、四级公路不分上下行。当采用快速检测方法检测路面使用性能评定所需数据时,每个检测方向至少检测一个主要行车道。

路面技术状况评定以路面技术状况指数 PQI 评价,其中沥青路面使用性能评价包含路面损坏、平整度、车辙、跳车、磨耗、抗滑性能和结构强度 7 项技术内容。路面结构强度为抽样评定指标,单独计算与评定,评定范围根据路面大、中修养护需求、路基的地质条件等自行确定;水泥混凝土路面使用性能评价包含路面损坏、平整度、跳车、磨耗和抗滑性能 5 项技术内容;评价结果按照等级分为优、良、中、次、差 5 个等级。

路基技术状况用路基技术状况指数 SCI 评价,桥隧构造物技术状况用桥隧构造物技术状况指数 BCI 评价,沿线设施技术状况用沿线设施技术状况指数(TCI)评价,评价结果按照等级分为优、良、中、次、差 5 个等级。

二、公路桥梁技术状况评定

公路桥梁技术状况评定包括桥梁构件、部件、桥面系、上部结构、下部结构和全桥评定。公路桥梁技术状况评定应采用分层综合评定与 5 类桥梁单项控制指标相结合的方法,先对桥梁各构件进行评定,然后对桥梁各部件进行评定,再对桥面系、上部结构和下部结构分别进行评定,最后进行桥梁总体技术状况的评定。桥梁总体技术状况评定等级分为 1 类、2 类、3 类、4 类、5 类,见表 6.2.2。

桥梁总体技术状况评定　　　　　　　　　　　表6.2.2

技术状况评定等级	桥梁技术状况描述
1类	全新状态功能完好
2类	有轻微缺损,对桥梁使用功能无影响
3类	有中等缺损,尚能维持正常使用功能
4类	主要构件有大的缺损,严重影响桥梁使用功能或影响承载能力,不能保证正常使用
5类	主要构件存在严重缺损不能正常使用,危及桥梁安全,桥梁处于危险状态

三、公路隧道技术状况评定

公路隧道技术状况评定应包括隧道土建结构、机电设施、其他工程设施技术状况评定和总体技术状况评定。公路隧道技术状况评定应采用分层综合评定与隧道单项控制指标相结合的方法,先对隧道各检测项目进行评定,然后对隧道土建结构、机电设施和其他工程设施分别进行评定,最后进行隧道总体技术状况评定。公路隧道总体技术状况评定应分为1类、2类、3类、4类和5类,评定类别描述及养护对策见表6.2.3。

公路隧道总体技术状况评定类别　　　　　　　　表6.2.3

技术状况评定类别	评定类别描述		养护对策
	土建结构	机电设施	
1类	完好状态。无异常情况,或异常情况轻微,对交通安全无影响	机电设施完好率高,运行正常	正常养护
2类	轻微破损。存在轻微破损,现阶段趋于稳定,对交通安全不会有影响	机电设施完好率较高,运行基本正常,部分易耗部件或损坏部件需要更换	应对结构破损部位进行监测或检查,必要时实施保养维修;机电设施进行正常养护,应对关键设备及时修复
3类	中等破损。存在破坏,发展缓慢,可能会影响行人、行车安全	机电设施尚能运行,部分设备、部件和软件需要更换或改造	应对结构破损部位进行重点监测,并对局部实施保养维修;机电设施需进行专项工程
4类	严重破损。存在较严重破坏,发展较快,已影响行人、行车安全	机电设施完好率较低,相关设施需要全面改造	应尽快实施结构病害处治措施;对机电设施应进行专项工程,并应及时实施交通管制
5类	危险状态。存在严重破坏,发展迅速,已危及行人、行车安全	—	应及时关闭隧道,实施病害处治,特殊情况需进行局部重建或改建

第三节　路基养护

路基和路面是公路工程的主要构造物,共同承担车辆的荷载作用。路基是路面的基础,其强度和稳定性是保证路面结构稳定、路用性能良好的基本条件,公路交工验收投入使用后,路基的质量主要取决于路基的养护水平。因此,为了保证公路的正常使用,必须对路基进行合理的养护和维修,使之经常处于良好状态,避免发生严重的病害。

一、养护作业

1. 日常养护

路基日常养护包含日常巡查、日常保养和日常维修,应由基层养管单位组织实施。

日常巡查可分为一般巡查和专项巡查。一般巡查可用目测方式,及时发现路肩、路堤、边坡、防护及支挡结构物、排水设施、中央分隔带等病害或异常情况,并按规定填写路基日常巡查记录表;专项巡查应主要对高边坡、防护及支挡结构物、排水设施等病害进行实地察看与量测,并填写路基日常巡查记录表。

日常保养应包含下列主要工作内容:

(1)整理路肩,修剪路肩杂草,清除路肩杂物。
(2)整理坡面,缺口培土,修剪坡面杂草,清除坡面杂物。
(3)清除护坡、支挡结构物上杂物,疏通排(泄)水孔。
(4)清理绿化平台、碎落台上杂物。
(5)疏通边沟、截水沟、集水井、泄水槽等排水设施。
(6)修整中央分隔带路缘石,清除杂物、杂草,清理排水通道。

日常维修工程的工作计划应根据路基技术状况评定与日常巡查记录结果,按月度编制。主要工作内容如下:

(1)修补路基缺口,整修路缘石,修整路肩坡度,处理路肩的轻微病害。
(2)清理边坡零星塌方,修补坡面冲沟,修理砌石护坡、防护网、绿植等坡面防护工程的局部损坏。
(3)修理防护及支挡结构物的表观破损和轻微的局部损坏。
(4)整修绿化平台、碎落台。
(5)局部开挖边沟、截水沟等,铺砌、修复排水设施等。

2. 养护工程

根据《公路养护工程管理办法》(交公路发〔2018〕33号)规定,路基的养护工程作业内容见表6.3.1。

路基养护工程作业内容　　　　表6.3.1

序号	类　别	具体作业内容
1	预防养护	增设或完善路基防护,如柔性防护网、生态防护、网格防护等;增设或完善排水系统,如边沟、截水沟、排水沟、拦水带、泄水槽等;集中清理路基两侧山体危石等
2	修复养护	处治路堤路床病害,如沉降、桥头跳车、翻浆、开裂滑移等;增设或修复支挡结构物,如挡土墙、抗滑桩等;维修加固失稳边坡;集中更换安装路缘石、硬化路肩、修复排水设施等;局部路基加高、加宽、裁弯取直等;防雪、防石、防风沙设施的修复养护等
3	专项养护	针对阶段性重点工作实施的专项公路养护治理项目
4	应急养护	对自然灾害或其他突发事件造成的障碍物的清理;公路突发损毁的抢通、保通、抢修;突发的经判定可能危及公路通行安全的重大风险的处置

二、病害类型

路基病害可分为路肩病害、路堤与路床病害、边坡病害、防护及支挡结构物病害、排水设施病害五大类,具体可分为路肩边沟不洁、路肩损坏、边坡坍塌、水沟冲毁、路基构造物破坏、路缘石缺损、路基沉降、排水系统淤塞8种。边坡坍塌如图6.3.1所示,路基沉降如图6.3.2所示。

图6.3.1 边坡坍塌

图6.3.2 路基沉降

三、养护措施

1. 边坡养护处治

边坡养护处治的主要病害包括滑坡、局部坍塌、表层剥落、冲刷、水毁等。其常用的养护技术按病害类型及严重程度可划分为坡面防护、沿河路基冲刷防护、挡土墙、锚固、抗滑桩、削方减载等,简要技术原理及使用范围见表6.3.2。

边坡养护处治技术分类　　　　表6.3.2

方　　法		技　术　简　介
坡面防护	生态防护技术	通过创造植物生长环境,恢复受损边坡的生态系统,保护生态环境,提高水土保持能力
	工程防护技术	通过支挡、压重、挂网防护等方式,提高边坡的抗冲蚀、抗风化功能,保护边坡稳定性,防止岩体崩塌、碎落
冲刷防护技术		通过设置砌石护坡、抛石、石笼、浸水挡土墙等,对受水流直接冲刷的边坡进行防护
挡土墙		在边坡坡脚设置一系列挡土结构物,增强边坡抗滑力,并对坡脚起到压重作用,保证边坡稳定
锚固		将锚杆、锚索等抗拉杆件的一端锚固在可靠的地层中,使其能提供可靠的拉力和剪力,用来平衡土压力、增强坡体抗滑力,提高岩土体自身的强度及自稳能力
抗滑桩		在滑坡中的适当位置设置一系列桩,桩穿过滑面进入下部稳定滑床,借助桩与周围岩土共同作用,把滑坡推力传递到稳定地层
削方减载		采取减重或反压措施,以保证边坡处于稳定状态

2. 支挡结构养护处治

支挡构筑物病害形式按损坏程度可分为表观损坏、局部损坏、功能性损坏、结构失效。针对局部损坏和功能性损坏,可选用表6.3.3的处治方法。

支挡构筑物养护处治技术分类　　　　表6.3.3

方　　法		技术简介
锚固法		通过钻孔植入高强钢筋或预应力筋,并灌入砂浆进行锚固,通过张拉、锚固筋带限制挡墙侧向位移,分担挡土墙应力
抗滑桩加固法		通过打设抗滑桩,增强挡土墙整体抗变形能力或减少墙后土体压力
加大截面法		在原墙外侧加宽基础、加固墙身,增加挡土墙厚度,提高挡土墙抗变形能力
加肋法	增建支撑墙	在挡土墙外侧每隔一定距离加建支撑墙,形成加肋,增强挡土墙整体抗变形能力
	设置格构梁	在挡土墙外侧沿纵向及高度方向设置格构梁,形成肋柱,增强挡土墙整体抗变形能力

3. 排水系统养护处治

排水系统主要分为地表排水系统和地下排水系统两大类。

(1)对边沟、截水沟、排水沟等进行冲刷防护、防渗加固时,应符合下列规定:

①当土质边沟受水流冲刷造成纵坡大于3%时,宜采用混凝土、浆砌或干砌片(块)石铺砌;冰冻较轻地区可采用稳定土加固。边沟连续长度过长时,宜分段设置横向排水沟将水流引离路基,其分段长度在一般地区不超过500m,在多雨地区不超过300m。

②对滑坡、膨胀土、高液限土、湿陷性黄土地段,截水沟、边沟、排水沟等产生渗漏时,应采取铺设防渗土工布、浆砌石等防渗措施。

③雨季前应及时清理盖板边沟,更换破损的盖板,盖板设置不得影响路面的排水功能。

④对于地下水丰富路段,由于路面加铺导致边沟加深时,应保证原沟底高程不变。

(2)跌水和急流槽病害处治应符合下列规定:

①进出口冲刷现象严重时,进水口应进行防护加固,出水口应进行加固或设置消力池。

②基底不稳定时,急流槽底可设置防滑平台,或设置凸榫嵌入基底中。

③当急流槽较长时,应分段铺砌,且每段不宜超过10m。连接处应用防水材料填塞,密实无空隙。

(3)对排水暗管进行疏通、改建等养护处治时,应符合下列规定:

①暗管堵塞时,宜采用刮擦法、冲洗法、真空吸附法等方法进行疏通。

②暗管排水进出口应定期清除杂草和淤积物。检查井和竖井式暗管门应盖严,发现损坏或丢失应及时换补。

③暗管排水量达不到排水要求时应进行改建,暗管的直径应根据排水量确定。

④当边沟排水暗管由于边坡位移等原因发生变形开裂时,应及时采取加固或更换措施。

(4)渗井、渗水隧洞病害处治应符合下列规定:

①应加强渗井、渗水隧洞的出水口除草、清淤和坑洼填平等工作,寒冷地区保温设施失效时应及时更换或维修。

②当渗井周围路基发生渗漏时,应进行防渗处理,井内的淤泥应及时清除。发现渗井设置不合理或功能失效时,应及时改造。

③宜对渗水隧洞内部进行人工检查,及时排除淤堵,保证排水畅通。

第四节　路面养护

路面养护是公路养护工作的中心环节,是养护质量考核的首要对象。路面是在路基上用各种筑路材料铺筑、供汽车行驶、直接承受行车作用和自然因素作用的结构层,其作用是满足行车安全、迅速、经济、舒适的要求。本节主要说明沥青路面和水泥路面的养护内容。

一、养护作业

1. 日常养护

日常养护要求经常对地面进行保养维修,防止路面坑槽、裂缝等各种病害的产生和发展,确保路况良好。对路面坑槽、沉陷、松散和拥包等病害要确保24h内完成修复,裂缝要不分季节及时灌缝,并确保施工质量,保持路面平整密实、整洁美观,无明显跳车,病害处治及时,无修补不良现象。

路面保洁按照机械作业为主、人工为辅的原则,主线及匝道、收费广场要每天清扫一遍。

2. 养护工程

根据《公路养护工程管理办法》(交公路发〔2018〕33号),养护工程按照养护目的和养护对象,分为预防养护、修复养护、专项养护和应急养护,如表6.4.1所示。

公路养护工程分类细目　　表6.4.1

序号	类别	具体作业内容
1	预防养护	公路整体性良好,但有轻微病害,为延缓性能衰减、延长使用寿命而预先采取的主动防护工程
2	修复养护	公路出现明显病害或部分丧失服务功能,为恢复技术状况而进行的功能性、结构性修复或定期更换,包括大修、中修、小修
3	专项养护	为恢复、保持或提升公路服务功能而集中实施的完善增设、加固改造、拆除重建、灾后恢复等工程。针对阶段性重点工作实施的专项公路养护治理项目
4	应急养护	在突发情况下造成公路损毁、中断、产生重大安全隐患等,为较快恢复公路安全通行能力而实施的应急性抢通、保通、抢修。与路基要求相同

二、病害类型

1. 沥青路面病害

沥青路面病害共有11类,按照病害损坏程度分为21项,如表6.4.2所示。

沥青路面病害分类　　表6.4.2

序号	病害	损坏程度	产生原因
1	龟裂	轻/中/重	在疲劳损坏、行车荷载的反复作用下,由沥青面层和半刚性基层等整体性材料逐渐失去承载能力所引起
2	块状裂缝	轻/重	由面层的低温收缩和沥青老化所引起,与行车荷载作用关系不大,与龟裂主要出现在荷载作用的轮迹处不同

续上表

序号	病害	损坏程度	产生原因
3	纵向裂缝	轻/重	(1)疲劳损坏； (2)不均匀沉降(如加宽)； (3)反射裂缝； (4)纵向施工缝搭接质量不好
4	横向裂缝	轻/重	(1)温度变化引起低温收缩； (2)反射裂缝
5	沉陷	轻/重	(1)路基不均匀沉降； (2)局部开挖回填压实不足； (3)台背回填压实不足； (4)基层破坏
6	车辙	轻/重	(1)结构性车辙：行车荷载作用下，结构层和土基材料压缩累计变形； (2)流动性车辙：炎热季节，沥青混凝土层内产生的侧向流动变形，轮机带处下陷、周边隆起； (3)压实性车辙：混合料温度过低、压实次数少或压实度不足，在行车作用下进一步压实产生； (4)磨耗性车辙：由重载渠化交通对路面的磨耗作用形成
7	波浪拥包	轻/重	(1)路面材料设计与施工缺陷，如油石比过大、细料过多、施工质量差等； (2)面层与基层之间存在不稳定夹层； (3)路基冻胀
8	坑槽	轻/重	通常由其他病害(如龟裂、松散等)未及时处理而逐渐发展形成
9	松散	轻/重	(1)沥青用量偏少； (2)低温施工； (3)沥青和集料黏结性差； (4)沥青老化变硬； (5)压实不足； (6)局部集料级配不均匀
10	泛油	—	(1)沥青材料设计与施工缺陷造成，如沥青含量过多，混合料中空隙过少，拌和控制不严，沥青高温稳定性差等； (2)施工时黏层油用量不当，或雨水渗入使下层沥青与石料剥离
11	修补	—	(1)沥青材料设计与施工缺陷造成，如沥青含量过多，混合料中空隙过少，拌和控制不严，沥青高温稳定性差等； (2)施工时黏层油用量不当，或雨水渗入使下层沥青与石料剥离

按表6.4.2中的损坏程度，轻、中、重的划分要求可参照现行《公路技术状况评定标准》(JTG 5210)中的相关规定执行。龟裂如图6.4.1所示，块状裂缝如图6.4.2所示，纵向、横向

裂缝如图6.4.3和图6.4.4所示，沉陷如图6.4.5所示，车辙如图6.4.6所示，波浪拥包如图6.4.7所示，泛油如图6.4.8所示。

图6.4.1 龟裂

图6.4.2 块状裂缝

图6.4.3 纵向裂缝

图6.4.4 横向裂缝

图6.4.5 沉陷

图6.4.6 车辙

2. 水泥路面病害

水泥路面病害共有11类，按照病害损坏程度分为20项，如表6.4.3所示。

图 6.4.7 波浪拥包

图 6.4.8 泛油

水泥路面病害分类   表 6.4.3

序号	病害	损坏	产 生 原 因
1	破碎板	轻/重	(1)超重车辆的影响； (2)水害作用； (3)板下脱空的影响； (4)硬路肩的影响
2	裂缝	轻/中/重	(1)路基、基层的影响； (2)水泥混凝土质量的影响； (3)横向缩缝质量的影响； (4)拉杆与传力杆的影响； (5)混凝土坍落度的影响
3	板角断裂	轻/中/重	(1)混凝土板的设计状态与实际工作状态不符； (2)重载作用； (3)接缝渗水
4	错台	轻/重	(1)设计与施工缺陷； (2)环境因素的影响； (3)交通量与轴载的影响
5	拱起	—	(1)水泥安定性不良,发生膨胀； (2)路面未设伸缩缝,热胀冷缩； (3)路基不良
6	边角剥落	轻/中/重	(1)胀缝被泥沙、碎石等杂物堵塞或传力杆设置不当,阻碍板块热胀,过大的温度应力使板边胀裂； (2)缩缝使混凝土板形成临空面,再加上填缝料质量不能保证,使得板边在车轮荷载反复作用下被压碎； (3)填缝料质量差,如黏结强度低、延伸率及弹性差、不耐老化、填缝料与缝壁黏结不牢靠等
7	接缝料损坏	轻/重	(1)接缝料本身质量不合格,在长期外界环境作用下老化、脆裂； (2)由于混凝土路面板受热膨胀,挤压胀缝,导致接缝料被挤出、不能正常复原等
8	坑洞	—	(1)由于设计、施工、养护处理不当、控制不适； (2)气候、环境、地质、水文等自然因素影响； (3)车辆的运行和车辆超载运行导致路面破损,出现坑洞

续上表

序号	病害	损坏	产 生 原 因
9	唧泥	—	填缝料损坏,雨水下渗和路面排水不良等
10	露骨	—	(1)道路施工中使用水泥不达标,或者使用过期、受潮结块水泥; (2)使用不符合规范要求的砂石,砂颗粒过细,水的比例过大,混凝土拌合物水灰比过大而降低混凝土强度; (3)搅拌不均匀、搅拌时间过短或过长。水泥混凝土拌合物搅拌时间不够,泥砂浆未完全裹覆到碎(砾)石粗集料上,黏聚力不够; (4)水泥混凝土拌合物离析或流动性降低; (5)欠振、漏振或过分振捣; (6)表面整修不合理
11	修补	—	对水泥路面的病害进行处理后产生新的修补部分病害

按表6.4.3中的损坏程度,轻、中、重的划分要求可参照现行《公路技术状况评定标准》(JTG 5210)中的相关规定执行。破碎板如图6.4.9所示,裂缝如图6.4.10所示,板角断裂如图6.4.11所示,错台如图6.4.12所示,边角剥落如图6.4.13所示,唧泥如图6.4.14所示,拱起如图6.4.15所示。

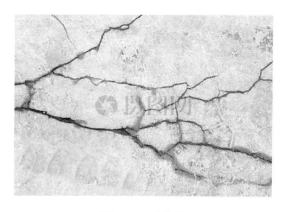

图6.4.9 破碎板

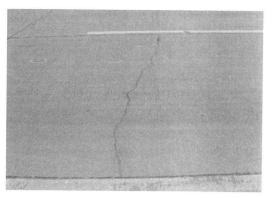

图6.4.10 裂缝

图6.4.11 板角断裂

图6.4.12 错台

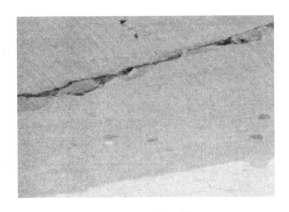
图 6.4.13　边角剥落

图 6.4.14　唧泥

图 6.4.15　拱起

三、养护措施

1. 沥青路面

沥青路面养护措施包括病害处治技术、封层技术、功能性罩面技术、结构性补强技术等,可参照现行《公路沥青路面养护技术规范》(JTG 5421)中的相关规定执行,见表 6.4.4 ~ 表 6.4.7。

病害处治技术　　　　表 6.4.4

序号	类　别	注意事项及处治方法
1	裂缝处治	应根据裂缝类型特点、严重程度及原因,确定裂缝处治时机,可采用灌缝、贴缝、带状挖补方式,或进行组合使用。灌缝材料宜采用密封胶;贴缝材料可采用热黏式贴缝胶和自黏式贴缝胶,其工艺可分为直接贴缝和灌缝后贴缝,并及时进行修补
2	坑槽处治	应根据坑槽病害类型、严重程度及原因,采用地热修补、热料热补、冷料冷补等方式进行及时修补
3	车辙处治	应根据车辙病害类型、范围、严重程度及原因,合理确定采用局部车辙处治或大范围直接填充、就地热再生、铣刨重铺等措施

续上表

序号	类别	注意事项及处治方法
4	沉陷处治	应根据沉陷病害类型、发生部位、严重程度及原因,合理确定处治技术措施和结构层位。 对于不均匀沉陷,如基层和土基较为密实、稳定,可只修补面层,用沥青砂或细粒式沥青混合料填补、整平、压实,面积较大时应加铺面层。 对于局部因路基有坑洞、沟槽等的沉陷,应采用碎(砾)石、干砌或浆砌片石等重新回填密实,将土基和基层根治后,再铺面层。 对于桥(涵)头路面,因填土不实出现的沉陷,应采取加铺基层,重新作压实处理,再作面层
5	波浪拥包处治	根据波浪拥包病害类型及产生原因,可采用局部铣刨、局部铣刨重铺、就地热再生、整体铣刨重铺等处治方式,重铺材料可采用热拌、冷拌或温拌沥青混合料、功能性罩面材料等
6	松散处治	应根据松散病害类型、严重程度及原因,合理确定处治时机,采用可行的技术措施。 一般用乳化沥青在路面上浇洒一层,之后用干燥的石粉均匀喷撒在乳化沥青上,然后用扫把扫均匀或是用胶轮压路机在不喷水状态下碾压一遍,等干透后用吹风机吹走上面的石粉残余即可。但如果因为面层与基层结合不良,或者是因为养护不当导致的脱皮现象,则应该先清除干净脱落和松散的部分,之后再洒布黏层沥青重新铺面层
7	泛油处治	应根据泛油病害类型、严重程度及原因,合理确定处治时机,采用可行的技术措施。 对于轻度泛油,在气温高时可以撒3~5mm的石屑或粗砂,并用压路机或控制碾压。 对于泛油较重的路段,在气温高时,可以先撒5~10mm的碎石,用压路机碾压,待稳定后,再撒3~5mm的石屑或粗砂,并用压路机碾压或控制行车碾压

封层技术　　　　　　　　　　　　　　　　　表6.4.5

序号	类别	注意事项
1	含砂雾封层	适用于表面有松散麻面、渗水、沥青老化且抗滑性能较好的沥青路面,但不适用于由酸性岩石、鹅卵石等破碎集料铺筑的沥青路面
2	稀浆封层	适用于二级及二级以下公路沥青路面
3	微表处封层	适用于二级及二级以上公路、需要改善抗滑等使用性能的沥青路面
4	碎石封层	适用于二级及二级以下公路、需要改善抗滑等使用性能的沥青路面;也可用作各等级公路加铺功能性罩面、结构性补强、桥隧沥青铺装、水泥混凝土路面沥青铺装等需要起到应力吸收作用的黏结防水层
5	纤维封层	适用于二级及二级以下公路、需要改善抗滑等使用性能的沥青路面;也可用作各等级公路加铺功能性罩面、结构性补强、桥隧沥青铺装、水泥混凝土路面沥青铺装等需要起到应力吸收作用的黏结防水层
6	复合封层	适用于各等级公路、需要改善抗滑等使用性能的沥青路面,碎石封层或纤维封层+微表处适用于二级及二级以上公路,碎石封层+稀浆封层适用于二级及二级以下公路

功能性罩面　　　　　　　　　　　　　　　　表6.4.6

序号	类别	注意事项
1	超薄罩面	适用于预防或部分修复病害、需要改善抗滑等使用性能的沥青路面
2	薄层罩面	适用于预防或修复病害、需要改善抗滑等使用性能的沥青路面
3	罩面	适用于修复病害、需要改善抗滑等使用性能的沥青路面

结构性补强 表6.4.7

序号	类别	注意事项
1	局部病害处治后结构性补强	应根据路面结构强度状况、主要病害类型与发生层位等因素,确定采用局部病害处治后的沥青面层或基层与沥青面层共同结构性补强措施,并符合下列规定: (1)高速公路、一级及二级公路路面采用沥青面层或柔性基层与沥青面层共同结构性补强措施。 (2)三级及四级公路路面采用沥青面层或半刚性基层与沥青面层共同结构性补强措施
2	病害铣刨处治后结构性补强	应根据路面结构强度状况、主要病害发生层位等因素,确定采用病害铣刨处治后的沥青面层或基层与沥青面层共同结构性补强措施,并符合下列规定: (1)对于沥青面层部分破损、基层较完好,仅铣刨处治部分沥青面层的,采用沥青面层结构性补强措施。 (2)对于沥青面层严重破损、基层较完好,铣刨处治全部沥青面层的,采用沥青面层、柔性基层或半刚性基层与沥青面层共同结构性补强措施。 (3)对于沥青路面整体破损严重,铣刨处治沥青面层与基层的,采用柔性基层或半刚性基层与沥青面层共同结构性补强措施。 (4)二级及二级以下公路路面结构强度指数(PSSI)小于70、沥青面层厚度小于4cm且老化破损严重时,可采用水硬性结合料类全深式再生作为基层,直接加铺沥青面层,或采用柔性基层与沥青面层或半刚性基层与沥青面层共同结构性补强措施;也可采用沥青类全深式再生作为柔性基层,直接加铺沥青面层,或采用柔性基层与沥青面层共同结构性补强措施

2. 水泥路面

水泥路面养护技术包括路面破损处理技术(裂缝维修、板块脱空处治、唧泥处理等)、路面改善技术(表面功能恢复、路面加铺层等)、路面修复技术(面板翻修、路段修复等)、预制块路面养护与维修技术(局部损坏维修、路面翻修等),可参照现行《公路水泥混凝土路面养护技术规范》(JTJ 073.1)的相关规定执行,见表6.4.8~表6.4.11。

路面破损处理技术 表6.4.8

序号	类别	注意事项
1	裂缝维修	在水泥路面裂缝的修补过程中,应注意不同的水泥路面裂缝修补料,其加水比例会存在一定的差别,应该严格按照材料说明来操作。在往裂缝内填材料时,一定要边填充材料边将材料压实,将材料完全填满裂缝,不能留有缝隙
2	板边、板角修补	板边:应针对水泥混凝土面板边剥落情况选用适当的方式进行修补。 板角:应按照破裂面的大小确定切割范围
3	板块脱空处治	对道板块脱空的处治主要有换板和灌浆加固两种方法。 传统的换板处治,在破碎时由于操作人员的失误或连接杆的传递影响,可能造成相邻混凝土板块不同程度的松动或破损,处治一处病害又出现多处新的病害,且只能改善板本身状态,正是所谓的"治标不治本"。 灌浆技术作为一种新型的加固技术已逐步应用于道面板底脱空处治中。混凝土板下灌浆通过灌浆压力可把浆液渗透到相邻混凝土板下,起到灌浆一块板、加固几块板的作用
4	唧泥处理	对已发现唧泥现象,但损坏程度较轻的,可采压乳化沥青的方法来进行补救。 对于严重唧泥段可采用灌浆加固的方法进行处理
5	错台处治	错台的处治方法有磨平法和填补法两种,可按照错台的轻重程度选定

续上表

序号	类别	注意事项
6	沉陷处理	如果沉陷后高度差较小,则可凿除凸起处,使其保持平齐;如果沉陷后高度差较大,则要按照规范的要求进行凿低补平。除此之外,在条件允许的情况下,可在低处铺筑一定厚度的沥青混凝土
7	拱起处理	根据拱起高低程度,在拱起板两侧锯缝即可复原,并灌注接缝材料
8	坑洞修补	若为单个坑洞,清除洞内杂物,用水泥砂浆等材料填筑,达到平整密实。对于面积较大、深度在3cm以内的坑洞,可用沥青混凝土或水泥混凝土进行修补
9	接缝维修	应选用性能良好的修补材料以及完善的修补工艺对裂缝进行修补
10	表面起皮（剥落、露骨）处治	采用水泥路面修复材料一次性处理此类破坏,并进行有效养护,加强交通管制,严格控制超载车辆通行。此外,为预防起皮、露骨的产生,施工中应控制好混合料质量,确保各项性能指标满足设计要求

路面改善技术 表6.4.9

序号	类别	注意事项
1	表面功能恢复	水泥混凝土路面整条路段出现较大面积的磨损、露骨,应采取铺设沥青磨耗层的方法;对局部路段出现路面磨光,应采取机械刻槽的方法,以恢复水泥混凝土路面的表面平整度和摩擦系数
2	水泥混凝土加铺层	可根据需要合理采用分离式混凝土加铺层结构设计、结合式混凝土加铺层结构设计以及沥青加铺层结构设计等方式进行处理
3	沥青混凝土加铺层	沥青混凝土加铺层要求旧混凝土路面稳定、清洁,对面板损坏部分必须维修之后才能实施

路面修复技术 表6.4.10

序号	类别	注意事项
1	整块面板修复	旧板凿除应注意对相邻板块的影响,尽可能保留原有拉杆。宜用液压镐凿除破碎混凝土板,及时清运混凝土碎块
2	部分路段修复	旧水泥混凝土板破碎,宜采用配备液压镐的混凝土破碎机,若基层强度不足,可采用水稳性较好的材料进行处理
3	旧路面再生利用	对水泥混凝土板的大面积破坏,可对旧混凝土进行再生利用。混凝土再生利用主要用作水泥混凝土面层粗集料、基层集料和碎块底基层

预制块路面养护与维修技术 表6.4.11

序号	类别	注意事项
1	日常养护	主要清扫路面上的尘土、污物和杂物,排除积水,保持路面清洁
2	局部损坏维修	个别预制块发生错台、沉陷,应把这一部分砌块取出,整平夯实垫层,将预制块铺放在垫层上,且高出原砌块高程0.5cm,撒填缝料,并加以压实,使新铺的预制块下沉到与周围的预制块路面一致的高度
3	路面翻修	应对路基土、路面结构、排水、地下水以及交通量等进行详细调查,根据损坏原因,采取相应的措施

第五节 桥梁养护

通过桥梁养护,对公路桥梁进行周期性检查,系统地掌握其技术状况,及时发现缺损和相关环境的变化。根据桥梁检查结果,对桥梁技术状况进行分类评定,制订相应的养护对策。本节就常见梁桥、拱桥的养护进行阐述,钢桥、斜拉桥、悬索桥等养护维修请参照现行《公路桥涵养护规范》(JTG H11),钢混组合结构的混凝土部分参照本节。

一、养护作业

(一)日常养护

桥梁的主要日常养护工作是日常巡查和桥面系的日常保养及维修。日常巡查的内容主要包括查看桥面是否破损、是否整洁,桥梁栏杆、人行道等设施是否完好,泄水孔是否通畅及伸缩缝是否完好,桥下过水是否通畅。日常保养和维修的主要内容如下。

1. 桥面日常养护要求

桥面的日常养护按照路面日常养护实施。

2. 排水设施日常养护要求

(1)排水管进水口都要进行清捞,保持进水口干净。进水口按每月三次的频率清捞。对损坏、缺损的进水口进行更换维修时,应采用与原设施性质相同的材料,进水口抹面要光洁。

(2)立管按每两个月一次疏通。立管修复时要擦净管道,均匀涂刷胶水,管道接好,要检查保证不渗水。管道安装抱箍要安放水平,螺栓要牢固。

(3)立管集水斗要定期清捞,每季度一次,汛期要加大清捞频率。

(4)桥面泄水孔应完好、畅通、有效。

(5)发现泄水管损坏应及时修补,损坏严重的应及时更换。

3. 伸缩缝日常养护要求

(1)伸缩装置应每月保养一次,及时清除缝内的垃圾和杂物,使其平整、顺直、收缩自如、缝内整洁,处于良好的工作状态。

(2)橡胶止水带损坏后及时更换(满足原设计的规格和性能要求)。

(3)梳形板伸缩缝应经常检查紧固螺栓,防止梳齿板转动外翘,发现梳齿出现裂缝后,及时焊接修补。

(4)发现伸缩缝钢构件锈蚀时,通过喷防锈漆进行处理,并使用油脂或润滑剂涂抹表面。

(5)伸缩缝出现损坏而无法修复时,宜选用原型号伸缩缝产品进行整体更换。

(6)伸缩缝的预埋部分与混凝土结合完好,上部各部位有局部损坏的,更换相应上部构件。

4. 桥梁支座日常养护要求

(1)支座各部应保持完整、清洁,每半年至少清扫一次。清除支座周围的油污、垃圾,防止积水、积雪,保证支座正常工作。检查支座是否有脱空、移位。

(2)滚动支座的滚动面应定期涂润滑油(一般每年一次)。在涂油之前,应把滚动面揩擦干净。

(3)对钢支座要进行除锈防腐。除铰轴和滚动面外,其余部分均应涂刷防锈油。

(4)及时拧紧钢支座各部结合螺栓,使支承垫板平整、牢固。

(5)应防止橡胶支座接触油污引起老化、变质。

(6)滑板支座、盆式橡胶支座的防尘罩,应维护完好,防止尘埃落入,或雨、雪渗入支座。

(二)养护工程

根据《公路养护工程管理办法》(交公路发〔2018〕33号)规定,桥梁养护工程的主要作业内容见表6.5.1。

桥梁养护工程作业内容　　　　表6.5.1

序号	类别	具体作业内容
1	预防养护	桥梁周期性预防养护,如防腐、防锈、防侵蚀处理等;桥梁构件的集中维护或更换,如伸缩缝、支座等
2	修复养护	桥梁加固、病害修复,如墩台、锥坡翼墙、护栏、拉索、调治构造物、径流系统等的维修完善;桥梁加宽、加高
3	专项养护	针对阶段性工作实施的专项桥梁养护治理项目,如桥梁灾毁修复工程、桥梁美化工程等
4	应急养护	同路基应急养护

二、病害类型

(一)梁桥的主要病害

1. 钢筋混凝土梁桥常见病害

(1)梁(板)体混凝土病害,包括空洞、蜂窝、麻面、表面风化、剥落等。

(2)梁体露筋、保护层剥落。

(3)梁(板)体的横、纵向连接件开裂、断裂、开焊等。

(4)钢筋混凝土梁桥的裂缝。

2. 预应力混凝土梁桥的主要病害

(1)混凝土表面剥落、渗水,梁角破碎、露筋,钢筋锈蚀、局部破损等。

(2)预应力钢束应力损失造成的病害。

(3)预应力混凝土梁出现裂缝。全预应力及部分预应力A类构件正常使用条件下不允许出现裂缝,只有B类构件允许出现裂缝。裂缝的类型除与钢筋混凝土梁桥相同外,还有沿预应力钢束的纵向裂缝、锚固区局部承压的劈裂缝。

(二)拱桥的主要病害

(1)主拱圈抗弯强度不够引起拱圈开裂。裂缝主要发生在拱顶区段的拱圈下缘与侧面和拱脚处的拱圈上缘与侧面。

(2)主拱圈抗剪强度不够引起拱圈开裂。裂缝主要发生在拱脚、空腹拱的立柱柱脚。

(3)拱圈材料抗压强度不够,引起劈裂或压碎。

(4)两拱脚墩台不均匀沉降引起拱圈开裂,一般出现在拱顶区段,横桥向贯穿全拱圈,裂缝宽度上下变化不大,且两侧有错动。墩、台基础上下游不均匀沉降引起拱圈及墩台出现顺桥向裂缝。

(5)墩台沿桥梁纵向发生向后滑动或转动引起拱圈开裂,裂缝规律同(1)。当向桥孔方向滑动或转动时,裂缝在拱顶区段和拱脚处的位置与(1)所述相反。

(6)肋拱、刚架拱、桁架拱、双曲拱的肋间横向连接(如横系梁、斜撑)强度不够引起开裂。

(7)拱上排架、梁、柱开裂,短柱的两端开裂,侧墙斜、竖方向开裂,侧墙与拱圈连接处开裂,开裂的主要原因分别为构造不合理、强度不够、施工质量不好,以及由于拱圈变形,墩、台变位对拱上结构造成不利影响所致。

(8)预制拼装拱桥或分环砌筑的场工拱桥,沿连接部位或砌缝发生环向裂缝,双曲拱桥的拱肋与拱波连接处开裂,拱肋接头混凝土局部压碎。

(9)双曲拱桥的拱波顶纵向开裂多为肋间横向连接偏弱,采用平板式填平层使拱横截面刚度分配不均,墩台横向不均匀沉降等原因引起。

(10)桁架拱、刚架拱、系杆拱的节点强度不够引起节点及杆件端部开裂。

(11)中、下承式拱的吊杆锚头滑脱或钢丝锈蚀、折断。

(12)拱铰失效或部分失效,引起拱的受力恶化而开裂。

(13)钢管混凝土拱的钢管因厚度不足,或节间过大造成钢管出现压缩状褶皱。

(14)桥面板(平板、微弯板、肋腋板等)开裂。引起开裂的原因主要有局部承受车辆荷载强度不够,参与主拱受力后强度不够,肋片发生较大位移,板与肋连接破坏,或在施工中已开裂未彻底处理等。

(三)下部结构的主要病害

1. 重力式桥台

(1)由于桥台倾斜、水平变位以及不均匀沉降等导致桥台变位。流水冲刷造成的基础底部局部掏空。

(2)混凝土收缩和温差、地基不均匀沉降等引起前墙竖向裂缝。

(3)由于桥台分层浇筑的层间接缝与土压力等水平荷载作用,致使台身弯曲开裂形成前墙横向裂缝。

(4)侧墙斜向裂缝形成的,主要原因:①台前地基不均匀沉降;②台后的水压产生附加压力;③台后路面开裂下沉,造成桥台跳车,产生很大的冲击作用。

(5)由于桥台后的填土不密实,上部长期荷载作用下土体发生沉陷,挤压侧墙以及基础不均匀沉降等造成侧墙外倾。

2. 轻型桥台

(1)基础的不均匀沉降和冲刷导致的基础承载力不足等,引起桥台变形。

(2)台身竖向裂缝形成原因:①基础的不均匀沉降引起的台身附加作用,导致台身开裂;

②宽幅台身混凝土收缩裂缝。

(3)墩柱顶部的水平力作用导致墩柱环向裂缝。

(4)混凝土的结构收缩裂缝以及桥台基础不均匀沉降引起的帽梁开裂。

3. 重力式桥墩

(1)基础的不均匀沉降和宽幅台身混凝土收缩裂缝,导致墩身及墩帽竖向裂缝。

(2)墩身水平裂缝。

(3)混凝土干缩裂缝以及大体积混凝土温度应力,导致混凝土表面龟裂形成墩身网状裂缝。

(4)流水冲刷造成的基础底部局部掏空。

4. 轻型桥墩

(1)基础变位、墩柱的水平力作用以及钢筋的锈蚀,导致混凝土开裂形成墩柱环向水平裂缝。

(2)由于悬臂端负弯矩过大、受力弯曲裂缝以及混凝土收缩开裂,引起墩柱倾斜、变位。

(3)混凝土干缩裂缝以及大体积混凝土温度应力,导致混凝土表面龟裂形成墩身网状裂缝。

(4)防震挡块开裂主要是由于梁板安装时就位不准确,挤压挡块以及梁体出现横桥向滑移挤压挡块等。

5. 桩基础

(1)由于相邻基础承载能力不相同或基底存在软弱层,导致桩基不均匀沉降。

(2)桩基施工质量不佳,钢筋笼偏斜以及长期的水流冲蚀,导致桩头破损、钢筋外露。

(3)由于桥台分层浇筑的层间接缝与土压力等水平荷载作用,致使台身弯曲开裂形成前墙横向裂缝。

(4)洪水冲刷、挖沙等导致河床冲刷现象。

三、桥梁检查

桥梁检查是桥梁养护工作的重要环节之一,也是桥梁养护的基础性工作。对桥梁进行检查,目的在于系统地掌握桥梁的技术状况,较早地发现桥梁的缺陷和异常,进而合理地提出养护措施。

桥梁检查分为经常检查、定期检查和特殊检查。

经常检查:主要是指对桥面设施、上部结构、下部结构及附属构造物的技术状况进行的检查。检测周期一般每月不得少于一次。

定期检查:为评定桥梁使用功能,制订管理养护计划提供基本数据,对桥梁主体结构及其附属构造物的技术状况进行的全面检查,为桥梁养护管理系统搜集结构技术状态的动态数据。检查周期最长不得超过三年,新建桥梁交付使用一年后,进行第一次全面检查。临时桥梁每年检查不少于一次。

特殊检查:特殊检查是查清桥梁的病害原因、破损程度、承载能力、抗灾能力,确定桥梁技术状况的工作,分为专门检查和应急检查。具体要求见表6.5.2。

桥梁检查要求　　　　　　　　　　　　　表 6.5.2

序号	检查类型	要　　求
1	经常检查	采用目测方法,可配以简单工具进行量测,当场填写"桥梁经常检查记录表",现场登记所检查项目的缺损类型,估计缺损范围及养护工作量,提出相应的小修保养措施,为编制辖区内的桥梁养护(日常养护)计划提供依据。当发现重要部(构)件的缺陷明显达到3、4、5类技术状况评定时,应立即安排一次定期检查
2	定期检查	采取目测观察结合仪器观测的方式进行,必须接近各部件仔细检查其缺损及情况。对特大型、大型桥梁的控制检测,应设立永久性观测点,应设而没有设置永久性观测点的桥梁,应在定期检查时按规定补设
3	特殊检查	有下列情况之一的,应进行专门检查: (1)定期检查中难以判明桥梁损坏原因及程度的桥梁;桥梁技术状况为4、5类的桥梁;拟通过加固手段提高荷载等级的桥梁;条件许可时,特殊重要的桥梁在正常使用期间可周期性进行荷载试验。 (2)桥梁遭受洪水、流冰、滑坡、地震、风灾、漂流物或船舶撞击,因超重车辆通过或其他异常情况影响造成损害时,应进行应急检查

四、养护措施

(一)桥面系养护措施

桥面系的养护维修主要包括:

(1)桥面出现的病害维修按照路面病害处治,当损坏面积较大时,可将整垮铺装层凿除,重铺新的铺装层,一般不在原桥面上直接加铺,以免增加桥梁恒载。

(2)排水设施出现损坏时,应进行更换。

(3)以下几种伸缩装置出现下列病害时,应及时进行更换:

①U形锌铁皮伸缩缝装置的锌铁皮老化、开裂、断裂。

②钢板伸缩缝装置或锯齿钢板伸缩缝装置的钢板变形,螺栓脱落,伸缩不能正常进行。

③橡胶条伸缩缝装置的橡胶条老化、脱落,固定角钢变形、松动。

④板式橡胶伸缩缝装置的橡胶板老化开裂,预埋螺栓松脱,伸缩失效。

(4)桥上标志设施出现损坏的应及时整修。

(二)上部结构养护措施

桥梁上部结构是桥梁的主要承重结构,除直接承受车辆荷载的作用外,还长期暴露在自然界中。由于长期受到自然界的各种因素的影响,当桥跨结构出现缺陷时,势必会扩大、加深、发展,危及桥梁的安全,因此桥梁上部结构出现缺陷后,必须及时进行调查研究,分析缺陷的产生原因、现状、发展趋势,以及桥梁遭受的破坏程度,对使用产生影响的应及时进行维修加固。

1.梁桥的养护维修

1)钢筋混凝土梁桥常见病害及维修方法

(1)对梁(板)体混凝土的空洞、蜂窝、麻面、表面风化、剥落等应先将松散部分清除,清洗干净,再用高强度等级混凝土、水泥砂浆或其他材料进行修补,新补的混凝土要密实,与原结构应结合牢固、表面平整,新补的混凝土必须实行养护。

(2)梁体若发现露筋或保护层剥落,应先将松动的保护层凿去,并清除钢筋锈迹,然后修复保护层,如损坏面积不大可用环氧砂浆修补,如损坏面积过大可用喷射高强度等级水泥砂浆的方法修补。

(3)梁(板)体的横、纵向连接件开裂、断裂、开焊,可采取更换、补焊、帮焊等措施修补。

(4)钢筋混凝土梁桥的裂缝处理:当裂缝的宽度大于限值及裂缝分布超出正常范围时,应作处理。

(5)预应力混凝土梁桥常见病害的维修同钢筋混凝土梁桥。对于不允许出现裂缝的梁桥,不论裂缝宽窄,都应查明原因进行处理或加固。

2)梁桥的加固方法

梁桥的加固方法及适用范围见表6.5.3。

梁桥的加固方法   表6.5.3

序号	方　　法	适用范围
1	浇筑钢筋混凝土加大截面加固法	用于加强构件,应注意在加大截面时自重也相应增加
2	增加钢筋加固法	将主梁下面的混凝土保护层凿去,露出主筋,并将原箍筋切断拉直;在暴露的原有主钢筋上缠上或焊上按计算确定的补充的拉力钢筋;恢复箍筋;浇筑环氧树脂混凝土或膨胀水泥混凝土保护层
3	粘贴钢板加固法	将钢板用化学黏合剂粘贴在梁(板)的下面或侧面,以提高梁(板)的承载能力
4	粘贴碳纤维、特种玻璃纤维加固法	主要用于提高构件抗弯承载力,使用此法加固几乎不增加原结构自重
5	预应力加固法	在原梁体外受拉区域设置预应力筋,通过张拉时梁体产生偏心预压力,以此来减小荷载挠度,改善结构受力状态,对于提高构件强度、控制裂缝和变形的作用较好
6	改变梁体截面形式加固法	一般是将开口的T形截面或Π形截面转换成箱形截面
7	增加横隔板加固法	用于无中横隔或少中横隔梁致使横向整体性差而降低承载能力的桥梁上部结构,可以采用增加横隔梁的方法增加各主梁之间的横向连接,从而增加桥梁整体刚度、调整荷载横向分配
8	八字支撑加固法	在桥下净空和墩台基础受力许可的条件下,采用在梁(板)底下加八字支撑加固法。使一孔简支梁变为一组三联的连续梁
9	桥梁结构由简支变连续加固法	在原简支桥孔内增设桥墩或斜撑,以减小原结构的跨径,将简支体系转换为连续体系
10	调整支座高程	当支座设置不当造成梁体受力恶化时,可采用调整支座高程的加固方法
11	更换主梁加固法	更换主梁加固是比较彻底的加固方法,通常用于主梁已严重缺损、承载力降低很多的情况,或者需加大边梁截面及配筋的情况

注:预应力混凝土梁桥的加固方法还应注意:
1. 因为预应力部分失效而进行加固时,若原结构有预留孔,可在预留孔内穿钢束进行张拉;采用无黏结钢束的可对原钢束重新张拉,或增设齿板,增加体外束进行张拉。
2. 腹板抗剪切强度不够时,可采用加竖向预应力加固,此时应充分考虑锚头预应力损失的影响,宜与其他加固措施综合比较,选定可行、可靠的加固方法。

2. 拱桥的养护维修

(1)主拱圈强度不足时,可加大拱圈截面。

从拱腹面加固时,可采用下列方法:粘贴钢板;浇筑钢筋混凝土加大拱肋截面;布设钢筋网用喷射混凝土或水泥砂浆加大拱圈截面;在拱肋间加底板,变双曲拱截面为箱形截面,条件许可时,也可在腹面做衬拱及相应的下部结构。

从拱背面加固时,可在拱脚区段的空腹段背面加大拱圈截面,或拆除拱上建筑,在全拱圈背面加大截面一般使用混凝土或钢筋混凝土材料。

(2)拱肋、拱上立柱、纵横梁、桁架拱、刚架拱的杆件损坏可粘贴钢材或复合纤维片材加固。粘贴钢材时可粘贴钢板,也可在四角处粘贴角钢。

(3)用粘钢板或复合纤维片材的方法加固桁架拱、刚架拱及拱上框架的节点。

(4)用嵌入剪力键的方法加固拱圈的环向连接。剪力键一般采用钢板或铸件,按一定间隔布置,其间的裂缝用环氧砂浆等处理。

(5)用加大截面的方法加强拱肋之间的横向连接,采用横拉杆的双曲拱,可把拉杆改为系梁。

(6)更换锈蚀、断丝或滑丝的吊杆。若原构造许可,可以用收紧锚头的方法张拉松弛的系杆或吊杆来调整内力。

(7)在钢管混凝土拱肋拱脚区段或其他构件的外面包裹钢筋混凝土。

(8)改变结构体系以改善结构受力,如在桥下通航许可的前提下加设拉杆。

(9)更换拱上建筑,减轻自重,更换实腹拱的拱上填料为轻质填料。

(10)用更换桥面板、增加桥面铺装的钢筋网、加厚桥面铺装、换用钢纤维混凝土等方法维修加固桥面。

(11)因墩、台变位引起拱圈开裂时,应先维修加固墩、台,然后修补拱圈。

(12)加固拱桥时应注意恒载变化对拱压力线的影响及引起的推力变化,对各施工工序应进行检算,并作出详细的施工组织设计,严格按照设计的工序施工。

3. 支座的维修与更换

(1)支座如有缺陷或产生故障不能正常工作时,应及时予以修整或更换。

①支座的固定锚销剪断,滚动面不平整,轴承有裂纹或切口,辊轴大小不合适,混凝土摆柱出现严重开裂、歪斜,必须更换。

②支座座板翘起、变形、断裂时应更换,焊缝开裂应予整修。

③板式橡胶支座出现脱空或不均匀压缩变形时应进行调整。

④板式橡胶支座发生过大剪切变形、中间钢板外露、橡胶开裂、老化时应及时更换。

⑤油毡垫层支座失去功能时,应及时更换。

(2)调整、更换板式橡胶支座、钢板支座、油毛毡垫层支座时采用如下方法:在支座旁边的梁底或端横隔处设置千斤顶,将梁(板)适当顶起,使支座脱空不受力,然后进行调整或更换。调整完毕或新支座就位正确后,落梁(板)到使用位置。

(3)需要抬高支座时,可根据抬高量的大小选用下列几种方法:

①垫入钢板(50mm以内)或铸钢板(50~100mm)。

②更换为板式橡胶支座。
③就地浇筑钢筋混凝土支座垫石,垫石高度按需要设置,一般应大于100mm。

(三)下部结构养护措施

当墩、台、柱由于混凝土温度收缩、施工质量不良及基础不均匀沉降等原因产生裂缝时,应视裂缝大小及损坏原因采取不同措施进行维修。

(1)裂缝宽小于规定限值时,可凿槽并采用喷浆封闭裂缝方法。

(2)裂缝宽大于规定限值时,可采用压力灌浆法灌注水泥砂浆、环氧砂浆等灌浆材料修补。

(3)支座失灵造成墩台拉裂,应修复或更换支座。

(4)台身发生纵向贯通裂缝,可用钢筋混凝土围带或粘贴钢板进行加固;如因基础不均匀下沉引起自下而上的裂缝,则应先加固基础,再采用灌缝或加筋方法进行维修。

(5)当混凝土表面发生侵蚀剥落、蜂窝麻面等病害时,应及时将周围凿毛洗净后做表面防护。

(6)当混凝土表面部分严重风化和破坏时,应及时清除损坏部分后用与原结构相同材料补砌,补砌部分应结合牢固,色泽和质地宜与原砌体一致。

(7)当表面风化剥落深度在30mm及30mm以内时,应采用M10以上的水泥砂浆修补;当剥落深度超过30mm且损坏面积较大时,应增设钢筋网浇筑混凝土层,浇筑混凝土前应清除松浮部分,用水冲洗,并采用锚钉连接。

(8)墩台出现变形应查明原因,采取针对性措施进行加固。

(9)当墩台裂缝超过本规范表限值时,应查明原因,采取下列措施进行加固。

①裂缝宽度小于规定限位时,应进行封闭处理。
②裂缝宽度大于规定限值且小于0.5mm时,应灌浆;大于0.5mm的裂缝应修补。
③当石砌圬工出现通缝和错缝时,应拆除部分石料,重新砌筑。
④当活动支座失灵造成墩台拉裂时,应修复或更换支座,并维修裂缝。
⑤由基础不均匀沉降产生的自下而上的裂缝应先加固基础,并应根据裂缝发展程度确定加固方法。

(10)桥台发生水平位移和倾斜,超过设计允许变形时,应分析原因,确定加固方案。

(11)桩或墩台的结构强度不足或桩柱有被碰撞折断等损坏,应查明原因,进行加固处理。

(12)桥台锥坡及八字翼墙在洪水冲击或填土沉落的作用下容易产生变形和勾缝脱落,修复时应夯实填土,常水位以下应采用浆砌片(块)石,并勾缝。

第六节 隧道养护

公路隧道养护的范围包括土建结构、机电设施以及其他工程设施。根据公路等级、隧道长度和交通量大小,公路隧道养护可分为3个等级,分级标准按表6.6.1和表6.6.2执行。

高速公路、一级公路隧道养护等级分级表 表6.6.1

单车道年平均日交通量 [pcu/(d·ln)]	隧道长度(m)			
	$L>3000$	$1000<L\leqslant 3000$	$500<L\leqslant 1000$	$L\leqslant 500$
≥10001	一级	一级	一级	二级
5001~10000	一级	一级	二级	二级
≤5000	一级	二级	二级	三级

二级及二级以下公路隧道养护等级分级表 表6.6.2

年平均日交通量 (pcu/d)	隧道长度(m)			
	$L>3000$	$1000<L\leqslant 3000$	$500<L\leqslant 1000$	$L\leqslant 500$
≥10001	一级	二级	二级	三级
5001~10000	二级	二级	三级	三级
≤5000	二级	三级	三级	三级

本节主要介绍土建结构的养护,土建结构主要是指隧道的各个结构部位,如洞口、洞门、衬砌、路面、检修道、排水系统、吊顶及各种预埋件等。

一、养护作业

1. 日常养护

隧道日常养护包括日常巡查、日常保养和日常维修。

1)日常巡查

日常巡查的主要内容是对隧道洞口、衬砌、路面是否处在正常工作状态、是否妨碍交通安全进行检查,包括下列内容:

(1)隧道洞口边仰坡是否存在边坡开裂滑动、落石等现象。

(2)隧道洞门结构是否存在大范围开裂、砌体断裂、脱落等现象。

(3)隧道衬砌是否存在大范围开裂、明显变形、衬砌掉块等现象。

(4)是否存在地下水大规模涌流、喷射,路面出现涌泥沙或大面积严重积水等威胁交通安全的现象。

(5)隧道路面是否存在散落物、严重隆起、错台、断裂等现象。

(6)隧道洞顶预埋件和悬吊件是否存在断裂、变形或脱落等现象。

2)日常保养

日常保养应包括经常性、周期性的保养和清洁工作。

隧道清洁工作应综合考虑隧道养护等级、交通组成、结构物脏污程度、清洁方式及效率和环境条件等因素确定清洁方案和频率。清洁频率应参照《公路隧道养护技术规范》(JTG H12—2015)中的相关要求的频率实施。清洁工作主要包括下列内容:

(1)隧道内路面清洁应满足下列要求:

应保持干净、整洁,两侧边沟不应有残留垃圾等物品;高速公路和一级公路宜以机械清扫为主,清扫时应防止产生扬尘;路面被油类物质或其他化学品污染时,应采取措施清除。

(2)隧道的顶板、内装饰、侧墙和洞门清洁应满足下列要求:

应保持干净、整洁,无污垢、污染、油污和痕迹;顶板、内装饰和侧墙的清洁宜以机械作业为主,人工作业为辅;采用湿法清洁时,应防止路面积水和结冰,可根据实际效果选择确定,宜选用中性清洁剂,清洁剂应冲洗干净;采用干法清洁时,应避免损伤顶板、内装饰和侧墙,以及隧道内机电设施,清洁时应采取必要的降尘措施,对不能去除的污垢,可用清洁剂进行局部特别处理;隧道内没有顶板和内装饰时,应根据需要对洞壁混凝土进行清洁;洞门的清洁应按照侧墙要求执行。

(3)隧道排水设施应按下列规定进行清理和疏通:

应保持无淤积、排水通畅;在汛前、汛中和汛后以及极端降水天气后,应对排水设施进行检查和清理疏通,在冰冻季节,应增加排水沟的清理频率;对于纵坡较小的隧道或隧道的洞口区段,应增加清理和疏通的频率,对于窨井和沉沙池,应将其底部沉积物清除干净。

(4)隧道的标志、标线和轮廓标清洁应满足下列要求:

应保持完整、清晰、醒目;当标志、标线和轮廓标表面有污秽,影响其辨认性能时,应及时进行清洗。清洗标准、标线和轮廓标时,应避免损伤其表面覆膜或涂层等。

(5)隧道横通道应定期清除杂物和积水。

(6)斜井、检修道及风道等辅助通道应定期清除可能损伤通风设施或影响通风效果的异物。

隧道保养工作的目的是保持隧道土建结构的正常使用功能,主要包括下列内容:

(1)及时清除洞口边仰坡上的危石、浮土,保持洞口边沟和边仰坡上截(排)水沟的完好、畅通。维护洞口的花草树木。冬季应清除边仰坡上的积雪和挂冰。

(2)当明洞上边坡出现危石或有崩塌可能时,应及时清除,也可采取保护性开挖等措施。明洞顶的填土厚度和地表线,应保持原设计状态。

(3)应及时清除半山洞内的雨雪、杂物以及洞顶坠落的石块,并保持边沟畅通。

(4)对隧道出现的衬砌起层、剥离,应及时清除。冬季应及时清除洞顶挂冰。

(5)应及时清除隧道内外路面上的塌(散)落物和堆积物。

(6)严禁横通道内存放任何非救援物品,应及时清除散落杂物。定期保养横通道门,保证横通道清洁、畅通。

(7)应及时清除斜(竖)井内可能损伤通风设施或影响通风效果的异物,应保持井内排水设施完好,水沟(管)畅通。应对井内的检查通道或设施进行保养,防止其锈蚀或损坏。

(8)应清理送(排)风口的网罩,清除堵塞网眼的杂物;应定期保养风道板吊杆,防止其锈蚀。

(9)应及时疏通隧道内的排水管,清理排水边沟、中心排水沟、沉沙池等排水设施中的堆积物。寒冷地区应及时清除排水沟内结冰堵塞。排水的金属管道应定期做好防腐处理。

(10)应定期保养人行道或检修道护栏,护栏应保持完好、清洁、坚固、无锈蚀,立柱正直无摇动现象,横杆连接牢固,当有缺损时,应及时恢复。

(11)对于寒冷地区隧道的防冻保温设施或防雪设施,应在平时做好保养工作。

(12)应在日常保养工作中保证隧道交通标志、交通标线和隧道轮廓标的清晰、醒目。

3)日常维修

日常维修工作主要内容包括各结构物轻微缺损部分的维修,使其恢复结构的正常使用功能。主要包括下列内容:

(1)对于轻微损坏的洞口挡土墙、洞门墙、护坡、排水设施和减光设施等结构物的开裂、变形等应及时修复。

(2)当遇边坡塌方形成局部堆积,或遇暴雨、洪水导致原填土大量流失时,应及时采取措施调整到原有状态,避免产生严重偏压导致明洞就够变形、损坏。明洞的防水层失效,应及时修复。

(3)应及时修复、添补缺损的护栏、护墙。

(4)对无衬砌隧道出现的碎裂、松动岩石和危石,应按照"少清除、多稳固"的原则进行处理;对围岩的渗漏水,应开设泄水孔接引水管,将水导入边沟排除。

(5)对有衬砌隧道出现的衬砌裂缝应及时进行修补,并设立观测标记进行跟踪观测。对衬砌的渗漏水应接引水管,将水导入边沟。

(6)应及时修复、更换损坏的窨井盖或其他设施盖板。当路面出现渗漏水时,应及时处理,将水引入边沟排出,防止路面积水或结冰。

(7)应及时修复横通道内的轻微破损结构。

(8)对于送(排)风口或风道的破损应及时修复,更换损坏的风道板。

(9)应保持隧道内外排水设施的完好,发现破损或缺失应及时修复。不定期检查排水沟盖板和沟墙,及时修复破损、翘曲的盖板。

(10)吊顶和内装饰应保持完好和整洁美观,当有破损、缺失时,应及时修补恢复,不能修复的应及时更换。各种预埋件和桥架应保持完好、坚固、无锈蚀,当有缺损时,应及时更换或加固。

(11)应保持人行道或检修道平整、完好和畅通,人行道或检修道不得积水,当道板有破损、翘曲或缺失时,应及时进行修复和补充。

(12)当寒冷地区隧道的防冻保温设施或防雪设施有损坏时,应及时维修加固,保证其正常使用功能。

(13)对于隧道的交通标志,应及时修补变形、破损的标牌,修复弯曲、倾斜的支柱,紧固松动的连接构件;对锈蚀损坏、老化失效的标志,应及时更换,缺失的应及时补充;对损坏的限高及限速标志应及时维修。

(14)隧道交通标线不完整时,应对破损严重和脱落的标线及时补划;对松动的路标及时紧固,发现损坏或丢失的,应及时修复或补换。

(15)隧道轮廓标有损坏时应及时修复或更换。

2. 养护工程

根据《公路养护工程管理办法》(交公路发〔2018〕33号)规定,隧道养护工程的主要作业内容见表6.6.3。

隧道养护工程作业内容　　　　表6.6.3

序号	类型	具体作业内容
1	预防养护	隧道周期性预防处治,如防腐、防侵蚀、防火阻燃处理等;针对隧道渗水、剥落等的预防处治
2	修复养护	对隧道严重结构病害的加固处理及病害修复
3	专项养护	针对阶段性工作实施的专项隧道养护治理项目,如隧道灾毁修复工程、隧道灾害防治工程等
4	应急养护	同路基应急养护

二、病害类型

隧道常见的病害按照各项结构物划分,可做如下分类:

(1)洞口:山体滑坡、岩石崩塌;边(仰)坡危石、积水、积雪;洞口挂冰;边沟淤塞;护坡、挡土墙等构造物开裂、倾斜、沉陷、滑动、下沉、表面风化、泄水孔堵塞、墙后积水、地基错台空隙等。

(2)洞门:结构开裂、倾斜、沉陷、错台、起层、剥落、漏水、挂冰、墙背填料流失等。

(3)衬砌:结构变形;混凝土强度不够、钢筋锈蚀等材料裂损;衬砌厚度不足,存在空洞、钢筋施作情况不到位等;裂缝、错台、起层、剥落;墙身施工缝开裂;渗漏水;挂冰、冰柱等。

(4)路面:落物、油污;滞水或结冰;路面拱起、坑槽、开裂、错台、溜滑等;仰拱充填层不密实或存在空洞、施作情况不到位。

(5)检修道:结构破损;盖板缺损;栏杆变形、损坏等。

(6)排水设施:结构缺损、堵塞、积水、结冰;盖板缺损等。

(7)吊顶及各种预埋件:变形、缺损、锈蚀、脱落、漏水(挂冰)等。

(8)内装饰:脏污、变形、缺损等。

(9)标志标线轮廓标:脏污、缺损、连接件不牢固等。

三、隧道检查

公路隧道检查主要指土建结构的结构检查工作,分为经常检查、定期检查、应急检查和专项检查四类。

1.经常检查

经常检查应对土建结构的外观状况进行一般性定性检查,及早发现早期缺损、显著病害或其他异常情况,确定措施。

经常检查采用人工与信息化手段相结合的方式,配以简单的检查工具进行。应当场填写"公路隧道经常检查记录表"[见《公路隧道养护技术规范》(JTG H12—2015)附录 A.0.1],翔实记述检查项目的缺损类型,估计缺损范围和程度以及养护工作量,对异常情况做出缺损状况判定分类,并提出相应的养护措施。经常检查以定性判断为主,破损状况判定分三种情况:情况正常、一般异常、严重异常。

当经常检查中发现隧道存在一般异常情况时,应进行监视、观测或做进一步检查;当经常检查中发现隧道存在严重异常情况时,应采取措施进行处治;当产生原因及详细情况不明时,尚应做定期检查或专项检查。

经常检查按照公路隧道养护等级,一级隧道养护的经常检查频率不少于1次/月,二级隧道养护的经常检查频率不少于1次/两月,三级隧道养护的经常检查频率不少于1次/季度,且在雨季、冰冻季节或极端天气情况下,或发生严重异常情况时,应提高经常检查频率。

2.定期检查

定期检查是按照规定频率对土建结构的技术状况评定进行全面检查,系统掌握结构技状况评定和功能状况,开展土建结构技术状况评定,为制订养护工作计划提供依据。

定期检查一般安排在春季或秋季进行,新建隧道在交付使用1年后进行首次定期检查。检查周期根据隧道技术状况评定确定,宜每年1次,最长不得超过3年1次。当经常检查中发现重要结构分项技术状况评定状况值为3或4时,应立即开展一次定期检查。

定期检查需要配备必要的检查工具或设备,进行目测或量测检查。检查时,应尽量靠近结构,一次检查各个结构部位,注意发现异常情况和原有异常情况的发展变化,对有异常的结构,应在其适当位置做出标记,检查结果记录宜量化。当检查中出现状况值为3或4的项目,且其产生原因及详细情况不明时,应做专项检查。

3. 应急检查

应急检查是在隧道遭受自然灾害、发生交通事故或出现其他异常事件后,对遭受影响的结构进行详细检查,及时掌握结构受损情况,为采取对策措施提供依据。

应急检查应符合下列规定:

(1)应根据受异常事件影响的结构形式,决定采取的检查方法、工具和设备。

(2)应急检查的内容和方法原则上应与定期检查相同,但应针对发生异常情况或者受异常事件影响的结构或结构部位做重点检查,以掌握其受损情况。

(3)检查的评定标准,应与定期检查相同。当难以判明缺损的原因、程度等情况时,应做专项检查。

(4)检查结果的记录,应与定期检查相同。检查完成后,应编制应急检查报告,总结检查内容和结果,评估异常事件的影响,确定合理的对策措施。

4. 专项检查

专项检查是根据经常检查、定期检查和应急检查的结果,对于需要进一步查明缺损或病害的详细情况的隧道,进行更深入的专门检测、监测、分析等工作,完整掌握缺损或病害的详细资料,为是否对其实施处治以及采取何种处治措施等提供技术依据。

四、养护措施

隧道病害处治应根据结构检查结果,针对病害产生原因,按照安全、经济、合理的原则确定方案。病害处治的内容应包括修复破损结构、消除结构病害、恢复结构物设计标准、维持良好的技术功能状态,处治方案可由一种或多种处治方法组成,处治方法可按表6.6.4选用。

制订病害处治方案应满足下列要求:

(1)原则上应不降低隧道原有技术标准。

(2)应按照安全、经济、快速、合理的原则,通过多方案技术、经济比选确定。

(3)处治设计应体现信息化设计和动态施工的思想,制订监控量测方案。

(4)应尽量减少施工对隧道正常运营的影响,不能中断交通时应制订保通方案。

(5)应采取相应措施减小处治施工对既有结构、排水设施、机电设施及附属设施的不良影响。

病害处治方法选择

表 6.6.4

处治方法	病害原因											病害现象特征	预 期 效 果
	外力引起的变化							材料劣化	渗漏水	其他				
	松弛压力	偏压	地层滑坡	膨胀性土压	承载力不足	静水压	冻胀力			衬砌背面空隙	衬砌厚度不足	无仰拱		
衬砌背后注浆	★	★	★		★	★	★		○	★			(1)衬砌裂纹,剥落; (2)支护结构有脱空	初期支护与岩体,二次衬砌与初期支护紧密结合,荷载作用均匀,衬砌和围岩稳定
防护网								★					(1)衬砌裂纹,剥离,剥落; (2)衬砌材料劣化	防止衬砌局部劣化
喷射混凝土	○	☆		☆	☆	○	○	☆	○		☆		(1)衬砌裂纹,剥离,剥落; (2)衬砌材料劣化	防止衬砌局部劣化
施作钢带		☆		○	☆	○	☆	○	○		☆		(1)衬砌裂纹,剥离,剥落; (2)衬砌材料劣化	防止衬砌局部劣化
锚杆加固	☆	★	☆	★	★	○	☆	○	○		☆	★	(1)拱部混凝土和侧壁混凝土裂纹,侧壁混凝土挤出; (2)路面裂缝,路基膨胀	(1)岩体改善后岩体稳定性提高,防止松弛压力扩大; (2)通过施加预应力,提高承受膨胀性土压和偏压的强度
排水止水	○	○	☆	○	○	○	★	○	★				(1)衬砌裂纹,或施工缝漏水增加; (2)随衬砌内漏水流出大量沙土	(1)防止衬砌劣化,保持美观; (2)恢复排水系统功能,降低水压
凿槽嵌拱或直接增设钢拱	★	☆	★	★	★	★	★	○					(1)衬砌裂纹,剥离,剥落; (2)衬砌材料劣化	增加衬砌刚度,衬砌抗剪,抗压强度得到提高
套拱	○	☆	☆	☆	☆	○	○	☆			★		(1)衬砌裂纹,剥离,剥落; (2)衬砌材质劣化	由于衬砌厚度增加,衬砌抗剪强度得到提高

续上表

处治方法	病害原因												病害现象特征	预期效果
	外力引起的变化							材料劣化	渗漏水	其他				
	松弛压力	偏压	地层滑坡	膨胀性土压	承载力不足	静水压	冻胀力			衬砌背面空隙	衬砌厚度不足	无仰拱		
隔热保温							★						(1)拱部混凝土和侧壁混凝土裂缝,侧壁混凝土挤出; (2)随季节变化而变动	(1)由于解冻,防止衬砌劣化; (2)防止冻胀压力的产生
滑坡整治		☆	★										(1)衬砌裂缝,净空宽度缩小; (2)路面裂缝,路基膨胀	防止岩层滑坡
围岩压浆	○	○				○	○			☆			(1)拱部混凝土和侧壁混凝土裂缝,侧壁混凝土挤出; (2)路面裂缝,路基膨胀	周边岩体改善,提高了岩体的抗剪强度和黏结力
灌浆锚固	☆	★	★	★	★	○					○		(1)拱部混凝土和侧壁混凝土裂缝,侧壁混凝土挤出; (2)路面裂缝,路基膨胀	由于施加预应力,提高膨胀性岩层,偏压岩层的强度
隧底加固	☆	☆	☆	☆	★	○	☆					★	(1)拱部混凝土和侧壁混凝土裂缝,侧壁混凝土挤出; (2)路面裂缝,路基膨胀	提高对膨胀围岩压力和偏压围岩压力的抵抗力
更换衬砌	☆	☆	☆	☆	☆	○	○	★	☆	☆	★	★	(1)拱部混凝土和侧壁混凝土裂缝,侧壁混凝土挤出; (2)路面裂缝,路基膨胀	更换衬砌,提高耐久性

注:1. 符号说明:★-对病害处治非常有效的方法;☆-对病害处治较有效的方法;○-对病害处治有些效果的方法。
2. 松弛压力中包括突发性崩塌。

第七节　交通工程及沿线设施养护

交通工程及沿线设施是公路的重要组成部分,关系着行车、行人安全和交通畅通,对提高公路服务性能、保障行车和行人安全、交通畅通具有重要意义。

公路沿线设施种类繁多,主要包括安全设施、管理设施(监控系统、收费系统、通信系统、供配电与照明系统及养护房屋等)、服务设施。沿线设施应经常保持完整、齐全并处于良好状态,应定期进行保养和管理,及时修理和更换损坏部分,以满足公路的各种功能要求。设施不全或没有设施的公路,应根据公路性质、技术等级和使用要求,有计划、有步骤地补充和完善。交通工程及沿线设施养护,按其工程性质、技术复杂程度和规模大小,分为小修保养、中修工程、大修工程、改建工程四类。小修保养属于日常养护,中修工程、大修工程、改建工程属于养护工程。日常养护主要是以清洁、紧固、维修为主;养护工程作业内容主要包括通信、监控、收费、供配电设施的更新或整路段增设;集中更换或新设标志标牌、防眩板、隔声屏、隔离栅等;以及整段路面标线的施划,集中维修、更换或新设公路护栏、警示桩、道口桩、减速带等。具体养护内容如下。

一、安全设施的养护

安全设施的养护内容包括检查、保养维修和更新改造。检查包括经常性检查、定期检查、特殊检查和专项检查。经常性检查的频率不少于1次/月;定期检查的频率不少于1次/年;遭遇自然灾害、发生交通事故或出现其他异常情况时,应及时进行附加的特殊检查;设施更新改造后,应进行全面的专项检查。应结合设施特点,加强对交通安全设施的养护维修和更新改造。交通安全设施的养护应满足设施完整和外观质量、安装质量、技术性能等各项要求;因交通事故、自然灾害或其他原因造成的设施损伤应及时修复。

(一)护栏

1. 护栏的检查

护栏日常检查和定期检查内容如下:
(1)各类护栏结构部分有无损坏或变形,立柱与水平构件的紧固状况。
(2)污秽程度及油漆状况。
(3)拉索的松弛程度。
(4)护栏及反光膜的缺损情况。

2. 养护与维修

1)波形梁钢护栏
(1)保持波形梁钢护栏的结构合理、安全可靠。
(2)护栏板、立柱、柱帽、防阻块(托架)、坚固件等部件应完整、无缺损。
(3)护栏质量符合相关标准要求。
(4)护栏的防腐层应无明显脱落,护栏无锈蚀。
(5)护栏板搭接方向正确,螺栓坚固。

(6)护栏安装线形顺畅,无明显变形、扭转、倾斜。

2)水泥混凝土护栏

(1)保持水泥混凝土护栏线形顺畅、结构合理。

(2)水泥混凝土护栏应无明显裂缝、掉角、破损等缺陷。

(3)水泥混凝土护栏使用的水泥、砂、石、水、外加剂、钢筋等材料质量应符合相关标准、规范及设计要求。

(4)水泥混凝土护栏的几何尺寸、地基强度、埋置深度,以及各块件之间、护栏与基础之间的连接应符合设计要求。

3)缆索护栏

(1)缆索护栏各组成部件应无缺损。

(2)缆索护栏各组成部件应无明显变形、倾斜、松动、锈蚀等现象。

(二)隔离栅

1.隔离栅的检查

隔离栅的检查与护栏相似,主要包括以下内容:

(1)结构部分有无损坏或变形。

(2)有无污秽或悬挂未经交通运输管理部门批准的广告、启事等。

(3)油漆老化剥落及金属构件锈蚀情况。

2.养护与维修

(1)应保持隔离栅的完整无缺,功能正常。

(2)隔离栅金属网片、立柱、斜撑、连接件、基础等部件无缺损。

(3)隔离栅质量应符合相关标准要求。

(4)隔离栅应无明显倾斜、变形,各部件稳固连接。

(5)隔离栅防腐涂层应无明显脱落、锈蚀现象。

(三)标柱

标柱一般采用金属或钢筋混凝土制作,也可因地制宜采用木料或圬工材料制成。标柱每隔 8~12m 安设 1 根,涂以黑白(或红白)相间的油漆。

标柱的养护主要是经常检查有无缺损歪斜,并保持位置正确、油漆鲜明。

(四)中央分隔带

1.中央分隔带的检查

(1)分隔带和隔离带的排水通道是否阻塞。

(2)路缘石损坏情况。

2.养护与维修

(1)及时疏通排水通道。

(2)清除分隔带或隔离带内的杂物,以及过高且妨碍环境的杂草。

(3)修复或更换缺损的路缘石。

(五)交通标志

1.交通标志的检查

交通标志检查包括日常检查和定期检查,检查内容如下:
(1)公路交通标志是否被沿线的树木、广告牌等遮掩。
(2)标志基础、牌面及支柱的下沉、移位、变形、损坏、污秽及腐蚀情况。
(3)标志杆件连接螺栓是否松动或焊接缝是否开裂。
(4)油漆褪色、剥落及反光材料的反光性能。

2.养护与维修

(1)应保持交通标志设置合理、结构安全,板面内容整洁、清晰。
(2)标志板、支柱、连接件、基础等标志部件应完整、无缺损且功能正常。
(3)标志应无明显歪斜、变形,钢构件无明显剥落、锈蚀。
(4)标志面应平整,无明显褪色、污损、起泡、起皱、裂纹、剥落等病害。
(5)标志的图案、字体、颜色等应符合相关标准要求。
(6)反光交通标志应保持良好的夜间视认性。

(六)交通标线

高速公路、一级公路、二级公路均应设置路面标线,其他等级公路可根据需要设置。路面标线应采用耐磨耗,耐腐蚀,与路面附着力强,具有较好的辨认性,便于施工,对人畜无害的路标漆、塑胶标带、陶瓷和彩色水泥等材料制作。

1.交通标线的检查

交通标线日常检查和定期检查内容如下:
(1)标线有无损坏或脱落状况。
(2)标线反光性能。
(3)污秽程度及油污状况。
(4)反射器松动、损坏状况。

2.养护与维修

(1)具有良好的可视性,边缘整齐、线形流畅,无大面积脱落。
(2)颜色、线形等应符合相关标准要求。
(3)反光标线应保持良好的夜间视认性。
(4)重新设计的标线应与旧标线基本重合。
(5)立面标记应保持颜色鲜明、醒目。
(6)轮廓标、凸起路标保持完好的反射角度,损坏、缺失时,应及时固定、修复或更换路标。

(七)防眩设施

1.防眩设施的检查

防眩设施日常检查和定期检查内容如下:
(1)结构部分有无损坏或变形。

(2)构件的紧固状况。
(3)油漆老化剥落及金属构件锈蚀情况。
(4)污秽程度及油漆状况。

2．养护与维修

(1)防眩板、防眩网等防眩设施应保持完整、清洁,具有良好的防眩效果。
(2)防眩设施应安装牢固,无缺损。
(3)防眩设施应无明显变形、褪色或锈蚀。
(4)防眩设施的质量应符合相关标准要求。

二、管理设施的养护

管理设施包括监控系统、收费系统、通信系统、供配电系统、照明系统、通风系统、消防系统和管理养护建筑等设施。

1．机电系统

(1)管理设施中的机电系统维护质量标准参照现行《公路工程质量检验评定标准 第二册 机电工程》(JTG F80/2)的规定执行。

(2)定期对监控系统的计算机系统、区域控制器、匝道控制器、车辆检测器、可变信息标志、闭路电视、气象检测仪、交通调查数据采集设备,对隧道照明、风机、消防喷淋等设备的控制系统的工作环境、状态和性能进行检查、检测和维护。

(3)定期对收费系统的车道控制器、闭路电视、对讲系统、显示器、键盘、发卡机、读写器、票据打印机等收费车道亭内设备,电动栏杆机、费额显示器、摄像机、手动栏杆、电源线、雨棚信号灯、车道通信灯、雾灯、车辆检测器、不停车收费系统的路侧读写单元和天线控制器等设备进行检查、检测和维护。

(4)定期对通信系统的光电缆传输线路、数字传输系统(包括准同步数字系列 PDH、同步数字系列 SDH)数字程控交换机、IP 网络设备、紧急电话系统和无线通信系统进行检查、检测和维护。

(5)定期对公路专用的供配电系统(包括高压配电装置、电力变压器、低压配电装置、配电线路和照明设备等)进行检查、检测和维护。

(6)认真做好公路机电系统的检查、检测和维护工作记录。公路机电系统各设备的检查、检测及维护的主要项目和周期参考现行《公路养护技术规范》(JTG H10)。

2．管理养护房屋

(1)养护房屋的设置应满足公路养护生产和管理需要。养护房屋内应配备通信设备等各种必要的生产、生活、消防设施。
(2)养护房屋及周围环境应布局合理,整洁美观,设施适用、方便,并保持排水畅通。
(3)养护房屋应定期检查、维护,及时修复损坏部分。

三、服务设施的养护

服务设施包括服务区、停车区和客运汽车停靠站的土建及附属设施,服务设施的配置应符

合相关要求。服务设施的养护应符合下列要求:
(1)及时清扫场地,清除场内杂物,清理疏通排水设施,保持服务区内环境的整洁卫生。
(2)定期检查消防设备的数量及完好情况,灭火器药剂必须定期更换。
(3)服务区内的道路、房屋、立体交叉、交通标志和标线、绿化、通信等设施的养护与维修同本章相关内容。

第八节 绿化养护

一、公路绿化

公路绿化应贯彻"因地制宜、因路制宜、适地适树"的方针,进行规划时,应根据公路等级、沿线地形、土质、气候环境和绿化植物的生物学特性以及对绿化的功能要求,结合地方绿化规划进行编制。对于新、改建公路的绿化工程应与公路主体工程设计、施工、验收同步进行,由公路养护部门一并接养。

不同等级和不同路段公路绿化,应分别符合下列要求:
(1)高速公路、一级公路的中央分隔带宜种植灌木、花卉或草皮。服务区应结合当地环境、景观要求,另行设计,单独实施。
(2)二级及二级以下公路,宜采用乔木与灌木相结合的方式,并充分体现当地特色。
(3)平面交叉在设计视距影响范围以内,不得种植乔木;在不影响视线的前提下,可栽植常绿灌木、绿篱和花草。
(4)小半径平曲线内侧不得栽植影响视线的乔木或灌木,其外侧可栽植成行的乔木,以诱导汽车行驶,增加安全感。
(5)立体交叉分割形成的环岛,可选择栽植小乔木或灌木,实现丛林化。互通式立体交叉的匝道转变处构成的三角区内,应满足通视要求。
(6)隧道进出口两侧 30~50m 范围内,宜栽植高大乔木,尽可能形成隧道内外光线的过渡段,以利车辆安全行驶。
(7)桥头或涵洞两头 5~10m 范围内,不宜栽植乔木,以免根系破坏桥(涵)台。

不同类型地区的公路绿化,应分别符合下列要求:
(1)山区:应实施具有防护功能的绿化工程,如防护林带、灌木、草皮护坡等。
(2)平原区:应栽植单行或多行的防护林带。
(3)草原区:应在线路两侧栽植以防风、防雪为主的防护林带。
(4)风沙危害地区:以营造公路防风、固沙林带为主,栽植耐干旱、根系发达、固沙能力强的植物品种。
(5)盐碱区:应选择抗盐、耐水湿的乔木、灌木品种,配栽成多行绿化带。
(6)旅游区:通往名胜古迹、风景区、疗养休闲区、湖泊等地的公路,应注重美化,营造风景林带,可栽植有观赏价值的常绿乔木、灌木、花卉以及珍贵树种和果树类。

加强公路绿化巡查,根据各类绿化植物病虫害发生、发展和传播蔓延的规律,及时采取相应防治措施,保障绿化植物正常生长。每年春季或秋季,宜在乔木树干上距地面 1~1.5m 高度范围内刷涂白剂。

防治绿化植物病虫害应以预防为主,开展生物、化学防治与营林措施相结合,进行综合防治,贯彻"治早、治小、治了"的防治方针。严格苗木检疫制度,消灭越冬虫卵、蛹,烧毁落叶虫婴、虫茧,及时消除衰弱、病害植株。

二、环境保护

公路及沿线设施周围环境的保护应符合下列要求:

(1)公路环境保护应与公路建设和养护相结合,开发和利用环境。

(2)公路环境保护应体现经济效益、社会效益,各种环境保护设施应因地制宜,做到技术可行、经济合理。

(3)公路养护工程应以维护生态、降低污染、保护沿线环境为目标,对施工与运营期产生的污染应采取相应的处治措施。

(4)位于自然保护区、水源保护地、森林、草原、湿地和野生生物及其栖息地的公路,养护作业时应妥善处理施工废料、废水。废方弃置应注意保护自然水流形态,避免阻塞河道水流或造成水土流失。废水不得直接排入饮用水体和养殖水体。

(5)增强生态保护和水土保持意识,保护生态资源,少占土(耕)地,做好公路用地范围内的水土保持工作;对边坡、荒地的水土流失,应做好治理工作。

(6)应注意防治生活环境污染,如养护施工作业噪声对声环境的污染、搅拌站(场)的烟尘、施工扬尘、路面清扫扬尘对环境空气的污染等。

第七章

公路工程计量与计价

第一节 公路工程造价依据及计算方法

一、公路工程造价依据

公路工程项目的造价依据指用于编制公路工程各阶段造价文件所依据的办法、规则、定额、费用标准、造价指标以及其他相关的计价标准。

公路工程定额是全国统一行业定额,现行公路工程定额包括:《公路工程建设项目投资估算编制办法》(JTG 3820—2018)、《公路工程建设项目概算预算编制办法》(JTG 3830—2018)、《公路工程估算指标》(JTG/T 3821—2018)、《公路工程概算定额》(JTG/T 3831—2018)、《公路工程预算定额》(JTG/T 3832—2018)、《公路工程机械台班费用定额》(JTG/T 3833—2018)等。

(一)公路工程估算、概算、预算编制办法

1. 作用

编制办法适用于编制新建和改(扩)建的公路工程建设项目投资估算、设计概算和施工图预算,是公路工程建设前期各阶段造价文件编制的纲领性文件,它规定了估算、概算、预算在编制过程中各项费用的组成、计算方法及费率标准。公路工程建设项目估算、概算、预算编制办法的具体作用如下:

(1)规定了公路工程项目建设前期工程造价文件的组成及各项目费用的计算依据(包括计算基数与费率)。

(2)是编制公路建设项目投资估算、初步设计概算(或技术设计修正概算)和施工图预算,合理确定公路工程总投资的重要依据。

2. 主要内容

《公路工程建设项目投资估算编制办法》(JTG 3820—2018)、《公路工程建设项目概算预算编制办法》(JTG 3830—2018)均包括总则、投资估算或概算预算编制方法、费用标准和计算方法以及附录等几个部分。

总则主要阐述编制办法的适用范围、造价文件在公路建设项目中的重要性和编制造价文件的基本要求。

投资估算或概算预算编制方法主要从各阶段造价文件编制的基本规定,编制依据,文件组成,估算、概算、预算项目及编码规则,费用组成几个方面对造价文件编制进行了说明。基本规定明确了编制投资估算、概算、预算时人工、材料、机械消耗量,确定的依据为《公路工程估算指标》(JTG/T 3821—2018)、《公路工程概算定额》(JTG/T 3831—2018)和《公路工程预算定额》(JTG/T 3832—2018)规定的消耗量,人工、材料、机械单价的确定原则为造价文件编制时工程所在地的人工工日单价、材料预算单价和机械台班单价,以此为依据计算工程项目的工、料、机费用,并按编制办法的规定计算各项费用;编制依据主要列举了各阶段造价文件编制所依据的办法、规则、定额、费用标准、造价指标以及图纸、合同、协议等其他相关的计价标准;造价文件的组成确定了估算、概算、预算文件由封面、扉页、目录、编制说明及全套计算表格组成,明确了表格的名称、内容及各表格之间的计算顺序和相互关系;编制办法对估算、概算、预算项目及编码规则进行了规定,即对估算、概算、预算的组成部分按部、项、目、节、细目的层次进行划分并逐级展开,并对编码的位数、顺序、符号进行规定;费用组成是对造价总金额按建筑安装工程费、土地使用及拆迁补偿费、工程建设其他费、预备费和建设期贷款利息5部分进行分解,同时规定每一部分的具体内容。

造价文件各部分费用标准和计算方法是编制办法需掌握的重点,该部分逐条解释了造价总金额中的各项费用的具体内容、内涵、费用计算的基本方法原则,以及计算基数及费率取定等全部内容,用以确定造价费用计算过程中除工、料、机数量消耗以外的其他各项费用计算的全部内容及方法。

附录包括造价项目表格样式,估算、概算、预算项目表,设备材料划分标准,冬季、雨季、风沙地区划分表等。

3.使用注意事项

公路工程估算、概算、预算编制办法是公路工程行业强制性标准,编制估算、概算、预算时均应按照此标准执行。但由于新技术、新材料、新工艺的出现或新政策、法规的实行,国家、行业或地方会陆续推出一些补充规定、办法,在使用时应注意结合。

另外,在公路工程施工招、投标阶段宜编制工程量清单预算,对采用工程量清单计价的工程(即编制工程量清单预算的工程),参照编制施工图预算的造价依据和方法,按规定程序进行编制。工程量清单预算是评判投标报价合理性的重要依据,但需注意工程清单预算不是招标标底或最高投标限价,而是招标人确定招标标底或最高投标限价的依据。

(二)公路工程概算、预算定额及估算指标

定额、指标是在正常施工条件下,经过科学的测定、分析和计算而确定的完成规定计量单位的符合国家技术标准、技术规范和质量评定标准,并反映一定时期施工技术和工艺水平的产品所需的人工、材料、机械设备的数量标准。

公路工程反映消耗量数量标准的定额分为施工定额、预算定额、概算定额、估算指标四种。预算定额是在施工定额的基础上综合扩大的,但施工定额因本身具有企业定额的特点,所以不是部颁的统一定额,因此本节所说的定额主要包括《公路工程估算指标》(JTG/T 3821—

2018)、《公路工程概算定额》(JTG/T 3831—2018)和《公路工程预算定额》(JTG/T 3832—2018)。公路工程定额(指标)中的基价是定额人工费、材料费、机械使用费的合计价值。基价中的人工费、材料费按《公路工程预算定额》(JTG/T 3832—2018)附录四计算,机械使用费按《公路工程机械台班费用定额》(JTG/T 3833—2018)基价计算。项目所在地海拔超过3000m以上,人工、材料、机械基价乘以1.3。

定额和指标一般包含:总说明、章节说明、工程定额表或指标表及附录。各部分的主要内容如下:

(1)定额的总说明。
①定额的适用范围、作用。
②定额的编制原则、主要依据。
③对各章节定额适用的统一原则和定额中均包括的内容。
④规定了定额中允许抽换或不允许抽换的原则。
⑤规定了补充定额的管理规定,及新增工、料、机的编码原则。
⑥规定了定额基价的计算原则。

(2)章、节说明的内容。
①本章、节包括的内容。
②关于本章、节工程项目的统一规定。
③关于本章、节工程综合的内容及允许抽换的规定。
④本章节定额的工程量计算规则。

(3)工程定额表或指标表。
①工程项目的名称及定额单位。
②工程项目包括的工程内容。
③项目表消耗的人工、材料、机械的顺序号、名称、单位、代号、数量等指标。
④定额基价。
⑤表注,指某些定额项目下仅供本定额项目使用的注释。

(4)定额附录。

附录是配合定额或指标使用的不可缺少的一个重要组成部分。如估算指标附录给定估算阶段无法准确计算的设备购置费参考值;而预算定额附录主要包括以下内容:

①路面材料计算基础数据表。
②基本定额。包括砂及混凝土材料消耗;脚手架、踏步、井子架工料消耗;基本定额材料规格与质量。
③材料的周转及摊销。包括混凝土和钢筋混凝土构件、块件模板材料周转及摊销次数;脚手架、踏步、井子架、金属门式吊架、吊盘等摊销次数;临时轨道铺设材料摊销;基础及打桩工程材料摊销次数;灌注桩设备材料摊销;吊装设备材料摊销次数;预制构件和块件的堆放、运输材料摊销次数。
④定额人工、材料、设备单价表。

预算定额附录同样适用于概算定额。

(三)公路工程机械台班费用定额

1. 主要内容

《公路工程机械台班费用定额》(JTG/T 3833—2018)是公路工程预算定额、概算定额和估算指标的配套定额,是编制公路基本建设工程概算、预算、估算的依据,是确定施工机械台班预算价格的依据。

定额中各类施工机械(除潜水设备、变压器和配电设备外)每台(艘)班均按8h计算;潜水设备每台班按6h计算;变压器和配电设备每台班按一个昼夜计算。

定额的费用项目划分为不变费用和可变费用两类。其中不变费用包括折旧费、检修费、维护费、安拆辅助费。可变费用包括人工费、动力燃料费、车船税。

公路工程机械台班定额按照机械的作业对象及用途将工程施工机械划分为13类972个子目:分别是土、石方工程机械,路面工程机械,混凝土及灰浆机械,水平运输机械,起重及垂直运输机械,打桩、钻孔机械,泵类机械,金属、木、石加工机械,动力机械,工程船舶,工程检测仪器仪表,通风机和其他机械。每一类机械又分为不同的机型和规格。

对于机械台班费用定额在使用时需注意以下几点:

(1)机械的设备转移费即机械自管理部门至工地或自某一工地至另一工地的运杂费,不包括在机械台班费用定额中。

(2)加油及油料过滤的损耗和由变电设备至机械之间的输电线路电力损失均已包括在定额中。

(3)定额是按公路工程中常用的施工机械的规格编制的,规格与之相同或相似的,均应直接采用。

2. 机械台班费用定额表现形式

机械台班费用定额的定额表包括序号、机械代号、机械名称、规格型号、不变费用、可变费用、定额基价等几项组成。其中不变费用包括折旧费、检修费、维护费、安拆辅助费;可变费用包括人工费、动力燃料费、其他费用。在定额表中,人工费、动力燃料费以表中给定的机上人工工日消耗量、动力燃料消耗量乘以定额说明中规定的人工费、动力燃料费单价所得。

定额基价是不变费用和可变费用的合计。其中,可变费用计算采用的人工费、动力燃料费单价与《公路工程预算定额》(JTG/T 3832—2018)附录四中规定的人工、材料单价相同。

【例1】 某工程用于自发电的机械为160kW以内柴油发电机组,其折旧费97.44元/台班,检修费为37.78元/台班,维护费125.19元/台班,安拆辅助费5.83元/台班,柴油消耗量为182.25kg/台班,柴油单价7.54元/kg,试计算发电机台班单价。

解:台班单价 = 不变费用 + 可变费用,其中不变费用为折旧费、检修费、维护费和安拆辅助费,可变费用为人工费和燃油消耗费。

不变费用 = 97.44 + 37.78 + 125.19 + 5.83 = 266.24(元/台班)

可变费用 = 182.25 × 7.54 = 1374.17(元/台班)

台班单价 = 266.24 + 1374.17 = 1640.41(元/台班)

二、公路工程造价费用组成

(一)公路工程投资估算或概(预)算总费用

公路工程造价是指公路工程建设项目从筹建到竣工验收交付使用所需的全部费用。

公路工程造价文件泛指项目建议书、工程可行性研究、初步设计、施工图设计、招标、施工、交工、竣工等各阶段造价类文件的统称,包括投资估算、设计概算、施工图预算、工程量清单、工程量清单预算、合同工程量清单、计量支付、工程变更费用、造价管理台账、工程结算、工程竣工决算等文件。对这些文件的编制统称公路工程造价文件编制。

本节对造价费用的研究是基于《公路工程建设项目投资估算编制办法》(JTG 3820—2018)、《公路工程建设项目概算预算编制办法》(JTG 3830—2018)相关计价依据规定的投资估算或概(预)算总费用而言的。

公路工程投资估算或概(预)算总费用的构成如图7.1.1所示。

(二)建筑安装工程费

建筑安装工程费包括直接费、设备购置费、措施费、企业管理费、规费、利润、税金和专项费用。建筑安装工程费除专项费用外,其他均按"价税分离"计价规则计算,即各项费用均以不含增值税可抵扣进项税额的价格(费率)进行计算,具体要素价格适用增值税税率执行财税部门的相关规定。定额建筑安装工程费包括定额直接费、定额设备购置费的40%、措施费、企业管理费、规费、利润、税金和专项费用,定额直接费包括定额人工费、定额材料费、定额施工机械使用费。

定额人工费、定额材料费、定额施工机械使用费以及定额设备购置费均按《公路工程预算定额》(JTG/T 3832—2018)附录四"定额人工、材料、设备单价表"及现行《公路工程机械台班费用定额》(JTG/T 3833—2018)中规定的人工、材料、设备、机械的相应计价计算的定额费用计取。

1. 直接费

直接费指施工过程中耗费的构成工程实体和有助于工程形成的各项费用,包括人工费、材料费、施工机械使用费。

1)人工费

人工费指列入概算、预算定额或估算指标的直接从事建筑安装工程施工的生产工人开支的各项费用。

(1)人工费内容。

①计时工资或计件工资:指按计时工资标准和工作时间或对已做工作按计件单价支付给个人的劳动报酬(含个人应缴纳的养老、失业、医疗保险、工伤保险、住房公积金)。

②津贴、补贴:为了补偿职工特殊或额外的劳动消耗和因其他特殊原因支付给个人的津贴,以及为了保证职工工资水平不受物价影响支付给个人的物价补贴。如流动施工津贴、特殊地区施工津贴、高温(寒)作业临时津贴、高空津贴等。

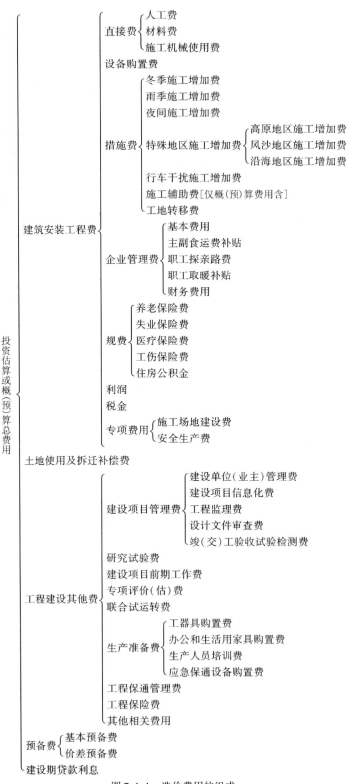

图 7.1.1　造价费用的组成

③特殊情况下支付的工资:是指根据国家法律、法规和政策规定,因病、工伤、产假、计划生育假、婚丧假、事假、探亲假、定期休假、停工学习、执行国家或社会义务等原因,按计时工资标准或以计时工资标准的一定比例支付的工资。

(2)人工费以概(预)算定额或估算指标的人工工日数乘以综合工日单价计算。

(3)人工费标准按照本地区公路建设项目的人工工资统计情况以及公路建设劳务市场情况进行综合分析、确定人工工日单价。人工工日单价由省级交通运输主管部门制定发布,并适时进行动态调整。人工工日单价仅作为编制概算、预算和估算的依据,不作为施工企业实发工资的依据。

2)材料费

材料费是指施工过程中耗用的构成工程实体的原材料、辅助材料、构配件、零件、半成品或成品等,按工程所在地的材料价格计算的费用。

(1)材料预算价格由材料原价、运杂费、场外运输损耗、采购及保管费组成。

(2)材料预算价格。

$$材料预算价格 = (材料原价 + 运杂费) \times (1 + 场外运输损耗率) \times \\ (1 + 采购及保管费率) - 包装品回收价值 \quad (7.1.1)$$

①各种材料原价按以下规定计算:

a.外购材料:外购材料价格参照本行政区域内交通运输主管部门发布的价格和按调查的市场价格进行综合取定。

b.自采材料:自采的砂、石、黏土等,按定额中开采单价加辅助生产间接费和矿产资源税(如有)计算。

②运杂费指材料自供应地点至工地仓库(施工地点存放材料的地方)的费用,包括装卸费、运费,如果发生,还应计囤存费及其他杂费(如过磅、标签、支撑加固、路桥通行等费用)。

a.通过铁路、水路和公路运输的材料,按调查的市场运价计算运费。

b.一种材料当有两个以上的供应点时,应根据不同的运距、运量、运价采用加权平均的方法计算运费。由于概、预算定额和估算指标中已考虑了工地运输便道的特点,以及定额中已计入了"工地小搬运"的费用,因此汽车运输平均运距中不得乘调整系数,也不得在工地仓库或堆料场之外再加场内运距或二次倒运的运距。

c.有容器或包装的材料及长大轻浮材料,应按规定的毛质量计算。桶装沥青、汽油、柴油按每吨摊销一个旧汽油桶计算包装费(不计回收)。

③场外运输损耗指有些材料在正常的运输过程中发生的损耗。

④采购及保管费:

a.材料采购及保管费指在组织采购、保管过程中,所需的各项费用及工地仓库的材料储存损耗。

b.材料采购及保管费,以材料的原价加运杂费及场外运输损耗的合计数为基数,乘以采购保管费率计算。

c.钢材的采购及保管费费率为0.75%,燃料、爆破材料为3.26%,其余材料为2.06%。商品水泥混凝土、沥青混合料和各类稳定土混合料、外购的构件、成品及半成品的预算价格计算方法与材料相同。商品水泥混凝土、沥青混合料和各类稳定土混合料不计采购及保管费,外购的构件、成品及半成品的采购保管费率为0.42%。

3）施工机械使用费

施工机械使用费系指列入概算、预算定额或估算指标的工程机械和工程仪器仪表台班数量,按相应的施工机械台班费用定额计算的费用等。

(1)工程机械使用费。机械台班预算价格应按《公路工程机械台班费用定额》(JTG/T 3833—2018)计算,机械台班单价由不变费用和可变费用组成。不变费用包括折旧费、检修费、维护费、安拆辅助费等;可变费用包括机上人员人工费、动力燃料费、车船税。可变费用中的人工工日数及动力燃料消耗量,应以机械台班费用定额中的数值为准。台班人工费工日单价同生产工人人工费单价。动力燃料费用则按材料费的计算规定计算。

(2)工程仪器仪表使用费是指机电工程施工作业所发生的仪器仪表使用费,以施工仪器仪表台班耗用量乘以施工仪器仪表台班单价计算。

①工程仪器仪表台班预算价格应按《公路工程机械台班费用定额》(JTG/T 3833—2018)计算。台班人工费工日单价同生产工人人工费单价,动力燃料费用则按材料费的计算规定计算。

②当工程用电为自行发电时,电动机械每kW·h(度)电的单价可由下列近似公式计算:

$$A = 0.15 \frac{K}{N} \tag{7.1.2}$$

式中:A——电的单价(元/kW·h);

K——发电机组的台班单价(元);

N——发电机组的总功率(kW)。

2.设备购置费

设备购置费指为满足公路初期运营、管理需要购置的构成固定资产标准的设备和虽低于固定资产标准但属于设计明确列入设备清单的设备的费用,包括渡口设备,隧道照明、消防、通风的动力设备,公路收费、监控、通信、路网运行监测、供配电及照明设备等。

(1)设备购置费应列出计划购置的清单(包括设备的规格、型号、数量),以设备预算价计入。

(2)设备购置费包括设备原价、运杂费、运输保险费、采购及保管费,各种税费按编制期有关部门规定计算。

(3)需要安装的设备,按建筑安装工程费的有关规定计算设备的安装工程费。

3.措施费

措施费包括冬季施工增加费、雨季施工增加费、夜间施工增加费、特殊地区施工增加费、行车干扰工程施工增加费、施工辅助费、工地转移费共七项,其中特殊地区施工增加费按照项目实施地区的不同又分为高原地区施工增加费、风沙地区施工增加费和沿海地区施工增加费三项。

措施费的计算基数除施工辅助费以定额直接费作为计算基数外,其余各项费用的计算基数均为定额人工费与定额机械使用费之和,各项措施费取费的费率大小受项目工程类别不同的影响而变化。公路工程项目将工程类别划分为10项,分别为:土方、石方、运输、路面、隧道、构造物Ⅰ、构造物Ⅱ、构造物Ⅲ、技术复杂大桥和钢材及钢结构,定额使用时需按编制办法关于工程类别划分的具体规则合理取定工程类别。

1)冬季施工增加费

冬季施工增加费指按照公路工程施工及验收规范所规定的冬季施工要求,为保证工程质量和安全生产所需采取的防寒保温设施、工效降低和机械作业效率降低以及技术操作过程的改变等所增加的有关费用。

(1)冬季施工增加费的内容包括:

①因冬季施工所需增加的一切人工、机械与材料的支出。

②施工机械所需修建的暖棚(包括拆、移),增加其他保温设备购置费用。

③因施工组织设计确定,需增加的一切保温、加温等有关支出。

④与冬季施工有关的其他各项费用。

(2)冬季施工增加费的计算方法是根据各类工程的特点,按照工程所在地的气温区选用对应的费率计算(注:绿化工程不计冬季施工增加费)。为简化计算,冬季施工增加费采用全年平均摊销的方法,即不论是否在冬季施工,均按规定的取费标准计取冬季施工增加费。

(3)一条路线穿过两个以上气温区时,可分段计算或按各区的工程量比例求得全线的平均增加率,计算冬季施工增加费。

(4)冬季施工增加费的基本计算公式为:

$$冬季施工增加费 = \sum[(定额人工费 + 定额施工机械使用费) \times 冬季施工增加费费率] \qquad (7.1.3)$$

2)雨季施工增加费

雨季施工增加费指雨季期间施工为保证工程质量和安全生产所需采取的防雨、排水、防潮和防护措施、工效降低和机械作业率降低以及技术操作过程的改变等所增加的有关费用。

(1)雨季施工增加费的内容包括:

①因雨季施工所需增加的工、料、机费用的支出,包括工作效率的降低及易被雨水冲毁的工程所增加的清理坍塌基坑和堵塞排水沟、填补路基边坡冲沟等工作内容。

②路基土方工程的开挖和运输,因雨季施工(非土壤中水影响)而引起的黏附工具、降低工效所增加的费用。

③因防止雨水必须采取的挖临时排水沟、防止基坑坍塌所需的支撑、挡板等防护措施的费用。

④材料因受潮、受湿的耗损费用。

⑤增加防雨、防潮设备的费用。

⑥因河水高涨致使工作困难等其他有关雨季施工所需增加的费用。

(2)全国雨季施工雨量区及雨季期划分根据编制办法的相应附录进行查询。

(3)雨季施工增加费的计算方法,是将全国划分为若干雨量区和雨季期,并根据各类工程的特点规定各雨量区和雨季期的取费标准(注:室内和隧道内工程及设备安装工程不计雨季施工增加费)。为了简化计算,采用全年平均摊销的方法,即不论是否在雨季施工,均按规定的取费标准计取雨季施工增加费。

(4)一条路线通过不同的雨量区和雨季期时,可分别计算雨季施工增加费或按工程量比例求得平均的增加率,计算全线雨季施工增加费。

(5)雨季施工增加费的基本计算公式为:

$$\text{雨季施工增加费} = \sum[(\text{定额人工费} + \text{定额施工机械使用费}) \times \text{雨季施工增加费费率}] \tag{7.1.4}$$

3)夜间施工增加费

夜间施工增加费指根据设计、施工技术规范和合理的施工组织要求,必须在夜间施工或必须昼夜连续施工而发生的夜班补助费、夜间施工降效、施工照明设备摊销及照明用电等费用。夜间施工增加费按夜间施工工程项目的定额人工费与定额施工机械使用费之和为基数,乘以相应的夜间施工增加费费率计算。

计算夜间施工增加费的工程类别有:构造物Ⅱ、构造物Ⅲ、技术复杂大桥、钢材及钢结构(注:设备安装工程及金属标志牌、防撞钢护栏、防眩板(网)、隔离栅、防护网等不计夜间施工增加费)。

4)特殊地区施工增加费

特殊地区施工增加费包括高原地区施工增加费、风沙地区施工增加费和沿海地区工程施工增加费三项。

(1)高原地区施工增加费指在海拔高度 2000m 以上地区施工,由于气候、气压的影响,致使人工、机械效率降低而增加的费用。一条路线通过两个以上(含两个)不同的海拔分区时,应分别计算高原地区施工增加费或按工程量比例求得平均的增加率,计算全线高原地区施工增加费。

高原地区施工增加费以各类工程的定额人工费与定额施工机械使用费之和为基数,按工程所在地的海拔高度和工程类别选取相应费率计算。其计算公式为:

$$\text{高原施工增加费} = \sum[(\text{定额人工费} + \text{定额施工机械使用费}) \times \text{高原施工增加费费率}] \tag{7.1.5}$$

(2)风沙地区施工增加费系指在沙漠地区施工时,由于受风沙影响,按照施工及验收规范的要求,为保证工程质量和安全生产而增加的有关费用。内容包括防风、防沙及气候影响的措施费,人工、机械效率降低增加的费用,以及积沙、风蚀的清理修复等费用。

全国风沙地区公路施工区划从编制办法的附录查询。若当地气象资料及自然特征与附录中的风沙地区划分有较大出入时,由项目所在地省级交通运输主管部门按当地气象资料和自然特征及上述划分标准确定工程所在地的风沙区划。一条路线穿过两个以上不同风沙区时,按路线长度经过不同的风沙区加权计算项目全线风沙地区施工增加费。

风沙地区施工增加费以各类工程的定额人工费和定额机械使用费之和为基数,根据工程所在地的风沙区划及类型和工程类别选用费率计算。

$$\text{风沙地区施工增加费} = \sum[(\text{定额人工费} + \text{定额施工机械使用费}) \times \text{风沙地区施工增加费费率}] \tag{7.1.6}$$

(3)沿海地区工程施工增加费指工程项目在沿海地区施工受海风、海浪和潮汐的影响,致使人工、机械效率降低等所需增加的费用。本项费用,由沿海各省级交通运输主管部门制定具体的适用范围(地区)。沿海地区工程施工增加费以各类工程(受沿海地区影响部分的工程项目)的定额人工费和定额施工机械使用费之和为基数乘以选用费率计算。

$$\text{沿海地区施工增加费} = \sum[(\text{定额人工费} + \text{定额施工机械使用费}) \times$$
$$\text{沿海地区施工增加费费率}] \qquad (7.1.7)$$

计算沿海施工影响的工程类别包括构造物Ⅱ、构造物Ⅲ、技术复杂大桥、钢材及钢结构。(注:构造物Ⅲ指桥梁工程所用的商品水泥混凝土浇筑及混凝土构件、钢构件的安装;钢材及钢结构指桥梁工程所用的钢材及钢结构)。

5)行车干扰工程施工增加费

指由于边施工边维持通车,受行车干扰的影响,致使人工、机械效率降低而增加的费用。该费用以受行车影响部分的工程项目的定额人工费和定额施工机械使用费之和为基数,乘以相应费率进行计算[注:新建工程、中断交通进行封闭施工或为保证交通正常通行而修建保通便道的改(扩)建工程、不计行车干扰施工增加费]。其计算公式为:

$$\text{行车干扰施工增加费} = \sum[(\text{定额人工费} + \text{定额施工机械使用费}) \times$$
$$\text{行车干扰施工增加费费率}] \qquad (7.1.8)$$

6)施工辅助费

施工辅助费包括生产工具用具使用费、检验试验费和工程定位复测、工程点交、场地清理等费用。施工辅助费以各类工程的定额直接费为基数,乘以相应费率进行计算。其计算公式为:

$$\text{施工辅助费} = \sum(\text{定额直接费} \times \text{施工辅助费费率}) \qquad (7.1.9)$$

(1)生产工具用具使用费指施工所需不属于固定资产的生产工具、检验、试验用具及仪器、仪表等的购置、摊销和维修费,以及支付给生产工人自备工具的补贴费。

(2)检验试验费指施工企业对建筑材料、构件和建筑安装工程进行一般鉴定、检查所发生的费用,包括自设试验室进行试验所耗用的材料和化学药品的费用,以及技术革新和研究试验费,不包括新结构、新材料的试验费和建设单位要求对具有出厂合格证明的材料进行检验、对构件破坏性试验及其他特殊要求检验的费用。

(3)高填方和软基沉降监测、高边坡稳定监测、桥梁施工监测、隧道施工监控量测、超前地质预报等施工监控费含在施工辅助费中不得另行计算。

7)工地转移费

工地转移费是指施工企业迁至新工地的搬迁费用。

(1)工地转移费内容包括:

①施工单位职工及随职工迁移的家属向新工地转移的车费、家具行李运费、途中住宿费、行程补助费、杂费等。

②公物、工具、施工设备器材、施工机械的运杂费,以及外租机械的往返费及施工机械、设备、公物、工具的转移费等。

③非固定工人进退场的费用。

(2)工地转移费以各类工程的定额人工费和定额施工机械使用费之和为基数,乘以相应费率计算。

(3)高速公路、一级公路及独立大桥、独立隧道项目转移距离按省级人民政府所在城市至工地的里程计算;二级及以下公路项目转移距离按地级城市所在地至工地的里程计算。

(4)工地转移里程数在表列里程之间时,费率可内插计算。工地转移距离在50km以内的工程按 50km 计算。

8）辅助生产间接费

辅助生产间接费指由施工单位自行开采加工的砂、石等自采材料及施工单位自办的人工、机械装卸和运输的间接费。

（1）辅助生产间接费按定额人工费的 3% 计。该项费用并入材料预算单价内构成材料费，不直接出现在概（预）算中。

（2）高原地区施工单位的辅助生产，可按高原地区施工增加费费率，以定额人工费与定额施工机械费之和为基数计算高原地区施工增加费（其中人工采集、加工材料、人工装卸、运输材料按土方费率计算；机械采集、加工材料按石方费率计算；机械装、运输材料按运输费率计算）。辅助生产高原地区施工增加费不作为辅助生产间接费的计算基数。

4. 企业管理费

企业管理费由基本费用、主副食运费补贴、职工探亲路费、职工取暖补贴和财务费用五项组成。

1）基本费用

基本费用指建筑安装企业组织施工生产和经营管理所需的费用。

（1）基本费用内容。

①管理人员工资：管理人员的基本工资、绩效工资、津贴补贴及特殊情况下支付的工资以及缴纳的养老、医疗、失业、工伤保险和住房公积金等。

②办公费：企业管理办公用的文具、纸张、账表、印刷、通信、网络、书报、办公软件、会议、水电、烧水和集体取暖降温（包括现场临时宿舍取暖降温）用煤（电、气）等费用。

③差旅交通费：职工因公出差、调动工作的差旅费、住勤补助费、市内交通费和误餐补助费、劳动力招募费，职工退休、退职一次性路费，工伤人员就医路费以及管理部门使用的交通工具的油料、燃料等费用。

④固定资产使用费：管理部门及附属生产单位使用的属于固定资产的房屋、设备等的折旧、大修、维修或租赁费。

⑤工具用具使用费：企业管理使用的不属于固定资产的工具、器具、家具、交通工具和检验、试验、测绘、消防用具等的购置、维修和摊销费。

⑥劳动保险：企业支付的离退休职工的易地安家补费费、职工退职金、6 个月以上的病假人员工资、职工死亡丧葬补助费、抚恤费、按规定支付给离休干部的各项经费。

⑦职工福利费：按国家规定标准计提的职工福利费。

⑧劳动保护费：企业按国家有关部门规定标准发放的劳动保护用品的购置费及修理费、防暑降温费、在有碍身体健康环境中施工的保健费用等。

⑨工会经费：企业按《中华人民共和国工会法》的规定按全部职工工资总额比例计提的工会经费。

⑩职工教育经费：按职工工资总额的规定比例计提，企业为职工进行专业技术和职业技能培训，专业技术人员继续教育、职工职业技能鉴定、职业资格认定以及根据需要对职工进行各类文化教育所发生的费用。不含职工安全教育、培训费用。

⑪保险费：企业财产保险、管理用及生产用车辆等保险费用及人身意外伤害险的费用。

⑫工程排污费：施工现场按规定缴纳的排污费用。
⑬税金：企业按规定缴纳的城市维护建设税、教育费附加、地方教育附加、房产税、车船使用税、土地使用税、印花税等。
⑭其他：上述项目以外的其他必要的费用支出，包括技术转让费、技术开发费、竣（交）工文件编制费、招投标费、业务招待费、绿化费、广告费、公证费、定额测定费、法律顾问费、审计费、咨询费以及施工标准化、规范化、精细化管理等费用。
（2）基本费用以各类工程的定额直接费为基数，根据工程类别确定费率计算。

2）主副食运费补贴
主副食运费补贴指施工企业在远离城镇及乡村的野外施工购买生活必需品所需增加的费用。该费用以各类工程的定额直接费为基数，根据工程类别和综合里程确定费率计算。
注：综合里程数在表列里程之间时，费率可内插；综合里程在3km以内的工程，按3km计取。

3）职工探亲路费
职工探亲路费指按照有关规定发放给施工企业职工在探亲期间发生的往返交通费和途中住宿费等费用。该费用以各类工程的定额直接费为基数，乘以相应费率计算。

4）职工取暖补贴
职工取暖补贴指按规定发放给施工企业职工的冬季取暖费和为职工在施工现场设置的临时取暖设施的费用。该费用以各类工程的定额直接费为基数，按工程类别及工程所在地的气温区确定费率计算。

5）财务费用
财务费用指施工企业为筹集资金提供投标担保、预付款担保、履约担保、职工工资支付担保等所发生的各种费用。包括企业经营期间发生的短期贷款利息净支出、汇兑净损失、调剂外汇手续费、金融机构手续费，以及企业筹集资金发生的其他财务费用。财务费用以各类工程的定额直接费为基数，根据工程类别确定费率计算。

5. 规费
规费指按法律、法规、规章、规程规定施工企业必须缴纳的费用。
（1）规费包含：
①养老保险费：施工企业按规定标准为职工缴纳的基本养老保险费。
②失业保险费：施工企业按规定标准为职工缴纳的失业保险费。
③医疗保险费：施工企业按规定标准为职工缴纳的医疗保险费（含生育保险费）。
④工伤保险费：施工企业按规定标准为职工缴纳的工伤保险费。
⑤住房公积金：施工企业按规定标准为职工缴纳的住房公积金。
（2）各项规费以各类工程的人工费之和为基数，按国家或工程所在地法律、法规、规章、规程规定的标准计算。

6. 利润
利润指施工企业完成所承包工程获得的盈利，按定额直接费及措施费、企业管理费之和的7.42%计算。

7. 税金

税金指国家税法规定应计入建筑安装工程造价的增值税销项税额。

税金 = (直接费 + 设备购置费 + 措施费 + 企业管理费 + 规费 + 利润) × 9%　　(7.1.10)

其中,9%为国家当期建筑行业增值税销项税率。

8. 专项费用

专项费用包括施工场地建设费和安全生产费。

(1) 施工场地建设费包含以下内容:

① 按照工地建设标准化要求进行承包人驻地、工地试验室建设,钢筋集中加工、混合料集中拌制、构件集中预制等所需的办公、生活居住房屋(包括职工家属房屋及探亲房屋),公用房屋(如广播室、文体活动室、医疗室等)和生产用房屋(如仓库、加工厂、加工棚、发电站、变电站、空压机站、停机棚、值班室等)等费用。

② 包括场区平整(山岭重丘区的土石方工程除外)、场地硬化、排水、绿化、标志、污水处理设施、围墙隔离设施等的费用,不包括钢筋加工的机械设备、混合料拌和设备及安拆、预制构件台座、预应力张拉设备、起重及养护设备,以及概算、预算定额中临时工程的费用。

③ 包括以上范围内的各种临时工作便道(包括汽车、人力车道)、人行便道,工地临时用水、用电的水管支线和电线支线,临时构筑物(如水井、水塔等),其他小型临时设施等的搭设或租赁、维修、拆除、清理的费用;但不包括红线范围内贯通便道、进出场的临时道路、保通便道。

④ 工地试验室所发生的属于固定资产的试验设备和仪器等折旧、维修或租赁费用。

⑤ 施工扬尘污染防治措施费:裸露的施工场地覆盖防尘网、施工便道和施工场地洒水或喷洒抑尘剂,运输车辆的苫盖和冲洗、环境敏感区设置围挡,防尘标志设置,环境监控与检测等所需要的费用。

⑥ 文明施工、职工健康生活的费用。

施工场地建设费以施工场地计费基数按相应费率以累进方法计算。施工场地计费基数为定额建筑安装工程费减去专项费用。

(2) 安全生产费包括完善、改造和维护安全设施设备费用,配备、维护、保养应急救援器材、设备费用,开展重大危险源和事故隐患评估和整改费用,安全生产检查、评价、咨询费用,配备和更新现场作业人员安全防护用品支出,安全生产宣传、教育、培训费用,安全设施及特种设备检测检验费用,施工安全风险评估、应急演练等有关工作及其他与安全生产直接相关的费用。

安全生产费按建筑安装工程费乘以安全生产费费率计算,费率按不少于1.5%计取。

(三) 土地使用及拆迁补偿费

土地使用及拆迁补偿费内容包含永久占地费、临时占地费、拆迁补偿费、水土保持补偿费、其他费用。

1. 永久占地费

永久占地费包含土地补偿费、征用耕地安置补助费、耕地开垦费、森林植被恢复费、失地农民养老保险费。

(1)土地补偿费包括征地补偿费、被征用土地上的青苗补偿费,征用城市郊区的菜地等缴纳的菜地开发建设基金,耕地占用税,用地图编制费及勘界费等。

(2)征用耕地安置补助费指征用耕地需要安置农业人口的补助费。

(3)耕地开垦费指公路建设项目占用耕地的,应由建设项目法人(业主)负责补充耕地所发生的费用;没有条件开垦或者开垦的耕地不符合要求的,按规定缴纳的耕地开垦费。

(4)公路建设项目发生跨省域补充耕地国家统筹的,应执行《国务院办公厅关于印发跨省域补充耕地国家统筹管理办法和城乡建设用地增减挂钩节余指标跨省域调剂管理办法的通知》(国办发〔2018〕16号)的规定;发生省内跨区域补充耕地的,执行本省相关规定。

(5)森林植被恢复费指公路建设项目需要占用、征用林地的,经县级以上林业主管部门审核同意或批准,建设项目法人(业主)单位按照省级人民政府有关规定向县级以上林业主管部门预缴的森林植被恢复费。

(6)失地农民养老保险费指根据国家规定,为保障依法被征地农民养老而交纳的保险费用。失地农民养老保险费按项目所在地省级人民政府的相关规定进行计算。

2. 临时占地费

临时占地费包括临时征地使用费、复耕费。

(1)临时征地使用费指为满足施工所需的承包人驻地、预制场、拌和场、仓库、加工厂(棚)、堆料场、取弃土场、进出场便道、便桥等所有的临时用地及其附着物的补偿费用。

(2)复耕费指临时占用的耕地、鱼塘等,在工程交工后将其恢复到原有标准所发生的费用。

3. 拆迁补偿费

拆迁补偿费指被征用或占用土地地上、地下的房屋及附属构筑物,公用设施、文物等的拆除、发掘及迁建补偿费,拆迁管理费等。

4. 水土保持补偿费

水土保持补偿费根据国家相关法律、法规规定缴纳。

5. 其他费用

其他费用指国务院行政主管部门及省级人民政府规定的与征地拆迁相关费用。

土地使用及拆迁补偿费计算方法如下:

(1)土地使用及拆迁补偿费应根据设计文件确定的建设工程用地和临时用地面积及其附着物的情况,以及实际发生的费用项目,按国家有关规定及工程所在地的省(自治区、直辖市)颁布的有关规定和标准计算。

(2)森林植被恢复费应根据审批单位批准的建设工程占用林地的类型及面积,按国家有关规定及工程所在地的省(自治区、直辖市)颁布的有关规定和标准计算。

(3)当与原有的电力电信设施、管线、水利工程、铁路及铁路设施互相干扰时,应与有关部门联系,商定合理的解决方案和补偿金额,也可由这些部门按规定编制费用以确定补偿金额。

(4)水土保持补偿费按各省(自治区、直辖市)制定的水土保持补偿费收费标准进行计算。

(四)工程建设其他费

工程建设其他费包含建设项目管理费、研究试验费、建设项目前期工作费、专项评价(估)费、联合试运转费、生产准备费、工程保通管理费、工程保险费、其他相关费用。

1. 建设项目管理费

建设项目管理费包含建设单位(业主)管理费、建设项目信息化费、工程监理费、设计文件审查费、竣(交)工验收试验检测费。其中建设单位(业主)管理费、建设项目信息化费和工程监理费均为实施建设项目管理的费用,可根据建设单位(业主)、施工单位、监理单位所实际承担的工作内容和工作量统筹使用。

1)建设单位(业主)管理费

建设单位(业主)管理费系指建设单位(业主)为建设项目的立项、筹建、建设、竣(交)工验收、总结等工作所发生的费用。

(1)建设单位(业主)管理费内容包括工作人员的工资、工资性津贴,施工现场津贴,社会保险费用(基本养老、基本医疗、失业、工伤保险)、住房公积金、职工福利费、工会经费、劳动保护费,办公费、会议费、差旅交通费、固定资产使用费(包括办公及生活房屋折旧、维修或租赁费,车辆折旧、维修、使用或租赁费,通信设备购置、使用费,测量、试验设备仪器折旧、维修或租赁费,其他设备折旧、维修或租赁费等)、零星固定资产购置费、招募生产工人费、技术图书资料费、职工教育培训经费,招标管理费,合同契约公证费、法律顾问费、咨询费,建设单位的临时设施费、完工清理费、竣(交)工验收费[含其他行业或部门要求的竣工验收费用、建设单位负责的竣(交)工文件编制费]、各种税费(包括房产税、车船使用税、印花税等),对建设项目前期工作、项目实施及竣工决算等全过程进行审计所发生的审计费用,境内外融资费用(不含建设期贷款利息)、业务招待费及工程质量、安全生产管理费和其他管理性开支。

(2)建设单位(业主)管理费以定额建筑安装工程费为基数,分段选用费率,以累进方法计算。

(3)双洞长度超过5000m的独立隧道,水深大于15m、跨径大于或等于400m的斜拉桥和跨径大于或等于800m的悬索桥等独立特大桥工程的建设单位(业主)管理费费率乘以系数1.3;海上工程[指由于风浪影响,工程施工期(不包括封冻期)全年平均工作日少于15d的工程]的建设单位(业主)管理费费率系数乘以系数1.2计算。

2)建设项目信息化费

建设项目信息化费是指建设单位(业主)和各参建单位用于建设项目的质量、安全、进度、费用等方面的信息化建设、运维及各种税费等费用,包括建设项目全寿命周期的建筑信息模型(BIM,Building Information Modeling)等相关费用。建设项目信息化费以定额建筑安装工程费为基数,分段选用费率,以累进办法计算。

3)工程监理费

工程监理费指建设单位(业主)委托具有监理资格的单位,按施工监理规范进行全面的监督和管理所发生的费用。

(1)工程监理费内容包括工作人员的工资、工资性津贴、施工现场津贴、社会保险费用(基本养老、基本医疗、失业、工伤保险)、住房公积金、职工福利费、工会经费、劳动保护费,办公费、会议费、差旅交通费、办公、试验固定资产使用费(包括办公及生活房屋折旧、维修或租赁费,车辆折旧、维修、使用或租赁费,通信设备购置、使用费,测量、试验、检测设备仪器折旧、维修或租赁费,其他设备折旧、维修或租赁费等)、零星固定资产购置费、招募生产工人费、技术图书资料费、职工教育经费、投标费用,合同契约公证费、法律顾问费、咨询费、业务招待费、财务费用、监理单位的临时设施费、完工清理费、竣(交)工验收费、各种税费、安全生产管理费和其他管理性开支。

(2)工程监理费以定额建筑安装工程费为基数,分段选用费率,以累进办法计算。

4)设计文件审查费

设计文件审查费指在项目审批前,建设单位(业主)为保证勘察设计工作的质量,组织有关专家或委托有资质的单位,对提交的建设项目可行性研究报告和勘察设计文件进行审查所需要的相关费用。设计文件审查费以定额建筑安装工程费为基数,分段选用费率,以累进方法计算。

(1)建设项目若有地质勘察监理,费用在此项目开支。

(2)建设项目若有设计咨询(或称设计监理、设计双院制),其费用在此项目内开支。

5)竣(交)工验收试验检测费

竣(交)工验收试验检测费指在公路建设项目竣(交)工验收前,根据规定,由建设单位(业主)或工程质量监督机构委托有资质的公路工程质量检测单位按照有关规定对建设项目的工程质量进行检测并出具检测试验意见,以及进行桥梁动(静)荷载试验或其他特殊检测等所需的费用。

竣(交)工验收试验检测费分道路工程、桥梁工程、隧道工程按规定费率计算。道路工程按主线路基长度计;桥梁工程以主线桥梁、分离式立交、匝道桥的长度之和,按一般桥梁、技术复杂桥梁(分桥型)进行计算;隧道按单洞长度计算。

对于道路工程,高速公路、一级公路按四车道计算,二级及二级以下公路按两车道计算,每增加1个车道费用按标准费用增加10%。桥梁和隧道按双向四车道计算,每增加1个车道费用增加15%。二级及二级以下公路的桥隧工程费用按40%计算。

2.研究试验费

研究试验费指按照项目特点和有关规定,在建设过程中必须进行研究和试验所需的费用,以及支付科技成果、专利、先进技术的一次性技术转让费。

(1)研究试验费不包括:

①应由前期工作费(为建设项目提供或验证设计数据、资料等专题研究)开支的项目。

②应由科技三项费用(即新产品试制费、中间试验费和重要科学研究补助费)开支的项目。

③应由施工辅助费开支的施工企业对建筑材料、构件和建筑物进行一般鉴定、检查所发生的费用及技术革新研究试验费。

(2)计算方法:按设计提出的研究试验内容和要求进行编制。

3.建设项目前期工作费

建设项目前期工作费指委托勘察设计、咨询单位对建设项目进行可行性研究、工程勘察设计,以及设计、监理、施工招标文件及招标标底或造价控制值文件编制时按规定应支付的费用。

(1)建筑项目前期工作费包括:

①编制项目建议书(或预可行性研究报告)、可行性研究报告、投资估算,以及相应的勘察、设计等所需的费用。

②通过风洞试验、地震动参数、索塔足尺模型试验、桥墩局部冲刷试验、桩基承载力试验等为建设项目提供或验证设计数据所需的专题研究费用。

③初步设计和施工图设计的勘察费、设计费、概(预)算编制及调整概(预)算编制费用等。

④设计、监理、施工招标及招标标底(或造价控制值或清单预算)文件编制费等。

(2)计算方法:建设项目前期工作费以定额建筑安装工程费为基数,分段选用费率,以累进办法计算。

4. 专项评价(估)费

专项评价(估)费指依据国家法律、法规规定进行评价(评估)、咨询,按规定应支付的费用。

(1)专项评价(估)费包括环境影响评价费、水土保持评估费、地震安全性评价费、地质灾害危险性评价费、压覆重要矿床评估费、文物勘察费、通航论证费、行洪论证(评估)费、使用林地可行性研究报告编制费、用地预审报告编制费、项目风险评估费、节能评估费和社会风险评估费、放射性影响评估费、规划选址意见书编制费等费用。

(2)计算方法:依据委托合同,或参照类似工程已发生的费用进行计列。

5. 联合试运转费

联合试运转费指建设项目的机电工程,按照有关规定标准,需要进行整套设备带负荷联合试运转所需的全部费用,不包括应由设备安装工程费中开支的调试费用。

(1)费用内容包括联合试运转期间所需的材料、燃料和动力的消耗,机械和检测设备使用费,工具用具和低值易耗品费,参加联合试运转的人员工资及其他费用等。

(2)计算方法:联合试运转费以定额建筑安装工程费为基数,按 0.04% 费率计算。

6. 生产准备费

生产准备费指为保证新建、改(扩)建项目交付使用后满足正常的运行、管理发生的工器具购置、办公和生活用家具购置、生产人员培训、应急保通设备购置等费用。

(1)工器具购置费指建设项目交付使用后为满足初期正常运营必须购置的第一套不构成固定资产的设备、仪器、仪表、工卡模具、器具、工作台(框、架、柜)等的费用,不包括构成固定资产的设备、工器具和备品、备件及已列入设备费中的专用工具和备品、备件。工器具购置费由设计单位列出计划购置的清单(包括规格、型号、数量),计算方法同设备购置费。

(2)办公和生活用家具购置费指新建、改(扩)建工程项目,为保证初期正常生产、使用和管理所购置的办公和生活用家具、用具的费用,包括行政、生产部门的办公室、会议室、资料档案室、阅览室、宿舍及生活福利设施等的家具、用具。办公和生活用家具购置费根据道路等级按公路路线长度计算,单独管理或单独收费的桥梁、隧道根据桥、隧规模按相应的指标计算。

(3)生产人员培训费指为保证生产的正常运行,在工程交工验收交付使用前对运营部门生产人员和管理人员进行培训所需的费用,包括培训人员的工资、工资性津贴、职工福利费、差旅交通费、劳动保护费、培训及教学实习费等。该费用按设计定员和3000元/人的标准计算。

（4）应急保通设备购置费指新建、改(扩)建工程项目,为满足初期正常运营,购置保障抢修保通、应急处置,且构成固定资产的设备所需的费用。该费用由设计单位列出计划购置清单,计算方法同设备购置费。

7. 工程保通管理费

工程保通管理费指新建或改(扩)建工程需边施工边维持通车或通航的建设项目,为保证公(铁)路运营安全、船舶航行安全及施工安全而进行交通(公路、航道、铁路)管制、交通(铁路)与船舶疏导所需的费用和媒体、公告等宣传费用及协管人员经费等。工程保通管理费应按设计需要进行列支。涉水项目施工期通航安全保障费用计算方法参见编制办法附录相关内容执行。

8. 工程保险费

工程保险费指在合同执行期内,施工企业按照合同条款要求办理保险的费用,包括建筑工程一切险和第三方责任险。

（1）建筑工程一切险是为永久工程、临时工程和设备及已运至施工工地用于永久工程的材料和设备所投的保险。

（2）第三者责任险是对因实施合同工程而造成的财产(本工程除外)损失或损害,或人员(业主和承包人雇员除外)的死亡或伤残所负责进行的保险。

（3）工程保险费以建筑安装工程费(不含设备费)为基数,按0.4%费率计算。

9. 其他费用

其他相关费用为国务院行政主管部门及省级人民政府规定的其他与公路建设相关的费用,按其相关规定计算。

(五) 预备费

预备费由基本预备费和价差预备费两部分组成。

1. 基本预备费

基本预备费指在初步设计和概算、施工图设计和施工图预算、项目建议书和可行性研究报告及投资估算中难以预料的工程费用。

1) 基本预备费包含内容

（1）在进行工程可行性研究、初步设计(技术设计)、施工图设计和施工过程中,在批准的项目建议书、工程可行性研究报告和投资估算范围或初步设计和概算范围内所增加的工程费用。

（2）在设备订货时,由于规格、型号改变的价差,材料货源变更、运输距离或方式的改变以及因规格不同而代换使用等原因发生的价差。

（3）在项目主管部门组织竣(交)工验收时,验收委员会(或小组)为鉴定工程质量必须开挖和修复隐蔽工程的费用。

2) 基本预备费计算方法

以建筑安装工程费、土地征用及拆迁补偿费、工程建设其他费用之和为基数,按下列费率计算。

(1)项目建议书投资估算按11%计列。

(2)工程可行性研究报告投资估算按9%计列。

(3)设计概算按5%计列。

(4)修正概算按4%计列。

(5)施工图预算按3%计列。

2.价差预备费

价差预备费系指设计文件编制年至工程交工年期间,建筑安装工程费用的人工费、材料费、设备费、施工机械使用费、措施费、企业管理费等由于政策、价格变化可能发生上浮而预留的费用,及外资贷款汇率变动部分的费用。

(1)计算方法:价差预备费以建筑安装工程费总额为基数,按设计文件编制年始,至建设项目工程交工年终的年数和年工程造价增涨率计算。计算见式(7.1.11):

$$价差预备费 = P \times [(1+i)^{n-1} - 1] \tag{7.1.11}$$

式中:P——建筑安装工程费总额(元);

i——年工程造价增涨率(%);

n——设计文件编制年至建设项目开工年 + 建设项目建设期限(年)。

(2)年工程造价增涨率按有关部门公布的工程投资价格指数计算。

(3)设计文件编制至工程交工时间在1年以内的工程,不列此项费用。

(六)建设期贷款利息

建设期贷款利息系指工程项目使用的贷款部分在建设期内应计取的贷款利息,包括各种金融机构贷款、建设债券和外汇贷款等利息。

利息计算方法:根据不同的资金来源分年度投资计算所需支付的利息,计算式为:

建设期贷款利息 = ∑(上年末付息贷款本息累计 + 本年度付息贷款额 ÷ 2) × 年利率

即:
$$S = \sum_{n=1}^{N}(F_{n-1} + b_n \div 2) \times i \tag{7.1.12}$$

式中:S——建设期贷款利息;

N——项目建设期(年);

n——施工年度;

F_{n-1}——建设期第 $n-1$ 年末需付息贷款本息累计;

b_n——建设期第 n 年度付息贷款额;

i——中国人民银行公布的贷款基准年利率。

(七)公路工程造价文件组成

投资估算、概算、预算文件应由封面、扉页、目录、编制说明及全部计算表格组成。

1.封面、扉页及目录

公路工程项目造价文件的封面和扉页,投资估算文件的应按《公路建设项目可行性研究报告编制办法》,概算、预算应按《公路工程基本建设项目设计文件编制办法》中的规定制作,扉页的次页应有建设项目名称、里程、编制单位、编制、复核人员签名并加盖执业(从业)资格印章、编制日期及第几册共几册等内容。目录应按计算表格的表号顺序编排。

2. 编制说明

造价文件编制完成后,应写出编制说明,文字力求简明扼要。叙述的内容一般有:

(1) 建设项目设计文件的依据。

(2) 编制范围,工程概况等。

(3) 采用的实物定额或指标、费用标准,人工、材料、机械台班单价的依据或来源,新增工艺的单价分析。

(4) 有关的协议书、会议纪要的主要内容。

(5) 概算、预算总金额,人工、钢材、水泥、沥青等的总量。

(6) 各设计方案的经济比较。

(7) 项目综合经济技术指标统计,对比分析本阶段与上阶段工程数量、造价的变化情况。

(8) 其他有关费用计算项及计价依据的说明。

(9) 采用的公路工程造价软件名称及版本号。

(10) 其他需要说明的问题。

3. 甲组文件与乙组文件

公路工程项目造价文件按不同需要分为甲、乙组文件,甲组文件为各项费用计算表,乙组文件为建筑安装工程费各项基础数据计算表。甲、乙组文件包括的内容如图 7.1.2 所示。

甲组文件:
- 编制说明
- 项目前后阶段费用对比表
- 建设项目属性及技术经济信息表(00表)
- 总概(预)算汇总表(01-1表)
- 总概(预)算人工、主要材料、施工机械台班数量汇总表(02-1表)
- 总概(预)算表(01表)
- 人工、主要材料、施工机械台班数量汇总表(02表)
- 建筑安装工程费计算表(03表)
- 综合费率计算表(04表)
- 综合费计算表(04-1表)
- 设备费计算表(05表)
- 专项费用计算表(06表)
- 土地使用及拆迁补偿费计算表(07表)
- 工程建设其他费计算表(08表)
- 人工、材料、施工机械台班单价汇总表(09表)

a) 甲组文件

乙组文件:
- 分项工程概(预)算计算数据表(21-1表)
- 分项工程概(预)算表(21-2表)
- 材料预算单价计算表(22表)
- 自采材料料场价格计算表(23-1表)
- 材料自办运输单位运费计算表(23-2表)
- 施工机械台班单价计算表(24表)
- 辅助生产人工、材料、施工机械台班单位数量表(25表)

b) 乙组文件

图 7.1.2　甲、乙组文件包含的内容

三、公路工程概、预算编制的一般步骤和工作内容

公路建设项目通常由路基、路面、桥涵、隧道等不同功能、不同结构的单位工程组成,而每一项单位工程又包含众多的分部、分项工程,不同类型的分部、分项工程在计算工程造价时的重点各不相同,同时工程造价的确定,还受到项目建设环境和市场行情的影响,因此公路建设项目的造价确定是一项十分烦琐而又细致的工作。为确保工程造价文件的编制质量,合理、准确地反映工程建设工程费用,学习工程造价文件的编制步骤和主要工作内容是十分必要的。

工程造价前期阶段造价文件的编制步骤和工作内容,概括起来编制流程见图7.1.3。

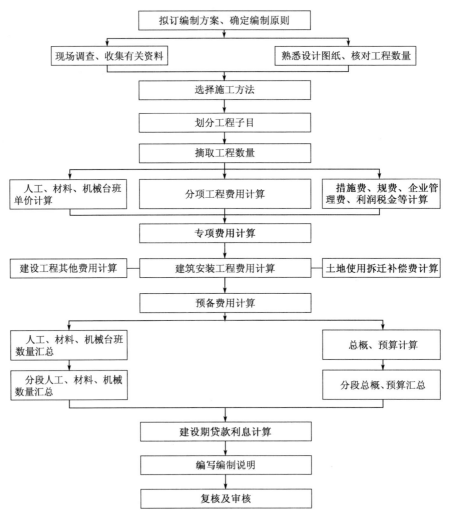

图7.1.3 工程造价编制流程

(一)拟订编制方案、确定编制原则

1.拟订编制方案

根据我国现行的公路工程建设管理体制和有关勘察设计、工程造价管理的规定与要求,担

负公路工程勘测设计工作的单位,在完成勘测设计任务的同时,必须编制其相应的工程造价文件,它是各阶段设计文件的重要组成部分。设计单位专职的概预算人员(造价工程师),具体负责工程造价的编制业务。由于工程造价的编制是与勘察设计工作同步进行的,因此,应与各专业组的设计人员紧密配合,开展编制造价的业务,统观全局、精心策划、制订可行的工作方案,从而有序、有步骤地开展编制工作。工程造价文件的编制首先应拟订编制方案。编制方案的拟订一般应包括如下内容:

(1)了解建设项目的基本情况。如建设主管部门对公路建设项目等级、技术标准、勘察设计和建设期限等各项基本要求,或勘察设计合同、委托书的相关规定,以及经批准的前一阶段的设计文件,如可行性研究报告或初步设计文件等。

(2)掌握设计意图以及新技术、新结构、新材料的应用情况。通过参与勘察设计过程中的相关技术、业务研讨会和工作任务安排,了解掌握有关设计意图,以及新技术、新结构、新材料的应用情况,并开展造价分析、技术经济论证活动;注意配合设计人员做好限额设计,加强工程造价的有效控制。

(3)收集项目筹融资方案和项目实施方案。如项目资本金的来源及比例,贷款比例及利息,是否采用 BOT、PPP 等方式实施项目等。

(4)拟订现场调查要点,确定现场调查资料的全面、真实。工程造价资料的现场调查应与地质勘探和设计等相关人员相互配合,确定提供资料的要求,以确保所收集的基础资料全面、真实、可靠,避免返工。

(5)拟订造价编制工作的时间表。编制方案中的一项重要内容就是要有明确的时间表对造价编制各阶段的工作进度做出计划安排,努力做到目标明确、心中有数。

(6)建立岗位责任制明确分工,有利于保证工程造价编制质量和提高业务水平。

2. 确定编制原则

公路工程造价的编制,应从建设项目的实际情况出发,遵循下列原则:

(1)要根据建设资金的筹资方式、项目特点、具体的施工组织设计和项目实施方案,合理正确地选择、使用工程计价依据。这些因素,对工程造价有重要的影响,具体体现了项目的差异性。

(2)要严格遵守国家的方针、政策和有关制度,尤其是针对工程造价管理的各项规定和要求。前期阶段工程造价的确定要做到有据可依、经济合理。同时,注意克服"长官意志"的影响和干扰,实事求是。

(3)要遵循价值规律的客观要求,结合建设项目的实际情况与市场行情,从实际出发,采用先进合理的施工方法,既要把投资打足,也不要"宽打窄用"或有意扩大风险因素,以免造成建设资金的积压或浪费等不良现象。

(4)要贯彻国家的技术政策、行业规定,做到技术先进、经济合理,从而合理确定工程造价,维护建设各方的合法经济权益。

(5)要认真做好造价分析,有步骤、有目的地配合设计人员开展限额设计和优化设计,使设计更加经济合理,从而有效地进行工程造价的控制,以利建设项目的顺利实施。

(6)造价工程师自始至终应紧密与设计人员配合,相互信任、谅解,坚持实事求是的精神,这是做好工程造价编制的政治保证。

(二)现场调查与资料收集

在编制造价文件之前,造价工程师必须进行现场调查、收集有关资料。现场调查往往能使造价人员对工程项目有更加深入的了解,使之编制造价时选择更适合项目实际的施工工艺和施工组织方案。现场调查与资料收集是工程造价编制的一个重要工作环节和必要手段。

除了现场调查,熟悉设计图纸资料也是公路工程造价编制的另一项重要工作。而且这两项工作不是截然分开的,不是在前者完成之后再进行后者,而是互相交错进行的。在一般情况下,造价工程师应随同勘察人员进行现场调查,掌握各种基础资料调查,还应在熟悉设计内容的基础上,检验现场实施的可能性和经济性,对有关编制工程造价所需的各种基础资料应密切结合设计内容开展调查工作。根据编制公路工程造价的需求,应在现场调查中收集以下相关的资料。

1. 社会条件

社会条件是指建设工程所在地的政治、历史、区情、风俗以及社会、经济的发展情况,对此应进行必要的调查了解,它对建设工程的顺利实施有着极其重要的影响。

2. 自然条件

自然条件包括项目所在区域的地形、地质、水文、气候等,这些因素是直接影响建设工程实施可能性的重要因素,必须进行细致和充分的调查研究。凡遗漏或不全的,均应加以补充和完善,要认真细致,务必使所收集的资料真实可靠。

(1)地形情况。包括地貌、河流、交通及附近建筑物、构筑物等情况。因公路是一种线形工程,往往要穿越各种各样的地带,如城镇居民地区,或地形起伏不定、河流纵横交错的复杂地区,亦可能是沙漠、草原、原始森林或地质不良的地区。此外,在实施过程中或建成后,可能遭遇到山洪、冰川、雪崩和塌陷等自然灾害的影响。通过深入调查研究,做到情况明了,就能从实际出发,确定合理可靠的设计方案和工程造价,从而避免建设资金的浪费和对人们的生产、生活产生的不利影响。

(2)地质情况。如土壤的性质和类别,不良地质地区的特征,泥石流、滑坡以及地震级别等。其中土的类别等是计价的信息资料,如果资料内容不实,就会使工程造价脱离实际,影响工程的顺利实施。

(3)水文资料。包括河流的流量、流速、漂浮物情况,水质、最高洪水位、枯水期水位以及地下水等,这些都是确定编制工程造价及安排施工计划的客观依据,应深入群众了解收集。

(4)气象资料。应向沿线气象部门调查收集项目所在区域的相关气象资料,如气温、降雨量、雨季期等。若实地调查的气象资料与编制办法所划定的雨量区、雨季期、冬季气温区、风沙区有较大出入时,可按当地气温资料及编制办法中规定的划分标准确定工程所在地的冬季气温区和雨量区及雨季期。

3. 技术经济条件

技术物资、生活资料、劳务、社会运力、市场行情,以及当地政府颁布的经济法规等多方面的经济信息是工程计价极其重要的基础资料。应做到资料全面、准确,某些资料还应取得书面协议。

(1)运输道路情况。工程施工时沿线可利用的场地、运输道路、桥梁等,在使用前和使用过程中,必要的改建、加固和维修,以及需要支付的补偿费等情况。除应收集各项具体数据外,一般应与物主取得协议。

(2)建筑材料。对工程所在地的各种建筑材料的供应能力、流通渠道、供应地点、管理部门和大型建材市场等进行多方面的调查,并收集市场动态,掌握材料价格的变化发展趋势。地方性的砂、石等建筑材料,重点是根据设计人员确定的料场探明储存量、开采条件、购买原价等关键信息。其次应调查当地有无工业废料(如粉煤灰)可供利用,以及其数量、质量、价格和利用的可能性等情况。进行料场价格调查时,在价格中应包括所有应支付的费用,如砂石场的管理费等,并要注意调查价与实际购买价可能产生的价差。

进行调查时要根据预算定额所规定的材料规格,结合工程项目实际情况,确定调查的内容,如供应地点、出厂价或市场价、运距、运输方式、运价、装卸费、路况及其他费用等。调查中应做好记录,见表7.1.1。自采材料应绘制"沿线筑路材料供应示意图"。

建筑材料价格调查表 表7.1.1

建设项目名称:

序 号	材料名称及规格	单 位	供货地点	供应价格(元)	运输方式及运距(km)	供应价格依据

调查者: 年 月 日

为了建立和完善工程价格信息资料的管理机制,规范工程计价行为以利加强宏观调控,近年来各省(自治区、直辖市)交通(公路)造价管理(事务)机构经交通行政主管部门授权,均定期发布建筑材料价格信息作为计价依据,故在进行建筑材料价格的调查时,原则上应以此为依据,结合所收集的建设工程所在地的价格信息资料,进行综合分析研究,合理取定。

(3)社会运力。了解当地可能提供的社会运输方式(如汽车、火车、船舶等)、运力、转运情况以及运杂费计算标准,如过路费、过桥费、各种装卸费和车船税征收标准等。除应向当地交通运输主管部门调查了解外,还应注意运输市场情况的调查研究。

(4)劳务。调查建设项目所在地可利用的社会劳动力资源情况,诸如数量、技术水平、分包的可能性;二是要收集工人工资的资料。人工费的单价也同上述材料价格一样,是由各省(自治区、直辖市)交通(公路)造价管理(事务)机构统一发布的,同时还需调查当地人工费规费的相应费率。

(5)用水、用电。收集当地供水、供电能力、管线设施情况及相应收费标准等信息。由于项目所在地地域差别和项目本身差异(如项目隧道、特大桥占比不同),项目供水、供电保障能力(如是否可就近取水、项目是否需自发电等)对水、电价格的综合取定影响程度不同,进而影响整个项目的工程造价,因此应尽可能做好相关的各项资料的收集。

(6)生活资料。如主副食、日用生活品的供应情况,以及医疗卫生、文化教育、消防治安等社会服务机构的支援能力。主、副食运输要分别调查粮食、燃料、蔬菜、生活用水等供应地点及运距,如有几个供应点、应调查各点供应数量的比例,以便计算综合里程。调查记录见表7.1.2。

主副食运输调查表　　　　　　　　表7.1.2

建设项目名称：

序　号	名　称	供应地点	供应比例(%)	运距(km)	备　注

调查者：　　年　月　日

注：主副食若有多个供应点,应分别填写并注明其供应比例。

（7）市场行情。要通过对市场情况的调查,对建安费中各项费用由于政策、价格变化、汇率等变化可能发生的上浮,收集有关部门公布的工程投资价格指数,确定年工程造价增涨率,以便计算价差预备费。

（8）筹资方式。应向工程建设主管部门或建设单位收集项目筹融资方案和项目实施方案。如项目资本金的来源及比例,贷款比例及利息,是否采用BOT、PPP等方式实施项目等工程资金筹措方式。若为贷款项目,则应明确所需贷款总额、资金来源、年利率、建设年限,以及年度贷款的分配比例等,以便计算建设期的贷款利息。

（9）实施方案。要向工程建设主管部门或建设单位了解施工方案,合同段划分、项目实施的机械化程度、有无特殊的施工方法、特殊的施工设备等实施方案信息。项目具体的实施方法影响各标段之间的工程数量、方案(如合同段划分不同,各合同段路基土石方调运方案也不同)、定额选择、定额的适用性等,进而对工程造价产生影响。

（10）征地、拆迁。要向沿线当地人民政府的土地管理部门调查了解工程建设征用和租用的土地,被征用土地上青苗的铲除,经济林木的砍伐,房屋、水井等建筑物的拆除,应予支付补偿的标准,以及拆迁管理费、耕地占用税的有关规定。同时,要收集各种农作物的平均年产量、人均占有耕地亩数、农作物的市场价格、占地新政策、综合地价和统一年产值标准、房屋拆迁市场评估价以及地方有关政策标准等资料。

在路线范围内,所有建筑物、树木等均要进行调查,建筑物不但包括地面以上的,埋在地面以下的建筑物,如水管、电缆等也要调查清楚,以便采取必要的工程措施。

进行调查时,要全面收集以下有关各项原始数据资料：

①需迁移的建筑物要详细注明路线桩号、左右距离。

②电杆迁移必须注明形式、负荷量、线数等,是木质或钢筋混凝土的。

③电杆要注明与路中心线的交角确定拆迁数量。要充分考虑由于迁移使两端受影响的数量,一并计入迁移数量中。

④所有拆迁的建筑物必须注明结构形式、材料情况、新旧程度。

⑤对于树木的调查,必须分清树种、胸径,经济林木还应调查产量、单价等。

至于电力、电信设施的迁移,以及水利工程、铁路及铁路设施互相干扰时,应与有关部门联系,商定合理的解决方案和赔偿标准。由于征地、拆迁涉及面广,对人们的生产、生活都会产生极大的不利影响,应认真细致地按照表7.1.3~表7.1.6的内容和要求,做好现场调查和资料收集工作。此外,因确定公路征用土地的面积,都是按照横断面两侧占地宽度加上规定的预留宽度来计算的,往往产生一些田边、地角等不在计算的范围内等情况,即一整块耕地被征用之后,剩下一个小角落不在被征用范围内,而客观上已无法再作为耕地使用。所以,在以往实际执行过程中,这些土地一般都一并计入征用补偿范围。故在现场调查时,也不可忽略这些情况。

征用土地补偿调查表　　　　　　　　　　　　　　　　　　　　表7.1.3

县(市)别	土地种类	土地等级	农作物种类	近三年平均产量(kg/亩)	实物单价(元/kg)	备注

补充资料:人均占有耕地亩数
提供单位:　　　　　　　　　　　　　　　　　　　　调查者:　　　年　月　日

伐经济林木补偿调查表　　　　　　　　　　　　　　　　　　　表7.1.4

县(市)别	经济林木种类规格	单　位	补偿单价(元)	备　注

提供单位:　　　　　　　　　　　　　　　　　　　　调查者:　　　年　月　日

迁移电力电信线路补偿调查表　　　　　　　　　　　　　　　　表7.1.5

县(市)别	迁移线路种类	型号与规格	单　位	补偿单价(元)	备　注

提供单位:　　　　　　　　　　　　　　　　　　　　调查者:　　　年　月　日

拆迁建筑物补偿调查表　　　　　　　　　　　　　　　　　　　表7.1.6

县(市)别	建筑物种类	规格标准	单　位	补偿单价(元)	备　注

提供单位:　　　　　　　　　　　　　　　　　　　　调查者:　　　年　月　日

(11)临时工程。包括两个方面的内容,一是为保证施工企业正常施工,施工现场必须设置的各种临时设施;二是为主体工程的施工必须修建的临时工程。

临时设施指各种生活、生产用房,工作便道,人行便桥,临时用水、用电的水管支线、电力支线和其他小型临时设施等。其所需费用,根据不同的工程项目、不同的地区类别,以费率形式进行计算。

临时工程包括电力、汽车便道、便桥等,要根据工程项目所确定的施工方案和路线所经现场的实际情况,确定预制场、沥青混合料、水泥混凝土集中拌和的拌和场,现场管理机构、施工点等的位置和范围,以此确定临时占地数量和各种临时工程数量。

进行调查时,要按如下要求分别收集有关资料。

①临时占地数量。临时占地数量包括施工企业施工工地所需的生产、生活用房占地,预制场、沥青混合料拌和场、水泥混凝土拌和场、路面稳定土拌和场、材料堆放场、仓库、临时便道及其他临时设施等所需临时占地数量,以及处理复耕土地所需的费用等资料。

临时占地数量可根据工程规模大小、工期长短,按施工方案的安排确定。如工程规模不大,占地数量应小,但考虑必需的房屋、设备、设施等,其数量需相应加大;再如由于特殊要求,安排工期较短,一些临时设施相应也会加大,占地数量也相应增多。

②临时电力。在考虑临时电力线路的接线位置和长度时,要与被接线单位协商确定,尽量就近考虑。

临时电力线路为从变压器到接线处的电力干线长度,从变压器到用电点的接线为电力支线,桥梁施工现场、拌和场等场内用的电力支线费用已综合在施工场地专项费用中,不再单独计算。

③临时汽车便道。临时汽车便道指运输材料、构件、半成品到工地,砂、石材料从料场至工地材料仓库等红线范围内贯穿便道、进出场临时道路以及保通便道等。预制场、拌和站、施工驻地内等各种临时工作便道、人工便道、其他小型临时设施等的搭设和租赁、维修、拆除、清理的费用已综合在施工场地专项费用中,不再单独计算。

④临时汽车便桥。临时汽车便桥是为修建汽车便道而必须相应配套修建的便桥以及桥梁施工时,材料、机械设备过河需修建的汽车便桥。便桥的高度、长度、在场时间按施工现场实际情况和工期安排确定。

⑤临时轨道铺设。临时轨道按需要分轻轨、重轨。重轨又分为路基上、桥上两种,轻轨多铺在预制场,用于运输混凝土、预制构件横移。路基上重轨指从预制场至桥头在路基上铺设的长度,在桥上为在桥面上运梁铺设的长度。

临时工程的调查结果填入表7.1.7中。其中临时占用土地如需复耕的,要了解分析复耕所需的费用,并计入工程造价,以上临时设施若在设计阶段无法调查确定,应以设计图纸数量或常规施工组织设计为依据计算。

临时工程调查表 表7.1.7

建设项目名称:

序号	工程名称	设置地点或桩号	规格标准	单位	数量	备注
1	电信线路					
2	电力线路					
3	汽车便道					
4	汽车便桥					
5	大型场地					
6	轨道铺设					
7	临时占地数量					

调查者: 年 月 日

(12)其他,如沿线文物、管线交叉方案等。

在现场调查和收集资料过程中,凡涉及下列事项时,应取得书面协议文件:

①与地方政府就砂石料场的开采使用、运输以及取土场、弃土堆的意向协议;

②拆迁建筑物、构筑物与物主协商的处理方案;

③与原有的电力、电信设施,水利工程,铁路及铁路设施互相干扰的处理方案;

④施工中利用电网供电的协议;

⑤当地环境保护对公路建设工程的特殊要求。

凡调查所收集的各种基础资料或协议,均应制作成书面文件,装订成册,作为设计和造价文件的必要附件。

(三)熟悉设计图纸资料,核对主要工程量

设计图纸是计算各类工程数量的主要依据。所以,对设计图纸资料情况的熟悉了解,是准、快、全地编制工程造价的前提条件。设计图纸资料除表示了各种不同的构造、大小尺寸外,作为计价基础资料的各种工程量基本上都反映在图表上,而有些又是隐含在图纸内,如混凝土和砂浆的强度等级、石砌工程的规格种类以及施工要求等,凡难以在图纸上表示的项目内容往往多在文字说明内加以规定。通常用图形表现的设计图纸和用文字叙述的工程说明书,确定了工程的工程数量和施工方法。故熟悉设计图纸资料和文字说明内容,对工程造价的编制极其重要。

为了使所提供的和收集的工程计价的基础数据合理可靠,以确保工程造价的编制质量,在编制公路工程造价之前,应熟悉设计图纸资料和文字说明,了解设计意图和工程全貌,并核对主要工程数量。核对主要工程量时应注意的有关事项简要叙述如下:

(1)公路工程施工技术日趋复杂,新材料、新结构、新工艺被广泛应用,而作为指导建设项目实施的各种设计图纸资料也越来越多,所以要按照《公路工程基本建设项目设计文件编制办法》的规定,对建设项目必有的图表资料进行清点,资料如有短缺,要查明落实,以免漏项。

(2)核对各种图纸,如构造物的平面、立面、结构大样图等,相互之间是否有矛盾和错误。各部尺寸、高程等是否彼此对口,文字说明是否有含糊不清等情况,凡影响到计价的都要核对清楚。

(3)图与表所反映的工程量是否一致,小计、总计是否相符,都应进行核对;图与图上的文字说明存在相互矛盾的,要提请设计人员予以纠正、澄清。

(4)各种设计工程量的分部分项工程名称、计量单位应符合采用计价定额标准的要求,若不相符时,要进行调整、修正。

(5)对工程造价影响较大的关键部位或量大价高的工程量,必要时应重新进行复核计算,以验证是否计算正确。

(6)当个别工程量超出一般常规情况时,如钻孔灌注桩,一般每立方米混凝土的含钢筋量在90kg左右,若图表上所反映的数字出入较大或在工程质量上超出国家施工技术规范规定的要求等时,都应进行分析研究,并将情况反馈给设计人员予以处理。

(7)在熟悉设计图纸资料和核对工程量的过程中,要结合过去的历史工程造价资料和新建工程的实际情况,如路面的结构形式、圬工类别等,重点分析施工的可能性和经济的合理性,

据此向设计人员提出建议,使设计更加经济合理。

(8)对国家颁发的各种设计图集,也要进行必要的熟悉。一般标准图集的规定具体不一定全部体现在设计图纸中,但往往又是作为计价的依据。同时又可相互比较作为参考,便于发现问题。

由于公路建设工程有其特殊的技术经济特征和设计文件编制的特殊方法,从而决定了核对工程量是工程造价编制的一个关键环节。因此,作为具体实施工程造价编制工作的工程师,应结合长期的实践经验,遵循一定的工作程序,深入熟悉设计图纸资料,做好工程量的核对工作。这是确保工程造价编制质量的有效手段,对工程造价的合理可靠性也会产生重要的影响,也是造价工程师不断学习、提高业务能力和工作水平的一个过程。对工程造价的编制,无论是采用手工或应用计算机软件进行,熟悉设计图纸资料,核对主要工程量,都是必不可少的。

(四)选择施工方法

在公路工程设计和建设中,施工方法的选择是非常重要的,必须依据具体工程条件按照经济合理的原则,选择经济适用的施工方法。

在设计阶段一般情况下,施工方法是设计人员在施工组织设计中提出的,但对具体机械设备的配置,仍然需要概、预算编制人员根据经验选择,项目无特殊要求时应按常规施工组织设计确定。

1. 路基施工方法的选择

路基工程中土石方工程量很大,采用不同的施工方法,人工、机械消耗的数量差异很大。目前,高等级公路为了满足施工质量和工期要求,一般都是采用机械施工,而低等级公路仍较多采用人工、机械组合施工。在机械施工中,定额的选择主要是按作业种类和各种机械经济运距合理选择机械类型。但需要注意,运距不是选择机械的唯一标准,例如铲运机适用于大规模的土方转运,且土质较为松软,所以并不是适用所有地区。在选择土石方定额时可参考表7.1.8、表7.1.9进行。

作业种类与筑路机械选择表　　　　表7.1.8

作业种类	供选择的机械种类	作业种类	供选择的机械种类
伐树、挖根	推土机、挖掘机	运输	自卸汽车、拖拉机、翻斗车
挖掘	挖掘机、松土机	摊铺、整平	推土机、平地机
装载	挖掘机、装载机	压实	轮胎式压路机、振动压路机、羊足碾
挖掘、运输	推土机、铲运机	洒水	洒水汽车

根据运输距离选择机械表　　　　表7.1.9

机械类型	经济运距(m)	机械类型	经济运距(m)
推土机	0~100	装载机+自卸汽车	>600
铲运机	100~600	手扶拖拉机、翻斗车	100~500
挖掘机+自卸汽车	>600		

2. 路面施工方法的选择

路面基层施工主要采用路拌或厂拌法施工,根据道路等级的不同,宜按表7.1.10选择基层、底基层材料施工工艺措施。

施工工艺选择表　　　　　　　　表 7.1.10

材料类型	公路等级	结构层位	拌和工艺		摊铺工艺	
			推荐	可选择	推荐	可选择
无机结合料稳定中、粗粒材料	二级及二级以上	基层	集中厂拌	—	摊铺机摊铺	—
无机结合料稳定细粒材料		底基层	集中厂拌	—	摊铺机摊铺	推土机摊铺,平地机整平
水泥稳定材料	二级以下	基层和底基层	集中厂拌	—	摊铺机摊铺	—
其他各种无机结合料稳定材料		基层和底基层	集中厂拌	人工路拌	摊铺机摊铺	推土机摊铺,平地机整平
级配碎石	二级及二级以上	基层和底基层	集中厂拌	—	摊铺机摊铺	—
	二级以下	基层和底基层	集中厂拌	人工路拌	摊铺机摊铺	推土机摊铺,平地机整平

常用的高级路面面层结构包括沥青混凝土路面和水泥混凝土路面,其中沥青混凝土路面主要的施工方法是热拌热铺,沥青混凝土集中拌和;目前通常采用的水泥混凝土面层铺筑的技术方法有:小型机具铺筑、滑模摊铺机铺筑、三辊轴机组铺筑、碾压水泥混凝土等。水泥混凝土路面施工应根据图纸、机械设备、施工条件及摊铺方式拟订具体的施工方案,滑模摊铺机铺筑工程质量最高、施工速度最快,因此在高等级公路水泥混凝土路面施工中广泛采用。以人工为主的小型机具铺筑是施工技术简单、便捷、不需要大型设备,一般用在县乡公路、低等级或等外公路等。因此,道路等级不同、路面结构不同、施工方法不同、工程成本消耗不同,在选择路面施工方法时,应结合公路的技术等级、工程规模、质量和工期的要求进行综合分析后确定。

3. 构造物施工方法的选择

公路工程构造物是指路基土石方和路面工程以外的桥梁、涵洞、隧道、防护、排水工程等。由于构造物的种类多、结构各异,所以其施工方法也各不相同。在造价文件编制时,定额选择一定要对应相应构造物的具体施工方法,而这些方法应当在日程工作中不断积累、总结,这里不再一一赘述,具体施工方法见第五章相关内容。

(五)划分工程项目

公路工程估算,概、预算的建安费计算是以直接费为计价单元逐级计算、汇总至项目表。项目表(费用项目清单)主要是在公路工程前期阶段即设计阶段使用,是在工程项目编制估算、概算、预算时对应编制的工程或费用的明细清单。项目表(费用项目清单)是在公路设计和管理过程中以实践经验为基础拟定的工程或费用的明细清单,该清单基本按照单位工程、单项工程、分部工程、分项工程、结构构件、部分等划分方法以部、项、目、节、细目为层级,逐级展开。各分项也是逐级编码,编码原则为部(1位数)、项(2位数)、目(2位数)、节(2位数)、细目(2位数)组成,各类工程的常用项目表在编制办法的附录B中列出,已列的项目表的编码和项目名称不能随意修改,根据项目的实际情况选择需要的项目。当编制办法中列出的项目表内容不能满足工作需要,可结合项目建设阶段的工作深度和管理要求,灵活增加项目表,新增项目的编码原则按照编制办法的相关规定执行。概、预算项目表示例见表7.1.11。

概、预算项目表（节选）　　　　　　　　　表7.1.11

分项编号	工程或费用名称	单位	主要工作内容	备注
1	第一部分　建筑安装工程费	公路公里		建设项目路线总长度(主线长度)
101	临时工程	公路公里		
10101	临时道路	km		新建施工便道与利用原有道路的总长
1010101	临时便道(修建、拆除与维护)	km		新建施工便道长度
1010102	原有道路的维护与恢复	km		利用原有道路长度
1010103	保通便道	km		
101010301	保通便道(修建、拆除与维护)	km		修建、拆除与维护
101010302	保通临时安全设施	km		临时安全设施修建、拆除与维护
10102	临时便桥、便涵	m/座		
1010201	临时便桥	m/座	修建、拆除与维护	临时施工汽车便桥
1010202	临时涵洞	m/座		
10103	临时码头	座		按不同的形式分级
10104	临时供电设施	总额		包括临时电力线路、变压器摊销等,不包括场外高压供电线路
10105	临时电信设施	总额		不包括广播线
	……			
102	路基工程	km		扣除主线桥梁、隧道和互通式立交的主线长度,独立桥梁或隧道为引道或接线长度。下挂路基工程项目分表
	……			
103	路面工程	km		扣除主线桥梁、隧道和互通式立交的主线长度,独立桥梁或隧道为引道或接线长度,下挂路面工程项目分表
	……			
104	桥梁涵洞工程	km		指桥梁长度
10401	涵洞工程	m/道		下挂涵洞工程项目分表
	……			
10402	小桥工程	m/座		
1040201	拱桥	m²/m		下挂桥梁工程项目分表
1040202	矩形板桥	m²/m		下挂桥梁工程项目分表
1040203	空心板桥	m²/m		下挂桥梁工程项目分表
1040204	小箱梁桥	m²/m		下挂桥梁工程项目分表
1040205	T形梁桥	m²/m		下挂桥梁工程项目分表

续上表

分项编号	工程或费用名称	单位	主要工作内容	备注
	……			
10403	中桥工程	m/座		
1040301	拱桥	m²/m		下挂桥梁工程项目分表,不分基础、上(下)部
1040302	预制矩形板桥	m²/m		下挂桥梁工程项目分表,不分基础、上(下)部
1040303	预制空心板桥	m²/m		下挂桥梁工程项目分表,不分基础、上(下)部

(六)套用定额、摘取定额工程数量

1. 选择适合的定额

公路工程建设项目规模大、工程结构类型众多、施工工艺复杂,这些特点决定了公路建设项目计价的复杂性,直接费的计算需要套用定额计算,也最为复杂。直接费以定额作为最小的计价单元,定额的合理选择是工程造价正确计算中最重要的一步。

定额使用的针对性很强,不同设计阶段、不同地区、不同等级规模、不同工作内容、不同施工工艺、不同技术水平、不同设备配置、不同施工组织等众多因素都影响定额的选择,因此在使用定额时一定要结合项目的具体情况、定额中的相关规定以及定额的工作内容综合分析确定,做到不重不漏。

【例2】 某工程项目采用粗粒式沥青混凝土面层下层(厚8cm),沥青拌和站距施工现场平均运距为2km。根据施工组织设计,采用160t/h沥青拌和设备拌和,15t自卸汽车运料(不含拌和场地)。试划分预算子目,并选择相应定额(不考虑拌和站场地建设)。

解:(1)按照概算、预算项目表划分见表7.1.12。

按照概算、预算项目表划分预算子目　　　　表7.1.12

项	目	节	细目	工程或费用名称	单位
103				路面	km
	LM01			沥青混凝土路面	
	…			……	
		LM0105		沥青混凝土面层	m²
			LM010501	粗粒式沥青混凝土面层	m²
			LM01050101	粗粒式沥青混凝土面层厚8cm	m²

(2)根据定额表选择定额。

现行预算定额将沥青混凝土路面的施工划分为:拌和、运输和铺筑三项工作,分别对应三个定额项目表:2-2-11 沥青混凝土混合料拌和、2-2-13 沥青混合料运输、2-2-14 沥青混合料路面铺筑,各定额项目表中又包含多个定额,如沥青混凝土拌和定额项目又按拌和料的粗细程度、拌和设备的拌和能力划分定额;沥青混合料运输按照运输车辆的装载能力和运距划分定额;摊铺定额按照摊铺是人工还是机械、摊铺沥青的粗细程度、拌和设备的拌和能力划分定额,因此在选择定额时应结合施工现场实际情况和施工单位的设备配备选择相应定额。同时沥青拌和设备安装、拆除在预算定额中是单独计算的,在使用定额时不要漏记,而现行定额将沥青拌和站建设的相关费用综合考虑在建安费中的施工场地建设费,在编制造价文件时不能单独计算场地平整、硬化的相应费用。因此,本例题编制粗粒式沥青混凝土预算的子目划分见表 7.1.13。

粗粒式沥青混凝土预算子目划分　　　　表 7.1.13

定额表号	工作内容	定额单位
2-2-11-4	160t/h 沥青混凝土拌和设备拌和粗粒式	1000m³ 路面实体
2-2-13-7	15t 自卸汽车运第一个 1km	1000m³ 路面实体
2-2-13-8	15t 自卸汽车增运 0.5km	1000m³ 路面实体
2-2-14-42	160t/h 沥青混凝土混合料摊铺、碾压	1000m³ 路面实体
2-2-15-4	160t/h 沥青拌和设备安装、拆除	1 座

2. 摘取定额工程数量

选择定额之后,应给对应定额摘取工程数量。摘取工程数量时需注意几个工程量的概念和对应关系。在定额中填写的工程量称为定额工程数量,设计图纸中给出的工程数量是设计工程量,这两个工程数量有本质的差别,在摘取工程数量时切忌将图纸中的工程数量直接摘取、填写。计算定额工程量主要参考公路工程定额中的工程量计算规则,并且设计阶段不同,使用的计价定额就不同,对应不同计价定额的定额工程量的计算规则也不同(工程数量的相关具体内容详见本章第二节)。

另外从编制概算、预算的角度考虑,工程量可以划分为两大类,即:主体工程工程量和辅助工程工程量。

主体工程工程量是指构成公路工程实体的各类工程数量,如路基、路面、桥梁、涵洞、隧道、交通安全工程等对应的实体数量。这部分工程数量通常是设计人员在完成设计图纸的同时就已进行计算,绝大多数主体工程的设计工程数量与定额工程数量计算规则是一致的,在编制概算、预算文件时直接摘取就可以。但是部分设计图纸所提供的工程数量与定额表中给出的工程量不完全一致,需要编制人员按照定额工程量的计算规则以设计工程量为基础重新计算,然后填写数量。所以,确定主体工程工程量,实际上是根据定额规定的工程量计算规则,将设计图表中提供的工程量进行分类、统计、汇总后,得出符合定额工程量计算规则的定额工程量。这是一项十分细致和烦琐的工作,为了确保正确摘取工程量、做到不重不漏,编制人员必须十分熟悉定额工程量计算规则,明确定额规定的工程内容、适用范围,对各章、节说明及定额表附注都十分清楚,才能做到正确确定定额工程量。

辅助工程工程量是指为了保证主体工程的完成,施工中必须采取的辅助措施或临时工程的工程数量,辅助工程本身不构成实体,却是完成实体工程必须发生的,一般在施工完成后,也随之拆除或消失。辅助工程工程量的确定对造价的合理计算非常重要,主要依靠概算、预算编制人员的工作经验,根据工程实际情况结合施工组织设计来确定。

在编制概算、预算时,需要考虑的辅助工程量,如:路基土石方工程为保证路基边缘压实而加宽填筑的数量;临时工程相关内容,便道、便桥、栈桥、码头、轨道、电力线路、用水、各类拌和设备安拆数量等;桥梁工程中作为辅助工程的围堰、护筒、工作平台、吊装设备、混凝土构件出坑、运输、预制厂及设施(底座、张拉台座等)、是否蒸汽养生等。

(七)计算各项费用

1. 建安工程费计算

(1)确定费率标准。

(2)确定单价文件,包括:人工费单价的确定、材料预算单价计算、机械台班单价计算。

(3)直接费计算。

$$直接费 = \Sigma(人工消耗量 \times 人工单价) + \Sigma(材料消耗量 \times 材料预算单价) + \Sigma(机械台班消耗量 \times 机械台班预算单价) \quad (7.1.13)$$

(4)设备购置费计算。

$$设备购置费 = \Sigma(设备购置数量 \times 预算单价) \quad (7.1.14)$$

(5)措施费、企业管理费、规费、利润、税金计算。

(6)专项费用计算。

2. 土地使用及拆迁补偿费计算

土地使用及拆迁补偿费计算具体计算原则见编制办法。

3. 工程建设其他费用计算

工程建设其他费用计算具体计算原则见编制办法。

4. 预备费及建设期贷款利息计算

(1)预备费的计算。

(2)建设期贷款利息计算。

5. 编写编制说明

具体编写内容见编制办法。

第二节 公路工程定额工程量计算规则

一、定额工程量的概念

工程量是指按一定规则并以物理计量单位或自然计量单位所表示的工程各分部分项工程、措施项目或结构构件的数量。工程量的正确计算是公路工程项目编制投资估算、初步设计概算、技术设计修正概算、施工图预算及施工过程中各阶段项目结算、决算的基本依据。公路工程建设项目工程造价水平与项目工程规模的关系最直接,能否正确计算建设项目的定额工程量直接关系到造价文件编制的准确性,对建设项目工程造价的确定起着决定性的作用。因此,正确确定定额工程数量是建设项目合理计价的前提。

工程数量按照项目的实施过程,可以分为公路工程前期阶段的设计工程量、定额工程量和公路工程实施阶段的清单工程量、合同工程量、计量工程量、支付工程量,各个工程量的概念、用途、计算规则和方法各不相同。

定额工程量是经现场勘察,对设计图纸和施工组织设计阅读、理解的基础上,根据定额工程量的计算规则综合图纸的设计工程量和施工组织方案确定的施工措施工程量(又称"辅助工程量"),以消耗量定额本身的项目划分及计量单位为编制单元计算出来的工程数量。

由于工程计价的多阶段性和多次性,定额工程量计算也具有多阶段性和多次性,且工程量的计算过程有不同的具体内容。

二、公路工程实施阶段几个工程量的概念

清单工程量是招标人编制工程量清单时,依据施工图纸、招标文件、技术规范、计量规则确定的工程数量。清单工程量一般是投标人投标报价的基准数量,是签订合同的组成部分。

合同工程量是在公路工程发、承包活动中,发、承包双方根据合同法、招(投)标文件及有关规定,以约定的工程量清单计价方式,签订工程承包合同时确定的工程量清单中填报的工程数量,合同工程量的实质是对项目实际需完成数量的预期。合同工程量与清单工程量数量是一样的,只是二者单价取定的主体和确定原则不同而已。

计量工程量是在公路工程实施阶段按照合同约定的技术规范、计量规则,对承包人符合上述要求的已完工程进行测量、计算、核查并确认已完工程的实际数量。计量工程量对应工程实施阶段项目已完工程数量的计算和确定这一环节,一个项目计量工程量之和即为工程项目的实际规模。

支付工程量是在公路工程实施阶段,对已完工程进行计量后,按合同约定确认进行支付的计量工程量。支付工程量对应工程实施阶段项目对已完工程数量进行确定支付这一环节,支付工程量之和与计量工程量之和在竣工结算时应是相同的。

从公路工程实施阶段清单工程量、合同工程量、计量工程量、支付工程量的概念可以看出,对应同一个项目的相同子目,在项目实施的不同阶段,工程子目所对应工程内容的内涵是一致的,即对应子目需完成的工作内容无论是在招投标阶段还是在计量支付阶段都是一样的,且计量工程量、支付工程量在支付过程中的单价即为该子目合同工程量对应的单价,只是不同工程数量代表不同实施阶段计算的数量,在数值上有所不同而已。

三、定额工程量计算依据

工程量的计算需要根据设计图纸及说明,相应技术标准、规范,各类定额及其他有关的技术经济文件,按照一定的工程量计算规则逐项进行。定额工程量计算的主要依据如下:

(1)国家、行业和地方发布的各类消耗量定额及其对应工程量计算规则。编制不同阶段的公路工程造价文件采用的定额标准不同,如:编制投资估算要采用现行《公路工程估算指标》(JTG/T 3821—2018),编制初步设计概算要采用现行《公路工程概算定额》(JTG/T 3831—2018),编制施工图预算要采用现行《公路工程预算定额》(JTG/T 3832—2018),因不同设计阶段所采用的定额综合扩大的程度不同,定额子目所包含的工作内容也不同,因此定额工程量计算的规则、方法也因使用不同的消耗量定额而不同。

(2)经审定的设计图纸及说明。设计图纸全面反映建设项目的现状与规模、各部分的结构尺寸及施工方法,是各类工程数量计算的基础资料和基本依据。设计人员对图纸工程数量

的计算本身也与定额工程数量和计量工程数量的计算有很多相同之处,因此经审定的设计图纸是定额工程量计算的主要依据。

(3)经审定的施工组织设计或施工技术方案。一方面,图纸主要表现工程的实体项目,而具体分项工程的施工方法、措施应根据实际情况由施工组织设计或施工技术方案确定,如计算基坑开挖,施工方法是采用人工开挖还是机械开挖,基坑周围是采用放坡还是用挡土板支护,应以施工技术方案为计算依据;另一方面,工程建设中的建筑安装工程费一部分用于支付构成实体的工程项目,一部分用于支付辅助工程项目,所谓辅助工程项目即本身不构成实体但又是在构成实体过程中必须要发生的一部分工程措施项目。图纸主要表现工程的实体项目和部分辅助工程的工程数量,如临时便道、便桥、临时输电线路等,还有一部分辅助工程的工程数量需要根据具体施工组织设计计算,如桥梁钢管梁式支架搭设的费用需根据桥梁的具体情况分别计算支架下部钢管质量和支架上部的搭设面积套用定额计算,而通常情况下这部分辅助工程的工程数量在设计图纸中不会体现,需要造价编制人员根据施工技术方案确定。

(4)经审定通过的其他有关技术经济文件及经济调查资料。

四、定额工程量与清单工程量的区别

基于消耗量定额是工程量清单计价的重要依据,消耗量定额和工程量清单在项目划分、工程量计算上既有区别又有联系。在章节划分上,定额的章节划分与工程量清单的章节划分基本是一致的,同时定额工程量也是计量工程量计算的重要依据之一,在对清单细目组价的过程中正确计算清单工程量和定额工程量是编制招标控制价和投标报价文件的重要工作。但是定额工程量与清单工程量两者又有着本质上的区别,主要体现在以下几个方面。

1. 两者的用途不同

定额工程数量主要用于各阶段的工程计价(组价),简而言之就是计价过程中使用定额时填写的工程数量,其数量需根据相应阶段的定额工程量的计算规则计算;而清单工程量主要用于工程量清单的编制,以及工程计量、支付等方面,是按工程量清单计量规则计算。

2. 两者参考的计算依据不同

计算定额工程量主要参考公路工程定额中的工程量计算规则,因此设计阶段不同,使用的计价定额就不同,对应不同计价定额的定额工程量的计算规则也就不同。清单工程量的计算主要按《公路工程标准施工招标文件》(2018年版)中的"工程量清单计量规则"规则或是根据公路建设项目的实际情况,以《公路工程标准施工招标文件》(2018年版)中技术规范为基础补充修改的"项目专用技术规范"中的计量规则确定。

3. 两者项目划分和综合的工作内容不同

定额工程量的计算规则需根据定额的项目划分和每个定额所包含的工作内容确定。以预算定额为例,定额的项目划分通常以结构构件或分项工程为基础,包括的工作内容相对单一;而清单工程量基于清单计量规则,按照"实体、净量"的原则进行划分,体现功能单元,所包含的工作内容较为综合,往往不止一项(即一个清单项目的组价通常包括多个定额)。如《公路工程标准施工招标文件》(2018年版)工程量清单计量规则中,陆上钻孔灌注桩计量工程量的计算只需依照图纸所示桩长及混凝土强度等级,按照不同桩径、桩长以米(m)为单位进行计

量,而针对该计价细目的组价选择的定额需包含该桩径钻孔灌注桩的全部工作内容,如护筒的安拆、桩基的成孔(钻孔、清孔、钻孔泥浆)、混凝土的浇筑及凿除桩头、桩基的无破损检验等,上述每个分项工程均对应相应的定额,所套用的每个定额又需按定额工程量的计算规则进行计算。

因此就综合程度而言,清单工程量通常大于或等于定额工程量。

4. 两者计算口径不同

定额工程量在计算过程中考虑了一定的施工方法、施工工艺和现场实际情况,而清单工程量在计算中主要计算工程实体的净量。如基坑开挖清单工程量的计算,取用原地面到基础底面间的平均高度并以超过基础底面周边0.5m的竖直面为界的棱柱体体积为计量规则,计算基坑开挖的净量;而在定额工程量计算时,除基坑开挖的净量仍需包括放坡及工作面等的开挖量,即包含了为满足施工工艺要求而增加的工程量,如图7.2.1所示。

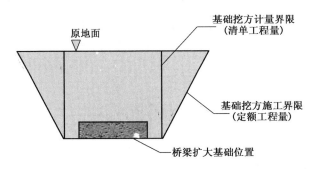

图7.2.1 某桥梁基础挖方工程量计算

5. 两者工程量计算覆盖的范围不一致

清单工程量的计算范围通常为工程的实体,而定额工程量除了涉及实体工程数量的计算外,还需计算为修建实体而必须消耗的辅助工程的工程数量。

6. 两者计量单位的选择不一致

清单工程量的计量单位一般采用基本的物理计量单位或自然计量单位,如 m^2、m^3、kg、t 等。定额工程量的计量单位一般为扩大的物理计量单位或自然计量单位,如 $1000m^2$、$10m^3$、$10m$ 等。

五、定额工程量计算规则

1. 不同设计阶段定额工程量的计算规则不同

定额工程量计算的目的是配合定额的使用,因不同的设计阶段对工程造价准确性的要求不同,所以不同设计阶段定额的综合程度也就不同,进而使得造价编制的不同阶段(投资估算、初步设计概算、施工图预算阶段)的定额工程量计算方法、计算规则也不尽相同。由此可见,定额工程量的计算规则和计算方法不是一成不变的,而是随着使用定额的不同而变化的。

以路基零星工程为例,预算定额中按整修路拱、整修边坡、挖台阶、填前压实等几个分项工程分别编制,因此在定额工程量的计算上就需根据以上项目划分,分别计算几个定额的工程数量,其定额单位也因具体定额的不同而各不相同,如整修路拱的定额计量单位为 $1000m^2$、整修边坡的定额计量单位为 $1km$ 等。而概算定额因设计阶段不同,将这些分项工程进行综合扩大合并为"路基零星工程"一个定额项目,并按不同的道路等级和地形(平原微丘、山岭重丘)划分定额子目,该定额的工作内容包括整修路拱、整修边坡、开挖截(排)水沟、挖土质台阶、填前压实、零星土回填的全部工作,涵盖了预算定额中对应以上几条定额的工作,同时定额计量单位也综合扩大为"1km",相应这部分工程内容工程量的计算也简化为以路基长度计算。在概算定额基础上综合扩大而来的估算指标,在该部分费用的计算上已完全不需要套用定额,因其相应费用已经全部综合在土石方的相应子目中。由此可见,不同设计阶段的定额工程量在计算方法、计量规则上的差异主要是因为不同阶段的计价定额综合程度不同,导致定额子目的划分不同。

但也需要注意,并不是所有定额在不同计价阶段定额工程量的计算规则都不一样。因为概算定额和估算指标均是在上一级定额的基础上进行综合扩大而来,所以其不同阶段定额工程量的计算方法和计算规则又有很多相通之处,例如无论是概算定额还是预算定额,挖方与填方定额工程量的计算方法和计算规则以及在压实系数的考虑等方面都是一致的,换言之就是在路基土石方工程中定额工程量的计算,无论是编制概算还是编制预算,其主要内容并没有什么不同。而估算指标虽然在这一块的计算上相对较粗,如土石方数量的计算上忽略了土石类别的细分和压实系数等因素,但是在需并入路基填方数量内计算的工程数量的内容上又与概算、预算中的计算内容是完全相同的,即无论是预算定额工程量还是概算、估算定额工程量均需增加:①清除表土或零填方地段的基底压实、耕地填方前夯(压)实,回填至原地面高程所需的土、石方数量。②因路基沉陷需增加填筑的土、石方数量。③为保证路基边缘的压实度必须加宽填筑实,所需的土、石方数量。

因公路工程项目所涉及的工程类别较多,结构类型复杂,所以定额体系也相对复杂、庞大,所以定额工程量的计算规则和计算方法的运用需要我们在长期的工作实践中慢慢积累和总结,这里就不一一赘述了。

2. 定额工程量的计算方法

在确定定额工程量时,首先应熟悉定额的主要内容和章节说明,我们可以将定额说明分为两个层次:

(1)工程量计算规则。这些工程量计算规则直接在工程定额的章节说明中列出,说明中涉及的内容在定额工程量的计算时必须采用。如隧道洞身工程预算定额第一节洞身工程说明中的工程量计算规则第 8 条"砂浆锚杆工程量为锚杆、垫板及螺母等材料质量之和;中空注浆锚杆、自进式锚杆的工程量按锚杆设计长度计算",这条计算规则在套用时就必须按照锚杆的类型计算定额工程数量,砂浆锚杆按质量计算,该质量除了包含砂浆锚杆的质量外,还需加垫板及螺母的质量,而实际工程造价的计算中常常看到造价人员在砂浆锚杆的计算中漏计螺母、垫板的质量,或者因工程图纸中设计数量按锚杆长度给出,在造价编制中就直接套用中空注浆锚杆、自进式锚杆定额,按长度对砂浆锚杆估价。这些错误的编制方法都是因为对定额工程量计算规则忽略,直接按图纸数量套用所导致的。

(2)特殊情况下的工程量计算。指那些没有直接列入工程量计算规则,但其内容又对定额工程数量的计算产生影响的定额说明。如防护工程预算定额说明的第 3 条"本章定额中除注明者外,均已包括按设计要求需要设置的伸缩缝、沉降缝的费用。"这条定额说明虽然没有列入章节说明的工程量计算规则,但也对工程造价的计算同样产生影响。在实际工作中,设计人员在计算工程数量时,常常给出挡墙伸缩缝的数量,而造价编制人员也常常为这一个数量套用"沥青麻絮伸缩缝"定额计价,看似没有问题的计价过程,其实就是忽略了这一条定额说明,从而导致伸缩缝费用的重复计算。像这样特殊情况下的工程量计算规则通常在定额说明或定额的工作内容中涵盖,需要引起大家的重视。由此可见,定额工程量的计算规则与设计人员在工程图纸中给出的工程数量在计算规则上有时是一致的,但也有很多时候是不一致的。因此,在填写定额数量时,一定要确保该数量是按照定额允许的计算规则计算得到的,而不能只是简单将图纸给出的数量选择对应定额直接填写。

(3)除了定额的章节说明外,应用定额时还需注意阅读每个定额项目中的定额工程内容和定额注释,有时甚至需分析定额中具体工、料、机的内容和它们的具体消耗数量,通过这些来判断该定额对应的工作内容到底是什么,进而确定定额工程数量,防止在对照图纸工程数量选择和套用定额时漏项或重复计算。

第三节　工程量清单计量规则

一、工程量清单

工程量清单又称为工程数量清单,是招标文件和合同文件的重要组成部分,是一种以一定计量单位描述工程实体数量的文件,也是与招标文件中技术规范相对应的文件,标价后的工程量清单称"已标价工程量清单",是合同中各工程细目的单价及合同价格表,是投标文件中最重要的组成部分,中标后已标价工程量清单将成为合同文件的重要组成部分,是计量支付的重要依据之一。

(一)工程量清单基本概念

1. 工程量清单的概念

工程量清单是在工程实施阶段用于表述公路工程工程量及对应价款的组成和内容的明细清单,包括完成公路建设活动所需的实物工程、措施项目以及费用项目等。

工程量清单通常是依据设计图纸(或实际工程数量)、工程量清单计量规则等将要招标的工程进行分解,按一定的基本计量单位和技术标准计算所得的构成工程实体的实物工程数量汇总清单表。用以明确工程项目的内容和数量,每个表中既有工程部位和该部位需实施的子项目(工程子目),又有每个子项目的工程数量和计价要求(单价或包干价)以及总计金额,可见工程量清单反映的是每个相对独立的个体项目的工程内容的预计数量以及其完成价格。

未标价的工程量清单实际就是按计量规则计算的实体项目的工程数量汇总表。

2. 费用项目清单的概念

费用项目清单是针对公路工程造价的费用构成,综合费用来源和作用、工程管理和定额计价习惯等因素,结合长期工程设计和建设管理实践经验,按一定规则以工程或费用编码、名称、统计单位等因素划分,在公路工程计价各个阶段以表列形式展现的一种相对稳定的工程或费用的明细清单。费用项目清单主要包括估算项目清单、概算项目清单、预算项目清单等。各阶段造价文件的编制应执行《公路工程建设项目造价文件管理导则》(JTG 3810—2017),并结合相应建设阶段的工作深度和管理要求,确定相应建设阶段的扩展费用项目和对应的费用项目清单。

3. 工程量清单与费用项目清单的区别

造价费用项目清单[在《公路工程建设项目概算预算编制办法》(JTG 3830—2018)中为概算预算项目表]和工程量清单子目在公路工程造价文件体系中同属于公路工程造价项目,它们的共同特点是各自具有统一内容、名称、编码、单位等,在工程实践中也常因为工程量清单与费用项目清单的细目名称有很多相同之处,而导致两个概念的混淆。其实工程量清单与费用项目清单有着本质上的区别,主要体现在以下几个方面:

(1)工程量清单与费用项目清单在公路工程各阶段造价文件的编制中适用的阶段不同。工程量清单主要是在公路工程实施阶段使用,公路工程建设项目招投标、合同管理、计量支付、工程结算采用工程量清单方式计量计价时,其工程量清单的工程或费用以子目形式展现;而费用项目清单主要是在公路工程前期阶段即设计阶段使用,是在工程项目编制估算、概算、预算时对应编制的工程或费用的明细清单,该明细清单在不同深度的设计阶段详细程度也不同。

(2)工程量清单与费用项目清单的清单子目设置的原则不一致。工程量清单的子目结合工程设计、施工工艺、招投标和合同管理等因素设置并对应工程数量的计量和支付规则,同级子目之间的工程内容不得有包含或重叠关系;而费用项目清单是在公路设计和管理过程中以实践经验为基础拟订的工程或费用的明细清单,这个清单本身不与计量和支付规则对应,也不像工程量清单那样固定,而是可结合项目建设阶段的工作深度和管理要求灵活确定对应的费用项目清单,但工程量清单的子目也应便于与造价要素费用项目、设计工程量清单对应性连接,以适应公路工程建设管理需求和全过程造价管理需求。

(3)工程量清单与费用项目清单的清单子目数量的计算原则不同。工程量清单子目对应的工程数量是按照清单工程数量计算规则计算的,可用于计量支付的实物数量。而费用项目清单的细目仅指费用项本身。

(4)工程量清单与费用项目清单的清单子目的编码原则不一致。

(二)工程量清单的分类

工程量清单根据在公路建设过程中订立时间、阶段的不同分为招标工程量清单、投标工程量清单、合同工程量清单、结算工程量清单等类别。招标工程量清单在项目的招投标阶段编制通常由招标人提供,招标工程量清单的标底或最高投标限价应以编制的工程量清单预算为基础确定,投标工程量清单则由投标人根据自身情况填报项目的单价、合计。

合同工程量清单是在公路工程发、承包活动中,发、承包双方根据合同法、招(投)标文件及有关规定,以约定的工程量清单计价方式,签订工程承包合同时确定的工程量清单。

结算工程量清单是在公路实施过程中或工程完工后,发、承包双方根据有关法律、法规,按合同约定用以计算确定的最终工程价款所确定的工程量清单。但不管是哪种工程量清单,其组成内容是相同的,都包括项目的工程量、单位、单价、合价及总额。

(三)工程量清单的作用

工程量清单作为招标文件、合同文件最重要的组成部分,同时也是计量支付的重要依据,其重要作用主要表现在以下 5 个方面。

1. 投标人公平竞争投标报价的共同基础

工程量清单是按照招标文件中技术规范的规定、工程量清单计量规则及要求的工程细目分项原则和工程量计算方法计算、确定的,无论是招标人编制招标控制价还是不同投标人计算投标报价均采用的是同一套工程量清单,由此可见清单中的工程数量为招、投标各方提供了投标报价的共同数量基础,这个数量是施工前根据设计图纸、说明以及清单的工程量清单计量规则计算得到的一组能反映项目实际规模的准确性较高的计量工程数量,在招投标过程中不能随意修改,但需要注意的是这个数量并不是中标人在施工时应完成的实际工程数量。

2. 评标的共同基础

工程量清单由招标人编制,投标人在投标报价时受工程量清单数量的制约,那么投标报价的主要竞争成为价格竞争,而这一竞争有利于招标人降低费用。因此,投标报价也是招标人选择中标人的最重要的参考。但需要注意的是招标人在考虑报价因素时也要兼顾施工组织设计的合理性以及承包人低价中标完成的可能性。

3. 促进投标人提高技术水平和管理水平

由于各投标人是在同一数量基础上进行投标报价,为了降低报价取得中标,投标单位必须不断提高管理水平和技术水平。这样有利于促进施工单位改进施工方法、优化施工方案、加强项目管理,采用自己掌握的先进施工技术、装备,最大限度地提高劳动生产率,从而减低生产成本。

4. 合同工程量清单是工程计量支付和中期支付的依据

工程量清单描述了工程项目的范围、内容、计量方式和方法,在工程实施期间对工程的计量与支付均应以工程量清单为依据,即使在发生工程变更和费用索赔时,清单单价也起到重要的参考作用,直接影响到监理人对新增单价的确定。因此,工程量清单必须做到分项清楚明了,各细目工作内容不重不漏,清单工程数量的计算也应尽可能准确,以避免投标人采用不平衡报价,使招标人利益受损。

5. 为费用监理提供依据

由于工程量清单是合同文件的重要组成部分,是在工程变更、价格调整、工程索赔中业主与承包人都比较容易接受的价格基础。因此,无论合同的类型是什么,工程量清单都是费用监理中应最优先考虑到的问题。

(四) 工程量清单的组成

按照公路工程项目的基本组成划分,公路工程工程量清单可以分为三大类,分别是交通土建工程工程量清单、交通机电工程工程量清单、房屋建筑工程工程量清单。其中交通机电工程工程量清单全国没有统一的标准,在具体编制时应按照各省的相关规定进行编制;房屋建筑工程工程量清单在公路行业也没有统一的标准,应按合同约定执行相关行业的定额及规定;交通土建工程工程量清单在交通运输部发布的《公路工程标准施工招标文件》(2018 年版)中做了详细的规定,招标文件中对工程量清单的工程子目、工程量计量规则与技术规范的相应内容进行了解释说明,三者应结合起来加以理解、解释和应用。本书所涉及的工程量清单的全部内容,若不加说明,均为《公路工程标准施工招标文件》(2018年版)中规定的交通土建工程工程量清单。

工程量清单由说明、工程量清单表、计日工明细表、暂估价表、工程量清单汇总表组成。

1. 说明

说明部分包括:工程量清单说明、投标报价说明、计日工说明和其他说明。工程量清单说明是对清单细目中不能具体表述的内容进行进一步的明确。它对工程量清单的性质、承包人填报工程量清单的单价和合同价格的要求、计量支付的方式方法、费用计算的依据等做明确规定。因此,该说明在招投标期间对如何进行工程报价有实质影响,并且对工程实施期间工程是否进行计量与支付以及如何进行计量与支付有直接影响。在进行工程索赔变更及费用索赔时它的参考作用更明显。概括起来工程量清单说明强调的主要内容如下:

(1)工程量清单中工程量的性质与作用。工程量清单中约定计量规则中没有的子目,其工程量按照有合同约束力的图纸所标示尺寸的理论净量计算,计量采用法定计量单位;工程量清单中所列的工程数量是估算的或设计预计的数量,仅作为投标报价的共同基础,不能作为最终结算与支付的依据;工程量清单中所列工程量的变动,不会降低或影响合同条款的效力,也不免除承包人按规定的标准进行施工和修复缺陷的责任。

(2)工程量清单与其他招标文件的关系。工程量清单应与招标文件中的投标人须知、通用合同条款、专用合同条款、工程量清单计量规则、技术规范及图纸一起阅读和理解。这一说明主要目的是要求投标人综合考虑支付条件、技术要点、质量标准、工程施工条件,以及需综合在某一单项中的众多子目后,适当考虑自身的费用、风险后再填报单价。

(3)投标人填报工程量清单时的要求。工程量清单中的每一个子目需填入单价和合价;工程量清单中的投标人没有填入单价和合价的子目,其费用视为已分摊在清单中其他相关子目的单价之中,承包人必须按规定完成该部分子目但不能得到单独的结算与支付。

(4)工程量清单单价和总价的含义。除非合同另有约定,工程量清单中有标价的单价和总价均已包括了为实施和完成合同工程所需的劳务、材料、机械、质检(自检)、安装、缺陷修复、管理、保险、税金、利润等费用,以及合同明示或暗示的所用责任、义务和一般风险。

(5)计日工总则。计日工的使用需得到监理人的书面指令,计日工不调价。

(6)计日工单价的含义。

①计日工劳务。计日工工资的工时应从工人到达施工现场,并开始从事指定工作算起,到返回原出发地点为止,扣去用餐和休息时间。计日工单价也是一个综合单价,包括计日工劳务的基本单价及承包人的管理费、税费、利润等所用附加费。

②计日工施工机械。除非经监理人同意,计算的工作小时数才能将施工机械从现场某处运到监理人指令的计日工作业的另一现场往返运送时间包含在内,否则计算所用的施工机械费用时,应按实际工作小时支付。计日工施工机械的租价应包括施工机械的折旧、利息、维修、保养、零配件、油燃料、保险和其他消耗品的费用以及全部有关使用这些机械的管理费、税费、利润和司机与助手的劳务费等费用。

2. 工程量清单表

(1)工程量清单的基本格式及其子目的层次划分。

工程量清单表是招标工程中按章的顺序排列的各个项目表。表中包括子目号、子目名称、单位、数量、单价、合价六项,见表7.3.1。

工程量清单表　　　　　　　　　表7.3.1

子目号	子目名称	单位	数量	单价	合价

工程量清单表的子目分章进行划分,划分原则应结合公路工程项目的工程设计、施工工艺、招投标和合同管理等因素设置。总体来讲一级划分除100章总则(开办项目清单)外,其余各章是按照公路工程基本建设项目单位工程进行划分的永久工程项目的工程量清单,交通运输部的《公路工程标准施工招标文件》(2018年版)中工程量清单共分为7章:一类是100章总则,特点是该章子目有关款项包干支付按总额计算;另一类是永久工程项目的工程量清单,包括200章路基,300章路面,400章桥梁、涵洞,500章隧道,600章安全设施及预埋管线,700章绿化及环境保护设施。各章的子目划分又按照分部分项工程的具体特点、性质、部位、材料、施工方法或其他特性进一步逐级划分。

工程子目分章排列,有利于将不同性质、不同部位、不同施工阶段或其他特性的不同的工程区分开,同时也有利于将那些需要采用不同施工方法、不同施工阶段或成本不一样的工程区别开。

一个项目具体划分多少章,章中分多少级划分子目,则视工程实际情况确定。表7.3.2、表7.3.3是《公路工程标准施工招标文件》(2018年版)章节中的第100章和第500章的部分清单表,通过这两个表可以了解工程量清单表章、节、目、子目之间的整体联系和具体内容。

工程量清单表　　　　　　　　　表7.3.2

清单　第100章　总则					
子目号	子目名称	单位	数量	单价	合价
101	通则				
101-1	保险费				
-a	按合同条款规定,提供建筑工程一切险	总额			
-b	按合同条款规定,提供第三者责任险	总额			
102	工程管理				
102-1	竣工文件	总额			
102-2	施工环保费	总额			
102-3	安全生产费	总额			
102-4	信息化系统(暂估价)	总额			
103	临时工程与设施				
103-1	临时道路修建、养护与拆除(包括原道路的养护)	总额			
103-2	临时占地	总额			
103-3	临时供电设施架设、维护与拆除	总额			

续上表

\\	清单 第100章 总则				
子目号	子目名称	单位	数量	单价	合价
103-4	电信设施的提供、维修与拆除	总额			
103-5	临时供水与排污设施	总额			
104	承包人驻地建设				
104-1	承包人驻地建设	总额			
105	施工标准化				
105-1	施工驻地	总额			
105-2	工地试验室	总额			
105-3	拌和站	总额			
105-4	钢筋加工场	总额			
105-5	预制场	总额			
105-6	仓储存放地	总额			
105-7	各场(厂)区、作业区连接道路及施工主便道	总额			
清单 第100章合计 人民币_____					

工程量清单表

表7.3.3

	清单 第500章 隧道				
子目号	子目名称	单位	数量	单价	合价
502	洞口与明洞工程				
502-1	洞口、明洞开挖				
-a	土方	m^3			
-b	石方	m^3			
	……				
502-7	洞顶回填				
-a	防水层				
-a-1	黏土防水层	m^3			
-a-2	土工合成材料	m^2			
-b	回填	m^3			
503	洞身开挖				
503-1	洞身开挖				
-a	洞身开挖(不含竖井、斜井)	m^3			
-b	竖井洞身开挖	m^3			
-c	竖井洞身开挖	m^3			
503-2	洞身支护				

续上表

清单 第500章 隧道					
子目号	子目名称	单位	数量	单价	合价
-a	管棚支护				
-a-1	基础钢管桩	m			
-a-2	套拱混凝土	m³			
-a-3	孔口管	m			
-a-4	套拱钢架	kg			
-a-5	钢筋	kg			
-a-6	管棚	m			
-b	注浆小导管	m			
……					
清单 第500章合计 人民币 _____					

(2)工程量清单计价细目编码原则。

公路工程工程量清单子目的划分应分级划分、逐层编制,编码可递延、可扩展。其编码的一级划分应按《公路工程建设项目造价文件管理导则》(JTG 3810—2017)中的相关内容执行,二级划分宜按《公路工程建设项目造价文件管理导则》(JTG 3810—2017)附录的"工程量清单子目组成及编码框架表"划分,根据项目的实际情况逐级递延,具体需划分多少级以工程项目的实际需要为准,一般最多划分为五级。

清单编码原则上以表7.3.3工程量清单表子目502-7-a-(a-1)隧道洞顶回填黏土防水层细目为例:

　　5——一级编码(章　隧道);

　　02——二级编码(节　洞口及明洞工程);

　　7——三级编码(目　洞顶回填防水层);

　　a——四级编码(细目　防水层);

　　a-1——五级编码(子细目　黏土防水层)。

3. 计日工明细表

计日工也称散工或点工,指在工程施工过程中,发包人可能有一些临时性的或新增加的项目,而且这种临时新增项目的工程量在招投标阶段很难估计,希望通过招投标阶段事先定价,避免开工后可能发生的争端,故需要以计日工明细表的方法在工程量清单中予以明确。计日工明细表包括计日工劳务(表7.3.4)、计日工材料(表7.3.5)、计日工施工机械(表7.3.6)和计日工汇总表(表7.3.7)。

4. 暂估价表

暂估价是在工程招标阶段已经确定的材料、工程设备或工程项目,但又无法在投标时确定准确价格而可能影响招标效果时,发包人在工程量清单中给定一个暂估价。在工程实施阶段,根据不同类型的材料与专业工程再重新定价。暂估价表包括材料暂估价、工程设备暂估价和专业工程暂估价,见表7.3.8~表7.3.10。

第七章 公路工程计量与计价

计 日 工 劳 务 表7.3.4

编 号	子目名称	单 位	暂定数量	单 价	合 价
101	班长	h			
102	普通工	h			
103	焊工	h			
104	电工	h			
105	混凝土工	h			
106	木工	h			
107	钢筋工	h			
	……				
				劳务小计金额:	
				(计入"计日工汇总表")	

计 日 工 材 料 表7.3.5

编 号	子目名称	单 位	暂定数量	单 价	合 价
201	水泥	t			
202	钢筋	t			
203	钢绞线	t			
204	沥青	t			
205	木材	m^3			
206	砂	m^3			
207	碎石	m^3			
208	片石	m^3			
	……				
				材料小计金额:	
				(计入"计日工汇总表")	

计 日 工 施 工 机 械 表7.3.6

编 号	子目名称	单 位	暂定数量	单 价	合 价
301	装载机				
301-1	$1.5m^3$ 以下	h			
301-2	$1.5 \sim 2.5m^3$	h			
301-3	$2.5m^3$ 以上	h			
302	推土机				
302-1	90kW 以下	h			
302-2	90～180kW	h			
302-3	180kW 以下	h			
	……				
				施工机械小计金额:	
				(计入"计日工汇总表")	

计日工汇总表 表7.3.7

名　称	金　额	备　注
劳务		
材料		
施工机械		
	计日工总计：（计入"投标报价汇总表"）	

材料暂估价表 表7.3.8

序　号	名　称	单　位	数　量	单　价	合　价	备　注

工程设备暂估价表 表7.3.9

序　号	名　称	单　位	数　量	单　价	合　价	备　注

专业工程暂估价表 表7.3.10

序　号	专业工程名称	工程内容	金　额
	小计：		

5. 工程量清单汇总表

工程量清单汇总表是将各章的工程细目表及计日工明细表进行汇总，加上暂列金额而得出该项目的总报价。工程量清单汇总表见表7.3.11。

工程量清单汇总表 表7.3.11

序　号	章　次	科目名称	金额(元)
1	100	总则	
2	200	路基	
3	300	路面	
4	400	桥梁、涵洞	
5	500	隧道	
6	600	安全设施及预埋管线	
7	700	绿化及环境保护设施	

续上表

序 号	章 次	科目名称	金额(元)
8		第100章~700章清单合计	
9		已包含在清单合计中的材料、工程设备、专业工程暂估价合计	
10		清单合计减去材料、工程设备、专业工程暂估价 合计(即8-9=10)	
11		计日工合计	
12		暂列金额(不含计日工总额)	
13		投标报价(8+11+12)=13	

注:材料、工程设备、专业工程暂估价已包括在清单合计中,不应重复计入投标报价。

二、工程量清单计量规则

(一)工程量清单计量规则的概念

工程量清单计量规则由子目号、子目名称、单位、工程量计量、工程内容组成。每个子目号与工程量清单子目号一一对应,每个子目由对应的工程内容、工艺流程、检评标准构成实施过程,是承包人报价、发包人支付的依据。

工程量清单计量规则与工程计量的关系密不可分。工程计量必须符合合同约定的条件,即计量除了包括数量方面的内容外,还包括工程质量方面的内容,质量不合格,监理工程师有权不予计量,承包人将得不到付款,并由承包人自己承担由此造成的损失。而工程量计量规则作为合同的重要组成部分正是为工程的合理计量提供依据。

(二)工程量清单计量规则的作用

(1)工程量清单计量规则是计量工程量的计算依据。工程量计量规则的每一个子目都对该子目如何计量做了详细的说明,如计量工程量的计算方法、计量单位的采用及该子目中哪些内容应予以计量、哪些不能计量等内容。但无论采用哪种方法,其计算结果都应该是净尺寸工程量,计算结果不包括施工中必须发生的允许的"合理超量",超量价值应包括在净尺寸单价中。

(2)工程量清单计量规则确定了清单子目所包含的工作内容。清单子目的工作内容包括什么,计价是要计算哪些工作内容对应的费用,其计算依据不是由子目名称所确定的或编制人员自行理解的,而是由合同文件的计量规则决定,计量规则中所描述的工作内容是承包人是否完成清单子目工作内容的唯一确定标准,规定了承包人应予以完成的该子目的全部工作,因此没有对应计量规则的清单细目是无法进行计量支付的,也没有实际存在的意义。

(3)工程量清单计量规则对承包人完成子目工作的工艺流程、施工过程提出了具体的要求。工程量清单计量规则对施工过程提出了具体的施工要求,是完成子目工作时承包人必须予以遵守的内容。

(4)工程量清单计量规则、技术规范对承包人完成子目工作的工程质量提出了对应的质量检验标准。监理人予以计量的前提是子目工程内容全部完成,且质量达到标准,而技术规范针对质量检验提出了基本要求,规定了工作内容外观质量、检查项目、检查方法及合格标准等内容,以满足监理人对质量管控的需求。

(三)工程量清单与计量规则、招标文件、合同文件的关系

工程量清单不能单独理解,这是在使用清单时必须注意的,清单说明中已经明确指出工程量清单应与招标文件中的投标人须知、通用合同条款、专用合同条款、工程量清单计量规则、技术规范及图纸一起阅读和理解。其工程量清单子目与合同约定计量规则的内容(工程计量、工程内容)及技术规范必须是一一对应关系,且执行的计量规则必须是合同约定的。因此根据项目实际情况增列的工程细目不应挤占原清单已有的子目编码,且一定要在合同条款中有相应的计量规则和技术规范与之配套,这两点是在编制工程量清单时经常容易被造价人员忽略的问题。

报价时招标文件各部分的优先次序应是:合同专用条款及数据表(含招标文件补遗书中与此有关部分)优先于合同通用条款;工程量清单中的工程数量(含招标文件补遗书中与此有关的部分)优先于图纸中的工程数量;工程量清单中项目划分、计量与技术规范必须相结合。

合同条款是合同中商务条款的重要组成部分,约定了在合同执行中当事人双方的职责范围、权利和义务,监理工程师的职责和授权范围,遇到各类问题(进度、质量、检验、支付、索赔、争议、仲裁等)时,各方应遵循的原则及采取的措施等。

技术规范、图纸和工程量清单三者都是投标人在投标时必不可少的资料,因为依据这些资料投标人才能拟订施工计划,包括施工方案、进度计划、施工工艺等,并据此拆分工程数量,进行工程估价和确定投标价。

招标图纸是招标文件和合同的重要组成部分,这些资料具体规定了建设工程的形式、内容、地质情况、结构尺寸、施工技术要求等,是投标人在拟订施工组织方案、确定施工方法以至提出替代方案,计算投标报价时必不可少的资料。

(四)工程量计量规则的主要组成内容

1. 说明

(1)一般要求。

①本计量规则各章节是按第七章"技术规范"的相应章节编号的,因此,各章节工程子目的工程量计量规则应与"技术规范"相应章节的施工规范结合起来理解、解释和应用。

②本规则所有工程项目,除个别注明者外,均采用我国法定的计量单位,即国际单位及国际单位制导出的辅助单位进行计量。

③本规则的计量与支付,应与合同条款、工程量清单以及图纸同时阅读,工程量清单中的支付项目号和本规则的章节编号是一致的。

④任何工程项目的计量,均应按本规则规定或监理人书面指示进行。

⑤按合同提供的材料数量和完成的工程数量所采用的测量与计算方法,应符合本规则规定。所有方法应经监理人批准或指示。承包人应提供一切计量设备和条件,并保证其设备精

度符合要求。

⑥除监理人另有批准外,一切计量工作都应在监理人在场情况下,由承包人测量、记录。有承包人签名的计量记录原本,应提交给监理人审查和保存。

⑦工程量应由承包人计算,由监理人审核。工程量计算的副本应提交给监理人并由监理人保存。

⑧除合同特殊约定单独计量之外,全部必需的模板、脚手架、装备、机具、螺栓、垫圈和钢制件等其他材料,应包括在工程量清单中所列的有关支付项目中,均不单独计量。

⑨除监理人另有批准外,凡超过图纸所示的面积或体积,都不予计量与支付。

⑩承包人应严格标准计量基础工作和材料采购检验工作。沥青混凝土、沥青碎石、水泥混凝土、高强度等级水泥砂浆的施工现场必须使用电子计量设备称重。因不符合计量规定引发质量问题,所发生的费用由承包人承担。

⑪第104节"承包人驻地建设"与第105节"施工标准化"属于选择性工程子目,由发包人根据工程项目管理实际情况选择使用或同时使用。

（2）质量。

①凡以质量计量或以质量作为配合比设计的材料,都应在精确且被批准使用的磅秤上,由称职、合格的人员在监理人指定或批准的地点进行称重。

②称重计量时应满足以下条件:监理人在场;称重记录;载明包装材料、支撑装置、垫块、捆束物等质量的说明书在称重前提交给监理人作为依据。

③钢筋、钢板或型钢计量时,应按图纸或其他资料标示的尺寸和净长计算。搭接、接头套筒、焊接材料、下脚料和固定、定位架立钢筋等,则不予另行计量。钢筋、钢板或型钢应以千克计量,四舍五入,不计小数。钢筋、钢板或型钢由于理论单位质量与实际单位质量的差异而引起材料质量与数量不相匹配的情况,计量时不予考虑。

④金属材料的质量不得包括施工需要加放或使用的灰浆、楔块、填缝料、垫衬物、油料、接缝料、焊条、涂敷料等质量。

⑤承运按质量计量材料的货车,应每天在监理人指定的时间和地点称出空车质量,每辆货车还应标示清晰易辨的标记。

⑥对有规定标准的项目,例如钢筋、金属线、钢板、型钢、管材等,均有规定的规格、质量、截面尺寸等指标,这类指标应视为通常的质量或尺寸;除非引用规范中的允许偏差值加以控制,否则可用制造商的允许偏差。

（3）面积。

除非另有规定,计算面积时,其长、宽应按图纸所示尺寸线或按监理人指示计量。对于面积在 $1m^2$ 以下的固定物(如检查井等)不予扣除。

（4）结构物。

①结构物应按图纸所示净尺寸线,或根据监理人指示修改的尺寸线计量。

②水泥混凝土的计量应按监理人认可的并已完工工程的净尺寸计算,钢筋的体积不扣除,倒角不超过 $0.15m \times 0.15m$ 时不扣除,体积不超过 $0.03m^3$ 的开孔及开口不扣除,面积不超过 $0.15m \times 0.15m$ 的填角部分也不增加。

③所有以米计量的结构物(如管涵等),除非图纸另有表示,应按平行于该结构物位置的

基面或基础的中心方向计量。

(5)土方。

①土方体积可采用平均断面积法计算,但与似棱体公式计算结果比较,如果误差超过±5%时,监理人可指示采用似棱体公式。

②各种不同类别的挖方与填方计量,应以图纸所示界线为限,而且应在批准的横断面图上标明。

③用于填方的土方量,应以压实后的纵断面高程和路床面为准来计量。承包人报价时,应考虑在挖方或运输过程中引起的体积差。

④在现场钉桩后56天内,承包人应将设计和进场复测的土方横断面图连同土方的面积与体积计算表一并提交监理人批准。所有横断面图都应标有图题框,其大小由监理人指定。一旦横断面图得到最后批准,承包人应交给监理人原版图及三份复制图。

(6)运输车辆体积。

①用体积计量的材料,应以经监理人批准的车辆装运,并在运到地点进行计量。

②用于体积运输的车辆,其车厢的形状和尺寸应使其容量能够容易而准确地测定并应保证精确度。每辆车都应有明显标记。每车所运材料的体积应于事前由监理人与承包人相互达成书面协议。

③所有车辆都应装载成水平容积高度,车辆到达送货点时,监理人可以要求将其装载物重新整平,对超过定量运送的材料将不支付。运量达不到定量的车辆,应被拒绝或按监理人确定减少的体积接收。根据监理人的指示,承包人应在货物交付点,随机将一车材料刮平,在刮平后如发现货车运送的材料少于定量时,从前一车起所有运到的材料的计量都按同样比率减为目前的车载量。

(7)质量与体积换算。

①如承包人提出要求并得到监理人的书面批准,已规定要用立方米计量的材料可以称重,并将此质量换算为立方米计量。

②将质量计量换算为体积计量的换算系数应由监理人确定,并应在此种计量方法使用之前征得承包人的同意。

(8)沥青和水泥。

① 沥青和水泥应以千克为单位计量。

②如用货车或其他运输工具装运沥青材料,可以按经过检定的质量或体积计算沥青材料的数量,但要对漏失量或泡沫进行校正。

③水泥可以以袋作为计量的依据,一袋的标准应为50kg。散装水泥应称重计量。

(9)成套的结构单元。

如规定的计量单位是一成套的结构物或结构单元(实际上就是按"总额"或称"一次支付"计的工程子目),该单元应包括所有必需的设备、配件和附属物及相关作业。

(10)标准制品项目。

①如规定采用标准制品(如护栏、钢丝、钢板、轧制型材、管子等),而这类项目又是以标准规格(单位质量、截面尺寸等)标识的,则这种标识可以作为计量的标准。

②除非所采用标准制品的允许误差比规范的允许误差要求更严格,否则,生产厂的制造允

许误差不予认可。

2. 第100章总则

第100章包括的主要工程内容有：保险费；竣工文件；施工环保费；安全生产费；信息化系统（暂估价）；临时工程与设施（包括临时道路修建、养护与拆除，临时占地，临时供电设施架设、维护与拆除，电信设施的提供、维修与拆除，临时供水与排污设施）；承包人驻地建设和施工标准等。

第100章总则的计量特点是均以有关款项包干支付，按总额为单位计量，具体计算参照技术规范包括的工程内容进行。

3. 清单第200章至第700章

公路工程基本建设项目永久工程项目的工程量清单，先按单位工程进行划分，包括200章路基，300章路面，400章桥梁、涵洞，500章隧道，600章安全设施及预埋管线，700章绿化及环境保护设施。各章的子目划分按照分部分项工程的具体特点、性质、部位、材料、施工方法等或其他特性进一步逐级视工程实际情况划分。

工程量清单与计量规则在编制时应遵循以下原则：

（1）计量规则和技术规范保持一致。工程量清单各工程细目在子目名称、单位、计量规则等方面均应和技术规范保持一致，以便承包人清楚各工程细目的工作内容、计量规则以及为计量所必须确定的施工要求、质量检验标准等内容。因此在采用《公路工程标准施工招标文件》（2018年版）时，其工程细目的划分应尽量与《公路工程标准施工招标文件》（2018年版）保持一致，如果根据项目的实际需要对工程细目重新予以划分，则应明确子目的计量支付方法，注意修改技术规范中的相应内容，以保证整个合同的严密性和前后一致性。

（2）合理划分工程项目确定计量规则便于计量支付、合同管理及处理工程变更。工程细目和对应计量规则的设置步距大小应科学。工程细目设置可大可小，工程细目设置的步距小有利于处理工程变更的计价，以及及时对子目进行支付，但却使计量工作量变大并增加计量的难度。相反工程细目的步距大可以减少计量的工作量，但设置过大会难以发挥单价合同的优势，不便于处理变更单价，同时使子目支付周期延长，导致承包人资金压力增加最终影响合同的正常、公平履行。对清单中缺少的项目，根据项目的实际需要对工程细目重新予以划分的同时，也应在确定计量规则时充分考虑合同管理和变更处理的影响因素。

（3）应保证合同的公平性。为保证合同的公平性，工程量清单中的第100章总则中对应的开办项目作为独立的工程细目单列。开办项目往往是一些一开工就要发生或开工前就要发生的项目，如工程保险、临时设施、承包人驻地建设、施工标准化等。如果将这些项目计量支付包含在其他项目清单中，将导致上述款项在承包人开工时得不到及时支付，这不仅影响合同的公平性和承包人的资金周转，而且会影响招标中预付款的数量，加剧承包人的不平衡报价，并因此影响变更工程计价。

（4）计日工清单不可缺少，应保证清单的灵活性。计日工清单用来处理一些附加的或小型的变更工程计价，清单中计日工的数量完全由业主虚拟，合理计日工数量的取定可以避免承包人在投标时计日工单价填报过高。计日工清单方便合同管理，增加合同执行过程中清单的灵活性。

第四节 工程量清单计价

一、工程量清单计价的概念

工程量清单计价是以工程量清单为表现形式,按约定的计价规则计算确定单价、工程合价的方式。工程量清单计价活动涵盖施工招(投)标、合同管理,以及交工结算全过程,主要包括编制招标工程量清单、工程量清单预算、投标报价、确定合同价,进行工程计量与价款支付、合同价款的调整以及工程变更等一系列活动。

根据交通运输部发布的《公路工程建设项目造价文件管理导则》(JTG 3810—2017),工程量清单计价属于项目实施阶段的造价文件编制,其组成如下。

1. 招(投)标工程量清单

招标工程量清单是招标人在招标阶段编制的工程量清单,是招标文件的组成部分。招标工程量清单是投标人编制投标工程量清单、进行投标报价的依据。

投标工程量清单是投标企业以工程量清单为表现形式,依据招标文件约定的计量计价规则,根据市场价格和企业经营状况等因素,计算确定清单单价、合价及总价的文件。中标后,它是确定合同工程量清单的基础。

2. 工程量清单预算

工程量清单预算是指在公路工程施工招、投标活动中,对采用工程量计价的工程,参照编制施工图预算的造价依据和方法,按规定程序,对招标工程建设所需的全部费用及其构成进行测算所确定的造价预计值。它是招标人确定招标标底或最高投标限价的依据,是评判投标报价合理性的重要依据。

对工程量清单预算的编制,其项目划分是按照公路工程招标文件的规定,参照现行《公路工程建设项目概算预算编制办法》(JTG 3330)和配套定额,以及相应的补充造价来进行的。

3. 合同工程量清单

合同工程量清单是指在公路工程发、承包活动中,发、承包双方根据合同法、招(投)标文件及有关规定,以约定的工程量清单计价方式,签订工程承包合同时确定的工程量清单。合同工程量清单包括拟建工程量、单价、合计及总额。

合同工程量清单是发、承包双方进行工程计量与支付、工程费用变更、工程结算的依据。采用招标方式的工程,其合同工程量清单应根据中标价确定;不采用招标方式的工程,由承、发包双方协商确定。

4. 计量与支付文件

计量与支付文件是指在公路工程实施阶段,对已完工程进行计量,并根据计量结果和合同约定,对应付款进行统计和确认,用于支付工程价款而编制的文件。计量支付文件一般以规定格式的报表形式表现。

计量与支付文件是公路工程资金支付和工程结算的依据性文件。计量与支付文件应根据合同文件、工程变更、签认的质量检验单和计量工程量等资料编制。

5. 工程变更费用文件

工程变更费用是指在公路工程实施过程中，由于工程设计、合同约定发生变化等因素导致增加或减少的费用。

发生费用变化的工程变更应编制工程变更费用文件，工程变更费用文件是评价工程变更经济合理性的依据，是编制计量与支付文件、工程结算、工程竣工决算的基础性资料。

根据工程管理的实际，工程变更费用文件可采用工程量清单形式或施工图预算形式编制。采用施工图预算形式编制的工程变更费用文件，应依据现行《公路工程建设项目概算预算编制办法》（JTG 3830），采用公路工程预算定额及相应的补充造价依据编制；采用工程量清单形式编制的工程变更费用文件，应依据合同约定编制。

6. 造价管理台账

造价管理台账是指在公路工程实施阶段，总体反映公路工程自初步设计至工程竣工过程中的造价变化、工程变更、合同支付以及预估决算等造价管理动态信息的台账式文件。

工程实施阶段，建设单位应组织编制造价管理台账。造价管理台账是合理控制工程投资的有效手段，其内容应反映公路工程建设项目实施期工程投资动态变化的总体情况。

造价管理台账应根据批准的初步设计概算、施工图预算、合同价、工程变更、投资进度及其他相关的造价管理信息等资料编制，并动态更新。

二、工程量清单计价与定额计价的异同

公路工程定额属于工程定额的范畴，在工程设计、计划施工、项目科学管理核算等环节都发挥着重要的作用，定额的采用是现代科学管理的基础和重要内容。工程定额是指在正常生产条件、合理施工组织、合理使用材料和机械的情况下，完成符合国家技术标准、技术规范和质量评定标准的规定计量单位的产品所必需的资源（人工、材料、机械设备）的数量标准。它是由国家或地方主管部门经过科学的测定、分析、计算而确定的一种消耗量指标，在一定时期内反映了特定工程的施工技术和工艺水平，是社会生产力水平的体现。

定额计价是以费用项目清单为表现形式，以定额为主要依据，计算确定工程造价和技术经济指标的方式。清单计价与定额计价既有联系又有区别，其联系是清单计价的投标单价也是投标人认可的某一工程子目的消耗量水平的货币化体现。不同的是，这个消耗量水平与采用定额计价测算的消耗量水平可能不同，在项目划分、内容、单位、单价等方面也有所不同。具体包括以下几个方面：

（1）工程量清单计价与定额计价的主要计价依据不同，因此所反映的消耗量水平也可能不同。工程量清单计价中投标单价的确定是根据施工企业自己的消耗量水平确定，而不是根据定额计算确定的，也就是说它只代表了企业本身在完成某项工作时的消耗量水平，这个消耗量水平可以比定额水平高也可以比定额水平低。此外，如果投标人采用了不平衡报价策略，其单价可能在本企业实际消耗量水平的基础上，又对清单子目单价进行了调整，这种调整不是定额计价模式中包含的。而采用定额计价计算，顾名思义是以定额作为主要计算依据进行造价的测算，所以得到的消耗量水平就是拟定定额时的消耗量水平。在通常情况下，企业为获得中标都会努力地提高自身的生产力水平，降低消耗以获得中标。由此可见，工程量清单计价和定

额计价两种计价模式所反映的资源的消耗量水平通常是不同的,但是在编制招标工程量清单时,通常是以定额作为主要计算依据进行编制,因此在对定额没有调整的情况下,招标工程量清单计价所体现的消耗量水平和定额计价所体现的消耗量水平是一致的。

(2)工程量清单计价与定额计价的表现形式不同。工程量清单计价以工程量清单为表现形式,以清单中的计价细目为单元进行单价的确定,且工程量清单应与招标文件中的投标人须知、通用合同条款、专用合同条款、工程量清单计量规则、技术规范及图纸一起阅读和理解。而定额计价以费用项目清单为表现形式,不与计量和支付规则对应,费用项目清单仅是在公路工程计价各阶段以表列形式展现的一种相对稳定的工程或费用的明细清单,其设置目的主要是适应标准化和信息化管理需要。

(3)工程量清单计价中单价与定额计价中的技术经济指标的内涵不同。清单计价中的单价是综合单价,包括为实施和完成合同工程所需的劳务、材料、机械、质检(自检)、安装、缺陷修复、管理、保险、税费、利润等费用,以及合同明示或暗示的所有责任、义务和一般风险,此单价直接与项目的计量、支付工作对应。而定额计价中的技术经济指标则没有这种内涵,常常用来复核、检验对应费用项目的计价。

三、工程量清单计价

招标工程量清单由招标人或招标人委托的代理人编制用于确定招标控制价。现阶段招标控制价主要采用定额单价法编制,编制方法与清单预算类似,即"采用工程量清单的表现形式,按照施工图预算的方法组价"。其基本的编制流程如下。

1. 造价资料收集与调查

工程量清单计价前应收集组价过程中需要的各种资料,这些资料包括:

(1)收集国家、省(自治区、直辖市)有关法律、法规、规章、规范性文件、技术标准(规范)。

(2)收集国家关于公路工程以及相关专业的行业造价依据以及省(自治区、直辖市)地方(补充性)造价依据。

(3)收集施工图(招标)设计、招标文件(含计量计价规则),以及有关(补充)资料。

(4)收集有关批复文件、会议纪要等。

(5)收集材料价格信息,调查材料市场价格,调查主要材料预算价格的计算参数等,调查工程所在地交通行业、建筑行业发布的材料价格信息,调查工程所在材料市场价格信息,调查工程所在主要地方材料的料场分布、供应量、供应价格以及运距、运费标准、装卸次数、装卸费标准、保管费标准等。

(6)收集设备价格信息,调查设备市场价格,调查主要设备预算价格的计算参数等。

(7)收集工程施工方案(含施工组织设计)。

(8)调查借土、弃土(渣)的有关造价计算参数,根据调查借、弃土场位置,借土用量,借、弃土运距、隧道洞渣弃、利用量、借土资源费标准,建筑垃圾消纳量、运距、消纳费标准以及水土保持恢复措施。

(9)调查临时工程的有关造价计算参数,根据初步设计和施工图设计文件的不同深度要求,调查临时工程(便道、便桥、栈桥、码头、电缆、电力线路和用水、预制场、拼装场及拌和站等)的位置、规模及临时用地规模。

(10)调查辅助施工措施的有关造价计算参数,根据设计文件的不同深度要求,调查辅助设施(支架、基础、立柱、平台、导梁、门架等)的种类、形式及用量。

(11)调查建设环境、施工条件、交通运输条件、市场行情等。

(12)调查应用新设计、新工艺、新材料、新设备等的工程相关成本资料。

(13)收集有关经济性合同、协议以及实际发生费用等。

(14)收集有关造价指标(费用)、历史数据等。

2. 招标工程量清单计价

(1)明确工程量清单子目的工作内容。工程量清单中计价工程细目的综合程度较高,其名称对应的工作内容往往只是该计价细目的主体工作而不是全部工作,因此组价的第一步应对应《公路工程标准施工招标文件》(2018年版)的工程计量、工程内容、技术规范等内容确定该清单子目的全部工作,进而确定该套用哪些定额进行组价。如第204节填方路基的204-1-a利用土方子目以利用土方的压实为主要工作,招标文件中描述的子目工程内容包括:基底翻松、压实、挖台阶、临时排水、翻晒、分层摊铺、洒水、压实、刷坡、整型的全部工作。由此可见除了选择土方压实外,与压实工作相关的其他内容(翻松、压实、挖台阶、洒水、刷坡、整型等)均应在此子目中组价,而这些工作均不包含在压实定额中,需要单独套用相应定额计价。由此可见,通常情况下清单计价工程细目、预算定额子目、图纸中的设计工程量细目之间的工作内容综合程度关系如下:

清单计价细目≥预算定额子目≥设计图纸细目

明确工程量清单子目的工作内容,确定需要计价的定额子目,保证在造价计算过程中不重不漏。

(2)将清单子目填写的工程数量拆分或还原,复核清单数量。工程量清单中填写的工程数量是根据图纸中的工程细目划分原则,依据工程量"计量与支付"规则按"成品、实体、净量"的原则将图纸中比较细的数量逐个汇总编制而成的。因此,对子目组价应先将清单中的工程细目还原,找到计价细目与图纸设计工程量之间的关系,复核清单数量是否正确,并将工程量调整套用定额的程度。对计量工程数量的拆分以达到能够套用消耗量定额计价为标准。

工程量拆分的目的是对每个计价细目进行单价分析时,列出需套用定额的定额工程量,这个工程量既包括在图纸设计基础上综合得到的工程实体工程量,又包括计价范围内必要的不能单独计量的施工措施工程量。

同样以第204节填方路基的204-1-a利用土方子目为例,该子目的计量工程数量为压实方总量,需计量的压实方数量应包括:①路基土石方数量表中的利用土方数量;②清除表土或零填方地段的基底压实、耕地填前夯(压)后,回填至原地面高程所需的土石方数量;③路基沉陷需增加填筑的土、石方数量。首先,要将需计量的压实方数量在相应图纸中找到,并相加复核,确定清单中填写的子目数量是否正确,需要注意的是该子目中路基压实定额的定额工程量通常比其计量数量大,这是因为该子目的定额工程量还包括路基加宽需增加的土方数量,这个数量需要计价但不是清单的计量工程量,这种情况就是我们常说的计价不计量。其次,还需在图纸中还原该子目中不单独计量的其他工作对应定额的定额工程量,如翻松、挖台阶、洒水、刷坡、整型等工作的工程数量,为套用定额做准备。

(3)确定费(税)率标准,按编制办法的相关规定确定措施费、企业管理费、规费、利润、税金的计算基数。

(4)确定人工、材料、机械台班、设备单价。

(5)确定经济合理的工程施工方案(含施工组织设计)。施工措施方案的选择因项目特征不同而不同,且措施项目不直接构成工程实体,其数量在设计图纸的工程数量表中也往往没有,需要造价人员自己或与设计人员共同计算确定,因此确定经济合理的工程施工方案是合理计价的重点也是难点。常见的施工措施类费用所需的数量包括路基宽填、钢护筒、钢板桩、钢围堰、桩基工作平台、施工挂篮、桥梁支架、预制底座、吊装设备等。

(6)套用预算定额(或者地方补充定额),确定工程量清单预算。摘取统计与工序及预算定额相对应的工程数量;选取预算定额、输入工程量、取定工程类别、并进行必要的调整;计算建筑安装工程费用。

(7)与批复设计概算(修正概算、施工图预算)对应部分的造价做对比分析。编制项目最高投标限价或控制价,需要注意的是最高投标限价应控制在批复概算或预算相应部分以内,若项目分几个标段编制,最高限价应汇总后和批复概算或预算相应部分作对比,且需注意各个合同段对应子目的单价应均衡合理。

(8)编写工程量清单预算编制说明。说明内容应包括编制依据、工程类别、取费标准、材料价格来源、选用的施工方案等内容。

四、投标工程量清单计价

(一)投标工程量清单编制的流程

投标工程量清单是依据业主提供的招标工程量清单,计算各清单子目综合单价和合价后所形成的,为使得投标工程量清单更加合理,一般遵循图7.4.1所示流程。

图7.4.1 投标工程量清单编制流程

1. 研究招标文件

在取得招标文件后,为保证投标工程量清单报价的合理性,应对招标文件进行研究,主要对投标人须知、合同条款、技术规范、图纸和工程量清单等重点内容进行分析,正确理解招标人的意图。

2. 现场踏勘、询价

投标人拿到招标文件后,应该进行现场踏勘,现场踏勘的内容主要包括工程的范围、性质以及与其他工程之间的关系;现场地貌、地质、水文、气候、交通、电力、水源等情况,有无障碍物等;进出现场的方式,料场开采条件,资源配置条件等。

为了更合理地报价,对人工、材料、施工机械等进行询价。

3. 复核工程量

招标工程量清单中的工程数量,投标人不能擅自修改。复核工程量是否正确,将直接影响投标报价。可根据复核后的工程量与招标文件提供的工程量之间的差距,考虑相应的投标策略,确定投标工程量清单报价。

4. 计算基础标价

按相关规则计算直接费、设备购置费、待摊费等费用,确定项目基础标价。

5. 选择报价策略调整标价,确定投标工程量清单报价

根据收集的投标信息资料研究竞争对手,选择报价策略,确定最终报价。

(二) 基础标价的确定

基础标价是指投标单位根据设计图纸和技术规范,参照企业定额和有关定额计算完成本工程所需的全部费用,是最终投标报价的决策依据。基础标价按组成可划分为直接费、措施费、企业管理费、规费、利润、税金、专项费用、设备购置费、暂估价、暂列金额和计日工。其中,三通一平费、供水与排污费、临时用地费、施工环保费、承包人驻地建设费等根据施工组织设计及现场调查情况计算费用一般列在第100章;竣工文件、安全生产费一般也列在第100章,安全生产费根据政策文件计取。各项费用的构成如图7.4.2所示。

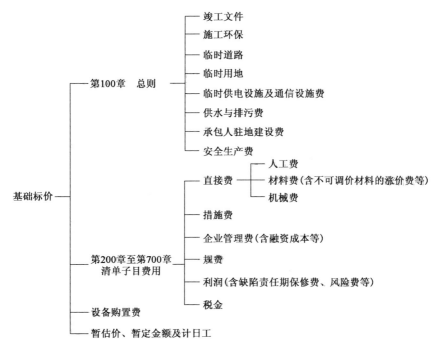

图7.4.2 基础标价的构成

1. 直接费的计算

直接费是施工过程中直接耗费的构成工程实体和有助于工程形成的工、料、机费用,是标价构成中的主要部分。在编制投标工程量清单时,直接费的计算一般采用定额单价分析法进行计算,采用项目成本分析法进行校核和决策。

1) 定额单价分析法

定额单价分析法是我国投标人员常用的方法,它与编制工程概、预算的方法大致相同,即按照招标文件的工程量清单所列工程细目,依据招标文件、交通运输部颁布的有关公路基本建设工程的相关法规、文件、概预算定额及当地政府颁发的有关补充定额和规定,结合投标施工组织设计,套用合理的定额,分析实际的工、料、机单价,完成该工程细目的直接费(即根据定额计算的工程细目直接费)计算。

定额单价分析法计算直接费的步骤如下:

(1) 分析确定工程量清单所列细目所包含的工作内容和相关要求。

(2) 分析工、料、机单价。

(3) 选用与工作内容相适应的工、料、机消耗定额。

(4) 计算直接工程费。

定额单价分析法计算的直接费,一般是在正常的施工条件和合理的施工组织下。采用该方法的优点是计算方法比较规范,便于使用计算机,缺点是各工程细目的人工和机械台班消耗是分别计算的,没有考虑各工程细目之间的相互关系、人员和机械的合理调配问题。也就是说,按定额单价法计算的直接费与整个工程的施工安排以及工期的要求没有必然的联系。由于工期要求不同,人员和机械配备的数量就不同,而不同的机械数量,又会导致人工和机械的利用率不同,从而影响施工成本。

为了弥补定额单价分析法存在的缺陷,使分项工程单价计算更接近实际,可采用项目成本分析法进行校核和决策。

2) 项目成本分析法

项目成本分析法的劳务费根据企业颁发的类似项目劳务分包单价与各清单细目所涉及的各工序数量之积进行计算;材料费计算与定额单价分析法基本相同,但施工措施与施工辅助结构(模板及支架,水上施工的筑岛、钢平台及围堰等)费用根据施工组织设计中确定的数量进行计算,钢构件的摊销量和回收量也应根据施工组织设计确定;机械费根据投标施工组织设计、施工进度计划和工程量,计算每道工序需要配置的机械数量,机械使用费按照该机械在本工序的利用率确定。

在缺乏以往报价资料和经验的情况下,慎重起见,先按定额单价分析法计算直接费,再按项目成本分析法校核直接费,两者进行比较后再进行调整,确定最后报价。

2. 措施费的计算

措施费一般根据交通运输部颁发的编制办法计算。

3. 企业管理费的计算

在编制工程概、预算时,国内往往以直接费的百分率计算企业管理费,在工程投标中所包含内容与标书工程量的分项有关,而且与工程规模、特点以及地区经济条件有关。用百分率取费的办法往往与实际偏离较大,特别是在竞争激烈、需要精打细算时更不适用。因而,在公路工程施工中,一般都要逐项据实计算。

4. 利润的计算

根据投标单位掌握的招投标信息、自身管理水平和施工能力、投标战略及竞争对手的实力,以及投标项目的规模和施工难易程度、缺陷责任期长短、合同包含的风险等因素决策利润的计算。

5. 销项税金计算

销项税金指国家税法规定应计入建筑安装工程造价的增值税销项税额,结合税收管理水平及能抵扣的进项,确定列入工程量清单细目单价的税额。

6. 设备购置费的计算

设备购置费是指满足公路初期运营、管理需要购置的构成固定资产标准的设备和低于固定资产标准但属于设计明确列入设备清单的设备费用,包括渡口设备,隧道照明、消防、通风的动力设备,公路收费、监控、通信、路网运行监测、供配电及照明设备等。

设备购置费包括设备原价、运杂费、运输保险费、采购及保管费,各种税费按编制期有关部门的规定进行计算。

(三)投标报价分析

初步计算出投标报价之后,应对投标报价进行多方面的分析和评估,其目的是探讨标价的经济合理性,从而做出最终报价决策。标价分析包括单价分析与总价分析。单价分析就是对工程量清单中所列分项单价进行分析和计算,确定每一分项的单价和合价,分析标价计算中使用的劳务、材料、施工机械的基础单价以及选用的工程定额是否合理,是否符合拟投标工程的实际情况。同时,应根据以往本企业的投标报价资料进行对比分析,合理确定投标单价和总报价。

投标报价分析评估从以下几个方面进行。

1. 投标报价的宏观审核

投标报价的宏观审核是依据长期工程实践积累的大量经验数据,用类比的方法,从宏观上判断初步计算标价的合理性。可采用下列宏观指标和评审方法。

(1)首先应当分项统计计算书中的汇总数据,并计算其比例指标。

(2)通过对各类指标及其比例关系的分析,从宏观上分析标价结构的合理性。例如,分析总直接费和总管理费比例关系,劳务费和材料费的比例关系,临时设施和机具设备费与总的直接费用的比例关系,利润、流动资金及其利息与总标价的比例关系等。承包过类似工程的有经验的承包人不难从这些比例关系中判断标价的构成是否基本合理。如果发现不合理部分,应当初步探讨其原因,研究拟投标工程与其他类似工程是否存在某些不可比因素,如果考虑了不可比因素的影响后,仍存在不合理的情况,就应当深入探讨其原因,并考虑调整某些基价、定额或分摊系数。

(3)分析平均人月产值和人年产值的合理性和实现的可能性。如果从本公司的实践经验角度判断这些指标过高或过低,就应当考虑所采用定额的合理性。

(4)参照同类工程的经验,扣除不可比因素后,分析单位工程价格及用工、用料量的合理性。

(5)从上述宏观分析得出初步印象后,对明显不合理的标价构成部分进行微观分析检查。重点在提高工效、改变施工方案、降低材料设备价格和节约管理费用等方面提出可行措施,并修正初步计算标价。

2. 投标报价的动态分析

投标报价的动态分析是假定某些因素发生变化,测算标价的变化幅度,特别是这些变化对计划利润的影响。

(1)工期延误的影响。由于承包人自身的原因,如材料设备交货拖延、管理不善造成工程延误、质量问题造成返工等,承包人可能会增大管理费、劳务费、机械使用费以及占用的资金及利息,这些费用的增加不可能通过索赔得到补偿,而且还会导致误期赔偿。一般情况下,可以测算工期延长期某一段时间内,上述各种费用增大的数额及其占总标价的比率。这种增加的开支只能用风险费和计划利润来弥补。因此,可以通过多次测算,得知工期拖延多久后利润将全部丧失。

(2)物价和工资上涨的影响。通过调整标价计算中材料设备和工资上涨系数,测算其对工程计划利润的影响。同时切实调查工程物资和工资的升降趋势和幅度,以便做出恰当判断。通过这一分析,可以得知投标计划利润对物价和工资上涨因素的承受能力。

(3)其他可变因素影响。影响投标报价的可变因素很多,而有些是投标人无法控制的,如贷款利率的变化、政策法规的变化等。通过分析这些可变因素的变化,可以了解投标项目计划利润的受影响程度。

3. 投标报价的盈亏分析

初步计算标价经过宏观审核与进一步分析检查,可能对某些分项的单价做必要的调整,然后形成基础标价,再经盈亏分析,提出可能的低标价和高标价,供投标报价决策时选择。盈亏分析包括盈余分析和亏损分析两个方面。

(1)盈余分析是从标价组成的各个方面挖掘潜力、节约开支,计算出基础标价可能降低的数额,即所谓"挖潜盈余",进而算出低标价。盈余分析主要从下列几个方面进行:

①定额和效率,即人工、材料、机械台班消耗定额以及人工、机械效率分析;

②价格分析,即对劳务、材料设备、施工机械台班(时)价格进行分析;

③费用分析,即对管理费、临时设施费等进行逐项分析;

④其他方面,如流动资金与贷款利息,保险费、维修费等进行逐项复核,找出可挖潜之处。

考虑到挖潜不可能百分之百实现,尚需乘以一定的修正系数(一般取0.5~0.7),并据此求出可能的低标价,即:

$$低标价 = 基础标价 - 挖潜盈余 \times 修正系数 \tag{7.4.1}$$

(2)亏损分析是分析在计算标价时由于对未来施工过程中可能出现的不利因素考虑不周和估计不足,可能产生的费用增加和损失。主要从以下几个方面分析:

①人工、材料、机械设备价格;

②自然条件;

③管理不善造成质量、工作效率等问题;
④建设单位、监理工程师方面的问题;
⑤管理费失控。

以上分析估计出的亏损额,同样乘以修正系数(一般取 0.5~0.7),并据此求出可能的高标价,即:

$$高标价 = 基础标价 + 估计亏损 \times 修正系数 \qquad (7.4.2)$$

(四)最终投标工程量清单报价的确定

最终投标工程量清单报价是将本工程全部费用(基础标价),按照工程量清单格式计算的标价。它是在内部标价计算的基础上,经过分析、组合、分配后对外做出的最终报价。

$$总标价 = 第100章总则费用 + \sum(第200至第700章工程量清单细目单价 \times 细目工程量) + 设备购置费 + 暂估价 + 暂定金额 + 计日工 \qquad (7.4.3)$$

$$工程量清单细目工程单价 = 工程细目直接费单价 + \sum(措施费 + 企业管理费 + 规费 + 利润 + 税金)分摊到清单细目的单价 \qquad (7.4.4)$$

参考文献

[1] 交通运输部职业资格中心.公路工程造价基础理论及相关法规[M].北京:人民交通出版社股份有限公司,2015.
[2] 交通运输部职业资格中心.公路工程造价的计价与控制[M].北京:人民交通出版社股份有限公司,2015.
[3] 交通运输部职业资格中心.公路工程技术与计量[M].北京:人民交通出版社股份有限公司,2015.
[4] 全国造价工程师职业资格考试培训教材编审组.工程造价案例分析[M].北京:中国城市出版社,2009.
[5] 刘春原.工程地质学[M].北京:中国建材工业出版社,2000.
[6] 张咸恭,王思敬,张倬元.中国工程地质学[M].北京:科学出版社,2000.
[7] 张倬元,王士天,王兰生.工程地质分析原理[M].北京:地质出版社,2009.
[8] 李隽蓬.铁路工程地质[M].北京:中国铁道出版社,1996.
[9] 交通部第二勘察设计院.公路设计手册—路基[M].第2版.北京:人民交通出版社,1996.
[10] 工程地质手册编委会.工程地质手册[M].第5版.北京:中国建筑工业出版社,2018.
[11] 蒋爵光.隧道工程地质[M].北京:中国铁道出版社,1991.
[12] 中国灾害防御协会铁道分会.中国铁路自然灾害及其防治[M].北京:中国铁道出版社,2000.
[13] 周幼吾,郭东信,郑国庆,等.中国冻土[M].北京:科学出版社,2000.
[14] 刘世凯,陆永清,欧湘萍.公路工程地质与勘察[M].北京:人民交通出版社,1999.
[15] 孙广忠.岩体结构力学[M].北京:科学出版社,1988.
[16] 孙玉科.边坡岩体稳定性分析[M].北京:科学出版社,1988.
[17] 孙玉科,古迅.赤平极射投影在岩体工程地质力学中的应用[M].北京:科学出版社,1980.
[18] 杜海若.工程机械概论[M].成都:西南交通大学出版社,2009.
[19] 朱张校,姚可夫.工程材料[M].第5版.北京:清华大学出版社,2013.
[20] 梁学忠.工程材料[M].北京:中国铁道出版社,2012.
[21] 李自光,展朝勇.公路施工机械[M].第2版.北京:人民交通出版社,2014.
[22] 新疆维吾尔自治区交通运输厅.新疆维吾尔自治区公路施工标准化手册(第一册 工地建设)[M].北京:人民交通出版社股份有限公司,2015.

[23] 新疆维吾尔自治区交通运输厅.新疆维吾尔自治区公路施工标准化手册(第二册　路基工程)[M].北京:人民交通出版社股份有限公司,2015.

[24] 新疆维吾尔自治区交通运输厅.新疆维吾尔自治区公路施工标准化手册(第三册　路面工程)[M].北京:人民交通出版社股份有限公司,2015.

[25] 新疆维吾尔自治区交通运输厅.新疆维吾尔自治区公路施工标准化手册(第八册　考核办法)[M].北京:人民交通出版社股份有限公司,2015.

[26] 王松根,黄晓明.沥青路面维修与改造[M].北京:人民交通出版社,2012.

[27] 邓学钧.路基路面工程[M].第3版.北京:人民交通出版社,2008.

[28] 张风亭,武春山.公路养护技术[M].北京:人民交通出版社,2010.

[29] 沙庆林.高速公路沥青路面早期破坏现象及预防[M].北京:人民交通出版社,2008.

[30] 交通部公路科学研究院.微表处和稀浆封层技术指南[M].北京:人民交通出版社,2006.

[31] 王松根,高海龙.平原地区公路安全保障工程设计手册[M].北京:人民交通出版社,2008.

[32] 王松根,陈拴发.水泥混凝土路面维修与改造[M].北京:人民交通出版社,2011.

[33] 福建省高速公路建设总指挥部.福建省高速公路施工标准化管理指南[M].北京:人民交通出版社,2010.

[34] 石勇民.公路施工项目成本管理手册[M].北京:人民交通出版社,2008.

[35] 邢凤岐,徐连铭.公路工程定额应用与概、预算编制示例[M].北京:人民交通出版社,2008.

[36] 邬晓光.公路工程施工招标与投标实用手册[M].北京:人民交通出版社,2010.

[37] 薛随云.公路施工企业标后预算管理理论与实务[M].北京:人民交通出版社,2005.

[38] 姜早龙,宁艳芳,徐玉堂.施工企业定额编制与应用指南[M].大连:大连理工大学出版社,2005.

[39] 中华人民共和国国家标准.普通混凝土拌合物性能试验方法标准:GB/T 50080—2016[S].北京:中国建筑工业出版社,2017.

[40] 中华人民共和国国家标准.混凝土强度检验评定标准:GB 50107—2010[S].北京:中国建筑工业出版社,2010.

[41] 中华人民共和国国家标准.混凝土外加剂应用技术规范:GB 50119—2013[S].北京:中国建筑工业出版社,2014.

[42] 中华人民共和国行业标准.普通混凝土配合比设计规程:JGJ 55—2011[S].北京:中国建筑工业出版社,2011.

[43] 中华人民共和国行业标准.公路工程建设项目概算预算编制办法:JTG 3830—2018[S].北京:人民交通出版社股份有限公司,2018.

[44] 中华人民共和国行业标准.公路工程建设项目投资估算编制办法:JTG 3820—2018[S].北京:人民交通出版社股份有限公司,2018.

[45] 中华人民共和国行业标准.公路工程估算指标:JTG/T 3821—2018[S].北京:人民交通出版社股份有限公司,2018.

[46] 中华人民共和国行业标准.公路工程概算定额:JTG/T 3831—2018[S].北京:人民交通出版社股份有限公司,2018.

[47] 中华人民共和国行业标准.公路工程预算定额:JTG/T 3832—2018[S].北京:人民交通出版社股份有限公司,2018.

[48] 中华人民共和国行业标准.公路工程机械台班费用定额:JTG/T 3833—2018[S].北京:人民交通出版社股份有限公司,2018.

[49] 中华人民共和国行业标准.公路工程建设项目造价文件管理导则:JTG 3810—2017[S].北京:人民交通出版社股份有限公司,2018.

[50] 中华人民共和国交通运输部.公路工程标准施工招标文件(2018年版)[M].北京:人民交通出版社股份有限公司,2018.

[51] 中华人民共和国行业标准.公路路线设计规范:JTG D20—2017[S].北京:人民交通出版社股份有限公司,2017.

[52] 中华人民共和国行业标准.公路路基设计技术规范:JTG D30—2015[S].北京:人民交通出版社股份有限公司,2015.

[53] 中华人民共和国行业标准.公路滑坡防治设计规范:JTG/T 3334—2018[S].北京:人民交通出版社股份有限公司,2018.

[54] 中华人民共和国行业标准.公路路基施工技术规范:JTG/T 3610—2019[S].北京:人民交通出版社股份有限公司,2019.

[55] 中华人民共和国行业标准.公路路基施工技术规范:JTG F10—2006[S].北京:人民交通出版社,2006.

[56] 中华人民共和国行业标准.公路土工试验规程:JTG E40—2007[S].北京:人民交通出版社,2007.

[57] 中华人民共和国行业标准.公路沥青路面设计规范:JTG D50—2017[S].北京:人民交通出版社股份有限公司,2017.

[58] 中华人民共和国行业标准.公路工程技术标准:JTG B01—2014[S].北京:人民交通出版社股份有限公司,2015.

[59] 中华人民共和国行业标准.公路隧道施工技术规范:JTG 3660—2020[S].北京:人民交通出版社股份有限公司,2020.

[60] 中华人民共和国行业标准.公路工程质量检验评定标准 第一册 土建工程:JTG F80/1—2018[S].北京:人民交通出版社股份有限公司,2018.

[61] 中华人民共和国行业标准.公路桥涵施工技术规范:JTG/T F50—2011[S].北京:人民交通出版社,2011.

[62] 中华人民共和国行业标准.公路养护技术规范:JTG H10—2009[S].北京:人民交通出版社,2009.

[63] 中华人民共和国行业标准.公路隧道养护技术规范:JTG H12—2015[S].北京:人民交通出版社股份有限公司,2015.

[64] 中华人民共和国行业标准.公路技术状况评定标准:JTG 5210—2018[S].北京:人民交通出版社股份有限公司,2018.